U0940553

哲学何为

贺来◎著

吉林大学哲学基础理论研究中心研究员自选集

中国社会科学出版社

图书在版编目(CIP)数据

哲学何为／贺来著．—北京：中国社会科学出版社，2018.7
(吉林大学哲学基础理论研究中心研究员自选集)
ISBN 978-7-5203-2975-0

Ⅰ.①哲… Ⅱ.①贺… Ⅲ.①哲学—文集 Ⅳ.①B-53

中国版本图书馆 CIP 数据核字(2018)第 178948 号

出 版 人 赵剑英
责任编辑 朱华彬
责任校对 张爱华
责任印制 郝美娜

出 版 中国社会科学出版社
社 址 北京鼓楼西大街甲 158 号
邮 编 100720
网 址 http://www.csspw.cn
发 行 部 010-84083685
门 市 部 010-84029450
经 销 新华书店及其他书店

印刷装订 北京君升印刷有限公司
版 次 2018 年 7 月第 1 版
印 次 2018 年 7 月第 1 次印刷

开 本 710×1000 1/16
印 张 27.25
插 页 2
字 数 451 千字
定 价 118.00 元

凡购买中国社会科学出版社图书，如有质量问题请与本社营销中心联系调换
电话:010-84083683

代　序

哲学以何种方式改变世界

——纪念“实践是检验真理的唯一标准”发表40周年*

“哲学家们只是用不同的方式解释世界，问题在于改变世界”①，这一镌刻在马克思墓碑上的警句可能是马克思卷帙浩繁的著述中影响最为巨大深远、流传最为广泛的名言。40年前，我们国家围绕着“实践是检验真理的唯一标准”进行的思想大讨论，掀开了中国改革开放的大幕，开启了中国近40年来社会的大变革。也正因如此，“实践是检验真理的唯一标准”这一历史文献以及围绕其所展开的哲学和思想争鸣，成为当代中国以哲学的方式影响和改变社会进程和发展方向的经典个案，甚至可以说，把它放到整个近代以来人类思想史和社会发展史，这一事件也堪称哲学“改变世界”的值得纪念和回味的经典范例之一。可以毫不过分地说，“实践是检验真理的唯一标准”的讨论以一种特殊的方式凸显了马克思《关于费尔巴哈的提纲》第十一条的真谛和精髓。

今天，我们纪念“实践是检验真理的唯一标准”的思想大讨论暨改革开放40周年，当年的具体历史条件已不可复制和重现。但对于哲学而

---

* 本书所收录的是作者多年来围绕“哲学何为”这一主题所发表的一系列论文。哲学如何存在，或者说哲学如何更为合理地存在，这是事关哲学思想智慧活力的根本问题。文集中收集的论文从多个层面和视角展开了对这一问题的思考。2018年是“实践是检验真理的唯一标准”发表暨中国改革开放40周年，40年前的哲学争论以一种特殊的方式回应了“哲学何为”这一课题，至今余音不息，常令人深长思之。故把这篇纪念“实践是检验真理的唯一标准”的小文作为文集代序，以致敬那些思想解放的先驱者，致敬伟大的改革开放。本文集的编辑过程中，我的研究生彭双贞、李亚琪、王一帆、田帅帅、潘恺邦等做了大量具体工作，特此致谢！

① 《马克思恩格斯文集》第1卷，人民出版社2009年版，第502页。

言，它彰显的一个重大课题却具有超越时空的永恒意义，那就是：哲学与我们所生活其中的现实世界究竟是什么关系？哲学究竟应以何种方式介入和参与现实社会进程？或者说，哲学应以何种方式改变世界？

一 揭开封闭整体的“裂口”：为“改变世界”开辟道路

充分发挥哲学的反思批判本性，揭开封闭整体的“裂口”，从而为“改变世界”开辟道路，这是哲学改变世界的重要方式之一。

哲学改变世界，只能是以一种哲学的方式，而哲学的方式意味着，哲学始终是一种“思想”，它在一定条件下可以转化为“武器的批判”和“物质力量”，但无论在表现方式和存在方式上，哲学首先直接的是一种“理论”的“批判的武器”。作为“批判的武器”，哲学改变世界的最重要的方式之一就是通过打破事物的封闭循环，揭开封闭整体的“裂口”，使之暴露自身的非自足性和非完美性，从而推动其突破其曾被视为神圣不可逾越的绝对的界限。哲学先行揭开了事物的“裂口”，并促使人们自觉到这一“裂口”，而一旦人们意识到这一“裂口”，其后果就如同马克思所说：“谬误在天国为神所作的雄辩一经驳倒，它在人间的存在就声誉扫地了”[①]，这就为“抛弃关于人民处境的幻觉”和“抛弃那需要幻觉的处境”，从而为“改变世界”、推进人与社会面向未来的新的可能性开辟道路。

众所周知，“实践是检验真理的唯一标准”讨论最为重要的历史背景是“两个凡是”的盛行和人们对它的无条件迷信。《实践是检验真理的唯一标准》一文这样描述这种历史背景：“现在‘四人帮’及其资产阶级帮派体系已被摧毁，但是‘四人帮’加在人们身上的精神枷锁，还远没有完全粉碎。毛泽东同志在第二次国内革命战争时期曾经批评过的‘圣经上载了的才是对的’这种倾向依然存在。无论在理论上或实际工作中，‘四人帮’都设置了不少禁锢人们思想的禁区。对于这些禁区，我们要敢于去触及，敢于去弄清是非。科学无禁区。凡有超越于实践并自奉为绝对的禁区的地方，就没有科学，就没有真正的马列主义毛泽东思想，而只有

① 《马克思恩格斯文集》第1卷，人民出版社2009年版，第3页。

蒙昧主义、唯心主义、文化专制主义”，这即是说，“两个凡是”意味着存在某种自因自足的、神圣不可侵犯的权威，它构成了人的思想和行为不可逾越的界限并规范和决定了社会生活的全部形式和内容，正如该文所述，它要求人们的全部生活躺在“现成条文上，甚至拿现成的公式去限制、宰割、裁剪无限丰富、飞速发展的革命实践”。

这种历史的背景，正是法国哲学家巴迪欧所说的“哲学性的情境”。巴迪欧对“哲学性的情境”作出这样的规定：“哲学情境的第一个定义是：弄清选择，作出决断。哲学情境的第二个定义是：弄清真理与权力之间的距离”，① 这即是说，面对特殊的历史课题，哲学必须作出选择，必须弄清其追求的真理与占据绝对控制和支配地位的、对人们的思想和生活实施专制和压迫的“权力”之间的距离。这种“哲学性情境”，为哲学介入当下，改变历史和现实提供了契机和空间。

正是充分把握和利用了这一“哲学性情境”，“实践是检验真理的唯一标准”的讨论为“改变世界”，为推动中国社会历史的进程找到最为切近、最有力的方式，那就是以“实践是检验真理的唯一标准”这一“马克思主义哲学最基本的认识论原理”（原文语——引者注）扯开了那些“现成的条文”的“裂口”，使“凡是”失去了其神圣的色彩，随着“裂口”被揭开，其对现实生活的规范力量和支配地位随之坍塌和丧失，新的可能性世界于是向人们悄然敞开，哲学改变世界的功能也在此“情境”中得到了充分显示和发挥。

“实践作为检验真理的唯一标准”之所以能够扯开“裂口”，最关键和要害之处在于它发现了使“现成的条文”显露“裂缝”的有力切入点，即与僵死的“现成条文”相对立的活生生的“实践”，以人“实践活动”为基点，前者的非自足性和非完整性将暴露无遗：生活实践总是“全面而丰富的”，与之相比，任何思想原则和理论话语都是“片面”而“抽象”的；生活实践是包含和容纳无限“异质性”的“大全”，与之相比，任何思想原则和理论话语都是“同质”的“同一性”；生活实践总是显现为不断面向未来的“历史性”，与之相比，任何思想原则和理论话语都是相对“凝固”的“非历史性”……因此，相对于生活实践，一切理论都

① ［法］巴迪欧：《当下的哲学》，蓝江、吴冠军译，中央编译出版社 2017 年版，第 9 页。

是有限和相对的，后者具有基础性和本源性的地位。生活实践所具有的异质性、全面丰富性、历史性等，意味着任何试图思想教条和理论话语都无法获得对它的“终极”把握，企图从有限的思想原则和理论话语出发，以生活实践这一“无限的总体”为认识对象，去实现对它的“总体性”规定，必然导致对生活实践的僭越和抽象。

可见，在实践活动的平面上，“现成的条文”和被绝对化的“凡是”性思想原则和理论话语赖以存在的自我闭合的圆圈和循环在根本处被击破，它们不再是自足自因的、不可挑战的神圣偶像，而是根源于实践活动并被实践活动所制约和规范。也就是说，由神圣思想原则和理论教条的自我迷恋及自我崇拜所编织而成的虚幻整体被实践活动所炸开，它必须向生活实践保持开放获得自己的内容和形式，正是在这种敞开中，思想原则和理论教条的“裂口”及“漏洞”被清晰地显示，它失去了对于现实生活和社会历史发展曾经拥有的规范力量和指引功能。在此前提下，面向未来的社会变革才成为可能。

40 年过去了，随着学术水准的提升和反思深度的拓展，人们对“实践是检验真理的唯一标准”这一命题提出了种种学理上的商榷和质疑。但过分纠缠于细节，其结果将淡化和模糊其“改变世界”的哲学意义。正如前面所指出的，这一“哲学事件”最重大的意义之一是撕开了抽象教条和神圣偶像的“裂口”，从而为“改变世界”铺平了道路。它最恰切地了显示了哲学“改变世界”的方式，最本己地体现了哲学“改变世界”的功能，这才是我们从中最应该反思和总结之根本，也是其超越时代的恒久意义之所在。

二　通过转变思维方式推动社会文明进程

通过转变思维方式来改变人们的行为和生活方式，推动社会文明进程，这是哲学“改变世界”的另一重要方式。

人们常对哲学寄予不切实际的期待和希望，认为哲学将提供其他具体学科无法提供的更高级的“特等知识”或解决所有问题的“万能方法”，这种观点所体现的正是马克思所批判的“解释世界”的哲学观。但如果从“改变世界”这一哲学视角出发，我们就将自觉地放弃哲学的这种自我理解，并自觉到：通过“思想治疗”，揭示人们思维与观念中所存在的“病症”及其种种症候，改变人们看待事物的视角和眼光，转变人们理解世界的思维方式，并以此为“改变世界”开辟现实的道路，是哲学的重要功能之一。在此问题上，伯林的概括颇为中肯：哲学家对世界的影响，“是通过改变看待问题的角度；是通过转移重点，通过置换、通过转换被迷惑者的视角、使他们看到以前看不到的差别，或者认识到他们曾十分强调的差别实际上并不存在，或是出自混乱或缺乏洞见”[①] 等方式实现的。

通过转变人们的思维方式进而“改变世界”，这一理解基于如下自觉认识：人之区别于自然存在物，在于其行为和生活，以及由此所形成的社会历史，都深受人的观念和思想的影响，正如阿尔都塞所言，人是“意识形态”的动物。然而，人的观念和思想对人的行动、生活和社会历史的影响具有双面性或两重性：它既可能使人变得更加理性和成熟，又可以把人带入迷乱和疯狂，既可能促进人的自由创造并因此推动社会的文明进步，也可能成为僵化教条并因此阻滞社会的文明进步，既可能成为人逐渐从“幼稚”走向“成熟”的“启蒙”力量，也可能试图让人停留于“幼稚”的“蒙昧”状态而成为“启蒙”的敌人。观念和思想所具有的这种双重效应，构成哲学所必须关注和回应的又一重要的“哲学性情境”，它要求哲学作出回答：如何“治疗”思想和观念的“病症”，防止和规避它对于人的行动、生活和社会历史所带来的风险和恶果，如何转换思维方式，使思想和观念成为推动人与社会不断文明进步的内在积极力量？毫无疑问，这既是一个“观念选择问题”，更是一个与“改造世界”相关的“生存实践问题”。

基于上述观点，我们认为，“实践是检验真理的唯一标准”讨论的另一重意义在于它为推动改革开放以来哲学思维方式的转换，并因此为推动当代中国社会变革开启了先声。以它为肇始，改革开放40年来哲学思维方式的转换成为中国社会变革的重要思想力量，或者说，它为哲学通过观念变革与思维方式的变革影响中国社会发展破除了障碍，打开了通道，使得通过以观念变革与思维方式变革推动中国社会变革，成为哲学发挥其功能的重要“出场”方式之一。

---

① ［英］伯林：《现实感》，潘荣荣、林茂译，译林出版社2004年版，第68页。

“实践是检验真理的唯一标准”这一命题一开始所强调的马克思哲学实践观点的认识论意义，但随着人们对马克思哲学研究的深入，实践观点被人们进一步把握为马克思哲学整个世界观的基本观点，并被确立为马克思哲学理解人、世界以及人与世界等重大问题的基本思维方式。以实践观点的思维方式取代先验的“先验主义的本体化的思维方式”，在当代中国马克思主义哲学研究领域，是一次具有范式性的哲学观念变革。40 年过去了，当越来越多的人把这视为不言自明甚至“稀松平常”的观点的时候，却遗忘了这一观念的变革和思维方式的转变在当初所经历的艰难。这种艰难不仅源于纯粹观念的层面，更源于观念变革背后所牵动的社会现实变革。新中国成立以来很长一段时间里，我们以一种先验主义的本体化的思维方式，以教条主义的态度理解社会主义，把社会主义变成了马克思所批判和否定的那种“应确立的状况……现实应当与之相适应的理想”的先验原则和抽象教条，并从这种先验原则和抽象教条出发，强制性地要求现实与之相适应，从而使这种社会主义完全失去了现实生活的基础；与此不同，实践观点的思维方式不再把先验的原则，而是把实践活动所创造的人们的现实生活理解为“真实的存在”，认为后者才是对人而言的最为“原始的现象”，这是一次与“现象学还原”具有相似意义的重大转向：它把那些抽象的、先验的、本质主义的“终极实体”悬置起来，而把实践活动以及根源于实践活动的现实生活把握为自足的“事情本身”和无条件的、无须其他外在条件的、构成全部解释和证明“终端”的真实存在。正是在这种新的观念和思维方式的引导之下，我们才回到中国人和人类现实生活的坚实大地，才有可能有“解放思想、实事求是”的思想路线，也才能走上改革开放的道路，以“经济建设为中心”的改革开放才有可能获得合法性并在现实中成为可能，“社会主义市场经济”才有可能摆脱“亵渎神圣原则”的污名而成为改革开放的重要主题，“社会主义初级阶段”“小康社会”等话语及其实践才能告别虚幻空想的“天国”并贴近中国人现实生活，等等。可以清楚地看到，这种哲学观念和思维方式的转换对于“改变世界”，即推动当代中国社会的现实进程具有特殊的意义。

实践思维方式对先验主义的本体化思维方式的超越，带来了一系列哲学观念的改变。在此仅以对人的“物化”观念的克服以及人类学思维方式的自觉为例说明这一点。这里所谓人的“物化”观念，意指一切把人当成客体、工具和手段的思维方式，它包括但不限于把人在资本逻辑控制和支配下的、把人视为商品、货币、资本的从属物这一意义上的“物化”，把人当成历史的工具、当成抽象观念的工具等，实质上都是把人当成如同物一样的、没有自由意志和人格尊严的如同物一般的存在者。当我们把某种观念神圣化，把某种无人身的历史及其目的神圣化，并把人视为实现这种观念或历史目的的手段和工具时，所体现的正是这种物化思维方式。与此不同，人类学思维方式则要求把人视为内在的“价值主体”，把人的发展视为经济、社会和历史等一切领域的活动的出发点和归宿处，把人的尊严和幸福视为这一切最为重要的价值目标。自 20 世纪 80 年代以来，围绕着哲学教科书体系的改革、主体性问题的探讨、市场经济与人的发展关系的哲学反省，以及对文化哲学、价值哲学、发展哲学、社会哲学、政治哲学等的探索，都从各个维度彰显了人的生命存在不可还原和被抽象力量所消解的目的性、丰富性和具体性。

哲学的这种观念变革与思维方式转换，以一种特有的方式有力地推动了当代中国社会进程。人的价值、权力和尊严，人的主体自我意识等这些曾长久遗忘的概念和话语在我们的社会生活中重新获得了活力，“以人为本”“有尊严的幸福生活”“以人民为中心”等被写进党和政府工作报告和国家文件。不可否认，在此过程中，哲学以其特殊的方式作出了自己的贡献。它启示我们：只要人们还在思考，通过改变理解世界的观点从而改变世界，哲学这一介入现实生活的方式就将永远被人们所需要。

三 通过对现实社会“矛盾”的反省推动世界的改变

众所周知，通过政治经济学批判，对资本主义社会“内在矛盾”所做的深刻反省，是马克思重要的理论贡献，正是通过这种分析，马克思哲学才成为“改变世界”、影响现代世界的伟大思想家。在《资本社会的 17 个矛盾》一书中，哈维运用马克思政治经济学批判方法，分析了当代资本主义中“使用价值与交换价值”“劳动的社会价值与它的货币表现形式”“私人财产与资本主义国家”“收入与财富的不平等”“自由与控制”

“资本与自然界的关系”等“资本社会”的各种矛盾，认为马克思所开辟的矛盾分析方法，为“投入战斗、对抗资本体制中所有其他形式的歧视、压迫和暴力压制”提供了重要的推动力量。[①]

这一事实启示我们：“矛盾分析”是哲学重要的工作方式，也是哲学“改变世界”、影响人与社会发展的重要方式之一。运用反思批判的眼光，透过事物的表象，解除种种虚假伪装掩饰和扭曲所造成的对“事情本身”所导致的遮蔽，从而引导人们“回到事情本身”，并因此推动人们采取合理的行动并达到“改变世界”的目的，这是哲学区别于其他学科的重要体现。而要透过“表象”，解除“遮蔽”，一个重要策略是深入对事物内在矛盾的分析和揭示中，并推动其超越“矛盾”，向新的可能性敞开空间。

“实践是检验真理的唯一标准”的重要贡献之一就是把人从“非此即彼”的“两极对立”的思维模式中摆脱出来，为人们自觉理解和揭示现实生活的复杂性和矛盾性打开了空间。

瓦解矛盾的、在绝对不相容的两极对立中思维，是前述先验主义的、本体化的思维方式模式的重要特点，按照黑格尔的说法，它“以抽象的有限的知性规定去把握理性的对象，并将抽象的同一性认作最高原则”，[②] 而“按照有限规定的本性，这种形而上学的思想必须于两个相反的论断之中”，“肯定其一必真，而另一必错”，[③] 它“仅坚执片面的知性规定，而排斥其反面。……独断论坚持各分离的规定，当作固定的真理”。[④] 在对待矛盾的双向度领域时，它把先验的本质规定作为绝对中心和终极尺度，来“统一”矛盾的另一极，以本质世界来统一现象世界，以超感性世界来统一感性世界，以真理世界来统一意见世界，以“自由”世界统一“非自由”世界，等等，构成为其最基本的思维定向。

与此相反，实践活动恰恰是一种矛盾性的活动，自然性与自由性、感性与理性、因果性与目的性、被动性与受动性等矛盾性的因素和向度在实践活动中否定性地统一在一起，生成我们充满矛盾的、活生生的现实世

① ［美］哈维：《资本社会的 17 个矛盾》，许瑞宋译，中信出版社 2016 年版，第 330 页。

② ［德］黑格尔：《小逻辑》，贺麟译，商务印书馆 1987 年版，第 109 页。

③ 同上书，第 101 页。

④ 同上。

界。对这些矛盾关系中任何一方面的抽离，都将会使人的现实世界失去其现实性。这一点构成了人区别于其他存在者的独特之处，纯粹的自然物或纯粹的超自然物（神）都是无所谓“矛盾”和“悖论”的，前者是铁板一块的“死的物质”，后者是极端超越的神圣世界，单极性、单向性构成了其存在的基本特性，唯有“人的存在”及其世界充满矛盾性和悖论性。在此意义上，坚持实践观点，必然意味着超越两极对立的观点并坚持矛盾的观点。

在关于“真理标准”的讨论中，实践观点的上述思想内涵并没有完全被触及。但是它为逐渐展开这一思想内涵并显示这种理论效应准备了重要的前提。改革开放40年来，当代中国马克思主义哲学领域所讨论的现代性与反现代性的矛盾、资本的利用与资本的驯服的矛盾、个人主体性与共同体的矛盾、经济增长与社会发展的矛盾、社会的分化与社会的统一性的矛盾等，都是我们的现实生活展开中并对于社会发展具有根本性意义的重大问题，对它们的自觉反省，有力地提升了人们对自身生存状态的自觉，并为“改变世界”，推动社会变革发挥了其特殊的作用。由于篇幅所限，本文仅举两例来说明这一点。

首先以“资本的利用”与“资本的驯化”的矛盾为例。随着以实践标准讨论为肇始的思想解放的不断深入，曾被视为“万恶之源”的“资本”在社会主义市场经济建设中的地位被重新评估和肯定，“彻底消灭资本”的主张和做法被“利用资本”的立场所取代。“资本的利用”以及以此为重要前提的“市场经济”成为推动生产力发展的重要策略。而且，围绕着市场经济对于摆脱人的依附关系，推动个人的独立性所具有的重大积极意义，或者说，对于市场经济在“经济之外”所内蕴的价值规范内涵，人们也给予了越来越多的关注。但另一方面，“资本逻辑”自身固有的扩张和膨胀倾向以及它对经济生活之外的其他领域所具有“总体性”的渗透和操控本性，却又使物质主义、消费主义意识形态、意义危机、自由丧失等韦伯以来的社会理论家、思想家揭示的社会病症显露出来，“抽象对人的统治”成为现实生活中实实在在的威胁，在此情况下，如何“驯服资本”也就成为一个重要课题凸显出来。“资本的利用”与“资本的驯服”于是成为现实社会发展过程中一对尖锐的矛盾。正是在对此矛盾的反思中，围绕如何在这一矛盾的张力中重构中国特色的“新型现代性”，学者们通过对马克思政治经济学批判思想的深入研究，尤其在对资本逻辑限度的反省方面，进行了多方面的探索。应该说，这些工作一方面是对中国社会“新型现代性”的实践的回应，另一方面又反过来在一定意义上影响了这一实践。

再如“个人主体性”与“共同体”矛盾。20 世纪 80 年代的主体性问题的探讨，把“主体性”把握为马克思哲学重大的思想理念和理论原则，它要求承认和发挥主体的创造性和积极性，使之成为社会发展的根本动力源泉，要求一切都经过理性的反思和省察，在主体的批判性眼光面前证明自己的存在合法性；要求确证个人的“存在价值和权力”，而不是把人作为达成自己目的的手段；等等。这一切在深层体现了为中国现代性建构奠定价值规范基础的努力，与 80 年代推动中国现代化进程的时代精神有着内在的呼应关系，为唤醒人的主体自我意识，推动中国的改革开放作出了独特的贡献。但是，随着现代性进程的深化，“主体性”原则所具有的局限性和片面性逐渐显露出来，“主体中心”与“自然的价值”、“个人自由”与“社会团结”、“个体性”与“共在性”、“自我”与“他人”等之间的矛盾凸显出来，如何超越主体性原则内蕴的“对象性逻辑”，寻求人与自然、人与人之间的“交互性”而非“对象性”关系？在此背景下，一些学者通过对马克思哲学关于人历史发展三阶段学说的阐发，对其“自由个性”思想的研究，寻求“个体”与“类性”内在的统一，从而在一个更大的视野中拓展和重构“主体性”的内涵，一些学者对马克思社会关系思想的考察，并融合西方“主体间”性思想成果，寻求个人与共同体矛盾的辩证和解的可能性，还有一些学者从马克思哲学的相关思想出发，结合当代哲学的重要成果，对“人类命运共同体”的可能性和现实性进行了多方面的思考，等等。很显然，哲学中所做的这些探索与全球化背景下中国现代性建构进程日渐深入和复杂这一现实情境是密切相关的，它对于在充分吸取现代性成果的前提下，避免西方现代性的弊端和陷阱，不断调整我们现代性的目标和途径，具有重要的推动作用。

通过对现实社会内在矛盾的反省，从而影响社会发展，这种哲学“改变世界”的方式体现着马克思哲学的灵魂，尤其随着党的十九大明确提出“人民日益增长的对美好生活的需要与发展的不充分和不全面之间的矛盾”成为关于新时代中国社会基本矛盾的判断，哲学这种切入现实生活的方式将获得更大的思想空间。发挥哲学的理性反思功能，研究和探讨这一基本矛盾的具体表现、根本特点和内在趋向，为不断克服和超越这一矛盾提供思想力量，在此过程中，哲学“改变世界”的功能将得到更充分的体现。

贺来

2018 年 3 月

目　录

第一编　当代哲学的自我反省与哲学的合理存在方式

第二编　哲学的合理存在方式与当代哲学的重大课题

第三编　马克思哲学与哲学的合理存在方式

第一编

当代哲学的自我反省与哲学的合理存在方式

三大独断论的摒弃：当代哲学根本性的理论进展

20 世纪以来的哲学经历了巨大的变革。如何反省和检点一百多年来哲学所取得的思想成果，人们可能会采取不同的视角和方法。在我看来，伽达默尔在《20 世纪的哲学基础》一文中的概括是十分精当的："20 世纪最为神秘、最为强大的基础就是它对一切独断论、包括科学的独断论所持的怀疑主义"[①]，这一句话对 20 世纪以来当代哲学的根本旨趣、理论成果及其价值作出了十分简洁、准确而深刻的揭示。全面消解传统哲学中所包含的独断论，从而彰显被这些独断论所遮蔽和扭曲的人的现实生命和现实世界的具体、生动和丰富的本性，构成了当代哲学具有代表性的重大理论进展，而其中对三大独断论的批判和消解，尤其具有突出的地位和重要的意义。

一　当代哲学对"终极实在"独断论的消解

众所周知，形而上学是传统哲学的核心，而对终极实在或终极本体的追求，又构成了形而上学的根本内容。

在哲学史上，康德是最早对终极实在的虚幻性自觉进行揭露并进行严格批判的哲学家之一。他把自己的哲学称为"批判哲学"，所谓"批判"（Critique），即"审视""厘定"之义，"我所说的批判不是指对书籍和思想体系的批评说的，而指关于在批判之后就可以不依靠任何经验而独立去

① ［德］伽达默尔：《哲学解释学》，夏镇平、乐建平译，上海译文出版社 1994 年版，第 128 页。

求得一切知识的那种一般理性能力的批判而言的。因此，这种批判将决定一般的形而上学的可能或不可能，而且确定它的各种来源、范围与限度”,[①] 为此，哲学要“建立一所法庭，来保证理性合法的要求而驳回一切无根据的僭妄，其所用的方法并不是独断的命令而是依据理性自己的永恒不变的规律。这个法庭不是别的东西，而是纯粹理性的批判”,[②] 之前的形而上学家们把上帝、自由和灵魂不死视为哲学的永恒对象，把绝对本体无条件地视为哲学追求的最高目标，并认为理性拥有通向这些绝对本体的无条件的能力，康德把这种形而上学称为“独断论”。因此，“批判哲学”就是要对形而上学的这一目标以及通向这一目标的无条件的“理性”进行重新审视和反思，来对其合法性进行前提性的清理和批判。在康德看来，先前独断形而上学之所以为“独断”，就在于它“没有预先考察过理性是否能胜任这么巨大的工作，就贸然从事于这种事业”,[③] 对理性的权能无限制地运用，在它那里，理性犹如一个独裁专制的暴君，它掌握对终极实在的控制权，因而拥有着不受限制的绝对权力：“形而上学女王的政权，在独断论者的统治下，起初乃是专横的。”[④]

康德的《纯粹理性批判》一书所致力的就是要证明理性这种不受限制的独断权力所具有的“僭妄性”，就是要证明：终极实在的问题乃是“超出了人类理性的所有能力”。在此意义上，康德的“批判哲学”是对终极实在的一次有力的清算，它一方面告诉我们理性具有从自身出发行使“立法”的权力因而我们应该相信理性的力量，并因此而拒绝怀疑论；但另一方面我们又必须清醒地意识到，在知识王国，理性的权力是受到限制的，是“有限的”，它只能止于“经验”，超出这个范围，无所限制地行使自己的独断权力，乃是理性的“越权”和“僭越”，因此，对于理性企图能达到终极实在的非法僭妄必须加以严格“限制”，并因此而拒斥“独断论”，这就是批判的目标：“只有批判才能根除唯物论、命定论、无神论、无信仰、狂信与迷信，这一切都是能够成为普遍有害的；而且还要根

① ［德］康德：《纯粹理性批判》，韦卓民译，华中师范大学出版社 2000 年版，第 5—6 页。

② 同上书，第 5 页。

③ 同上书，第 40 页。

④ 同上书，第 4 页。

除观念论与怀疑论。”①

当代哲学界普遍承认，“把现今的哲学和以往的哲学联系起来的许多历史线索中，对康德的哲学关系具有特别重要的意义”，而其中，“康德对于有关实在的知识的说明和他对于理性形而上学的批判，形成了认识论和形而上学历史上的转折点”。② 推进康德对“终极实在”的批判，构成了当代哲学的重大主题，这集中体现在如下三个方面：

第一，从存在论的角度揭露形而上学思维方式对终极实在迷恋的无根性和虚无性，从而动摇人们对于终极实在的迷信。

这一方面的代表无疑首推尼采和海德格尔。尼采以一声“上帝死了”开启了现代哲学的大幕，他把自苏格拉底、柏拉图等人以来的对绝对“存在”和绝对“实体”的寻求视为哲学史上最大的骗局，因为这样一个“超感觉”的先验的彼岸世界是根本不存在的，唯一存在的世界是此岸的、感官的、“生成中”的世界，而这一世界根本上是“权力意志”的产物。海德格尔高度肯定尼采所完成的“形而上学的颠倒”，并进一步从基础存在论的立场出发，确认了“虚无主义”作为传统哲学必然命运的意义：“虚无，在这里指的是，超越感觉的强制性世界之缺席”，“虚无主义，从其本质上想来，乃是西方历史的基本运动……那些幻想自己与虚无主义无关的人们也许最根本地推动了虚无主义”，③ 传统形而上学对超感觉的、先验的“在者”的寻求，乃是奠定在一个无根的沙滩之上，当传统哲学自以为为人类价值奠基之时，其实质乃是在形塑一个一推就倒的虚假偶像，因此，海德格尔要借助着现象学方法，剥除覆盖在人身上的种种蒙蔽，使人无所隐藏地显现出来，以展示其存在的实有性和真实性，而这种实有性和真实性所显露的其实正是人的“无家”性和“虚无”性，人作为难逃一死的有限存在者，始终在虚无的悬临中展开自己的生存。

第二，从解释学的立场出发，以“解释学意识”消解传统形而上学思维方式及其“元意识”。

---

① ［德］康德：《纯粹理性批判》，韦卓民译，华中师范大学出版社 2000 年版，第 28 页。

② ［联邦德国］施太格缪勒：《当代哲学主流》上，王炳文等译，商务印书馆 1986 年版，第 16 页。

③ ［德］海德格尔：《人，诗意地安居》，郜元宝译，远东出版社 1995 年版，第 42—43 页。

这一传统的开创者无疑是伽达默尔，他所奠定的哲学解释学所直接针对的是传统哲学对于“终极存在”和“终极解释”的期待以及它企图把握世界“原义”这一根深蒂固的形而上学情结。贯注解释学意识，意味着无条件地承诺：人的理性总是历史性的或处于某种特殊境遇中的理性，历史性和有限性构成了人的理性乃至人的整个存在的内在本性，因此，人面对世界时的立场总是一个“有限”的而不可能是一个“无限”的立场，立足于这种“有限性立场”，人对一切本文的理解必然是“有限的”而不能是“无限的”，人们不可能超越理解者的历史性、不可能超越理解者与理解对象之间的“历史间距”，而达到对传统哲学所许诺的那种“无限的绝对”的把握。

第三，通过摧毁和解构一切深度模式，从而使一切基础主义的渴求和绝对实在的追求成为不可能。

这一方面的代表无疑是后现代主义哲学家们，他们充分利用“语言学转向”的成果，并把它推向了逻辑的极致：既然语言并不再现世界，语言就是世界本身，语言的界限就是我们的世界的界限，我们就决不能站在语言之外去谈论和认识这个世界，去把握一个不以语言学描述为中介的“实在”，那么，所谓“实在”就不是一种现成的存在，而是由我们的语言所构成和创造出来的，那种超出语言、去设定和追寻一个绝对的、超验的世界的企图在根本上就是一种僭妄，所谓“绝对实体”“终极存在”等也不过是子虚乌有的虚构。以德里达为例，他以能指的延异之流实现了文本意义的无限延宕，他的名言是“文本之外无世界”“世界即是文本”，脱离文本来设定所谓的“世界”不过是“在场形而上学”的独断虚构，这样，“语言”与“实在”之间失去了任何真实的联系，语词的“意义”只能在一个语言的网络中，在文本的上下文，即“互文”之间才能获得，也就是说，语词的意义只能存在于文本这一“无底棋盘”的游戏之中，而这等于宣告了本原的、“绝对”的意义的死亡。

当代哲学中的上述这些流派的许多具体观点并不相同，有一些方面和倾向我们并不完全同意。但是，对终极实在的一致拒斥，构成了它们的“家族相似”特征（事实上，这个“家族”还应包括实用主义、过程哲学、反实在论等）。这种家族相似性决不是偶然的，它集中体现了当代哲学这样一种自觉意识：传统形而上学对“终极实在”的迷恋乃是人的“幼稚状态”的标志，摆脱幼稚状态，走向人的成熟状态的前提就在于彻底地废除“神化的世界”和“神化的自我”的残余，不再屈从于“终极实在”的诱惑并清醒地意识到其虚幻性。

二　当代哲学对“非历史”的“终极状态”教条的破除

传统形而上学的另一根本特征是它相信，人的生命生存和社会发展将能一劳永逸地摆脱现存状态的有限性，达到一种非历史的“终极状态”。这种“终极状态”具有这样几个特点：（1）终极性，这一状态是至终究极的，它扬弃、涵盖和超越了所有“小目标”，对于一切“难题”具有“最后解决”的意义。（2）至善性，这一目标在价值上是无瑕疵的，它克服了一切错谬和污点，具有绝对纯粹性和完美性。（3）无矛盾性，这一目标拒绝一切人性摩擦和冲突，它意味着一切人性矛盾均实现彻底和解并达至和谐无碍的境地。（4）非历史性，当这一状态被最终实现时，也就意味着“历史的终结”，人从此可以摆脱历史的炼狱而抵达人与自然、人与世界、人与自身的“本质的同一”之境。

当代哲学通过对人的生存的“历史性”、人的理性的“有限性”和人的各种生存价值之间的“矛盾性”这三个维度的揭示，使得传统哲学对“终极状态”的追求充分暴露了其虚幻性。

对人的“历史性”的自觉意识和阐发，这是20世纪以来哲学所取得的最为重大的进展之一。海德格尔对此作出了奠基性的贡献：他第一次以一种原创性的方式深刻地阐明了这一点：时间性和历史性乃是人的生存的本源性结构，只有在时间之内的东西才是现实的，超时间的、非时间性的东西只能是抽象的。在海德格尔看来，此在的本性就是“生存”，“生存”所意味着的就是“显现”和“生成”，而“显现”和“生成”，表明人这种特殊的存在者不是某种先验本质的实现，而总是向未来展开自己的可能性。对于此在而言，“未来”不是一种无限的、线性时间的均匀延伸过程，而是一种“有限的未来”：人是一种会“死”的存在者，“死”限制并决定着此在的可能性，“死亡作为此在的终结乃是此在最本己的、无所关联的、确知的，而作为其本身则不确定的、超不过的可能性”。[①] 此在本真的时间是有终的，正因为这种有终性，此在之筹划和领会才获得了整体性。此在的“有死性”和“必死性”清楚地表明，此在的生存是“有限”的，没有谁可以超越死亡而进入“不朽”，这一点，注定了所有的人面对死亡，都是毫无差别的，谁也不能超越死亡、站在一个永恒的、超历史的立场来进行思考、行动与生活。

如果“时间性”和“历史性”构成了“‘存在’的任何一种一般性领悟得以可能的境域”,[②] 那么，那种企图逃避时间和历史而进入永恒的形而上学幻想充分暴露出了其虚妄，它启示人们：人要摆脱“幼稚状态”并走向真正的“成熟状态”，就必须抛弃对“终极状态”的幻想，诚实而坦然承认并面对人的生存的这种“历史性”和“时间性”，并在这种“历史性”和“时间性”中有尊严地度过有限的一生。

对人的“理性有限性”的揭示，是当代哲学批判“非历史”的“终极状态”的另一重要维度。纵观当代哲学史，尼采、基尔凯郭尔、海德格尔、萨特、雅斯贝尔斯等以人的本源性的“生存”来证明“理性”的第二位性和派生性，德里达、福柯、利奥塔等“后现代主义”哲学家以种种后现代主义的解构策略来拆解“理性”的中心地位，詹姆斯、杜威、罗蒂等新老实用主义哲学家从具体的、历史的生活实践出发对抽象的、脱离具体生活情境的抽象理性的抛弃，波普尔、库恩、拉卡托斯、费耶阿本德等通过对科学知识及其演化史的解释学解读对绝对的、客观主义理性的批判，弗洛伊德等心理哲学家通过无意识层面的深入研究对理性中心主义的颠覆，等等，而在所有这些哲学家中，哈耶克无疑是值得引起特别关注的人物。

哈耶克之所以值得特别关注，是因为与其他人相比，他更为自觉地把“通向人的奴役之路”和“通向人的成熟之路”与关于理性的两种观点，即“建构理性”的观点和“进化理性”的观点分别对应起来并予以自觉的反思。

所谓“建构理性”的观点，就是认为理性能够自觉支配、规划和设

① ［德］海德格尔：《存在与时间》，陈嘉映、王庆节译，生活·读书·新知三联书店1987年版，第310页。

② 同上书，第1页。

计社会进程的一种观点，它假定“散布于众人中间的全部知识，假如能够被一个头脑所掌握”,[①] 这个“全知”的“头脑”凭借头脑里的理念、知识和模型，来描画人间最新最美的蓝图，从而“自觉地”来支配社会历史，把人类引向一个终极完美的状态。在此意义上，“建构理性”代表着“一种超级理性主义，一种让某个超级头脑控制一切事物的要求”,[②] 因而是一种“无限”的、“没有边界”的理性。与此不同，“进化理性”是一种“有限”“有边界”的理性，其核心观点是：个人的理性是有限的和不完备的，各种实在的生活方式和社会制度，如道德、语言、法律等并不是人类智慧预先设计的产物，而是以一种累积的方式自然演进而来，社会和历史的发展不是根据全知的理性设计规划出来的，而是在不断试错过程中缓慢演化而来的。因此，人的理性并不具有“自觉的”支配社会和历史的能力，人的“终极状态”的设计和规划决非人的理性所能达到。

哈耶克在其卷帙浩繁的著作中，向我们展示了“建构理性主义”与“通向奴役之路”之间的内在关联。他把这种无限的理性称为“致命的自负”，论证了这种无限理性落实到实践上，必然导致人的自由的丧失和“通向奴役之路”的命运。哈耶克并不否定理性，他所强调的是：“人类的理性要理性地理解自身的局限性，这也许是一项最为艰难但相当重要的工作。我们作为个人，应当服从一些我们无法充分理解但又是文明进步甚至延续所必需的力量和原理，这对于理性的成长至关重要”[③]，对于人来说，最重要的任务就是“认识个人的自觉理性所能成就的事物之范围”。[④] 也就是说，真正的理性是知道自身有限性和边界的理性，“自知自己无知”乃是智慧的开端，也是人通向自由之路的开端。

最后，当代哲学对“终极状态”的反思和批判所取得的另一重大成果就是对人的各种生存价值之间“矛盾性”的自觉。在此方面，我认为英国哲学家伯林作出了开拓性的贡献。

如前所述，在“终极状态”的追求和设计中，包含着一种消除一切

---

① ［英］哈耶克：《科学的反革命：理性滥用之研究》，冯克利译，译林出版社 2003 年版，第 49 页。

② 同上书，第 93 页。

③ 同上书，第 96 页。

④ 同上书，第 260 页。

矛盾和摩擦，实现各种价值的彻底和谐统一的愿望，它假定，所有的价值不仅和谐共存，而且相互包容："宇宙有个单一目的，缘此目的，一切现象底下有个根本的统一……要之，一旦发现，就能为人生如何过的问题提供最终的解决方案"，[①] 所有不同的价值都"在一个单一、完美的整体中相互关联，或至少彼此相容"。[②]

伯林在思想史和哲学史上以一种前所未有的清晰有力的方式，表明了这一点：人类的各种价值之间存在着难以完全彻底和解的不相容性和冲突性，人类追求的各种"好"、各种"善"之间并非一个有机的统一体，而是充满矛盾性和不可通约性。"善"与"善"之间、"真"与"善"之间、"真"与"美"之间、"善"与"美"之间，等等，并非"有机的"和谐统一，而往往存在着难以克服的冲突和矛盾，人们为了促进"平等"和"民主"，往往不得不"以牺牲个人自由作为代价"，为了"成就艺术"而"牺牲平等"，为了"促成仁慈"而"牺牲公正"，为了"促成自发性"而"牺牲效率"，为了"幸福、忠诚与纯洁"而"牺牲真理与知识"。[③]

在伯林看来，面临价值冲突的两难境地，这是人生活的常态，也是人永远不可能摆脱的生命实情。因此，人所面临的一个不可克服的基本命运便是"选择"和"舍弃"，在各种冲突的"好"和"价值"中、在不相容的诸种"理想事物"中选择所欲的价值，舍弃和牺牲虽然所欲却不可兼得的价值，人的"目的是相互冲撞的，人不可能拥有一切事物……于是，选择的需要，为着一些终极价值而牺牲另一些终极价值的需要，就成为人类困境的永久特征"。[④]

承认终极价值的矛盾性和冲突性，必然抛弃那种诸价值和谐统一的"终极状态"。"选择"和"舍弃"是人的必然命运，那么，这也就意味着，生活总有遗失和缺陷，在作出选择的同时，必然要求付出相应的代价，因而也就根本不存在终极的、完美的"圆满"的状态，"既然没有一种解决方案是保证不会错的，那么，也就没有一种部署是终定的"。[⑤]"终

① ［英］伯林：《俄国思想家》，彭淮栋译，译林出版社2003年版，导论第3页。

② ［英］伯林：《自由论》，胡传胜译，译林出版社2003年版，第4页。

③ 同上书，第47页。

④ 同上书，第49页。

⑤ 同上书，第103页。

极状态”完全建立在人最终可以无须选择、无须舍弃、无须付出代价这一假定的基础上，而事实上，这一假定是根本不能成立的，因而终极状态的诉求与人现实生活的本性是正相悖逆的。正确的态度只能是：拒斥“终极状态”的诱惑，在价值之多中认真选择并服膺自己之一，同时并尊重别人所选择的价值，真正以一种“和而不同”的状态代替“同而不和”的“终极状态”，这正是文明人，即自觉走上“成熟之路”的人的标志。

三　当代哲学对“历史剧本”迷信的消解

传统哲学的另一深层信念是认为人与社会历史是遵循着某种先验的必然性运行的目的论过程，它相信人与社会历史如同一个按照预定的“脚本”而展开自身的戏剧，这一“脚本”规定了这出戏剧的情节、人物的演出、中间的过程以及要达到的高潮和结局，严格执行“脚本”的要求，展开“脚本”的“故事”，便能演出威武雄壮的“历史活剧”，并达至终极的完美状态。

不难发现，这种“历史脚本”的观念与前面两节所讨论的“终极实体”的观念和“终极状态”的观念是分不开的。“终极实体”的观念是后二者最深层的理论基础，后二者是“终极实体”在不同方面的体现，如果说对“终极状态”的迷恋侧重于“结果”方面，那么对“历史脚本”的迷恋则侧重于“过程”方面。这三者的关系，形象地说，“终极实体”如同“圣父”，“终极状态”如同“圣子”，“历史剧本”则如同“圣灵”，三者三位一体，互相支撑和映现。因此，揭露“终极实体”和“终极状态”的虚幻性，也必然内在要求揭露“历史脚本”的虚幻性。

围绕着这一课题，当代哲学取得了三个方面的重大成果。

其一，通过揭示社会历史与自然界的根本差别，深入反思和批判了“历史脚本”信念的理论本性，从根本上证伪“历史脚本”观念的合法性。

20 世纪许多哲学家认识到，“历史脚本”信念背后所隐含和运用的是一种“客观主义”和“科学主义”的方法论，根据这种方法论，社会历史与自然界一样遵循着某种必然的“自然规律”，其基本逻辑是：既然“自然界如此如此，那么，社会历史也如此如此”。由此所造成的后果便是把历史“主体化”和“人格化”，即历史被视为一种与人无关的、有着自身“独立人格”的进化过程，它有着属于自己的节律和环节，人的干预和参与无法改变历史的这一客观演化规律，人需要去做的就是认识和把握这一规律，根据这一规律去预测未来、理解过去和现在，并由此而决定自己的行动和选择。

在这一点上，哈耶克的观点颇具代表性。他以圣西门、孔德等人作为“历史剧本”迷信的代表，深入指出了“历史剧本”迷信背后的科学主义和客观主义根源。孔德将社会学划分为静态社会学与动态社会学，前者研究社会现象的共存规律，后者研究社会的必然进化过程中的顺序规律。哈耶克指出，这种观念完全是建立在一种科学主义和客观主义的幻觉之上，即把精神现象当作像物理现象那种意义上的客观事物来对其进行观察与控制，而这一幻觉的奠基者便是孔德的老师圣西门，他“第一次把现代科学组织者的几乎所有特点集于一身。对物理主义和采用‘物理语言’的热情，统一科学并使其成为道德基础的努力，对一切‘神学的’即拟人论的推理方式的蔑视，组织别人的工作的欲望（特别是通过编一部伟大的百科全书），用普遍的科学方式规划生活的愿望，无不表现其中”。① 对这种立场的本质，哈耶克以“科学的反革命”来予以概括，如果说“革命”意味着“创新”和“超越”之义，那么，“反革命”则意味着对创新和超越的抑止，用一种科学主义和客观主义的方式来理解社会历史，完全抹杀了社会历史区别于自然界的特殊性，由此造成的结果就是人的自由被大规模的社会改造工程所扼杀，从而导致重大的社会灾难。

其二，与上述内在相关，当代哲学对“历史剧本”迷信的批判的另一重大进展是对社会历史演化中的“偶然性”和“机缘”的自觉。

“自由”是对“必然”的自觉，体现在社会历史观上，自由就是对历史法则和规律的自觉，这是长期被人深信不疑的信念。然而，舍斯托夫指出，必然性“不听劝说”又“不可战胜”，面对“必然性”，人根本无法主动地支配，而只能被动地顺从，“无论难受不难受，痛苦不痛苦：应当

---

① ［英］哈耶克：《科学的反革命：理性滥用之研究》，冯克利译，译林出版社 2003 年版，第 140—141 页。

服从并放弃徒劳无益的斗争，也就是必然停止”，[①] 在此情况下，人的自由哪还有存身之所？更严重的是，由于人面对“必然性”时的无能为力，结果将为少数人以必然性为名剥夺个人自由提供合法性根据，从而带来现实的苦难：既然必然性是至高无上的，真正值得关心的是历史发展的必然趋势，那么，个人究竟是得福还是受苦，那都是没有历史意义的，至于有多少人被轧在历史车轮之下，历史是不需要予以关心的。“必然性”犹如一堵巨大的铁门，把个人的自由和幸福彻底阻截开来。自称为“反讽的自由主义者”的罗蒂与作为宗教哲学家的舍斯托夫有着重大的差异，但他对必然性的批评与舍斯托夫却是一致的，他明确建议：“不再崇拜任何东西，不再把‘任何东西’视为具有准神性，从而把所有东西——我们的语言、我们的良知、我们的社会——都视为时间和机缘的产物”，[②] 所谓“自由”，就是对“偶然的承认”[③]，只有承认“偶然性”和“机缘”在自我和社会历史成长中的作用，才会有真正的自由：“一旦我们把我们的语言、我们的良知，和我们最崇高的希望视为偶然的产物，视为偶然产生出来的隐喻经过本义化的结果，我们便拥有了适合这理想自由主义国家公民身份的自我认同”，[④] 在罗蒂看来，对社会历史必然性的迷信，“是因为企图超越时间、机缘和自我再描述，企图发现一个更伟大的东西来取代这些东西”，[⑤] 而“发现一个更伟大的东西”，也就意味着寻找一个神化的权威，来代替人们在现实生活中自由的选择、创造和人们之间自由的交往。

其三，当代哲学对“历史剧本”迷信批判所取得的又一重大成果是对“风险社会观”的阐发。

“风险社会”理论由德国社会理论家贝克最早提出，其后拉什、吉登斯、阿赫特贝格等人从不同角度予以发挥和具体化，逐渐形成一种解释现代社会本性及其发展的一种具有重大影响力的解释范式。所谓“风险”，贝克指出：“风险是一个指明传统终结和自然终结的概念。或者换句话

---

① ［俄］舍斯托夫：《雅典和耶路撒冷》，张冰洋译，学林出版社 2000 年版，第 4 页。

② ［美］罗蒂：《偶然、反讽和团结》，徐文瑞译，商务印书馆 2003 年版，第 35 页。

③ 同上书，第 69 页。

④ 同上书，第 89 页。

⑤ 同上书，第 141 页。

说：在传统和自然失去它们的无限效力并依赖于人的决定的地方，才谈得上风险。风险概念表明人们创造了一种文明，以便使自己的决定将会造成的不可预见的后果具备可预见性，从而控制不可控制的事情，通过有意采取的预防性行动以及相应的制度化的措施战胜种种发展带来的副作用"，[①]从这一定义可以看出，"风险"不同于"危险"，危险是由外在的因素导致的，而"风险"则是在"传统和自然失去它们的无限效力并依赖于人的决定的地方"，因而它是由人的活动、人的行为和决断所决定的。吉登斯指出，晚期现代性最为重大的两个特性，一是时间与空间的分离和"脱域"机制的发展，这使得人们的社会关系从彼此互动的地域性关联中脱离出来，跨越广阔的时间—空间距离去重新组织社会关系；二是人类与物质环境之间关系的性质发生了重大变化，现代人所生活于其中的不再是如传统社会一样的"自然环境"，而是一个"人化环境"或者"社会化的环境"。前者意味着，资源和服务将再也不受地域的控制，"因此就不可能由地方上将其用来应付偶然的突发事件；而且也存在着这样的风险，即机制作为一个整体动摇了，因而影响着每一个使用它的人"，[②]后者意味着，人的每一个观念和行动都有可能"制造"出对未来生活产生重大影响的风险，从而使得现代社会所面临的风险的绝对数量大大增加。各种生态灾难、核危机、恐怖活动、军备竞赛……所有这些，都构成了我们这个风险社会的内在组成部分，人类那些"不合理"的与似乎"合理"的实践活动，每天都在生产着各种无法预料的风险，我们的生活时刻与它们相伴，它们不仅远离了我们个人的控制，而且也远离了组织、团体甚至国家的控制，成为现代人难以驾驭的力量。我们进行一种活动，实现了一种自以为美好的目的，于是乎便认为人们所进行的活动是"正确"和"安全"的，然而，这种活动的结果就如同一道神秘的大门，时过境迁，打开一看，迎接我们的却是一个始料未及的风险难测的景观，——这就是我们所生活于其中的"现代社会"的特性。

既然由于人的活动所决定的"风险"是现代社会内在的组成部分，那么，"历史剧本"神话所假定的"历史必然性"就失去了其存在的合法

---

① ［德］贝克：《自由与资本主义》，路国林译，浙江人民出版社2001年版，第119页。

② ［英］吉登斯：《现代性的后果》，田禾译，译林出版社2000年版，第111页。

性。在人的活动所潜存的种种风险以及由于这种风险所带来的“不确定性”面前，人们所应该做的是进行“风险治理”以尽可能地减少风险带来的不良后果，并为自己的每一个行动承担起必要的道德责任。如果坚守“必然性”的教条而无视现实和未来的“不确定性”，那么等于人们甘愿做逃避现实的鸵鸟，在莫测的环伺的种种风险面前完全失去抵御能力。

就此而言，“风险社会”理论就决不仅仅是一种社会学理论，不仅仅是“社会理论中的一个局部论点的修正，而是整个社会理论的调校”，① 它“强化了韦伯所谓的现代性即‘神义论’转变为‘人义论’的论点”，② 所谓“神义论”，即相信社会历史由一个超人的神性的力量所支配和决定的观念，而“人义论”把人自身的实存和活动作为人的生存状态的根据，它意味着：“风险社会指明工业主义的一个不可把握的阶段，这个阶段更为现代，并且疑虑笼罩，因为它处于人为制造的自我毁灭的可能之阴影中，提出了自我限制的主题。这才是风险社会概念的新意”，③ 在此意义上，“风险社会”宣告了那种认为社会历史由某种“神性”的必然力量支配的“神义论”合法性的丧失。

（原载于《中国人民大学学报》2006年第5期）

---

① 刘小枫：《现代性社会理论绪论》，上海三联书店1998年版，第50页。

② 同上。

③ 同上。

“内在超越”与哲学的批判本性

批判性是哲学最根本的理论性质之一。长期以来，虽然哲学史上不同哲学家和哲学派别对哲学批判本性的具体理解不尽相同，但都共同渗透和体现着哲学特有的批判精神。苏格拉底自称“雅典的牛虻”，康德把其哲学明确称为“批判哲学”，马克思更是明确认为“辩证法在本质上是革命的和批判的”，等等，都以不同的方式表达着对哲学批判本性的理解与认同。然而，在当代哲学中，哲学的“批判性”本身却反而成为一个不断遭遇“批判”的问题：哲学的“批判性”是否应该走向终结？哲学批判的立足点、标准和根据是什么？如何理解哲学批判性的功能与旨趣？这一系列前提性问题被不断提出来，使得哲学的批判性面临空前的挑战。

一 “外在超越”与“哲学批判”的困境

哲学的批判性何以成了问题？当代哲学对哲学批判性进行质疑的深层背景与根源究竟是什么？要对哲学的批判性进行自我辩护，这是必须回答的首要问题，而要回答这一问题，就必须反省传统形而上学所代表的哲学批判方式。

在基本的解释原则和思维方式上，传统形而上学的哲学批判是一种以“外在超越”为根据的“外在批判”。“超越”是传统形而上学的基本主题，超越现存感性世界，去寻求不同于“现存世界”的“本质世界”，超越“在场”的东西，去追求“不在场”的东西，超越当下的东西，去追求“非当下”的超验存在，这种“超越意识”是哲学自产生起就禀赋的精神气质。很显然，在这种超越意识中，已经蕴含了对现存世界的批判态度。但是，传统形而上学的超越在根本上是一种“外在的超越”，它建立在一系列二元对立的基础上：现象与本质、虚妄与真实、潜能与实现、不自由与自由等，在这二元关系中，前者代表着超感性的、永恒的、普遍性的世界，构成了后者的"本质"和"生命"。以这种"外在超越"为根据，哲学的批判必然是一种"外在批判"。

"外在批判"是一种把哲学批判的立足点先验化与绝对化的批判方式。批判活动需要批判的"出发点"和"标准"，只有确立了这种"出发点"和"标准"，"批判"才会获得自身的根据和尺度。按照上述形而上学的超越方式，确立批判的立足点和标准并实行有效的哲学批判，最为关键的是超越有限的感性世界，发现一个永恒、终极、普遍性的超感性世界，超感性的世界代表着真理、至善与正义，因而具有充分的合法性来充当哲学批判的根据和尺度。以此为出发点，哲学就将获得对一切进行批判的话语权与制高点，哲学作为特殊的"超级学科"的地位因此将得以确证。批判的对象是现实世界，但为了批判能够批判现实世界，它要到现实世界之外寻求一个阿基米德点，并从它出发来实现对现实世界的批判。通过否定现实世界来寻求批判的立足点，这是传统形而上学在回答和解决"批判何以可能"问题上所遵循的基本思路。

在哲学史上，柏拉图通过"两个世界"的区分来寻求批判立足点的定式，开创了长期占据主导地位的批判范式。他的"理念论"被称为西方经典"理想主义"的奠基地，其真实意义在于它确立了对于可见的感性世界的批判维度，可知的理念世界代表着纯粹的、必然的、普遍性的真理领域，它为哲学超越感性世界、批判后者提供了先验的标准与尺度。对此，海德格尔概括道："自晚期希腊和基督教对柏拉图哲学的解释以来，这一超感性领域就被当作真实的和真正现实的世界了。与之相区别，感性世界只不过是尘世的、易变的、因而是完全表面的、非现实的世界。尘世的世界是红尘苦海，不同于彼岸世界的永恒极乐的天国。如果我们把感性世界称为宽泛意义上的物理世界（康德还是这样做的），那么，超感性世界就是形而上学的世界了。"① 通过"感性世界"与"超感性世界"两个世界的区分，来寻求哲学批判的终极立足点和根据，这一"柏拉图主义"的批判范式在哲学史上产生了极其深远的影响。

① 《海德格尔选集》下，孙周兴选编，上海三联书店1996年版，第770—771页。

在哲学史上最明确把“批判”作为哲学重大的理论功能和任务并对此进行系统论述的哲学家是康德，康德对“哲学批判”的重大意义和价值给予了极高的期许和评价：“谁尝到了批判的甜头，谁就会永远讨厌一切独断论的废话。”[①] 通过批判，破除教条主义的迷梦，重建“科学的形而上学”，是“批判哲学”的重大目标。那么，以何种方式、从何处寻求批判的根据和立足点呢？对此，康德在《未来形而上学导论》中明确回答：“我希望这篇《导论》也许会激活批判领域中的研究，而且给在思辨方面看起来缺乏食粮的普遍哲学提供一种新颖的、充满希望的营养品时，我事先就能够想象：凡是对我在《批判》中给他引导的荆棘之路感到厌倦和恼怒的人，都将问我凭什么抱有这种希望。我的回答是：凭不可抗拒的必然性规律。”[②] “不可抗拒的必然性法则”，即“先验原则”，在认识领域，它体现为“先验自我”的立法原则，在实践领域，它体现为道德的“绝对命令”与先验的道德法则。在此意义上，康德哲学批判的出发点和根据仍然是一种“永恒秩序”，一种“长存的人类思想中性框架”，[③] 他与传统形而上学一样遵循着“外在批判”的思维路数，因而并没有超越上述柏拉图主义的批判范式。

通过如上讨论，我们可以这样简要概括传统形而上学对哲学批判理解的基本特点：第一，外在于现实世界的、超历史的先验框架或永恒实体，构成了批判的根据和标准。第二，理性与感性、本质与现象、无限与有限、善与恶等之间的两极对立，构成哲学批判的基本理论前提。第三，以绝对的、先验和永恒的先验框架与永恒实体为不可动摇的阿基米德点，对处于此岸的、历史中的现实存在进行裁决，构成批判的基本方式。这三者集中反映了传统哲学以“外在超越”为根据的“外在批判”性质，同时也充分暴露了其内在困境。

首先，“外在批判”赖以成立的根据具有虚幻性。“外在批判”试图以普遍、终极的先验实体或者永恒的先验框架作为哲学批判的最高依据和尺度，然而，这一依据和尺度恰恰是最不可靠的无根的虚构。从各个层面

---

① 《康德著作全集》第 4 卷，李秋零主编，中国人民大学出版社 2005 年版，第 371 页。

② 同上书，第 373 页。

③ ［美］罗蒂：《哲学和自然之镜》，李幼蒸译，生活·读书·新知三联书店 1987 年版，第 13 页。

揭示这一先验实体和框架的虚幻性并对它进行全面的拆解和解构，是现当代哲学最为重大的成果之一。维特根斯坦等人通过“语言批判”揭示了这一先验实体和先验框架的无意义性，尼采和海德格尔等人从存在论角度揭露传统哲学“绝对意识”的无根性和虚无性，伽达默尔等人以“解释学意识”揭示了它对人的历史性的遗忘，后现代主义哲学家们从各自侧面对它代表的“逻各斯中心主义”和“在场形而上学”的全面摧毁和解构，等等，使得“外在批判”赖以成立的根据陷入了瓦解和崩溃，而随着崩溃和瓦解，“外在批判”也必将成为空中楼阁。

其次，“外在批判”是一种“独断”和“独白”的批判。“独断”指这种批判因其所包含的“非批判性”而具有的内在悖论。“哲学批判”要得以成为可能，必须寻求和获得一个外在的立足点，这一立足点具有超越时间和具体条件的绝对的、永恒的、先验的性质，代表着不容置疑的、终极的真理，因此它是免于批判、拒绝反思的。哲学以此为基点对一切进行“无情批判”，然而却赋予自身免于批判的特权，这意味着哲学的批判性包含着深刻的内在悖论：它以“批判性”作为出发点，却对自身持完全“非批判”的态度，这充分说明了哲学批判的独断性。“独白”所指的是这种批判所具有的“封闭性”和“排他性”，随着先验的实体和永恒的框架被确立为批判的立足点和根据，哲学成为高居于所有具体科学的超级学科，哲学家成为超越芸芸众生、掌握着哲学批判话语权的特殊人物，正如马克思所说的：“哲学家们把一切谜底都放在自己的书桌里，愚昧的凡俗世界只需张开嘴等着绝对科学这只烤乳鸽掉进来就得了。”①

最后，与前述二者内在相关，“外在批判”是以否定现实世界、把现实世界虚无化作为起点和归宿的。理性与感性、本质与现象、无限与有限、善与恶、永恒与变动等的两极对立意味着，现实世界是卑污、愚昧和无意义的，它需要通过哲学批判，实现自我否定和自我救赎。以“永恒极乐世界”为根据和尺度来批判“红尘苦海”，表明现实生活是不值得过的，同时也包含着这样的承诺：通过“哲学批判”，将否定和超越现实世界，把现实世界提升到永恒、先验的本质王国。对此，马克思概括道：“哲学家——他本身是异化的人的抽象形象——把自己变成异化的世

① 《马克思恩格斯全集》第47卷，人民出版社2004年版，第64页。

界的尺度",[①] 以这种尺度来批判现实世界，所表现的不过是“唯灵论的狂妄自大”。[②]

上述内在困境集中反映了“外在批判”的深层危机，并提出了一系列严峻的课题：如果仍然坚持哲学的批判性，那么它究竟在何种意义上成为可能？哲学批判性的真实根据和立足点究竟是什么？

二 “内在超越”与“哲学批判”的可能性

以“外在批判”为根据的哲学批判由于其“外在性”，被证明是一种无根的、独断和独白的、以否定现实生活世界为根底的批判。要克服哲学批判性的这一深层困境，就必须克服“外在超越”的哲学前提和思维方式，寻求批判的真实立足点。

毫无疑问，要实行有效的批判，哲学必须展开其“超越性”的视野，这是哲学批判成为可能的重要前提。但如前面所论证的，这种超越又不能是绝对的外在超越。这就要求在保持哲学超越性视野的同时，消解其外在性及其由此所带来的抽象性与独断性，实现从“外在超越”向“内在超越”的转换。

哲学的“内在超越”要求哲学批判的立足点发生重大的位移，即从寻求现实世界之外的彼岸的超验理念转向寻求内在于现实世界之中的超越维度。然而，按照传统哲学二元对立的思维方式，既内在于现实世界又超越现实世界，这是自相矛盾的无意义的废话。因为哲学作为最高真理，其权威和尊严正体现在对后者的绝对超越和否定之中，坚持前者，就必然否定后者。这表明，要寻求哲学“内在超越”的可能性，一个重大前提是变革上述两极对立的传统哲学的思维方式。

哲学不仅是“内在”于现实世界的，同时还必须是“超越”现实世界的。如何在“内在”中实现“超越”，是捍卫哲学批判性所面临的最富挑战性的课题。综观当代哲学，围绕这一课题，我们认为有三条思想的进路值得我们高度重视。

---

① 《马克思恩格斯全集》第47卷，人民出版社2004年版，第318页。

② 同上书，第313页。

一是现象学的思路。胡塞尔把现象学理解为一种新的哲学方法与思维态度，在这种哲学方法与思维态度中，始终贯彻着"内在超越"的精神。胡塞尔说道："超越显然具有双重意义。它或者可能是意指在认识行为中对认识对象的非实在含有，以至于'在真正意义上被给予'或者是'内在地被给予'被理解为实在地含有；认识行为、思维具有实在的因素，具有实在的构造性的因素，但思维所意指的、所感知的、所回忆的事物却只能作为体验，而不是实在地作为一个部分，作为真实地在其中存在着的东西在思维自身之中被发现"①；这种超越性所意指的是"绝对意义上的自身被给予性。这种排除任何有意义的怀疑的被给予的存在是指对被意指的对象本身的一种绝对直接的直观和把握，并且它构成明证性的确切概念，即被理解为直接的明证性"；除此之外，还有另一种"超越性"，这种"超越性"是一种"虽然指向或指向对象，却不自身直观的认识"，在这种认识中，"我们超越了真实意义上的被给予之物，超越了可直接直观和把握的东西"。② 在胡塞尔看来，前者是"内在的超越"，而后者则只是"外在的超越"。"内在的超越"是现象学所追求和认可的超越形式，而"外在的超越"则是预先设定了超越之物，这种未经认识批判的"预先假定"是一种非法的僭越，它"使问题的本来意义永远不得明白并且在超越中消失"，③ 传统形而上学即是这种超越的典型样式。很显然，胡塞尔对内在超越的理解还带有浓厚的主观主义与意识哲学的痕迹，在其后来者，如海德格尔、舍勒那里，"内在超越"逐渐摆脱了意识哲学和主观主义的倾向而获得了新的意义，前者把内在超越视为此在面向未来的生存活动本性，后者把内在超越视为人的生存性情感的意向性特质。虽然现象学家们对待现象学的具体态度和观点各不相同，但在消解传统形而上学外在超越的思维取向上是一致的，可以说，"内在超越"构成了"面向实事本身"的"现象学精神"的核心。

二是辩证法的理路。这一理路试图以辩证的方式，把"内在"与"超越"视为辩证运动的本体否定性统一的两个环节和方面。这一理路的

① ［德］胡塞尔：《现象学的观念》，倪梁康译，上海译文出版社1986年版，第33—34页。
② 同上书，第34页。
③ 同上书，第37页。

奠基者无疑是黑格尔。黑格尔把“否定”理解为精神本体的本性，这种“否定”是“辩证的否定”，也就是说，它不是外在的强制，而是精神自身内在的渴望和冲动因而是一种“自否定”，通过自我否定实现内在的超越，是精神活动的固有功能和特性。精神的这种辩证否定本性克服了知性形而上学的外在超越性质，从而使得“内在超越”成为精神本体的存在和活动方式。后人对黑格尔把精神本体为根基的思辨唯心主义立场进行了多方面的十分深刻的批判，但黑格尔对“内在”和“超越”关系的这种辩证理解方式一直影响深远，人们把黑格尔的精神本体转换成历史（如卢卡奇），转换成“人的存在”（如萨特）等，但无论“历史”，还是“人的存在”，都被赋予了辩证的“内在超越”性质，“内在”与“超越”通过辩证的中介得以内在统一起来。在此方面，马克思以实践活动为基础、“以批判旧世界中发现新世界”为核心主题的哲学观同样鲜明地体现了这一理路，并作出了重大贡献。对此本文将在后文专门进行讨论。

三是实践哲学的理路。与前二者相比，这一理路更多地强调哲学理论平台与思维范式的转换，它与上述二者存在交叉之处，但又具有独立品格和自成一体。在它看来，传统哲学“外在超越”的根源在于其理论哲学的思维范式，超越这一思维范式，确立实践哲学的思维方式，“外在超越”就将在实践活动的基础上转换成“内在超越”，这是因为，实践活动在根本上就是一种内在超越性的活动，它既是现实生活的生成源泉，同时又是现实生活的超越者和创造者，它既内在于现实生活，同时又超越现实生活，在此意义上，实践哲学获得了“内在超越”的性质。马克思无疑是这一理路重要的开创者之一。在当代哲学中，这一理路被不断地丰富与拓展。以哈贝马斯为例，哈贝马斯把交往实践视为一种内在超越性的活动，一方面，交往实践活动区别于技术性、工具性活动，代表着哲学的超越性和理想性维度；但另一方面，交往实践活动所具有的这种超越性不是一种绝对先验的、脱离现实生活的超越性，而是扎根于现实的社会性的生活世界之中，生活世界本来就是交互主体性的世界，只要人们进行语言交往和交流，交往理性实际上就已经存在和显现在日常生活当中，因此，交往实践作为一种理想性活动并不是从外面强加于现实生活的，而是在现实生活世界蕴含着的超越性向度。在此意义上，交往实践体现着“内在性”与“超越性”的内在统一。

以上三条理路具体观点并不完全相同，但共同表现出对传统形而上学“外在超越”的拒斥和对“内在超越”的寻求。这种努力为克服哲学的“外在批判”并重建哲学的批判向度提供了新的可能性。

三 辩证法与实践哲学的内在结合：哲学批判的实践理性转向

批判性是马克思哲学最为重大的精神气质之一。在哲学史上，马克思是最早对传统形而上学的“外在超越”及其所代表的哲学批判进行深刻反思的哲学家之一。在实践哲学的范式内，以一种辩证的方式理解哲学的“内在”与“超越”的关系，从而实现了哲学批判的实践理性转向，这是马克思在哲学史上的重要贡献。

在马克思看来，辩证法是最能彻底地体现哲学批判性的哲学形态。对此，马克思说道：“辩证法在对现存事物的肯定的理解中同时包含对现存事物的否定的理解，即对现存事物的必然灭亡的理解；辩证法对每一种既成的形式都是从不断的运动中，因而也是从它的暂时性方面去理解；辩证法不崇拜任何东西，按其本质来说，它是批判的和革命的。”① 但马克思同时又认为：“辩证法在黑格尔手中神秘化了……在他那里，辩证法是倒立着的。必须把它倒过来，以便发现神秘外壳中的合理内核”②，这表明，马克思不是简单地接受辩证法的思想遗产，在他看来，黑格尔辩证法的批判性是半途而废的，要拯救和重建辩证法的批判本性，必须对黑格尔的辩证法进行改造，而这种改造的关键就在于把“辩证法”与“实践哲学”的思维范式内在统一起来。

如前所述，黑格尔辩证法已经包含着克服传统形而上学的“外在超越”的缺陷并寻求“内在超越”的重大努力，但在马克思看来，由于黑格尔辩证法的思辨形而上学和逻辑泛神论性质，黑格尔仍停留于“理论哲学”的范式中，这使得他最终仍无法跳出“外在超越”的窠臼。马克思这样概括黑格尔辩证法的特征：“这种绝对方法到底是什么呢？是运动

① 《马克思恩格斯全集》第 44 卷，人民出版社 2001 年版，第 22 页。

② 同上。

的抽象。运动的抽象是什么呢？是抽象形态的运动。抽象形态的运动是什么呢？是运动的纯粹逻辑公式或者纯理性的运动”，[①] 这意味着，逻辑公式被视为人与世界的终极根据，这决定了它对现实世界的批判只能是一种以终极原则为出发点和基础的外在规范和要求，除了“教条式地预料未来”，对于现实生活中真实的苦难和不公，既不愿意也无力触动并予以切实的改变。正是由于这一原因，虽然黑格尔哲学“潜在地包含着批判的一切要素，而且这些要素往往已经以远远超过黑格尔观点的方式准备好和加过工了”，[②] 但这种批判仅“有一个完全否定的和批判的外表”，[③] “因为有自我意识的人认为精神世界——或人的世界在精神上的普遍存在——是自我外化并加以扬弃，所以他仍然重新通过这个外化的形态确证精神世界，把这个世界冒充为自己的真正的存在，恢复这个世界，假称在自己的异在本身中就是在自身……黑格尔的虚假的实证主义或他那只是虚有其表的批判主义的根源就在于此”。[④]

在马克思看来，辩证法的理论基础不是“无人身的理念”，而是现实的、感性的生存实践活动。感性实践活动是一种真正的内在超越性活动。首先，实践活动具有充分的“现实性”，它既不是抽象的精神活动，也不是抽象的物质活动，既不是抽象的主观性，也不是抽象的客观性，既不是抽象的自然性，也不是抽象的超自然性，而是把所有这些环节内在统一起来，生成现实生活世界的活动。同时，通过实践活动所生成的“现实”不是静止的“现在”，而是处于不断的历史生成过程之中，“现实”也不是价值中立的僵死“事实”，而是一个在感性实践活动中追求人的自由和解放的价值空间，这又表明，实践活动又是一种超越性的活动，“使现存世界革命化，实际地反对并改变现存的事物”，[⑤] 并因此向未来敞开自我超越的空间，是实践活动的内在本性。在此意义上，实践活动既内在于现实生活，同时又超越现实生活，既是现实生活的生成者，又是现实生活的变革者，从实践观点出发，辩证法与实践哲学真正内在统一起来，哲学的

① 《马克思恩格斯全集》第 44 卷，人民出版社 2001 年版，第 142 页。
② 同上书，第 319 页。
③ 《马克思恩格斯全集》第 3 卷，人民出版社 2002 年版，第 318 页。
④ 同上书，第 328 页。
⑤ 《马克思恩格斯选集》第 1 卷，人民出版社 1995 年版，第 75 页。

"内在超越"品格由此得以确立。

随着哲学"内在超越"品格的确立，哲学批判实现了从"外在批判"向"内在批判"的深刻转换。这一点，最为充分地体现在马克思的如下表述中："新思潮的优点又恰恰在于我们不想教条地预期未来，而只是想通过批判旧世界发现新世界。……现在哲学已经世俗化了，最令人信服的证明就是：哲学意识本身，不但从外部，而且从内部来说都卷入了斗争的漩涡。如果我们的任务不是构想未来并使它适合于任何时候，我们便会更明确地知道，我们现在应该做些什么，我指的就是要对现存的一切进行无情的批判。"①

以"在批判旧世界中发现新世界"作为哲学批判的核心内容与基本宗旨，使得哲学批判的方式、功能、批判的标准和根据等方面都发生了根本变化。一言以蔽之，哲学的批判实现了从理论理性向实践理性的重大转换。

首先，哲学批判的主题和内容不再来自先验的理论原则而完全来源于生活实践。如前所述，在传统形而上学的理论视野里，哲学批判的主题和内容是由绝对真理和终极实在来规定的。但"在批判旧世界中发现新世界"意味着，哲学的批判活动总是针对人历史发展中具体的生存困境和矛盾而展开的，它必须要在具体的历史情境中获得其现实的内容。"批判"和"解蔽"活动离不开对"旧世界"内在矛盾的领悟和理解，即它必须深入现实生活，了解"蔽"之所在，否则，批判就会演变成堂吉诃德式的与幻影的搏斗。在此意义上，"超越"是以"内在"为前提的。"内在"与"超越"在此实现了内在的统一。

与此相辅相成的是，哲学批判也不再是高高在上的对现实世界的裁决和评判，而成为生活实践的内在环节与推动力量。如果说以往哲学家相信一切谜语的答案都在哲学家的写字台里，愚昧的凡俗世界只需张开嘴来接受绝对科学的烤松乳鸽就得了②，那么，现在哲学家自觉地放弃了"扮演很坏的预言家、报警人、说教者甚至很坏的智者这类角色"，③ 而成为了

① 《马克思恩格斯全集》第47卷，人民出版社2004年版，第64页。

② 同上。

③ ［德］伽达默尔：《真理与方法》上，洪汉鼎译，上海译文出版社1992年版，第16页。

一种改变现状态的自觉的变革活动。而且，“批判旧世界”的根本目的是“发现”新世界，在批判和揭露旧世界的过程中，形成关于“新世界”的想象，并通过这种想象，推动人们在实践活动中去追求和创造一个与现存世界不一样的更为自由和美好的新世界。因此，在“批判”旧世界中“发现”新世界的哲学批判，具有鲜明的实践理性动机和要求。

更重要的是，哲学批判的实践理性转向集中体现在哲学批判的思想旨趣和理论功能上。“在批判旧世界中发现新世界”意味着，不断推动人们追求和创造社会希望，构成哲学批判最为重大的理论功能与思想旨趣。哲学的重大功能就在于通过对现实社会生活和人的生存方式的批判，揭示现存状态的有限性与非完美性，激励人们超越现存世界的限制，努力去追求和创造理想的生活，就此而言，“哲学批判”活动与“社会希望”的寻求，二者乃是不可分割、相辅相成的一体之两面。与传统形而上学不同，在这里，对社会希望的寻求，不是从既定的、现成的抽象教条颁布一套对社会及其发展普遍适用的原则，社会希望源自“对非神圣形象的自我异化”的揭露与否定，对此，马克思说道：“人的自我异化的神圣形象被揭穿以后，揭露具有非神圣形象的自我异化，就成了为历史服务的哲学的迫切任务”,[①] 通过对“非神圣形象的自我异化”的批判，促进人们对现实社会生活的自觉意识和理解，推动人们洞察现存社会状态的病态和与人的生存发展相敌对的因素和倾向，激发人们对未来社会的想象和希冀，这是通过哲学批判彰显社会希望的基本途径与方式。

通过以上简要讨论，我们可以看到，通过辩证法与实践哲学的结合，哲学的批判性真正成为内在于现实生活同时超越现实生活的真实力量。这是哲学批判的生命之所在。

（原载于《学术研究》2010 年第 9 期）

① 《马克思恩格斯全集》第 3 卷，人民出版社 2002 年版，第 200 页。

“后形而上学”与哲学的合理存在方式

哲学总是需要为自我存在的合法性进行自我辩护，这是哲学区别于其他学科的重要特质，也是哲学必须面对的“宿命”。在当代哲学中，哲学的这种自我辩护任务显得尤其沉重，这是因为在某种意义上，对哲学合法性的质疑、反思和否定，已成为当代哲学发展的重要线索和趋势之一。这种质疑、反思和否定最集中地体现为“后形而上学”这一思潮。由此所提出的最为尖锐的课题就是：哲学在当代的合理存在方式究竟为何？只有回答了这一课题，哲学的当代合法性才能得到有力的辩护。本文试图以对“后形而上学”思潮的反思性考察为切入点，对哲学的当代合理存在样式进行较为深入的研究。我们认为，这是当代哲学所面临的最为重大的前提性问题。

一　作为当代哲学重要主题的“后形而上学”

“后形而上学”作为当代哲学的重大主题，是由哈贝马斯第一次作出的明确概括。在《后形而上学的思想主题》中，他说道：“当代哲学研究的基本状况已经发生了变化。也就是说，从那时起，我们在后形而上学思想面前已经别无选择”①，并从“程序合理性”“理性的定位”“语言学转向”和“超验的萎缩”四个方面讨论了“后形而上学”思想产生的理论和社会背景及其主要思想特质。在哈贝马斯之后，进一步对“后形而上学”思想进行深入阐发的代表人物是美国哲学家罗蒂，他在《后形而上

① ［德］哈贝马斯：《后形而上学思想》，曹卫东、付德根译，译林出版社2001年版，第28页。

学希望》一书中，从新实用主义立场出发，阐发了其“以希望代替知识、以想象力代替理性”的“后形而上学”哲学理想。哈贝马斯和罗蒂虽然角度有所不同，但在把“后形而上学”概括为当代哲学的重大主题和基本走向这一点上，可以说两人异曲同工。“后形而上学”这一概念虽然由哈贝马斯、罗蒂等人明确概括和提炼而成，但作为当代哲学的重大主题和倾向，却经历了一个不断推进和深化的演化过程，不同的哲学思潮都加入其中，在不断的相互批评和自我反思中，共同把“后形而上学”推向一个越来越明晰和彻底的境地，使之凸显为当代哲学的重大趋势。从当代哲学发展历程来看，“后形而上学”是当代哲学一开始就酝酿的“拒斥形而上学”这一思潮的必然结果。怀特在《分析的时代》一开头就指出，“几乎二十世纪的每一种重要的哲学运动都是以攻击那位思想庞杂而声名显赫的十九世纪的德国教授的观点开始的”[①]，对黑格尔的攻击，首当其冲的攻击对象即在他那里达到顶峰的形而上学哲学形态。综观当代哲学，这种攻击中有代表性的哲学运动包括以石里克、卡尔纳普、艾耶尔等人为代表的逻辑实证主义，有以赖欣巴哈等人为代表的科学哲学，有以叔本华、尼采等人为代表的意志主义哲学，有以海德格尔等人为代表的现象学存在哲学，有以德里达、德卢兹等人为代表的“后现代主义哲学”等，都以不同的方式表达了“形而上学终结”的主张，可以说，“反形而上学”是一场由众多思想背景、理论出发点和所运用概念及思想武器各异的哲学派别和哲学人物的集体“谋杀”运动。

“后形而上学”既与上述“拒斥形而上学”的思潮有着内在的思想关联，同时与之相比，又呈现出新的特点，这集中体现在两个方面。

第一，在“后形而上学”的视野里，当代哲学发展中许多以“反形而上学”为旗帜的哲学派别并没有真正摆脱形而上学，而是以一种隐蔽的方式坚持甚至强化着形而上学的理论原则和思维方式，“后形而上学”则要对这种隐蔽的形而上学予以前提性的批判，驱逐其隐藏着的形而上学的幽灵，并真正使哲学成为“非形而上学”的存在形态。罗蒂在《哲学和自然之镜》中，对此做了十分具体的分析，在他看来，分析哲学虽然以“拒斥形而上学”自诩，但它与“形而上学”仍然分享着共同的前提，

---

① ［美］怀特编著：《分析的时代》，吴永泉等译，商务印书馆 1987 年版，第 7 页。

他说道：“按照我的理解，发端于罗素和弗雷格的那种哲学，和经典的胡塞尔现象学一样，只是使哲学占据康德曾希望它去占据的那个位置的另一次企图……分析哲学是另一种康德哲学……分析哲学仍然致力于为探求、从而也是为一切文化建立一种永恒的、中立的框架”[①]，与之不同，在“后形而上学”的“后哲学文化”中，人们将彻底放弃与某种形而上学的“非人类的实在”之间的联系，不管这种实在是柏拉图的“善”、黑格尔的“绝对精神”还是实证主义的“物理实在”，还是其他什么。与罗蒂把批判对象指向分析哲学遗存的形而上学阴影不同，德里达则把矛头对准了尼采、海德格尔等同样宣称克服与解构形而上学的哲学家，在德里达看来，海德格尔把尼采视为西方“形而上学之完成”，并把尼采视为“最后一个形而上学家”，认为自己才真正解构了形而上学传统，开辟了思想的新视域和新境界，事实上，海德格尔对“存在”的执着，使之比尼采更接近形而上学的整体性立场，因而“最后一个形而上学家”的称号更适合于海氏本人而非尼采。与他们不同的是，在“后形而上学”的“解构活动”中，一切“在场形而上学”和“逻各斯中心主义”都将被“延异”中不断生成的意义之流所取代，形而上学的幽灵将真正被彻底清除。在此意义上，可以说，“后形而上学”是当代哲学“拒斥形而上学”这一思想趋向的彻底化。

第二，“后形而上学”思想并不仅以消解形而上学为目的，而且十分自觉地提出了在“形而上学终结”之后哲学的合理存在方式或哲学的出路问题。由于“后形而上学”把“拒斥形而上学”这一思想趋势推向了逻辑终点，必然随之产生的一个尖锐问题是：“形而上学终结”之后，哲学将以何种方式存在？“非形而上学”的哲学是否可能？如果可能，哲学将如何存在？在此意义上，“后形而上学”不仅是一种否定和解构的举动，同时也是一种面向哲学未来的探询和求索。无论是德里达对作为一种具有“社会政治意义”的“解构”的哲学工作方式的示范和实践，还是哈贝马斯对“后形而上学”时代代替形而上学理性的“交往理性”的阐发，抑或罗蒂对“后形而上学希望”的强调，等等，都是对“形而上学

---

① ［美］罗蒂：《哲学和自然之镜》，李幼蒸译，生活·读书·新知三联书店1987年版，第5页。

终结”之后哲学合理存在样式所提出的新设想，在这些新设想中，涉及哲学在社会生活中的位置与功能、哲学与人类文化其他存在样式之间的关系、哲学恰当的工作方式等事关哲学合理存在方式的重大问题。在此意义上，“后形而上学”实质是对“形而上学之后”哲学命运的一种深切关注和深刻思考。

毫无疑问，“后形而上学”所针对的主要批判对象是传统形而上学的理论形态、思维方式与理论原则。在哈贝马斯看来，这种理论形态、思维方式和理论原则的核心是“同一性思想”“理念论”以及“强大的理论概念”,[①] 罗蒂认为“寻求统一于某个超人类的事物，它是超我的源泉，具有解脱人的愧疚和耻辱的权威”“屈从于一个权威形象对于过上一种适当的人类生活是必要”[②] 构成这种传统形而上学的最高期待和希望。20世纪以来的不同思潮及其代表性哲学家都从不同角度对传统形而上学的特征及其本质进行了各种表述。应该说，无论是哈贝马斯还是罗蒂，他们对传统形而上学本质特征的概括，都并不新鲜。但是，“后形而上学”不仅从理论上对传统形而上学的内在困境与矛盾进行了自觉的分析，而且把“形而上学的命运”与“现代社会的命运”内在结合起来，探讨形而上学必然走向终结的深层根源，这使它比历史上的种种“反形而上学”思潮，显示出更深刻的洞见和更宽广的视野。我们认为，这是它特别值得重视的地方。

二　“后形而上学”的现代社会生活基础

哲学走向“后形而上学”最深刻的根据在于：形而上学作为一种理论形态、思维方式和理论原则之所以必然走向终结，是因为它与现代人的生活与现代社会的特点和趋势之间存在不可克服的冲突，或者说，它与现代人的生活在本性上是正相敌对的。坚持传统形而上学的思维方式与理论原则，意味着否定现代人和现代社会生活的存在品性及其合法性。在此意

① ［德］哈贝马斯：《后形而上学思想》，曹卫东、付德根译，译林出版社2001年版，第28页。

② ［美］罗蒂：《后形而上学希望》，张国清译，上海译文出版社2003年版，第87页。

义上，拒斥形而上学思维方式与理论原则，与捍卫现代人生活的存在价值具有不可分割的内在关系。它给人们提出了一个十分尖锐的选择：究竟是固守形而上学的思维方式和理论原则，还是尊重现代人的生命存在和现代社会生活的重大成果？

那么，现代人的生命存在和现代社会生活究竟在什么意义上与形而上学的理论原则与思维方式不相容？

这是因为，现代人的生命存在和现代社会生活在根本上具有“后形而上学”性质。这种“后形而上学”性质具体体现在两个方面：第一，“合理分歧”成为现代社会不可逆转的基本状态；第二，在“不确定的风险”中寻求未来生活的希望成为现代社会人们生活无法抗拒的“常态”。

何谓“合理分歧”？美国学者拉莫尔做了这样的概括：“现代经验的那种根本要素就是承认，在生活意义的问题上，通情达理的人们自然而然地会产生分歧。我们已经认识到，在关于完备的生活，人类之善和自我实现的性质——这些概念对于古代伦理的以德性为中心的观念是本质性的——问题上，我们讨论得愈多，我们的分歧就越多，甚至我们与自己的分歧也会愈多。”① 是否承认“合理分歧”的重要意义，是区分现代社会与传统社会的分界线。

“理性”能提供一种终极的担保，来保证所有人在“应当如何生活”这一根本问题上的最终的一致，这是形而上学深层的信念。它对“永恒在场”的终极实在的迷恋，对于超验的“无条件总体”的执着，对于一统天下、无所不在的“先验理性”的狂热，都表达了这样一种观点：以形而上学所“发现”和“确立”的“真理”“本质”“理性”为根据，所有不同的个人都将抛弃个人的“意见”和“片面性”，实现普遍的、无条件的统一，所有的“偶然性”和“现象”都将被扬弃和超越，达成绝对的、同质性的一致。一言以蔽之，以形而上学所奠定的“同一性”本质为“阿基米德点”，人们将找到一种永恒的、与历史无关的先验模式，它将使人们一劳永逸地逃脱“怀疑论”和“相对主义”，从而脚踏大地，发现生命的意义。

对形而上学的“先验理性”的这种信念，与传统社会“未分化”的、

① ［美］拉莫尔：《现代性的教训》，刘擎、应奇译，东方出版社 2010 年版，第 11 页。

“同质性”的社会生活状态以及“人对共同体的依赖”为本质的人的生存状态有着十分深层的关联。社会理论的研究成果告诉我们，传统社会是一个以“共同体”为本位的社会，整个社会依靠一种同质性的价值体系来维持社会的团结和稳定。按照迪尔凯姆的观点，传统社会是一个以“机械团结”为特质的社会形态，人们臣服于“集体意识”（其核心是约束全体社会成员的共同价值观与信仰）来实现整个社会的统一性。马克思在相似的意义上指出，传统社会是以“人的依赖关系”为本质特征的，在此阶段，个人“表现为不独立，从属于一个较大的整体”，[①] 这一整体即个人之上的“共同体”。与个人相比，“共同体”是真正自因自足的实体，而个人则是依附于这一实体的“偶性”和附属品；“共同体”是真正的目的和意义，个人只有在这一整体中通过“分享”整体所分配的角色和地位才能获得存在的价值和意义，“共同体”是真正“自由”的存在，共同体和共同体的代表们按照自己的意志来行使对共同体成员的支配和统治，个人必须无条件地服从这种支配和控制。可见，在共同体和个人关系中，只有前者是自足、自因和自由的存在，后者无条件地束缚于前者因而是微不足道的部分。很显然，在这种人与社会的存在状态中，人们服膺的是普遍的、对所有人都具有无条件的约束力的“终极存在”和“绝对原则”。形而上学迷恋终极存在和最高实体的思维方式，与上述传统社会人的存在方式有着深刻的亲和性。[②]

现代社会区别于传统社会的根本之处正在于它改变了上述“未分化”与“同质性”状态，并使“分化”与“异质”成为其重大特质。这种“分化”与“异质”最集中体现在人们不再臣服于某种抽象的普遍原则和同一的价值理念，而是自觉地意识到：人们无法再依仗于某种先验理性来为生活意义提供终极的保证，价值信念上的分歧、差异甚至冲突，乃是不可避免、必须予以承认并尊重的重要价值。对此，罗尔斯做了十分透彻的分析。在《政治自由主义》一书中，他指出：现代民主社会具有首要意义的“第一个事实”是：“在现代民主社会里发现的合乎理性的完备性宗

① 《马克思恩格斯全集》第30卷，人民出版社1956年版，第25页。

② 对此的详细论述，参见贺来《辩证法与实践理性》（中国社会科学出版社2011年版）第三章的有关论述。

教学说、哲学学说和道德学说的多样性，不是一种可以很快消失的纯历史状态，它是民主社会公共文化的一个永久特征"，[①] 这里所说的"完备性学说的多样性"，在根本上是指：关于"人性""至善""生活目的"的理解，在现代社会有着不可还原的"多样性"与"异质性"，这一事实，构成了人们生活于其中的现代社会的根本性质，除非用强制性的力量来人为地予以取消和抹杀，否则，这一事实就将与现代社会相伴始终。

罗尔斯所说的"理性多元论"与前述"合理分歧"具有同样的含义。他敏锐而深刻地揭示了在分化的、充满异质性的现代社会中，我们不能再像传统社会那样，依靠某种关于人性、善、终极目的等形而上的统一性的先验原理，来为所有人提供并奠定终极的基础，罔顾这一现实，强制性地以某种形而上学的"先验真理"为根据，要求所有人无条件地认同和接受，其结果必然扭曲个人的生命存在和社会生活。罗尔斯对于现代社会的上述理解并非孤立，而已成为许多哲学家的基本共识。罗蒂认为现代社会代表着"一个彻头彻尾启蒙开明的、世俗的文化；这个文化丝毫不残留神的遗迹——不论其以神化的世界或神化的自我形式存在；这个文化不相信人类应该向任何非人的力量负责；这个文化丢弃或彻底重新诠释神性的概念，以及'奉献给真理'和'满足精神最深刻的需要'等概念"。[②] 哈贝马斯强调"理性"不是一个工具性概念，而应是一个"交往"性概念，而理性作为"交往"性概念，意味着对不同个人的视角、观点和信念的平等承认和尊重，意味着对绝对同一性和普遍性的形而上学理性的拒斥，形而上学的同一性话语霸权是对"交往理性"的扭曲因而也是对生活世界的殖民化。

现代社会的另一重大特点在于它是一个"风险社会"。对此的自觉，是现代社会理论家的一个重要贡献。这里所谓"风险"，不同于"危险"，危险是由外在的因素导致的，而"风险"则是在"传统和自然失去它们的无限效力并依赖于人的决定的地方"，因而它是由人的活动、人的行为和决断所决定的。贝克指出："风险是一个指明传统终结和自然终结的概念。或者换句话说：在传统和自然失去它们的无限效力并依赖于人的决定

① ［美］罗尔斯：《政治自由主义》，万俊人译，译林出版社 2000 年版，第 37 页。

② ［美］罗蒂：《偶然、反讽与团结》，徐文瑞译，商务印书馆 2003 年版，第 68 页。

的地方，才谈得上风险。风险概念表明人们创造了一种文明，以便使自己的决定将会造成的不可预见的后果具备可预见性，从而控制不可控制的事情，通过有意采取的预防性行动以及相应的制度化的措施战胜种种（发展带来的）副作用"[①]，吉登斯同样指出，晚期现代性最为重大的两个特性，一是时间与空间的分离和“脱域”机制的发展，这使得人们的社会关系从彼此互动的地域性关联中脱离出来，跨越广阔的时间—空间距离去重新组织社会关系；二是人类与物质环境之间关系的性质发生了重大变化，现代人所生活于其中的不再是如传统社会一样的“自然环境”，而是一个“人化环境”或者“社会化的环境”。前者意味着，资源和服务将再也不受地域的控制，“因此也就不可能由地方上将其用来应付偶然的突发事件，而且也存在着这样的风险，即机制作为一个整体动摇了，因而影响着每一个使用它的人”,[②] 后者意味着，人的每一个观念和行动都有可能“制造”出对未来生活产生重大影响的风险，从而使得现代社会所面临的风险的绝对数量大大增加。各种生态灾难、核危机、恐怖活动、军备竞赛……所有这些，都构成了我们这个风险社会的内在组成部分，人类那些“不合理”的与似乎“合理”的实践活动，每天都在生产着各种无法预料的风险，我们的生活时刻与它们相伴，它们不仅远离了我们个人的控制，也远离了组织、团体甚至国家的控制，成为现代人难以驾驭的力量。我们进行一种活动，实现了一种自以为美好的目的，于是乎便认为人们所进行的活动是“正确”和“安全”的，然而，这种活动的结果就如同一道神秘的大门，时过境迁，打开一看，迎接我们的却是一个始料未及的风险难测的景观——这就是我们所生活于其中的“现代社会”的特性。

对于现代社会作为“风险社会”的自觉，是对于现代社会本性及其发展特征的全新认识，同时也是对于人以往支配着人与社会发展理解上的形而上学教条的拒斥。它表明，形而上学所相信社会历史由一个超人的神性的力量所支配和决定的观念，即抽象的“历史必然性”教条就失去了其存在的合法性。在人的活动所潜存的种种风险以及由于这种风险所带来的“不确定性”面前，人们所应该做的是“风险治理”，以尽可能地减少

① ［德］贝克：《自由与资本主义》，路国林译，浙江人民出版社 2001 年版，第 119 页。

② ［英］吉登斯：《现代性的后果》，田禾译，译林出版社 2000 年版，第 111 页。

风险带来的不良后果，并为自己的每一个行动承担起必要的道德责任。如果坚守"必然性"的教条而无视现实和未来的"不确定性"，那么等于人们甘愿做逃避现实的鸵鸟，在莫测的环伺的种种风险面前完全失去抵御能力。

通过以上简要分析，可以清楚地看出，无论"合理分歧"还是"风险社会"，都充分表明现代社会和现代人的存在方式所具有的"后形而上学"的性质。这种存在方式与形而上学的理论原则与思维方式是不相容的。现代人和现代社会生活在向形而上学思维方式和理论原则说"不"，如果我们坚持生活相对于哲学理论原则所具有的优先地位，那么，就必须否定形而上学的理论原则与思维方式。这就是"后形而上学"作为当代哲学重大主题最为深层的社会生活基础。

三 "后形而上学"时代哲学的合理存在方式

哲学走向"后形而上学"，将导致对哲学的理论性质、功能、主题等一系列重大问题的理解发生重大的变化，所有这些，都可以归结为一个根本性的问题，即"后形而上学"时代哲学的合理存在方式问题。这是当代哲学所面临的最具挑战性也最性命攸关的课题。

要回答这一课题，我们不能采取"形而上学"的方式，即要求对哲学存在方式提供一种本质主义的规定。回答"后形而上学"时代哲学的合理存在方式问题，需要采取"后形而上学"的思想视角和思维方式。在"后形而上学"时代，哲学与现实生活之间的关系将实现根本性的颠倒，从凌驾于现实生活之上的高高在上的"立法者"和"主宰者"转变为内在于现实生活的"诠释者"与"推动者"，同时，哲学将从"唯我独尊"的"思想垄断者"转向为哲学存在样式的多样化与民主化。

哲学与现实生活之间关系的颠倒，意味着在二者关系中，发生了一场类似于"哥白尼式革命"的转变。按照笔者的概括，传统形而上学代表着一种试图跨越一切界限、把一切囊括其中、"一网打尽"的"元意识"，① 贯彻这种"元意识"，它必然把人们的现实生活以及其他具体文化

① 参见贺来《形而上学元意识：一种必须超越的哲学意识》，《学术研究》2008 年第 4 期。

样式和学科所把握的存在视为“次级”和“派生”的对象，这必须导致哲学把自身当成这样一门基本学科，即认为它将给予我们“关于具有根本重要性的东西的知识”，它为“证明或批评生活方式和社会改造纲领提供着基础”，① 在哲学与现实生活的关系上，哲学代表着高了还要高的真理世界，现实生活则是需要哲学来予以提升和拯救的“堕落”的、“低下”的领域。与此不同，在“后形而上学”时代，无论是人的生存方式还是现代社会生活的存在特性，都已不可能再接受和容许某种抽象的形而上学理论体系来作为现实生活的主宰者和支配者，现代社会的“合理分歧”与“风险社会”这两个基本事实在本性上拒斥和否定任何理论教条的“一神论”的专制，它颠倒了哲学与现实生活长期形成的不平等关系，把哲学从“外在”于现实生活的超然位置上拉回到现实生活的“内在平面”上。哲学属于现实生活的一部分，而不是相反。

由于哲学与现实生活之间关系的这种颠倒，哲学也告别了某种标准的、一元化的存在样式，而是与现实生活和人类文化的各个领域密切联系在一起，并因此呈现出多样化与民主化的倾向。施太格缪勒在《当代哲学主流》中指出，当代哲学区别于以往哲学的一个重要特征是“哲学的分化”，尤其是“哲学职能的分化”，在以往哲学中，哲学总是把“极其不同的各种任务结合于一身”，它不仅以把握终极实在为目的，而且还试图承担一种宗教般的功能，为人们寻求“合宜生活”提供理性的基础，但是当代哲学中，具有不同性质、内容和主题的哲学样式越来越独立，哲学变成了一个“多义”的用语。对此现象，施太格缪勒的评论是：“我们断定这个分化过程是不可逆转的，这听起来也许有些悲观，但很可能是正确的。‘哲学’一词的多义性，只能或者是由于全部哲学流派最后完全‘绝迹’而减少，或者由于人们决心不再把所有前面讲到的这些不同性质的东西统统称为‘哲学’，而把‘哲学’一词限制在轮廓稍微鲜明的活动上而减少”，② 很显然，后一种可能性意味着现代哲学之消失，因此，“关

① ［美］罗蒂：《哲学和自然之镜》，李幼蒸译，生活·读书·新知三联书店1987年版，第12页。

② ［联邦德国］施太格缪勒：《当代哲学主流》上，王炳文等译，商务印书馆1986年版，第30—31页。

于现代哲学的探讨，必定只能是对一个由不同成分组成的领域的探讨"。[①]应该说，施太格缪勒对现当代哲学存在状态的描述是准确和深刻的，在现代社会，哲学的分化，即哲学样式的多样化将成为不可阻挡的重大趋势。之所以如此，根本原因还在于前述"合理分歧"成为现代社会的基本现实，"大一统"的、无所不包的"理性"已经失去了存在的根基，理性已"分殊"为不同生命个体的自由决断与生命意志，在此条件下，哲学作为理性的创造物，也必然不可能僭越理性的这种限制，成为关于"无条件的总体"的、"大全"般的"神的知识"。哲学成为一个"多义的词"，真正从贵族式的、精英主义的姿态中解放出来，实现了存在方式的"民主化"。

哲学与现实生活关系的颠倒以及哲学存在样式的民主化，并不意味着哲学失去了自身独特的精神品格。在现代社会，反思批判将仍是哲学重要的功能，自由解放将仍是哲学最为根本的思想旨趣。所不同的是，在现代社会，哲学的反思批判功能与自由解放旨趣所体现的具体内涵与以往哲学相比，有着重大的区别。

众所周知，反思批判是哲学与生俱来的重要精神品格，也是哲学区别于其他人类文化形态的重要特质。但在传统哲学那里，哲学的反思批判功能是通过一种"外在超越"的方式来进行的，这种反思批判依赖于一种超历史的、无条件的、先验的统一性原理，以这种统一性原理为终极依据，哲学俯视芸芸众生，对一切生活样式和具体知识拥有绝对的批判和裁决权力，与此同时，哲学自身却拥有免于被质疑和被批判的特权，简言之，可以批判一切，但不能被批判，这就是以往哲学反思批判功能得以维系的深层根据。现代哲学的一个重要主题是揭示哲学这种反思批判方式所具有的独断性和教条性，但这并不意味着就此抛弃哲学的反思批判功能，而是自觉意识到这种反思和批判的有限性，并重新界定这种反思批判的真实内涵与根据。

在"后形而上学"时代，哲学反思批判的基础将不再是形而上学的先验原理，而是"合理分歧"与"风险社会"已成为重大现实和趋势的

① ［联邦德国］施太格缪勒：《当代哲学主流》上，王炳文等译，商务印书馆 1986 年版，第 31 页。

现代社会生活。这包含两层含义：第一，哲学的反思批判必须以尊重和承认这一基本事实为前提并植根于现代社会生活现实；第二，哲学的反思批判必须以捍卫现实生活的“合理分歧”、揭示人们活动所可能导致以及人们生活所面临的“风险”为主题和目的。

如前所述，现代社会生活的新特点已使形而上学失去了作为生活的裁决者和立法者的资格，现实生活构成了哲学的反思批判不可超越的界限，这使得哲学的反思批判不再是超历史的和无条件的，而必然内在于现实生活而非站在现实生活之外，因而哲学的反思批判成为一种“内在超越之思”。更重要的是，哲学反思批判的主题和目的也将以现代社会现实生活为鹄的，这集中体现在两个方面：第一，哲学的反思批判将通过对独断的抽象力量的解构，以捍卫“合理分歧”这一现代社会基本品格；第二，哲学的反思将通过对人的实践活动所可能带来的风险的揭示，推动人们对于自身生存状态的自我理解，从而激发人们自身对于现实和未来的责任意识。

从大一统的“集体意识”中解放出来，承认每一社会成员对生活目的、人生意义的独立理解和自我选择，尊重异质性的生活方式的合理性，意味着对个人自由的尊重与宽容价值的凸显，意味着生命空间的丰富与开阔，这是现代社会给人的发展所带来的最为重大的成果。在此意义上，现代社会的“合理分歧”是与人的自由、独立等重大价值内在联系在一起。但是，现实生活中总是存在着试图消解和同化这种异质性和丰富性、企图以某种同一性的抽象原则来取代“合理分歧”的力量，这种力量或者是企图侵蚀一切的资本，或者是企图控制一切的强制性权力，或者是削平一切的技术力量，虽然表现不尽相同，但有一点是共同的，那就是都谋求统治全部社会生活，成为绝对的、无条件的、拥有“终极话语权”的终极存在，在其统治之下，一切“分歧”都将还原为“同一”，一切个性都将还原为无差别的“同质性”，一切繁盛的丰富性都将还原为死寂的单调。很显然，这与现代社会所确立的自由、独立等重大价值是正相违背的。哲学的反思批判功能，正体现在以一种自觉的方式，揭示以潜在或显明方式存在的这种独断和教条力量，消解它对于现实生活的扭曲，从而捍卫现代社会的自由、丰富和开放的品性，唤起社会成员对生活意义和人生目的的异质化理解和实践的尊重，努力捍卫“容忍”“自由探讨”和“民主的交流”等基本价值，这是哲学在“后形而上学”时代的重大主题和任务之一。同时，如前所述，现代社会的另一个重大特质在于它是一个“风险社会”，在人的实践活动中，蕴含难以预知和控制的风险并对人们生活的现状和未来产生巨大的影响。能否自觉到这种风险，并对于人的活动及其后果秉高度的责任伦理，从而推动对这种风险进行有效治理和控制，关乎人类的生存命运。但另一方面，人们总是被种种虚幻的形而上学教条所惑，以为社会历史运动遵循着某种“神意”或超乎人的意志和活动的“必然规律”而通向无限美好的“终极目的”。这种观念使人陷入忘乎所以的自我欺骗，遗忘人们活动所蕴含的风险并因此给人们的现实生活和未来带来深重的灾难。因此，哲学的另一个重大使命和主题就是以一种反思批判的方式，破解种种虚幻的形而上学教条的遮蔽和束缚，让人自觉地意识到由人的实践活动所可能蕴含的种种风险，提升人们对自身行为的责任意识，这是哲学反思批判功能的又一重要体现。

可以看出，在“后形而上学”时代，反思批判仍将是哲学最为重要的精神品格，区别在于，它不再以超历史的形而上学原理为根据的、以“外在超越”为基本方式的先验反思与批判，而是立足于现代社会生活，针对威胁人们生存、发展与自由生活的抽象观念与抽象力量的现实批判。很显然，这种反思批判必然内在于而非外在于现实生活，必然是历史性的而非“超历史的”的，一言以蔽之，哲学的反思批判真正具有了“内在超越”的性质。

以上，我们对当代哲学中“后形而上学”思潮的缘走向及特征进行了专门研究，尤其对“后形而上学”思潮的社会生活基础做了较为深入的分析，并在此背景下，围绕“后形而上学”条件下哲学的合理存在样式这一重大课题进行了集中探讨。我们认为，关注并研究当代哲学的“后形而上学”倾向，对于实现当代中国哲学的理论自觉具有深刻的启示性。在我们的一些哲学观念中，形而上学的思维方式和理论原则仍然经常有意或无意地在发挥着作用，例如传统哲学教科书体系把哲学视为关于包括自然、人类社会和思维在内的“整个世界”的一般规律的“科学”，例如不少学者仍陶醉于哲学拥有高于具体知识领域和现实生活的特殊话语权的美梦之中，例如仍有人试图建立可消弭一切分歧和矛盾的、代表“真理大全”的、统一的哲学体系，等等，都体现出对“后形而上学”这一当代哲学重大趋向缺乏必要的认识和理解。还有一些人虽然对形而上学思维方式与理论原则的理论缺陷有所认识，但对这种思维方式与理论原则之所以必须走向终结的社会生活根据缺乏自觉，结果在理解、看待和评价具体理论和现实问题时，又不知不觉地落入了形而上学独断论和教条主义的窠臼。在此意义上，深入地领会“后形而上学”这一当代哲学主题和重大趋向，对于破除僵化的哲学教条，推动哲学观念变革，形成哲学与现实生活和其他具体学科的良性互动，从而推动哲学的健康发展等，都具有十分重大的意义。

（原载于《社会科学战线》2013 年第 5 期）

“形而上学终结”之后的哲学主题

对传统形而上学的批判，已成为当代哲学的重大课题。虽然仍有不少人留恋传统形而上学作为哲学和科学的“女王”曾享有的“威严”和“权力”并因此而带来的“神圣感”和“崇高感”，但自19世纪末开始的一个多世纪以来，现当代哲学从各个层面对其所做的深入和尖锐的批判性分析，使得传统形而上学的基本理论原则和思维方式早已千疮百孔，难以为继。正是在此意义上，“形而上学的终结”与哲学的“后形而上学转向”被人们概括为当代哲学的基本趋向。但与此相伴随的一个带有根本性的重大课题是：在“后形而上学”时代，哲学将如何自存？如果承认哲学仍有存在的必要，那么，它的基本问题与任务将是什么？

我们认为，在“后形而上学”时代，哲学的基本主题不是别的，正是“形而上学批判”，或者说，“形而上学批判”构成了“后形而上学”时代哲学的基本课题与任务。通过“形而上学批判”，保持思想的自由和活力，维护生活的具体性和丰富性，保持人类面向未来的开放性和可能性，是“后形而上学”时代哲学的根本使命。

一　“形而上学是人的自然趋向”：一个需重新理解的议题

对于“形而上学终结”，人们的反应很不相同。其中有两种最具代表性的态度。一种把它视为哲学的灾难和耻辱，在它看来，“形而上学的终结”意味着哲学失去了永恒的对象和主题从而陷入了“无家可归”的命运。为此，它要与“形而上学的终结”相对抗，捍卫人与哲学“与生俱有”的“形而上学本性”。这种观点在为自己辩护时，经常援引康德《纯粹理性批判》中“形而上学是人的自然倾向”的论述，证明形而上学乃是人与哲学的“宿命”因而具有“不可终结性”。另一种态度与之相对，它完全认同“形而上学的终结”，认为这是哲学不可避免的结局，而且随着“形而上学的终结”，“哲学问题”将不再存在，哲学也因此而走向消亡，在此意义上，“形而上学的终结”与“哲学的终结”乃是同一过程和同一问题的不同表述。

这两种态度似乎相互对立，但实质上内在相通，即者都把传统“形而上学”所代表的理论形态与“哲学”等同起来，由于这种等同，前者试图通过捍卫“形而上学”来捍卫哲学，以避免“哲学的终结”，后者则在为“形而上学终结”倍感鼓舞的同时，也为“哲学的终结”而欢呼。

我们首先对第一种态度进行批判性的分析，尤其着重对人们关于“形而上学是人的自然倾向”这一命题似是而非的理解进行分析。“形而上学是人的自然倾向”，这一命题来源于康德《纯粹理性批判》，在该书导言中，康德在“纯粹数学是怎样成为可能的”和“纯粹自然科学是怎样成为可能的”之后，提出了这样的问题：“形而上学，作为自然的倾向，是怎样成为可能的?”① 从这一问题可以看出，康德毫无疑问承认“形而上学是人的自然倾向”，然而，康德是否对这种“自然倾向”持积极的肯定态度呢？是否认为这种“自然倾向”应该无条件地保留和接受呢？深入研究康德的《纯粹理性批判》以及康德的整个哲学体系就可以明白：事实恰恰相反，康德承认“形而上学是人的自然倾向”，但同时强调这一“自然倾向”恰恰是需要反思和批判从而引起高度警觉的现象，可以说，整部《纯粹理性批判》，康德都是在与这种“自然趋向”做“斗争”，揭示这一“自然趋向”所具有的“海市蜃楼”般的“虚幻性”，从而避免由它所导致的思想迷乱和困境。

具体来说，“形而上学作为人的自然倾向”，就是人们试图超越有条件的经验领域，去把握无条件的“大全”和“总体”的欲望。把握无条件的“大全”和“总体”，也就是要实现一种“原理的统一性”，康德称之为“理性的统一性”：可以“把理性看作在原理之下获得知性的规则的统一性之一种能力。据此，理性就绝不直接致力于经验或任何对象，而是

① ［德］康德：《纯粹理性批判》，韦卓民译，华中师范大学出版社 2000 年版，第 51 页。

致力于知性，为的是要通过概念而给知性的杂多知识以一种验前的统一性，这种统一性可以称为'理性的统一性'"。[①] 概括而言，"形而上学作为人的自然倾向"具有如下几个最基本的特点。第一，超验性，即对一切经验现象的超越，与经验现象关联在一起的知识都是有限的，但形而上学作为"思想的最高统一性"所获得的是绝对的知识因而必然是"超验"的。第二，无限性。与经验有关的知识都是有限的，它只是"现象性"的、受条件限制的，而关于无条件的总体的知识则跨越过一切特定的限度并因此获得最大限度的"自由"。第三，最高统一性。形而上学的知识所要寻求的是"多中之一"，即要把知性所形成的知识统一起来，把"杂多"的、具体的知识总体化为绝对的最高的终极原理，因此，形而上学的知识是完备性的、无条件的、最高的知识，构成一切具体的、有条件的知识的基础和目标。

在此意义上，"形而上学作为人的自然趋向"，所体现的是人的理性的"本能"。超越经验限制，追求超验真理，超越有限知识，把握无限实在，超越现象的多样和杂多，掌握绝对统一的整体，这是人的理性不可遏止的欲望，"打破砂锅问到底"，"上穷碧落下黄泉"，这是人的理性与生俱来、不可消除的追求。对此，康德说道："人的理性有一种特殊的命运，就是在它的某种知识里为一些问题所苦恼，而这些问题既然是理性的本性所规定的，它就不能置之不理。"[②]

然而，"本能"并不等于"合法"，"欲望"并不等于"合理"。康德指出，"形而上学作为人的自然趋向"所提出的是一个超过理性的能力范围因而无法解答的问题和任务。不加反思和批判地发挥"形而上学"的"自然趋向"，其结果将导致无法克服的"先验幻象"。康德在《先验辩证论》中，对"灵魂""宇宙整体"和"上帝"这三个形而上学的先验理念进行了哲学史上极为著名的分析和讨论，通过对"先验心理学"的"灵魂"实体所包含的"谬误推理"的批判，对"先验宇宙论"的"宇宙整体"理念所导致的"二律背反"的批判，对"先验神学"的上帝存

① ［德］康德：《纯粹理性批判》，韦卓民译，华中师范大学出版社 2000 年版，第 320—321 页。

② 同上书，第 3 页。

在的“本体论”“宇宙论”和“自然神学”证明的批判，系统地阐发了“形而上学的自然趋向”所包含的思想矛盾和困境。这些思想矛盾和困境的根源就在于：“我们理性（主观上视为人类知识的一种能力）的使用，有一些基本的规则与准则，而这些规则与准则具有客观原则的外形，因而我们就把那本来有利于我们知性的那种概念联系的主观必然性，当作了确定物之在其本身的客观必然性”，[①]“形而上学的自然趋向”作为人的“主观的必然性”，是人的不可消除的“本能欲求”，然而形而上学却把这种“主观的必然性”当成了“客观的必然性”，把主观的幻象冒称为客观的原则来欺骗我们，其结果必然导致无法解决的先验幻象和内在困境：“自认为能解决一切问题且能解答一切疑问，这是不知羞愧的自夸，说明他将由于过度自高自大而立刻失去一切信赖”，[②] 在此意义上，“形而上学的自然趋向”蕴含着一种必须时时予以提防的僭妄。“先验辩证论”所承担的正是这一使命：“先验辩证论将满足于揭露超验判断的幻象，而同时留心使我们不为它所欺骗”，[③] 从而提升理性的自我意识，警惕形而上学的自然趋向所禀赋的欺骗性。

康德上述对于形而上学的批判构成了现当代西方哲学“形而上学终结”思潮的重要源头。施太格缪勒在《当代哲学主流》中说道：“把现今的哲学和以往的哲学联系起来的许多历史线索当中，对康德哲学的关系具有特别重要的意义。康德对于有关实在的知识的说明和他对于理性形而上学的批判，形成了认识论和形而上学历史上的转折点。今天只有少数哲学观点不是也以它们探讨康德观点的方式为特征的。”[④] 可以说，对“形而上学的自然趋向”进行“治疗”，证明这一“自然趋向”的虚妄性和僭越，构成了现当代西方哲学的共同主题。在它们看来，“形而上学”作为人的“自然趋向”，所体现的是思想和语言的迷乱以及生活的病症，因而正是哲学应予反省、批判与解构的对象。就此而言，现当代哲学受到了康德形而上学批判的强烈影响，即使那些对“康德哲学持论战态度的学说，

---

① ［德］康德：《纯粹理性批判》，韦卓民译，华中师范大学出版社 2000 年版，第 317 页。

② 同上书，第 457 页。

③ 同上书，第 318 页。

④ ［联邦德国］施太格缪勒：《当代哲学主流》上，王炳文等译，商务印书馆 1986 年版，第 16 页。

也采用了康德的某些对问题的提法，并且是建立在康德思想之上的”。[①]

通过上述讨论，我们可以清楚地看到，当人们用“形而上学是人的自然趋向”来为形而上学的思维方式与理论原则提供辩护时，实际上完全建立在对康德的误读之上。

二 “形而上学终结”之后的哲学问题：形而上学批判

在上面，我们通过对康德关于“形而上学是人的自然趋向”的重新解读，回应了人们关于“形而上学终结”的第一种反应。现在我们将针对第二种反应，即认为“形而上学终结”同时意味着“哲学问题的消失”与“哲学的终结”，进行专门的探讨。

“形而上学的终结”是否意味着“哲学问题的终结”与“哲学的终结”？我们的回答是否定的。随着“形而上学的终结”，那些以形而上学思维方式和解释原则为根据和基础的哲学问题确实丧失了存在的理由，但是，这并不意味着所有哲学问题的消失。“形而上学终结”之后，“形而上学”本身就成为哲学最重要的反思对象。可以说，“形而上学批判”本身即成为“形而上学终结”之后哲学最为重大的问题。

“形而上学批判”何以成为“形而上学终结”之后最重要的哲学问题？这是因为，正如康德所指出的，“形而上学作为人的自然趋向”乃是人的无法消除的本能欲求，“这种幻象的不能防止，正如我们不能防止海面在地平线上比海岸显得更高一样，因为我们看海面是通过更高的光线的；或者举一个更好的例子来说，天文学家也不能防止月亮初升时看来好像大一些似的，虽然他并不为这种幻象所欺骗”，[②] 辩证幻象“并不是如手艺不够纯熟的人由于知识不足而陷入的，也不是某个诡辩家有意编造出来以淆乱有思想的人的，它是和人类的理性分不开的，即令在它的欺骗性已经暴露了之后，它仍然要捉弄理性，继续使理性断断续续地陷入一时的

---

① ［联邦德国］施太格缪勒：《当代哲学主流》上，王炳文等译，商务印书馆 1986 年版，第 17 页。

② ［德］康德：《纯粹理性批判》，韦卓民译，华中师范大学出版社 2000 年版，第 317—318 页。

错乱，而常常需要矫正”。[1] 形而上学既然是人的“自然趋向”，这就表明它是人的理性乃至人的生活不可消除的维度，它所招致的幻象是人的理性和人的生活不可消除的部分。对这种幻象保持充分的自觉，避免这一“自然趋向”的放纵，防止人的思想和生活陷入不可解决的迷误，捍卫人的思想和生活的具体性和丰富性，于是成为哲学必须承担的重大任务。

如果说康德主要是在认识论的意义上揭示了形而上学这一“自然趋向”所导致的“幻象”，那么，现当代哲学则进一步揭示了这一“自然趋向”所导致的幻象不仅发生在人的思维和认识领域，同时也发生在个人的生存以及社会历史、人类生活之中。发生在人的认识领域的幻象，将导致人的思想陷入抽象化，发生在人的生活和社会历史中的幻象，将导致人的生活和历史陷入抽象化。

认识领域的幻象及其所导致的人的思想的抽象化，是“形而上学”的“自然趋向”不加限制的放纵所带来的必然后果。如前所述，“形而上学”的“自然趋向”所追求的是超验的“无条件的总体”，它要超越所有具体的、异质性的知识，达到“最高统一性”的“终极原理”。这一“终极原理”是一切具体的、异质性知识的无条件的、具有“客观规范性”的“大前提”和出发点。很显然，以此为根据，它必然形成一种从抽象原则出发来规范异质性的具体知识的思维方式，这即是康德所称的“独断论”，或马克思哲学所说的“教条主义”。贯彻独断论或教条主义的思维方式，不可避免地将使人的思想和认识陷入僵化。首先，它必然使得具体的、异质性的知识失去了其“自律”的、“本己”的性质并导致人类知识秩序的失调。哈贝马斯指出，无论是自然科学知识还是人文社会科学知识，都有着特殊的旨趣和功能，它们无法还原为某个同质性、终极的“先验理念”，把“形而上学”知识视为最高的真理性知识，强制地要求把具体的、异质性的知识“统一”起来，意味着以一种外在的权威干涉具体学科及其知识，这种试图为具体学科“立法”的野心，就如同康德所揭示的那样，在本性上是“专横”的，“带有古代野蛮的残余”。[2] 其次，它将助长一种无约束的理性狂妄，以无限、终极知识的幻觉掩盖和遗

① ［德］康德：《纯粹理性批判》，韦卓民译，华中师范大学出版社 2000 年版，第 318 页。

② 同上书，第 4 页。

忘人的理性的历史性和有限性，为“绝对真理”“无条件原理”的专横提供依据理由。人的认识是一个在有限中不断超越自身从而实现自我扩展和丰富的过程，但它永远不可能达到一劳永逸的“终极真理”，然而，“形而上学”的“自然趋向”却以把握“绝对真理”和“无条件原理”为唯一的目标，并且竭力把“绝对真理”与“无条件原理”视为客观化的“先验理念”或“永恒法则”，很显然，这是与人的认识的真实本性相违背的，必然导致对人的认识的严重扭曲。最后，与上述两点内在相关，在上述独断主义和教条主义的统治下，怀疑主义与虚无主义必然应运而生。“绝对主义”与“怀疑主义”、“终极实在”与“虚无主义”在表面上相互对立，实际上是内在相通的孪生兄弟，由于“形而上学”的“自然趋向”所具有的专横性及其虚幻性，必然导致怀疑主义与虚无主义的强烈反弹，来对这种专横与虚幻进行“解毒”，康德就曾指出：“在独断论者的统治下……她的帝国就因内战的频仍，而逐渐变为完全无政府的状态；而怀疑主义者们，这些游牧民族，由于藐视一切生活的安定，就不时把所有的文明社会破坏掉”，[①] 在此意义上，可以说，“形而上学自然趋向”的放纵，是怀疑主义和虚无主义最为重大的催化剂。

不仅如此，如果不对“形而上学”的“自然趋向”予以必要的约束和规训，它还将成为扭曲人的生存、现实生活和社会历史发展的抽象力量。对此进行深入的批判性反省，是现当代哲学的重要成果，它把康德对“形而上学自然趋向”的认识论批判扩展到了更为广阔的人的生存、社会生活和社会历史领域，揭示了其无约束的泛滥所可能导致的严重后果。

首先，“形而上学的自然趋向”对“无条件总体”的追求，与现实生活的丰富性和异质性、与社会历史发展的多向性和选择性之间存在着不可调和的冲突与矛盾。现实生活拥有无法被还原为“先验理念”与“无条件原理”的异质性和丰富性，社会历史的发展无法由“终极原则”和“普遍真理”来规定，如果对“形而上学的自然趋向”不加控制，任其成为理解和指导现实生活和历史发展的主导趋向，那么，现实生活和社会历史发展就必然被抽象为单向性的僵化存在并失去其鲜活具体的本性。其次，“形而上学的自然趋向”对“无条件总体”的迷恋，同人与社会生活

① ［德］康德：《纯粹理性批判》，韦卓民译，华中师范大学出版社 2000 年版，第 4 页。

的历史性、开放性和创造性之间存在着重大的冲突和矛盾。人与社会生活的存在总是在历史中、在自我创造中不断向未来敞开，它不能归结为某个终极的、绝对的先验理念，试图以某个总体性的形而上学理念来统摄人的存在和社会生活，实际上意味着为人的存在和社会生活设置了一个封闭和超历史的框架，它将使人的存在和社会生活失去开放和创造的本性而面临陷入机械宿命论的危险。最后，“形而上学的自然趋向”对“无条件的总体”的追求，包含着一种对人的生存、现实生活与社会历史发展的统治意志和控制欲望，“形而上学的总体性”包含着一种以一驭万的野心，意味着操控一切现象的话语权力，如果任这种“形而上学的自然趋向”不加限制和反省地运用到人的生存、现实生活和社会历史之中，将可能导致对人和社会生活的强制性操纵，从而带来灾难性的严重后果。对“形而上学自然趋向”的上述弊端的反省，是现当代哲学中许多哲学家的重大思想主题之一，波普尔、哈耶克、伯林、霍克海姆、阿多尔诺、列维纳斯、德里达、福柯、柯拉柯夫斯基等人从不同层次和角度对此所进行的十分深入的探讨，构成了康德“形而上学批判”在更广阔的领域的扩展和深化。

可以看出，如果不对“形而上学的自然趋向”加以自觉的反省与批判，它无论在人的认识领域，还是人的生存、现实生活和社会历史的发展等领域都不可避免地导致重大的幻觉，导致人的认识、人的现实生活陷入抽象化和僵化。通过自觉的批判性反省，避免它在僭妄中对人的认识和现实生活产生严重的后果，成为“形而上学终结”之后哲学必须承担起来的重大使命。

三 形而上学批判与哲学的新自觉

“形而上学批判”作为当代哲学的重大主题，表明哲学的自我理解达到了一个新的高度。它意味着，哲学自觉地放弃了它所不应也不能承担的任务，义无反顾地肩负起只有自身才能承担的使命，并因此使其存在方式、思想功能和基本内容等都发生了重大的转变。

首先，它意味着，与传统哲学相比，哲学的存在更多地带有“防御”性质。如前所述，传统形而上学把对“无条件总体”的把握作为自己的根本目标，哲学因此而成为至尊无上的“科学女王”。这决定了哲学的存在方式必然是“外向征服”型的，它要征服一切边界，成为一切知识和存在的最高出发点和最终归宿。然而，以“形而上学批判”作为哲学的重大主题，意味着哲学的根本目的在于防止“形而上学自然趋向”的滥用和僭妄，在于揭示哲学唯我独尊的“外在征服”所具有的独断性和虚幻性，在于提醒人们警惕“形而上学的自然趋向”所导致的幻象对于人的认识和人的生活所具有的欺骗性，它不仅不把占有“无条件的总体”作为哲学的目的，相反，它要通过一切对捕获和占有“无条件的总体”的形而上学野心和欲望的批判，限制其无边界的僭越，防备理性、思想和生活在其自我膨胀中陷入迷狂。因此，以“形而上学批判”为主题的哲学是“防御”型的哲学，它的存在方式是以“治疗”为特征的：对理性、思想和人的生活进行“治疗”。在它看来，“形而上学的自然趋向”是人的理性、思想和生活的一种难以根除的“病症”，它根植于人的本性，无法消除但却可以通过哲学批判来提醒人们达成自觉，从而避免这种“病症”所引发的思想误区和生活误区。在此意义上，“消解”“批判”和“划界”构成了哲学的主要存在方式。

哲学的“防御”性质并不意味着哲学的“消极无为”，而是说明哲学真正领悟到了以往哲学“外向征服”的“积极姿态”并非哲学的“本分”，而是对人的理性、思想和生活秩序的粗暴干涉，哲学的“霸权”并不是“哲学的骄傲”，而是哲学“无知无畏”的“僭越”。把自己的工作领域限定为“形而上学批判”，表明哲学意识到了自身的有限性，达到了一种更为“积极”的自我意识：人的思想和生活优先于哲学，哲学的价值在于为人的思想和生活服务，而不是相反，这就在根本上颠倒了长期占据主导地位的哲学与生活实践之间的关系，使得哲学真正成为捍卫自由思想和创造性生活的“仆人”。哲学的这种自我定位，“并不降低它的价值，相反，恰恰是给了它尊严和权威，这是由于通过它的检查，就能保证科学共同制度的一般秩序、和谐，乃至它的安宁，以免那些为科学共同制度勇敢而有效地劳作的人忽视了那最高的目的，即全人类的幸福”。[①] 在此意

---

① ［德］康德：《纯粹理性批判》，韦卓民译，华中师范大学出版社 2000 年版，第 698—699 页。

义上，哲学的防御性质，并不意味着哲学的“退缩”，相反，它以一种更为恰切和有效的方式介入现实生活并真实地发挥着哲学应有的功能。

“形而上学批判”作为哲学的主题，主要包括两方面的内容。其一是对以观念形态存在的形而上学进行“意识形态批判”，其二是对现实生活中存在的形而上学的“现实运作”的反省和批判。

对以观念形态存在的形而上学进行“意识形态批判”，就是对以思想、观念和理论形态出现的形而上学进行“诊断”和“治疗”，从而彻底消除由于“虚假意识”的统治而导致的思想和认识的抽象化。当形而上学成为一种普遍性、绝对性的理解人与世界的思维方式时，它实质上就具有了“意识形态”的性质。在此意义上，“形而上学批判”的根本目的就是通过这种批判，祛除抽象观念对人的思想和现实生活的遮蔽，捍卫人的思想的自由和创造性。对形而上学“现实运作”进行反省批判，即是要通过对现实生活的批判性反省，揭露其中所存在的与人的存在发展相敌对的抽象力量，破除形而上学得以产生的现实根源，从而促进人们对社会生活的自觉理解和自我意识。形而上学不仅以思想理论的形式出现，而且更展现为一种统治人的现实生活的抽象力量。当现实生活中某一种力量试图成为全部现实生活的主宰者和统治者时，这就意味着“形而上学”在现实生活中正在运作，它作为绝对、终极和独断的权威，使现实生活陷入僵化与抽象。在此意义上，“形而上学批判”的根本旨趣就是要防备和祛除形而上学的独断力量对现实生活的宰制，捍卫人的现实生活的具体性和丰富性。[①]

以“形而上学批判”作为哲学的主题，哲学将成为体现彻底的“批判”精神的超越性“思想”。“批判性”是哲学最重要的性质，历史上的哲学家虽然具体主张各异，但在其哲学思想中都透露出批判性的意向和精神。但是，传统形而上学对“无条件总体”的迷恋，使哲学的批判性意向和精神陷入了自相矛盾和自我否定，这是因为在根本上“无条件的总体”作为绝对和终极的存在是拒斥质疑和批判的。与此相反，“形而上学批判”却要把一切对“无条件总体”的迷恋以及任何捕获和占有“无条

---

① 对此的具体论述，可参见拙文《论马克思哲学与形而上学的深层关系——“形而上学的终结”与“形上维度的拯救”》，《哲学研究》2009 年第 10 期。

件总体”的宣称作为批判的对象和目标，它拒斥所有“总体性话语”的“收编”和“同化”，对一切“同一性”的抽象原则和终极实在毫不妥协地说“不”。而且，“形而上学批判”是一种真正历史性的批判，无论是以观念形态存在的形而上学，还是现实生活中存在的形而上学的现实运作，都在不同历史条件下呈现出不同的表现形态和特质，它要求“形而上学批判”必须在特定的历史语境中获得其具体的内容与主题，这就决定了“形而上学批判”是一项必须在人的思想、认识和人的现实生活的发展进程中不断重新开始的历史性任务，很显然，这与为自身确立超历史的终极任务的传统形而上学有着根本不同，后者以超越历史，因而也以超越批判为使命，而“形而上学批判”却恰恰只有在这种历史性品格中才能体现和确证自己的生命力和价值。与此内在相关，“形而上学批判”是一种永远不会终结的、与人思想和生活相伴始终的哲学活动，如前所述，“形而上学的自然趋向”植根于人性的、人的思想和生活中无法根除的欲望和冲动，它所招致的幻象永远需要予以警醒和防备，这决定了形而上学批判是哲学必须不断承担起来的天命，“形而上学”终结了，“哲学”却将长存，这是“形而上学批判”为哲学存在合法性所提供的最为有力的证明。

以“形而上学批判”作为哲学的主题，哲学所追求的首要价值将不再是“最高的真理”，而是“真实的自由”。祛除以观念形态存在的形而上学对人的思想的宰制，消解形而上学的现实运作对人的生活的统治，其根本目的是让人的思想和生活摆脱抽象教条和独断原则的支配，使自由的、个性化的思想创造、自由的、和而不同的生活方式能够自由地生成和壮大。自由是健康的精神生活和社会生活的基本条件。所谓“基本”，并不是说它是最高的或唯一的价值，而是说它构成了其他一切价值的必要条件。“形而上学的自然趋向”对“无条件总体”的追求，在深层所体现的是哲学试图超越一切界限的对“绝对自由”的追求，但这种“形而上学的自由”是以压制和牺牲具体的思想和生活的自由为代价的。在此意义上，“形而上学批判”的根本旨趣在于通过限制“形而上学的自由”而拯救和维护具体的思想和生活的自由，而拯救和维护这种自由，实际上也就是在捍卫和维护思想和生活健康存在及发展的基本条件。

通过如上简要讨论不难看出，以“形而上学批判”作为“后形而上学”时代哲学的基本主题，使得哲学的存在方式、主要内容与思想功能等各方面发生了重大的变化。它向我们表明：“形而上学终结”之后，哲学仍将生机勃勃地存在并发挥其不可替代的作用，哲学放弃了“唯我独尊”的“女王”的荣耀，却成为一种推动人的思想创造和生活幸福的朴素而真实的力量。这是哲学所达到的十分重要的新的思想自觉。

（原载于《天津社会科学》2011 年第 1 期）

重温“无知”的智慧：哲学当代复兴的重要起点

对于哲学来说，“自知无知”乃智慧之母。两千多年前，西方哲人苏格拉底就说道：自知自己的无知，乃是智慧的开端。中国先哲孔子也说：“知之为知之，不知为不知，是知也”，同样强调“承认无知”作为智慧源头的重大意义。然而，现代人最容易遗忘的恰恰正是人这一与生俱来的“无知”本性。这种遗忘所带来的后果是十分严重的，它无论对于哲学的发展，还是对于人们健康的价值体系和社会秩序的生成，都产生了十分不利的影响。重新体味“自知无知”作为“智慧之始”所包含的深刻内涵并以此为出发点，推进哲学、人与社会的自我认识，在今天仍是一个具有生命力的重大课题。

一　“无知”的自觉当代哲学自我理解的重要向度

长期以来，“爱智慧”一直被认为是哲学最为根本的精神品格。“爱智慧”这一哲学的自我理解实际上已经蕴含着这样的自觉：哲学不应也不能掌握和占有关于人与世界的终极知识，恰恰相反，哲学因其自觉到“无知”乃是人不可逃避的命运，所以才要不断地超越自身，去探求和追问生活的意义。

“自知无知”作为哲学智慧的开端，包含着如下两层最为重要的意蕴。第一，它给哲学的功能划定了一个明确的界限，或者说为哲学颁布了一个“禁令”：哲学是人以人的眼光对人与世界的一种追问和探索，而不能僭越为以神的目光来确立世界的终极原理，关于人与世界的终极原理的答案，超出了人的认识能力因而是哲学不可能提供的，它属于“神学”

而非“哲学”。自觉避免扮演先知或上帝的角色，这应成为哲学和哲学家基本的“自律”。第二，哲学不仅禁止自我僭越，而且把审查和批判一切“全知全觉”的先知或神的僭越作为自己的重要工作方式和使命。苏格拉底在雅典街头和市井中与“聪明人”的对话和辩难给哲学确立了典范：通过这种对话与辩难，他使一切自诩拥有真理的人陷入了自相矛盾，迫使其承认自己的无知，在这种怀疑、审查和否定的哲学反思批判活动中，任何把“有限之知”膨胀为“无限之知”的倾向都将显现其有限性，暴露其可疑性和内在困境。

但是，在哲学的发展中，上述本应作为智慧开端的对“无知”的自觉却恰恰最先被遗忘了。哲学变得越来越自负和自大，它不仅不再承认“无知”是人的本性和哲学智慧之母，而且把“无知”视为人最大的耻辱并因此把哲学的使命定位于一劳永逸地摆脱和消灭无知。这最集中地体现在哲学对于“第一哲学”的追求上。

哲学对于“第一哲学”的追求，表达着两层不断递进的野心。第一，它要成为统率一切具体学科和具体知识的超级学科。第二，它还要成为统率一切哲学问题和哲学领域的基础和支点，也就是说，它不仅要成为“科学之科学”，还要成为“哲学之哲学”，不仅要拥有对“知识”，还要拥有对“思想”的最高立法权。

亚里士多德无疑是这种哲学观最早的明确阐发者。他相信，哲学不应止步于智慧的“爱好者”，而应进一步成为智慧的拥有者和捕获者。作为智慧的拥有者和捕获者，哲学最核心的任务是关于最高原理的探究，以此为任务的哲学即是“第一哲学”或形而上学。如果说“智慧”是“有关某些原理与原因的知识”，[①]“哲人”是“知道一切可知事物”的人，那么，第一哲学就是“研究实是之所以为实是——包括其怎是以及作为实是而具有的诸性质者”的学术，即研究万物最终原理和最高原因的学术，在这种探究中，哲学以“默想（神思）为唯一胜业，其为乐与为善，达到了最高境界”，[②] 达此境界，“第一哲学”即成为“神学”，哲学家亦因此成为“神人”。哲学和哲学家完全摆脱了“无知”，

① ［古希腊］亚里士多德：《形而上学》，商务印书馆1959年版，第3页。

② 同上书，第248页。

而成为“全知”的代名词。亚里士多德的这种哲学理想，按照哈贝马斯的概括，是把“过沉思的生活，即理论生活方式当作拯救途径。……它替少数人打开了真理的大门，对大多数人而言，这扇门却一直是关闭的”。[①] 这里的多数人显然是指“无知者”，而“少数人”则是指与超验的终极原理建立联系的哲人。在哲学史上，这种哲学理想不断形式变换，在笛卡尔那里，“第一哲学”转换成以“我思”为基础的“意识哲学”；在黑格尔那里，“第一哲学”则是通过辩证法的方式改造了传统形而上学而形成的逻辑学、本体论和辩证法三者统一的“大全真理”体系；在胡塞尔那里，则是以“先验自我”为中心的纯粹意识世界；等等。无疑，这些变换的样式存在着诸多具体差别，但都共同地把寻求以一驭万的“终极答案”，提供“思想宪法”作为其主要的工作目标。很清楚，“第一哲学”的抱负和理想完全背弃了“无知是智慧之母”的信念而走向了另一与之完全不同的极端，即紧紧地拥抱“全知是智慧之母”的教条。这是哲学的最大妄想，也是它陷入不可摆脱的深刻困境的根源。

哲学对“全知”的追求犹如一个人拔起自己头发离开地球，实际上在追求一个根本不可能企及和无法实现的目标。当代哲学最重要的成就之一就是戳穿了哲学的这一幻象，把哲学从这一幻象的迷梦和独断中唤醒过来。在此方面，康德无疑是先驱者，他通过“理性批判”，获得了这样的洞见：试图通过理论理性去获得关于存在本身的普遍性原理，实质上是把“有限”当成了“无限”，其结果必然导致“先验幻象”和自相矛盾。康德的“理性批判”承认了人在把握“世界总体”上的无能，这使得哲学又一次回到“无知乃智慧之母”的思想原点。康德的谦逊比那些自负狂傲的自恋哲人们更加明智而深刻。虽然他被“全知论”哲学家指责为“不可知论”者，但其回归“自知自己无知”这一源始的哲学精神的观念影响至深。20 世纪以来，分析哲学家指出传统形而上学所欲建构的“第一哲学”实际上是把语言和逻辑误用的结果，按维特根斯坦的说法，传统哲学试图用理性和逻辑的方式去获取“整个世界”的知识，根本谬误

① ［德］哈贝马斯：《后形而上学思想》，曹卫东译，译林出版社 2001 年版，第 31—32 页。

在于跨越了不应被跨越的边界，侵入了本应保持“沉默”的领域。科学哲学家如赖欣巴哈，则指出传统形而上学和“第一哲学”“描画着一个神的令人敬畏的图景”，以满足自己经纬天地的心理需求，“许多哲学体系就像《圣经》一样，那是一首杰出的诗，充满着刺激我人的想象力的图景，但没有科学解释所具有的那种说明问题的力量”,[①] 因此，传统形而上学只具有“艺术”而无知识的意义。唯意志主义哲学、生命哲学、现象学生存哲学、哲学解释学、实用主义哲学，乃至精神分析哲学、后现代主义哲学等，也都从不同视角揭示了传统形而上学的全知主义的无根性与独断性，他们指出：“认识只是在世的一种方式”（海德格尔）；他们论证：“意志”“生命”“生存”“生活经验”“潜意识”等具有比人的认识更为基础和深层的地位（叔本华、尼采、狄尔泰等）；他们认为：人的认识永远受到无法摆脱的历史性的制约因而哲学的全知论所体现的是：“断言的天真”“反思的天真”与“概念的天真”（伽达默尔）；他们揭示：人的认识总是处于制度、话语和文化的权力关系网络中并受到后者的控制因而它并不具备“第一哲学”所自诩的自主性与充足性（福柯等）；等等。在这个意义上，他们都是康德“理性批判”事业的追随者和深化者，正如施太格缪勒所概括的那样：“康德对于有关实在的知识的说明和他对于理性形而上学的批判，形成了认识论和形而上学历史上的转折点。今天只有少数哲学观点不是也以它们探讨康德观点的方式为特征的。”[②] 揭穿传统形而上学“全知论”的“神目观”，其根本旨趣是让哲学真正以“人的眼光”而非“神的眼光”来重新理解和规定哲学的性质和功能，并在一个新的层面上回归“自知无知”的古老智慧。伽达默尔在《真理与方法》的序言中说道：“人们所需要的东西并不只是锲而不舍地追究终极的问题，而且还要知道，此时此地什么是行得通的，什么是可能的以及什么是正确的。我认为，哲学尤其必须意识到他自身的要求和他所处的实在之间的那种紧张关系”，“不管哲学家可能怎样被认为对一切事物作出彻底的论断，他总是扮演很坏的预言家、报警家、说教者甚至很坏的智者这类

① ［德］赖欣巴哈：《科学哲学的兴起》，伯尼译，商务印书馆 1966 年版，第 12 页。

② ［联邦德国］施太格缪勒：《当代哲学主流》上，王炳文、燕宏远、王路译，商务印书馆 1986 年版，第 16 页。

角色”,[①] 摒弃“预言家”“报警家”“说教者”“很坏的智者”的角色，实际上就是要让陷入“致命的自负”的哲学重新确立在现代世界的位置，这一点成为现当代哲学的重大共识。维特根斯坦对“可说”与“不可说”的划界，海德格尔对“存在”与“存在者”，哈贝马斯对“人文解放旨趣”“实践旨趣”与“实证知识旨趣”的划界，等等，是以“划界”的方式确认了“哲学知识”的有限性与非终极性；波普尔的“批判理性主义”、库恩的“范式”理论、费尔阿本德的“无政府主义的科学”，直到普特兰对形而上学实在论的“神目观”的批判，罗蒂对基础主义的釜底抽薪，等等，揭示了“第一哲学”对“最终原理”迷恋的偏执和人类求知及认识过程的开放性、复杂性与可错性；马克思哲学与西方马克思主义流派对生活实践的关注，乃至众多现代哲学所呈现的从“理论哲学”向“实践哲学”的转向，等等，是对理论与实践、认识与生活关系的根本颠倒，它表明：哲学对人与世界的反思，始终嵌入在生活世界的历史和现实的背景之中并总是受到这一基本事实的支配，因而哲学思想必须为人的生活实践负责而不是相反。所有这些，虽然各自角度与出发点有所不同，但它们都共同达到这样的充分自觉：以“第一哲学”的方式去捕获人与世界的最高原理和终极解释，这是只有神才能达成的任务，哲学作为人特殊的思想向度，所体现的只能是“人”的有限的眼光。

摒弃“第一哲学”的“全知主义”幻想，这是哲学一次重大的自我启蒙和新的觉醒。它意味着哲学在经历“成神似的自恋”之后，在一个更高的层面上回归到了“自知自己无知”的古老智慧。这是现当代哲学所取得的最重大的理论自觉之一。以此为思想开端，将导致哲学在思想主题、工作方式、存在样式、理论功能等方面一系列重大的变化。

二 “无知”的自觉：价值规范重建的重要条件

“自知无知”作为智慧之母，还在于它是确立人们共同生活的价值规范基础不可缺少的真实起点。进入现代社会以来，价值规范基础的危机已成为人们所面临的重大挑战，而沉浸于“全知主义”的迷梦，正是造成

① ［德］伽达默尔：《真理与方法》上，洪汉鼎译，上海译文出版社1992年版，第16页。

这种危机的重大思想根源之一。

“全知主义”的支配必然导致以一种权威主义和总体主义的方式对“他者”进行挤压和控制，对个人自由的尊重、对个性的宽容等重大价值将成虚幻。按照基督教的说法，上帝是全知全能的，按此前提，渺小的生命个体所应做的就是匍匐在上帝面前，无条件地臣服于神圣权威的旨意。上帝的全知无能具有宗教的意蕴，在政教分离的现代社会，生命个体拥有宗教信仰的自由因而对上帝全知全能的信念完全基于个人的良知选择与决断，因而中世纪对“异端”的宗教迫害已不可能重现。但如果一种哲学思想体系，或者这种哲学思维体系的代表者宣称以理性的方式获得了“最终的原理”与“最高知识”，尤其当这种观念与现实制度化的政治经济秩序融构在一起的时候，它就将成为一种排他性的、消解一切异质性的“唯我独尊”的权力话语体系，成为一个绝对的、自我循环的封闭体系。在此体系中，一切最终都归结为同一性的终极“真理”，所有的异质的因素都被归结为消除了对抗性的肯定性和“统一性”，在其中，“他者”的维度被完全抹杀，“他者”的声音被完全排斥。

这表明，“全知主义”是一种充满着支配欲和控制性的权力话语，它为现实生活中以神圣“偶像”或“先知”的姿态操控他者提供了思想支持。马克斯·韦伯指出：现代社会区别于传统社会的一个重大特征是“世界的祛魅”，这意味着那种试图控制一切人的“唯一必然之神”的消解与“世界的多神化”的不可逆转，“世界多神化”的现实要求每一个人以清明的理性自由地选择和确定自己的生活信念。它表明：每一个人都不能替代其他人去生活，因为每一个对于他人的生活处境和存在状态，任何人都不可能拥有完备知识，这一点决定了谁都不具备资格和能力替代他人“擅自做主”，更不能去决定和主宰他人的命运。正因如此，对个人选择自由的尊重和对不同生活信念和生活方式的宽容，构成了现代社会的重要价值之一。但是，“全知主义”却声称掌握了所有人生活的全部奥秘，以此为根据，势必助长一种以“真理”的名义、“合法”地操纵众生命运的野心。这实质上是要在已经“祛魅”的、“多神化”的现代社会恢复“唯一必然之神”的神圣地位。很显然，它不过是为人们树立了一个虚假的偶像，与现代文明成果所确立的基本价值是完全相悖的。但无论东西方，现实生活中都不时可见到这种虚假偶像的幽灵，由此所导致的压抑个人自由、戕害个性、扭曲心灵的灾难在当代人类历史上打下了深深的烙印。

在“全知主义”的支配和控制之下，必然引发人与自然、人与人关系的紧张、冲突与对立，导致社会生活共同体陷入僵化和封闭甚至分裂和瓦解。以“全知主义”的态度处理人与自然关系，必然不可避免地导致对自然的“任性和傲慢”，如果说“知识就是力量”，那么“全知”则意味着无所不能的力量，很显然，这种信念使得“敬畏自然”“诗意地栖居”“向自然学习”等观念都变得不合时宜，对自然的征服和改造将成为人的“全知”能力的最好确证。对此，现当代哲学从各方面已经进行了充分的揭示。不仅如此，持“全知主义”立场，必然在人与人的关系上贯彻“对象化逻辑”，“全知者”将把自我确立为“主体”，并以自我为中心，把其他人的存在视为“对象”和“客体”，立足于这种“自我”，一切自我之外的“他人”都是与“我”相对立并由“我”所规定和涵盖，与绝对第一性的、高于一切的“自我”相比，“他人”完全是一种派生的、外在的事物。可见，“全知主义”具有明显的“自我中心主义”倾向，它是与人与人之间的“相互承认”这一重大价值完全不相容的。以之为出发点，社会生活共同体将成为“全知主义者”实现自我目的、确证其“全知能力”的工具和舞台。社会生活共同体本应是人与人自由和平等交往的产物，但在“全知主义”这里，却成了被控制和操作的对象。在“全知主义”神一般的目光的俯视之下，人们的公共生活空间所需确立的重大价值，如正义、民主、平等、对话等都必然被视为多余的空话而被弃于一旁。

在“全知主义”的支配与控制之下，还必然导致一种对待人类文明传统和历史的蔑视和虚无主义的态度。人之区别于动物，一个重要标志是他的“历史性”，动物有“运动”和“变化”，但没有“历史”。对于人来说，历史既是人生活实践和创造的结果，同时也构成每一代人生存发展的背景、条件和前提，没有这种“历史性”，那么，人将成为无法理解的幽灵，也将失去进一步发展和跃迁的基础。在此意义上，“历史性”是“人性”的重要内容和向度之一。承认人的“历史性”，必然同时承认人的“有限性”，意味着人无论在知识、视界、道德、价值观等各方面，都深受历史传统的影响和制约，但这种影响和制约并不表明人的无能与无力，相反，它为人的自由创造提供了真实的起点。历史性与超越性、有限性与无限性等，二者相辅相成，构成人的生存的相互支撑的、充满张力的基本面向。但“全知主义”的一个重要预设和信念却恰恰是人能够一劳永逸地超越“历史性”，站在一个彻底的、绝对的超越立场，来“从头开始”设计、规划人们的生活。它把“历史传统”“既有习俗”“文化传承”等视为“全知”的障碍和束缚，甚至视为“蒙昧”“落后”“迷信”的代名词。很显然，以这种观念为前提，它不但不可能切实尊重历史传统的价值，而且会把改造和消解历史传统作为建立“全知论”的“透明王国”的必要条件。

按照伽达默尔等人的批判性反思，“全知主义”对待历史文明传统的上述态度最典型的代表就是以“理性主义”为旗帜的“启蒙运动”：“启蒙运动的基本前见就是反对前见本身的前见，因而就是对流传物的剥夺”,[①]“对一切前见的根本贬斥——这使新兴自然科学的经验热情与启蒙运动结合起来——在历史启蒙运动中成了普遍的彻底的倾向”[②]，“启蒙运动的普遍倾向就是不承认任何权威，并把一切都放在理性的审判台面前。……传统的可能的真理只依赖于理性赋予它的可信性。不是传统，而是理性，表现了一切权威的最终源泉。……这就是现代启蒙运动反对传统的普遍法则”[③]。“启蒙运动”以理性为武器，把“理性”与“传统”完全对立起来，要求以“理性”的权威战胜“传统”的权威，最终建立一个“理性统治世界”的透明纯净的理性王国。对此，现当代哲学中，无论是社群主义哲学家、保守主义哲学家，乃至一些自由主义哲学家，都从不同角度揭示：这种“理性的幼稚病”不仅误解了“理性”，而且将使价值规范失去可靠根基。社群主义者如麦金太尔通过对近代以来道德危机的分析，认为导致当代道德情感主义和相对主义的一个重要根源就在于人们忘记了“自我不得不在社会共同体中和通过它的成员资格发现它的道德身份”这一基本事实，而作为“社会共同体”的成员，“不论我是否喜欢，是否认识到它，我都是一个传统的承载者之一。……因此，就德性维持实践所需的关系而言，德性必须维持的不仅有对现在的关系，还有对过

① ［德］伽达默尔：《哲学解释学》上，上海译文出版社 1992 年版，第 347 页。

② 同上书，第 354 页。

③ 同上书，第 350 页。

去的关系，甚至对将来的关系。而通过传统，那些具体的实践得以传递和赐予新的形式”，[①] 离开传统的维系，一切道德的“理性建构”都将成为无源之水。保守主义者如施特劳斯把近代以来的理性主义视为价值虚无主义的根源，并把回归古典政治哲学传统视为克服这一价值危机的根本途径。自由主义者虽然把个人自由视为最根本价值，但有一些自由主义者，如哈耶克对以笛卡尔为代表的“全知主义”忽视和蔑视传统、历史和习俗的倾向进行了深入的批判，他说道：“‘怀疑一切’（radicaldoubt）的态度使笛卡尔拒绝把任何不能以逻辑的方式从‘清晰且独特’的明确前提中推导出来的从而也不可能加以怀疑的东西视作为真实的东西。……接受任何一种仅仅立基于传统而且无法依凭理性根据给出充分证明的东西，都只是一种非理性的迷信。”与此不同，哈耶克不仅不把传统、历史和习俗视为人的理性和自由的敌人，相反，他把人们的生活经验、文化传统所形成的生活规则视为人自由的基本条件，他认为，“我们决不能把一个规则系统或整个价值系统化约成一种有意识的建构，而必须始终把那种为人们所公认的特定传统作为我们批判某项特定规则的基础”[②]。因此，“全知主义”对传统、历史、习俗的否定，无论从理性的本性和功能，还是从对个人自由的意义来看，都是片面而独断的。

从以上探讨可以看出，“全知主义”对于人的自由个性，对于健康的人与自然、人与社会关系，人与历史、传统关系的生成，等等，都是一种消极甚至否定性力量。所有这些都启示我们：放弃“全知主义”的幻觉，自觉人的理性和知识不可摆脱的有限性，回归“自知自己无知”的古老智慧，是维护现代社会美好价值、确立健康的价值规范的重大思想前提。

三　“无知”的自觉：良性社会秩序的思想前提

“自知自己无知”作为智慧之母，在实践领域集中体现在它构成了良性的现代社会秩序得以生成的重要思想前提。

---

① ［美］麦金太尔：《德性之后》，龚群等译，中国社会科学出版社 1995 年版，第 279 页。

② ［英］哈耶克：《立法、法律与自由》，邓正来译，中国大百科全书出版社 2000 年版，第 210 页。

在现实中，每一个人都并非孤立的，而总是生活在一定的社会秩序之中。社会秩序对于每一个人的生存命运都会产生重大影响。正因如此，对合理社会秩序的探求，是每一个人，同时也是哲学社会科学十分关注的重大课题。

那么，合理的社会秩序何以可能？“全知”和“自知无知”这两种不同的自我认知将形成两种在性质上有重大区别的思路和回答。对此，哈耶克概括道：“第一种方法使我们感觉到我们在实现自己的愿望方面拥有着无限的力量，而第二种方法却使我们一方面达致了这样一种洞见，即我们能够刻意创造的东西是颇为有限的；另一方面则使我们认识到了我们现有的某些愿望确实是幻想。然而需要指出的是，人们却因甘愿蒙受上述第一种观点的欺骗而导致了这样一种恶果，即人在事实上限制了自己所能够达致的成就，因为不争的是，只有承认人所可能成就者的限度，人才能够充分运用自己的力量。”[①] “全知论”所提供的是“设计”与“建构”论的思路和回答。它的基本信念是：人拥有设计和建构社会秩序的足够知识，社会秩序是人按照自己的目的，运用自己的知识设计和建构而成的。它相信，社会秩序的生成有赖于关于社会秩序本性及其规律的总体性知识，以这种总体性知识为依据，人们就可以描画出理想社会秩序的蓝图，然后按照这一蓝图，即可建构出最美好的社会秩序；而人的理性是能够获得这样的总体性知识的，因此，以理性力量设计和建构社会秩序，是人通向美好生活的不二路径。

考察哲学史，这种对于社会秩序的设计和建构论模式源远流长。柏拉图的《理想国》无疑是这种模式最早的突出代表。众所周知，柏拉图的哲学是以“理念论”为核心的，“理念”是事物的真正本质和原型，是事物存在的根本理由和原则，哲学的任务就是发现感性事物背后的实在和本质，即发现事物的“理念”。“理想国”作为具有完美社会秩序的国度，它的基础就是“善”的理念，以“善”的理念作为形而上学依据，即可以描画出“理想国度”的完美社会秩序蓝图的全部细节。波普尔这样概括柏拉图建构完美社会秩序时所采取的基本方法：其形成“只有靠柏拉

① ［英］哈耶克：《立法、法律与自由》，邓正来译，中国大百科全书出版社2000年版，第59—60页。

图哲学的对于一个绝对的且不变的理想的信仰”，同时“加上两条进一步的假定”，这两个假定是“（a）存在着一劳永逸地决定这种理想是什么的理性方法，以及（b）决定实现这个理想的最佳手段是什么”。[①] 人的理性可以把握理念，善的理念是完美社会秩序的原型，因而哲学家有充分的资格和合法性，凭借其特殊的把握理念的理性能力来对社会秩序进行设计和建构。

波普尔把这种对社会秩序的建构和设计称为“社会工艺学”，把社会秩序的建构和设计者称为“社会工程师”。“社会工程师”相信人是社会秩序的主宰，“相信我们可以按照我们的目的来影响或改变人类历史，就像我们已经改变地球表层一样”。[②] 哈耶克则把这种观点称为“建构理性主义”，其核心就是认为理性能够自觉支配、规划和设计社会进程，它假定“散布于众人中间的全部知识，能够被一个头脑所掌握”，[③] 这个“全知”的“头脑”凭借头脑里的理念、知识和模型，来描画人间最新最美的蓝图，从而“自觉地”来支配社会历史，把人类引向一个终极完美的状态。在此意义上，“建构理性”代表着“一种超级理性主义，一种让某个超级头脑控制一切事物的要求”[④] 因而是一种“无限”的、“没有边界”的“全知主义”理性。

自近代以来，随着人的理性能力的张扬，上述关于社会秩序的“建构论”与“设计论”思路一度成为占据主导地位的模式。哈耶克通过对黑格尔和孔德的比较，向我们表明：作为唯理主义最大代表的黑格尔和作为实证主义奠基人的孔德在表面上大不相同，甚至正相对立，但在深层分享着共同的核心观念，那就是他们都相信：“一切社会研究的核心目标，必须是建立一种包括全人类的普遍历史学，它被理解为一幅遵循着可认知规律的人类必然发展过程的蓝图”，[⑤] 唯一的区别仅在于这种规律在黑格尔那里是“形而上学原理”而在孔德那里则是“科学规律”，也就掌握了

① ［奥地利］波普尔：《开放社会及其敌人》上卷，陆衡等译，中国社会科学出版社 1999 年版，第 300 页。

② 同上书，第 50 页。

③ ［英］哈耶克：《科学的反革命：理性滥用之研究》，冯克利译，译林出版社 2003 年版，第 49 页。

④ 同上书，第 93 页。

⑤ 同上书，第 250 页。

正确理解社会历史的钥匙，因而也就可以以此为武器，建构、设计和操纵社会秩序和历史运动。更重要的是，不仅在理论上，这种思路还落实和体现在现实的社会实践中，近代以来，人们试图以自己的头脑在现实生活中创立理想世界，开启了一场场建构完美社会秩序的社会实验，对现代人的生存命运产生了重大影响，并因此成为一种独特的“现代性”现象。

“建构论”与“设计论”思路的最大缺陷集中体现在两个方面。

第一，以唯理主义的方式来理解并建构社会秩序，实质是把社会生活当成了与自然物质世界无异的必然性存在，忽视了社会秩序不同于自然秩序的属人性质。社会生活之区别于自然物质世界，一个最根本之处在于它是由具有“自由意志”的不同生命个体组成的，它摆脱了自然物质世界的因果机械必然性，因而其存在和运动并不遵循“非如此不可”的“唯一必然之理”。如果承认这一点，那么，也就须相应承认，社会秩序不同于自然秩序，后者服从必然的逻辑和规律，前者则是无数个人自由活动相互作用的结果。这一特质决定了社会秩序超越了任何一个或少数头脑及其理性的“建构”和“设计”，如果说自然秩序是“上帝”设计的作品，那么，人们的社会秩序却恰恰超越了任何单方面的理性设计，企图以建构论和设计论的方式理解社会秩序，其结果必然导致对其他人自由意志的抹杀。在此意义上，企图控制社会秩序实质上就是企图控制其他具有自由意志的生命个体，对社会秩序的控制实质就是人对人的控制。

第二，与第一点内在相关，建构论和设计论思路忽视社会秩序区别于自然秩序的属人性质，最核心之处是忽视了任何一个头脑及其理性对于社会秩序的生成所具有的有限性，即不可摆脱的“无知”本性。社会秩序是由无数个人自由活动所形成的“合力”在历史中逐渐形成的，任何人都无法获得了解、掌握和控制所有人的生存境遇、欲求、能力等全部信息的“总体性知识”，因此，任何关于社会秩序的建构和设计方案都只是“个人话语”而不能僭越为对所有人适用的普遍真理，否则就将成为一种支配性和压抑性的权力话语，如果落实为现实实践，甚至将成为涂炭人性、破坏真正的社会秩序的毁灭性力量。对此，哈耶克的论述是十分深刻的：“知识只会作为个人的知识而存在。所谓整个社会的知识，只是一种比喻而已。所有个人的知识的总和，绝不是作为一种整合过的整体知识而存在。这种所有个人的知识的确存在，但却是以分散的、不完全的、有时甚至是彼此冲突的信念的形式散存于个人之间的。”[①] 这即是说，相对于关于整个社会的总体性知识，每个人都是“无知”的，“每个人都具有的这种无从救治的无知（theincurableignorance），乃是一种对某人所知或将为某人所知并由此而会影响到整个社会结构的特定事实的无知”。[②] 基于这种观点，哈耶克提出了“自发扩展秩序”理论，系统地论证了这样的核心观点：个人的理性是有限的和不完备的，各种实在的生活方式和社会制度，如道德、语言、法律等并不是人类智慧预先设计的产物，而是以一种累积的方式自然演进而来，社会和历史的发展不是根据全知的理性设计规划出来的，而是在不断试错过程中缓慢演化而来的。应承认，这种思考是十分深刻的。

这两方面的错误集中显示了理性的膨胀与全知的幻想，哈耶克恰如其分地称之为“致命的自负”。以之为出发点所形成的“社会秩序”，不仅不能保障人的自由和幸福，恰恰有可能成为人的自由和幸福的桎梏。这启示我们：摒弃“全知论”的幻觉，清醒地理解自身的局限性，自觉到人的理性和知识的边界和范围，重温“自知自己无知”的古老智慧，对于生成合理的社会秩序，具有前提性的重大意义。

（原载于《吉林大学社会科学学报》2014 年第 1 期）

① ［英］哈耶克：《自由秩序原理》上，邓正来译，生活·读书·新知三联书店 1997 年版，第 22 页。

② ［英］哈耶克：《立法、法律与自由》，邓正来译，中国大百科全书出版社 2000 年版，第 63 页。

哲学的“中道”与思想风险的规避

一　哲学的“双刃剑”及其思想风险[①]

每一个从事哲学思考和研究的人都会对“何为哲学”提出自己的看法。以下是最常见的几种理解。

哲学是追求最高真理、把获得真理视为自身根本使命的学问。这是有史以来哲学家对哲学最具代表性的自我意识和自觉定位。“知识即美德”，“最高的知识即最高的美德”，这是自苏格拉底、柏拉图以来西方形而上学哲学传统所奠定的哲学的自我期许和认同。

因其代表最深刻的真理，所以哲学又是一门最自由的学问。例如亚里士多德说过：“我们认取哲学为唯一的自由学术而深加探索，这正是为学术自身而成立的唯一学术”[②]，黑格尔同样说道：“哲学的出现属于自由的意识，则在哲学业已起始的民族里必以这自由原则作为它的根据”[③]，“思想必须独立，必须达到自由的存在，必须从自然事物里摆脱出来，并且必须从感性直观里超拔出来。思想既是自由的，则它必须深入自身，因而达到自由的意识”[④]。他们所表达的是一个共同观点，即“自由”是哲学的

---

① 关于哲学的“思想风险”及其规避问题，近年来国内已有学者提出并讨论。但这种讨论主要针对在西方哲学的译介和研究过程中，由于中西语言、文字与概念上的区别与误读所造成的意义失真并因此带来的思想风险（参见童世骏《西方哲学研究的思想风险及其规避可能》，载《世界社会科学高级讲坛讲演录》，商务印书馆 2010 年版），这方面的问题的确需要引起充分关注。但在笔者看来，由哲学的自我理解及其思想内涵所带来的思想风险及其规避是一个同样关注不够但也许是更为深层的课题。

② ［古希腊］亚里士多德：《形而上学》，吴青彭译，商务印书馆 1959 年版，第 5 页。

③ ［德］黑格尔：《哲学史讲演录》第 1 卷，贺麟等译，商务印书馆 1959 年版，第 94 页。

④ 同上书，第 93 页。

根本品格和性质。

因其代表最深刻的真理，并是最自由的学问，所以哲学禀赋批判和反思的资格与特权。例如康德把建立理性批判的法庭，“来保证理性合法的要求而驳回一切无根据的僭妄[①]”作为哲学的本职工作。马克思也说道：“辩证法不崇拜任何东西，按其本质来说，它是批判的和革命的”[②]，等等，都把“批判”与“反思”视为哲学的本性。

哲学是一门“崇高”的学问，是一门“真善美”统一的学问，是“判天地之美、析天理之理”的学问，是“为天地立心、为往圣继绝学、为万世开太平”的学问，等等。

以上种种对哲学的自我认知，虽然侧重各不相同，但有一点是完全一致的，即都赋予了哲学以无须反思的美好甚至“神圣”的价值和品格，都把哲学当成一个毫无疑问的“好东西”。

的确，作为人类思想文化的重要“扇面”，哲学包含着对于美好事物的执着而高远的憧憬和追求，以哲学为志业的哲学家自然也会把自身对美好事物的憧憬和追求对象化和投射到哲学上，把种种美好的词汇赋予哲学无疑是哲学家非常乐意情愿之事。

然而，上述关于哲学的自我认知只不过是哲学的一厢情愿。它有意无意地遗忘和抹杀了一个基本事实，那就是无论在历史还是现实中，哲学所扮演的并非如上述完美无缺的角色。哲学既可能是“好东西”，也可能是“坏东西”，既可能推动人走向自由和解放，也可能把人带向奴役和专制，既可能促进人的自由创造并因此推动社会的文明进步，也可能成为僵化教条并因此阻滞社会的文明进步，既可能增进“真”“善”“美”，也可能滋养“假”“恶”“丑”，既可能成为人逐渐从“幼稚”走向“成熟”的“启蒙”力量，也可能试图让人停留于“幼稚”的“蒙昧”状态而成为“启蒙”的敌人，既可能意味着“光明”，也可能助长“黑暗”。这即是说，哲学本身具有“两面性”，它是一种具有“双重品格”的复杂存在，包含着“自我异化”的思想风险。

尽管这一事实有伤自我感觉良好的哲学家的自尊，但抱以诚实的态

① ［德］康德：《纯粹理性批判》，韦卓民译，华中师范大学出版社 2000 年版，第 5 页。

② 《马克思恩格斯全集》第 44 卷，人民出版社 2001 年版，第 22 页。

度，就不能不承认，揭示并自觉到哲学所具有的这种“双重品格”，是推动哲学自我理解与深化的十分重要的方面。它表明哲学并不具备某种天然的优越性或天然的“善德”。从事哲学是一种“思想冒险”，哲学的思想、话语和行动既有可能带来“善果”，也有可能结成“孽缘”。这就是哲学和从事哲学所不可避免的“思想风险”。正视哲学的这种两面性，自觉到这种“思想风险”，是哲学和哲学人为自己的思想、话语和行动真正负起责任的基本前提。沉浸在对哲学一厢情愿的“自恋”中而忘记哲学所蕴含的“思想风险”，正是历史和现实生活中哲学和哲学家遗忘自己所应承担的职责，并沦为蒙昧、独断和偏见的同谋及合作者的根本原因之一。如果放到中国特定的历史和现实语境中，这一问题所具有的严峻性和迫切性就将得到更加清楚的凸显。哲学所具有的“两面性”和“双重性格”的内在紧张和冲突，始终是支配我们哲学演进的一个重大矛盾，哲学的“思想风险”，始终是我们理应高度重视并深入反思然而却恰恰屡屡被我们“熟视无睹”的重大课题。

举其大者，在历史与现实中，哲学的这种“思想风险”有如下突出表现。

其一，哲学抱着“真理在握”的自我优越感所产生的控制社会历史的野心，最终把活生生的人变成实现抽象观念的工具，并因此给人与社会发展带来灾难性的后果。这在人类思想史上，尤其是近代以来的社会发展中已经留下了极为沉痛的教训。伯林在总结20世纪以来的政治观念时指出，近代以来种种形态的“主义”，无论保守派、自由派还是激进派，不管有多大分歧，但在深层都分享着共同的哲学信念，那就是他们的时代虽然深受社会和政治问题的折磨，但只要按照哲学家通过其特殊的心灵能力所发现的真理的运用，这些问题均能得到最终的解决。① 在这种信念的支配下，“一种新的人类献祭的形式已经出现了，活生生的人被摆上了抽象物（比如国家、教会、政党、阶级、进步、历史的力量）的祭坛”，② 为了在现实中实现“哲学真理”，“你必须要硬起心肠，不要计算付出的代

① 参见［英］伯林《自由论》，胡传胜译，译林出版社2003年版，第74页。

② ［英］伯林：《扭曲的人性之材》，岳秀坤译，译林出版社2009年版，第19页。

价”。[①] 奥斯维辛集中营中的缕缕青烟，古拉格群岛的“监狱工业”等在这种哲学信念中就已经深埋思想祸根。对此，现当代哲学的众多思想家，如阿多尔诺、波普尔、列维纳斯、罗尔斯、伯林等已经从不同的视角进行了十分深入而令人警醒的反省和揭示。

其二，哲学与权力的结盟，使得哲学成为敌视人的“冷血”力量。当人们论证哲学作为“权力他者”的“不服从”的美德，哲学不妥协的“批判精神”、哲学与权力“谈判”的勇气时，我们所强调的是哲学对于一切占有垄断权力的强制力量的“治疗”和“解毒”功能。然而，在历史和现实中并不罕见的是，哲学或者成为教会专权的奴婢，如那些论证“一个针尖上能站几个天使”的经院哲学家，或成为野蛮政治权力的论证者，如那位宣称“所有的生命都必定要献祭，没有目的，没有选择，不会停歇，直到万物的终结”的迈斯特，[②] 或成为使某种“政治路线”成为绝对唯一权威的“哲学权威”，如原苏联极力鼓吹“自然科学也具有阶级性”的日丹诺夫，等等。虽然表现各有千秋，但有一点是相同的，那就是哲学“紧跟”权力并与之结成相互支持的自觉联盟。我们同样把这种思想、话语和行动称为“哲学”，同样给从事这一工作的人们赠予“哲学家”的桂冠。

其三，哲学与现实的种种利益，其中最主要的是与物质利益的结盟，使得哲学成为既得利益的辩护者与传声筒。人们经常论证哲学超越一切世俗功利而以真理为唯一要务、哲学摆脱一切外在的物质利益的羁绊而禀赋自由的本性。然而，在现实和历史中，我们不难发现，哲学或者为“资本的暴虐”提供合法性辩护，或者为既得利益阶层进行不遗余力的叫好而全然不顾这些“既得利益”的来源和基础是否合法和合理，或者为“金钱”与“政治权力”的内在结合而完全置普通人于不顾的非正义的制度安排的合法性不遗余力地提供辩护，等等。所有这一切，都是以“哲学”的名义，一群以“哲学家”自誉的人所为。马克思在一个半世纪以前就敏锐而深刻地批判过他那个时代作为“资产阶级的代言人”的学者

① ［英］伯林：《扭曲的人性之材》，岳秀坤译，译林出版社 2009 年版，第 19 页。

② 参见［英］伯林《迈斯特与法西斯主义的起源》，载《扭曲的人性之材》，岳秀坤译，译林出版社 2009 年版，第 116 页。

们“非批判的保守主义”和“肯定主义”，而这实际上并非某个时代或某个阶段的特殊现象，而是在历史和现实的每一时空中都存在和发生的事实：哲学和哲学家沦为现实利益的婢女并露出市侩的嘴脸和声调。

其四，哲学脱离具体的语境，以先知先觉的姿态，把在某种特殊的历史条件下、针对特殊问题而产生的哲学思想理论，搬到另一根本不同的语境中，要求以之来规范和引导这一语境中人们的思想、行动以及社会发展。当一个社会在整体上处于“前现代”状态时，不加批判地引进“反现代”的思想并以之为根据来对刚冒头的“现代性”因子大加鞭挞；当生活在一个社会中的人们尚苦于没有足够的“自由”来选择其生活方式时，把他国针对“自由过剩”而产生对“自由主义”的批判简单移植过来，痛贬“自由”及对“自由”的追求的“浅薄”和“过时”；在从来没有经过真正意义上的市场经济洗礼的社会，把经过了几百年市场经济发展、人们已经充分享受其好处并试图在更广泛的领域弥补其不足的思想理论不加分析地照搬过来，把一切不公平、不正义的社会现象完全归咎于“市场经济”，把“市场经济”视为“万恶之源”，并把“前市场经济”的野蛮粗陋的集体主义理想化为人间天堂，等等，只要略加注意就可以看到，上述这些现象在我们国家的哲学景观中可谓屡见不鲜，完全脱离具体语境，把西方人的问题当成我们的问题，把西方哲学所批判的对象当成我们的批判对象，把西方哲学所否定或主张的价值不加批判地视为我们否定或主张的价值等，从而使我们对中国社会现实生活的历史方位与价值坐标的把握和判断产生错位。毫无疑问，在这种哲学思想、话语和行动中，蕴含着不可忽视的思想风险。

以上只是我们列举的哲学的两面性及其思想风险的几种主要表现。实际上足以看出，哲学并不具有天然的优越性和美德，更非某种超然脱俗的“神圣之物”，从事哲学甚至成为“哲学家”也并不等于拥有高人一筹的识见和不证自明的崇高境界，相反，它意味着“自我异化”的思想风险以及由于这种风险所带来的巨大责任。

二　哲学的两面性与自我异化的思想根源

那么，哲学为何会产生上述两面性？哲学的思想风险是如何产生的？

为什么会陷入“自我异化”？这是每一个以哲学为志业，真正希望为自己的思想、话语和行动负责的人所必须认真面对并深入反思的。

毫无疑问，对于这一复杂的问题，需要一个复杂的答案。哲学总是存在于由社会、文化、政治、历史等各种关系所构成的场域中，只有把哲学放到此场域中进行具体解剖和分析，才能对此作出全面的解释。本文显然无法完成这一任务。我们只能从哲学自身出发，探求其思想根源。我们认为，哲学的两面性与自我异化，与哲学的自我认知和自我理解有着深层的关系，哲学自我意识的两个极端，即“成神似的自恋”与“放任的自我矮化”，是造成上述问题的两个重大思想根源。

哲学“成神似的自恋”与“放任的自我矮化”是在哲学思想、话语和行动中所表现的两种截然相反的态度，前者把哲学无限地拔高，后者把哲学无限地贬低。由于它们均非哲学应有的合理存在方式，故而虽然其在姿态上彼此相对，但殊途同归，其结果都将导致哲学的自我异化并不可避免地带来思想风险。

“成神似的自恋”是哲学的“自圣”或“自我崇拜”，它体现了哲学企图成为至高无上的立法者和监管者的雄心壮志。《圣经》中上帝之子向人们宣告：“我就是道路、真理和生命”，这同样成为哲学对自身使命和价值的自我认知。这种自我认知建立在这样三个基本信念基础之上：首先，它相信“所有真正的问题都应该有且只有一个真正的答案，而其他的答案必然是错误的”；其次，“必定有一条可靠的途径导向这些真理的发现”；最后，“真正的答案，如果找到了的话，必定彼此融洽、俱成一体，因为真理不可能是相互矛盾的——这一点是我们先验地知道的”。[①] 哲学正代表着对这种“最后答案”的把握，它凌驾于各种具体知识、文化形态乃至生存样态之上，把一切碎片融成一个统一的模式，并因此成为“至高无上”的神圣之学。

熟悉哲学史的人不难了解，哲学“成神似的自恋”与“自我崇拜”最为典型的代表就是我们今天称为“柏拉图主义”的传统形而上学，正如罗蒂指出，“这种认为所有各种东西总有一天会被看做是相互适合、能

① ［英］伯林：《扭曲的人性之材》，岳秀坤译，译林出版社2009年版，第9—10页。

够结合成为一体的观念，是柏拉图留给正统的一神论神学的遗产。它就是海德格尔所谓‘本体论—神学传统’所具有的凭证”。[①] 在此不拟对这一理论传统的理论特点和思想主张进行专门探讨，而只着重分析它可能所致的后果及其与哲学的思想风险和自我异化之间的内在关系。

首先，哲学“成神似的自恋”与“自我崇拜”极易助长一种“唯我独尊”“舍我其谁”的优越感，并因此把对普通人生活的漠视合理化。当哲学把自身视为“道路”“真理”和“生命”的时候，哲学的思想与话语就很容易演化为一种“神话”并因此产生一种控制和支配生活及历史发展的权力意志，哲学的行动由此也很容易演变为“替天行道”的“圣战”。现当代众多思想家已从不同角度深刻地指出，哲学的这种试图控制人的生活和社会历史的野心正是造成历史上众多痛苦和灾难的思想根源。之所以如此，是因为人的存在和社会历史的进程并不受某种哲学“学说”“思想”的规范和约束，人与社会历史存在区别于自然存在，就在于它由具有“自由意志”、具有“目的”和“激情”的人所构成并由其所推动和创造，无数的“自由意志”“目的”和“激情”无法由任何一种哪怕是最高明的哲学学说、思想和话语所囊括。无视每一生命个体和具体场景中社会历史的实际情况和愿望，以哲学和哲学家所把握的“真实答案”为尺度和标准来要求它们，实质上是以哲学和哲学家的“‘真实’自我之名并代表这种自我来威逼、压迫与拷打他们，并确信不管人的实际目标是什么”。[②] 哲学和哲学家以自身的无限自恋和极度自负把一切轻轻地放在一边，为了自身“无上的荣耀”而硬起心肠，哪怕现实的活生生的生灵付出多大的苦痛和牺牲也在所不惜。这是哲学的成功，然而也是它的最大失败。

与上述内在相关，哲学“成神似的自恋”与“自我崇拜”极易形成一种单极性、一元化的思维定式和话语诉求，哲学和哲学家将其所“发现”的“真理”“生命”与“道路”定义为“真”“善”“美”，并据此把其他一切定义为“假”“恶”“丑”，由此便建立起一种“真”与

---

① ［美］罗蒂：《普遍主义的崇高，浪漫主义的深度，实用主义的狡诈》，《第欧根尼》2005 年第 1 期，第 8 页。

② ［英］伯林：《自由论》，胡传胜译，译林出版社 2003 年版，第 202 页。

“假”、“善”与“恶”、“美”与“丑”的两极对立模式。在这两极模式中，毫无疑问，前者占据绝对的、无条件的统领和主导地位，以前者为尺度和标准来控制和消灭后者，乃是哲学天赋的职责和使命。很显然，这种“两极对立”模式实质上是以单极的无上霸权和一元的绝对权威为旨趣的，无论是起点还是归宿，“两极对立”实质上是“一元独霸”与“单极操纵”。然而，正如现当代哲学家多方面的反思所揭示的那样，无论是我们人的生命存在，还是我们的社会生活和历史运动，都并不遵循“非善即恶”的“黑白逻辑”，在真假、善恶、美丑等两极对立之间，存在着一片巨大的“中间地带”，这一“中间地带”由无限多样、异质的人的生活样式、文化形态、思维方式、价值观念等所组成，面对它们，任何“非此即彼”的简单框架都是无效的。哲学“成神似的自恋”与“自我崇拜”却完全无视这一事实，用“普洛克路斯忒斯之床”把这一切剪裁成它理想中的模型，很显然，由此所导致的将是一个被彻底削平的、同质性的、万马齐喑的僵死世界，阿多尔诺曾言，“奥斯维辛集中营证实纯粹同一性的哲学原理就是死亡”,[①] 即是对这一后果的透辟而尖锐地揭示。哲学至高无上的“崇高自我”得以挺立的前提是消灭一切“不和谐的冲突”，是以放之四海而皆准的抽象戒律和同一性教条取代丰富生动的人和事物的个性和多样性，哲学获得了“自我”，万物却因此失去了“自我”。哲学之幸，同时即是人与世界之不幸。

最后，哲学“成神似的自恋”与“自我崇拜”代表着一种漠视普通生命个体及其生活的高调的贵族主义与精英主义的精神品格。它痴迷于对可见世界背后高了还要再高的超感性的本质世界，这是一个水晶宫般的绝对纯净的世界，一个毫无瑕疵的绝对完美世界。哲学和哲学家认为只有自己才拥有智慧与这样的世界建立特殊的关系，普通人只能通过哲学和哲学家的“中保”才能得到救赎。因此，它对现实世界的苦难是无动于衷的，对感性生命的需要和欲求是蔑视和冷漠的。苦难者的眼泪和痛苦于他是没有重量的。在黑格尔哲学中，普通人成为可以任冰冷的历史理性的车轮无情碾碎的小草，在希特勒那里，普通人则成为实现种族存在的“高贵同一性”而“干掉”的无足轻重的“存在者”，“种族灭绝是绝对的一体

① ［德］阿多尔诺：《否定的辩证法》，张峰译，重庆出版社 1993 年版，第 362 页。

化。……个人即使在他的形式上的自由中也像在清算者的脚下一样，是可互换的和可替代的”。[①] 在此意义上，哲学和哲学家的凯旋，同时是普通人的生命存在及其生活以一种“合理的”方式被藐视，乃至被清除和消灭。

上述分析清楚地告诉我们：哲学“成神似的自恋”与“自我崇拜”蕴含着“霸权主义”的独断话语，表达着一种绝不宽容的权力意志，深埋着“以理杀人”和普通人生命价值被漠视的祸根。哲学沉浸在“一览众山小”的快感之时，现实人的生活与生命却沦陷了。哲学和哲学家成为“王者”之时，也即是其自我异化之时。

与上述哲学极度自负相对的是哲学的“自我矮化”或“自贱”。如果说前者把哲学视为“高人一等”的超级学问，那么，后者则把哲学视为“低人一等”的劣质学科。在它看来，哲学既不能如同物理、化学等学科一样采取经验观察与实验手段获得新的知识，也不能像数学、逻辑学一样采取纯粹分析和演绎方法获得自明的结论；既无科学技术之“精准实用”，亦无经济政治之“济世之能”；既不能在人们的生活中成为人伦日用的实用指南，也不能在市场经济的竞争中提供致富秘诀，更不能发挥“成功学”的作用。哲学和哲学家要在世俗世界中谋得一席之地，唯一的出路在于依附于某种“有用”的东西，通过寄生其中来证明自身的“价值”。

很显然，与哲学“成神似的自恋”与“自我崇拜”不同，主导上述立场的是鄙俗的投机主义、功利主义和市侩主义。所谓哲学应“为政治服务”“为经济服务”“为现实服务”等思想、主张和行动，其背后无不贯穿着这种立场。恩格斯在评价黑格尔把“为国家服务”理解为哲学的目的时，指其拖着“庸人的辫子”，所针对的正是这一点。

哲学的“自我矮化”产生两个最严重后果：一是哲学尊严的彻底丧失。哲学和哲学家寄生在权力与金钱的躯体中，乞求得到种种“好处”，这表明哲学已完全失去了最基本的精神操守和品格，成了为利益效劳的“帮闲”甚至“帮凶”。二是哲学沦为敌视普通人尊严和幸福的“非人”力量。权力与金钱的专横在哲学合法化外衣的掩护和支持下，会愈加疯狂

① ［德］阿多尔诺：《否定的辩证法》，张峰译，重庆出版社 1993 年版，第 362—363 页。

和无所顾忌，它们对普通人的控制和压迫也将更加伪善、更富欺骗性，同时也更加冷酷。马克思在其著作中通过对意识形态的分析对此做过十分深刻的揭示，在现当代哲学中，阿多尔诺、哈贝马斯、福柯、德里达等从不同视角出发对此同样进行了极为深刻的剖析。

哲学的自我矮化与自我崇拜在表面上似乎正相反对，但在历史和现实中，二者经常相互利用和相互转化。“成神似的自恋”和“自我崇拜”的哲学为了实现哲学对历史和现实的控制，不惜使用功利主义和投机主义的粗鄙手段，并用“目的证明手段正确”“只要目的崇高，可以不择手段”来证明其合理性。[①] 黑格尔所谓“恶是推动历史前进的动力”的观点即是其典型表达，尼采等现当代哲学家揭示传统形而上学所深藏的“权力意志”，亦提供了一种理解二者相互转化的视角。另外，哲学“成神似的自恋”与“自我崇拜”由于其独断性与无根性，内在包含着转化为“虚无主义”的逻辑与现实可能。对此，尼采和海德格尔等关于“形而上学即是虚无主义”的分析和论断十分中肯和发人深省，而“虚无主义”的世俗表达就是“上帝死了，一切皆可”，从极端崇高转向至为世俗、从极端的理想主义转向极端的功利主义，二者的这种相通与转化，在历史与现实中都并不鲜见。

上述分析清楚地告诉我们，无论哲学的自我“圣化”还是自我“矮化”，都始终与巨大的思想风险相伴随，“哲学作恶”并陷入自我异化，在其中有着深刻的思想根源。

三　哲学的“中道”：如何避免哲学的自我异化

从以上论述我们可以看到，哲学不适当的自我理解，或者说哲学自我认识的偏差和自身定位的误置是导致哲学的思想风险与自我异化的重大思想根源。我们认为，放弃哲学“自圣”与“自贱”这两种极端的自我理解形式，在二者的“中道”中把哲学理解为一种既平凡普通而又禀赋独特精神品格的超越性思想，是克服这一困境的重要思想前提。

---

① 参见［英］伯林《目的证明手段正确》，载《自由论》，胡传胜译，译林出版社 2003 年版，第 377 页。

首先，放弃“君临一切”“居高临下”的霸权欲望，放下自己的身段，甘心做人类多样文化和生活样式的“民主共和国”中平等的普通一员，是哲学在今天应有的自觉意识和自我定位。

这意味着，哲学要在今天找到合适的位置，必须对人类思想、生活和文化的多样性及其自由存在保持充分的尊重，并因此自觉放弃“居其所而众星共之”的中心地位，“自由先于真理”“民主先于哲学”应成为哲学思考、言说和行动的前提性的自觉意识。

哲学的这种自觉意识，是哲学一次极为重大的自我启蒙。它标志着哲学不是在言语而是在基本的存在方式上放弃了“哲学王”的自我幻觉，并对现代社会和文化“实情”予以坦率而诚实的承认和尊重。

承认社会与文化的分化、人们的生活选择与生活意义理解上的多样化，并因此拒斥“绝对权威”和“终极真理”的专制（改为：以及“绝对权威”和“终极真理”的自行消解），这是现代社会之区别于传统社会的根本特征。对此，无论是社会理论家，还是社会和政治哲学家，都从不同角度进行了深入的阐发。例如马克斯·韦伯认为，现代社会的根本特征是世界的理性化以及由这种理性化所导致的“世界的祛魅”，这一点决定性地使现代社会成为一个再没有先知也没有“神”的世界，因而不可能再有人拥有专权去训导其他人应如何生活，“你将侍奉这个神，如果你决定赞成这一立场，你必得罪所有其他的神”，[①] 价值的“多神化”与“诸神的争斗”是现代人所必须接受的“时代命运”，这一点构成了现代人特殊的价值处境，拒斥这一基本事实，去寻求并臣服于自命“先知”者所兜售的普遍性、客观性的“价值乌托邦”，其结果将使个人失去自由人格和意志，并给现实的人的生命存在带来灾难性的后果。正是在此意义上，韦伯提醒人们在一个没有“先知”的世界上，必须对种种虚假的偶像保持高度的警觉。政治哲学家以赛亚·伯林更通过对“价值一元论”的批判性反省，深刻地阐发了不能还原为某一绝对和终极价值的现代社会中所具有的不可终结和不可逆转的“价值冲突”与“价值多元”，并通过“两种自由”的著名区分，论证了“消极自由”对于防御“一元主义的暴虐”所具有的重大意义。

---

① ［德］韦伯：《学术与政治》，冯克利译，生活·读书·新知三联书店 2005 年版，第 44 页。

在许多思想家中，罗尔斯在《政治自由主义》中对此的阐发可谓是最系统和最深刻者之一。晚期的罗尔斯在研究了伯林关于"价值多元论"的思想之后，修正了其前期《正义论》中的"道德哲学"进路，意识到必须在"理性多元论"这一现代社会基本的前提下重新思考"正义"原则而不是把"正义论"当成某种完备性学说的伦理道德性质的学说。罗尔斯指出，现代民主社会具有首要意义的"第一个事实"是："在现代民主社会里发现的合乎理性的完备性宗教学说、哲学学说和道德学说的多样性，不是一种可以很快消失的纯历史状态，它是民主社会公共文化的一个永久特征。在得到自由制度的基本权利和自由之保障的政治条件和社会条件下，如果还没有获得这种多样性的话，也将会产生各种相互冲突、互不和谐的——而更多的又是合乎理性的——完备性学说的多样性，并将长期存在。"① 而构成"理性多元论"事实核心的是"完备性学说的多样性"以及这一"多样性"所具有的"永久性"。所谓"完备性学说"，也就是把自身立场和观点予以普遍化的学说，就是一种把自身宣称为"终极真理"并从它出发来要求和规定一切的学说。很显然，前述哲学"成神似的自恋"和"自我崇拜"的立场所体现的正是试图成为"完备性学说"的野心。"完备性学说的多样性"这一现代社会的事实，对哲学的这一梦想构成了判决性的挑战和打击，因为"理性多元论"的事实意味着，对于"人性""至善""真理""完美目的"等的理解，在现代社会里存在着不可还原的"多样性"和"异质性"，生活在现代社会生活中的每一个不同的个体和群体对于这些"形而上学"问题都有能力和资格形成属于自己的见解和信念。因此，关于人性、至善、真理与完美目的等不再有统一的、为所有人一致接受、遵循和贯彻的普遍性的、唯一的终极答案。现代社会的每一个理性的生命个体也难以再无条件地认同、肯定和接受任何完备性学说，每个人都自觉地认识到："有许多合乎理性的学说得到了人们的认肯，但并非它们全都可以为真（事实上，它们中的任何一种都不可能为真）。任何理性的个人所认肯的学说，仅仅是诸多其他学说中的一种合乎理性的学说。一个在认肯它时当然相信它为真，或者相信它可能合

① ［美］罗尔斯：《政治自由主义》，万俊人译，译林出版社 2000 年版，第 37 页。

乎理性。”[①] 任何一种“完备性学说”都不能拥有超出其自身观点之外的特殊要求，现代社会中的成熟的成员既认肯自己所坚持和信奉的“完备性学说”是理性的，同时也认肯不同于我们的其他学说也是理性的。在多样性的、大量的完备性学说中认肯其中的任何一种，使之占据绝对的、“唯我独尊”的地位，在现代社会将被视为一种“不合乎理性的做法”。

因此，放弃“唯我独尊”的霸权地位，这是哲学在现代社会“合乎理性”的姿态。罔顾这一事实，继续坚持“成神似的自恋”和“自我崇拜”，所体现的只能是哲学的无知、狂妄和偏执及其对于强权之欲望。

在现代社会继续坚持哲学作为“超级学科”的话语霸权并使其成为“完备性学说”，只有一种可能，那就是依靠和借助强权。罗尔斯指出，“只有靠压迫性地使用国家权利，人们对某一种完备性宗教学说、哲学学说和道德学说的持续共享性理解才得以维持下去。……在中世纪社会——它或多或少统一在认肯天主教信仰的基础上——宗教裁判所的产生并不是一种偶然，它对异教徒的压制，是保持那种共享的宗教信仰所需要的。我相信，这一解释同样适用于任何合乎理性的完备性哲学学说和道德学说——无论是宗教性的，还是非宗教的。……一个统一在康德或密尔之理性自由主义基础上的社会，同样都需要有国家权力的制裁，以保持该社会的统一。我把这一事实称之为‘压迫性事实’”[②]。很显然，由此所导致的结果正是我们前面所述的哲学的自我异化，即哲学变成了一种敌视人的思想和生活的异己力量。对此，伽达默尔说得极为中肯：“不管哲学家可以怎样被认为能对一切事物作出彻底的论断，他总是扮演很坏的预言家、报警人、说教者甚至很坏的智者这类角色。”[③]

哲学不仅应放弃“成神似的自恋”与“自我崇拜”，甘心做人类多样文化和生活样式的“民主共和国”中平等的普通一员，而且它要把反抗与批判一切强制性的外在抽象力量对自由生活的主宰和统治，从而捍卫人的生活的自由本性，视为其根本的存在方式与思想使命。这使得哲学成为一种“内在而超越”的“批判性活动”，并因此确立起哲学独特的精神品

① ［美］罗尔斯：《政治自由主义》，万俊人译，译林出版社 2000 年版，第 63 页。

② 同上书，第 38—39 页。

③ ［德］伽达默尔：《真理与方法》上，洪汉鼎译，上海译文出版社 1992 年版，第 16 页。

格与内在尊严。

我们已经指出，社会与文化的分化、人们的生活选择与生活意义理解的多样化，并因此拒斥“绝对权威”和“终极真理”的专制，这是现代社会之区别于传统社会的根本特征。这标志着现代社会是一个“自由”的社会。然而，在人的认识和现实生活中，总是存在着以普遍真理为名控制和压迫现实生活这种自由的丰富性和多样性的抽象力量。正如康德十分深刻地指出的那样，“形而上学的自然趋向”是人的思想和认识的本性。所谓“形而上学”的“自然趋向”，就是追求超验的“无条件的总体”的倾向，它要求超越所有具体的、异质性的知识而达到“最高统一性”的“终极原理”。这一“终极原理”是一切具体的、异质性知识的无条件的、具有“客观规范性”的“大前提”和出发点。“形而上学的自然趋向”对“无条件的总体”的追求，包含着一种对人的生存、现实生活与社会历史发展的统治意志和控制欲望，它包含着一种以一驭万的野心，意味着操控一切现象的话语权力，它与人的生活样式的多样性、人的自由选择的丰富性和异质性、社会历史发展的多向性和选择性等之间存在着不可调和的冲突和矛盾。人的现实生活拥有无法被还原为“先验理念”与“无条件原理”的异质性和丰富性，社会历史的发展无法由“终极原则”和“普遍真理”来规定，如果任这种“形而上学的自然趋向”不加限制和反省地运用到人的生存、现实生活和社会历史之中，将可能导致对人和社会生活的强制性操纵，从而导致人的自由的丧失与生活的抽象化。

对此进行自觉反思，批判、治疗与解构具体历史语境中所存在使人们的生活陷入抽象化的专制力量，于是构成了哲学批判的对象与主题，从这种批判、治疗与解构中彰显和捍卫自由的生活状态，于是成为哲学批判的根本旨趣。在历史与现实中，这种“抽象化的专制力量”既可能以观念形态存在，也可能以非观念形态存在，与此相对应，哲学批判既表现为对以观念形态存在的抽象力量所进行的批判，也表现为对以非观念形态存在的专断的抽象力量所进行的反省批判。前者即是我们常说的“意识形态批判”，其职能在于祛除独断和教条的、以普遍性自居的虚假意识和抽象观念对人的思想和现实生活的遮蔽，从而捍卫人思想的自由和创造性；后者则为我们常说的哲学的“社会批判”，当现实社会生活中某一种力量试图成为唯一的主宰者和统治者时，这种抽象力量作为绝对的、终极和独断的权威，必然使现实生活陷入僵化与抽象。此时就需要通过对现实生活的批判性反省，揭露它与人的存在发展相敌对的性质和本质，分析与解剖其得以产生的现实根源，从而促进人们对社会生活的自觉理解和自我意识，推动人们从异在力量的束缚中解放出来，从而捍卫人的现实生活的具体性和丰富性。①

按照这种理解，哲学的批判工作不再是从某种永恒标准出发的超历史的"先验审判"，而成为一种真正的历史性的活动。无论是以观念形态存在，还是以非观念形态存在的抽象力量，在不同历史条件下均呈现出不同的表现形态和特质，这就要求哲学必须在特定的历史语境中获得其具体的内容与主题，哲学的批判工作因而必然是一项必须在人的思想、认识和人的现实生活的发展进程中不断重新开始的历史性任务，而且因其"历史性"，这种批判工作同样被要求成为一种永远不会终结的、与人思想和生活相伴始终的思想活动。

哲学的上述自我理解表明，哲学的首要价值将不再是"最高的真理"，而是"真实的自由"。祛除以观念形态和非观念形态存在的抽象力量对人的思想和生活的宰制，其根本目的是让人的思想和生活摆脱抽象教条和独断原则的支配，使自由的、个性化的思想创造与自由的、和而不同的生活方式能够生成和壮大。自由是健康的精神生活和社会生活的基本条件。所谓"基本"，并不是说它是最高的或唯一的价值，而是说它构成了其他一切价值的必要条件。拯救和捍卫这种自由，实际上也就是在捍卫和维护思想和生活健康存在和发展的基本条件。罗蒂曾言："只要我们管好了自由，真理就可以管自己"（Take care off reed om and truth will take care of itself），这正是对哲学批判把自由作为其首要追求价值的凝练表述。

这种理解同时表明，哲学放弃"成神似的自恋"与唯我独尊的"自我崇拜"，并不意味着哲学的"消极无为"和"自暴自弃"，而是通过成为历史性的批判活动，成为自由生活的守护者。这意味着，一方面，哲学真正自觉到了自身的有限性与边界，领悟到了以往"外向征服"的"积极姿态"并非哲学的"本分"，而是对人自由思想和生活的粗暴干涉，哲

① 对此的具体论述，可参见拙文《论马克思哲学与形而上学的深层关系——"形而上学的终结"与"形上维度的拯救"》，《哲学研究》2009 年第 10 期。

学的“霸权”并非“哲学的骄傲”，而是哲学“无知无畏”的“僭越”。另一方面，自觉到自身的有限性和边界，并不导致哲学的“自我矮化”和“自贬”，相反，它使哲学达到了一种更为“积极”的自我意识：人的思想和生活优先于哲学，哲学的价值在于“防御”专断力量对自由生活的扭曲和破坏并以此为思想和生活的自由服务，这在根本上颠倒了长期占据主导地位的哲学与生活实践之间的关系，使得哲学真正成为捍卫自由的思想和创造性生活的“仆人”。哲学放弃了“唯我独尊”的“女王”的荣耀，却成为一种推动人的思想创造和生活幸福的一种朴素而真实的力量，从而以一种更为恰切和有效的方式介入现实生活并真实地发挥着哲学应有的功能。

哲学既放弃霸权，同时又拒斥自我放逐。伯林曾引用熊彼特的话说道：“认识到一个人的信念的相对有效性，却又能毫不妥协地坚持它们，正是文明人区别于野蛮人的地方”[①]，与此类似，放弃根深蒂固的自我优越感和控制欲，同时在凡俗的世界中勇敢地承担起自己的“天职”，这就是哲学的“中道”，也是其在今天应有的文明的（而非野蛮的）思想姿态和存在方式。只有这样，哲学才有可能避免自我异化的命运以及由此所产生的思想风险，并真正成为推动自由生活的积极力量。

（原载于《哲学研究》2012 年第 7 期）

① ［英］伯林：《自由论》，胡传胜译，译林出版社 2003 年版，第 246 页。

哲学如何回应“祛魅”的现代世界：理解现当代哲学的重要视角

如何深入理解包括当代中国哲学在内的现当代哲学及其发展历程，这是一个可以从多视角予以展开的重大课题。马克斯·韦伯关于“世界的祛魅”思想为人们提供了其中一个十分重要的视野。如何面对和回应“祛魅”的现代世界，这是包括现当代中国哲学在内的现当代哲学的重大母题，从这一视野出发，现当代哲学许多重要思想所蕴含的时代内涵将获得彰显，哲学进一步发展所需要面对和解决的一系列重大矛盾也将以一种更加清晰的方式凸显出来。

一　世界的“祛魅”及其重大后果

从传统社会向现代社会的根本变迁以及由于这种变迁所带来的现代社会的本质特征及其对人的生存命运所产生的深刻影响，这是韦伯所关心的中心问题。“世界的祛魅”即是他在分析和回应这个问题的过程中所形成的最为核心的概念。在韦伯看来，“世界的祛魅”是现代社会的根本特点和必然趋势，它在很大程度上塑造了现代社会的基本面貌，支配着现代人的生存品性和生存处境。

“世界的祛魅”是现代社会的“理性化”过程的结果。这里所说的“理性”，指的是“工具理性”。在韦伯看来，“现代性”是一个“工具理性”驱逐“价值理性”并逐渐取得主导地位的过程。在现代性发轫之初，“价值理性”与“工具理性”二者之间存在一种相互推动、相互支撑的亲和力，“宗教冲动力”（新教伦理所代表的价值理性）为“经济冲动力”（工具理性）提供“神圣意义”与“终极目的”，二者相互依赖，共同为现代价值秩序提供合法性基础。[①] 但随着时间的推移，二者的关系导向了一个充满悲剧意味的悖论。工具理性以价值理性为根据，大踏步地征服现世生活，于是，工具理性逐渐远离作为其原动力的价值理性，成为占据统治地位的力量：“当竭尽天职已不再与精神的和文化的最高价值发生直接联系的时候，或者，从另一方面说，当天职观念已转化为经济冲动，从而也就不再感受到了的时候，一般来讲，个人也就根本不会再试图找什么理由为之辩护了……财富的追求已被剥夺了其原有的宗教和伦理涵义，而趋于与纯粹世界的情欲相关联。”[②]

社会生活和社会制度的“理性化”所导致的重大后果就是“世界的祛魅”。在传统社会人们的意义和价值秩序中，“包含着‘世界’作为一个‘宇宙秩序’的重要的宗教构想，要求这个宇宙必须是一个在某种程度上安排得‘有意义的’整体，它的各种现象要用这个要求来衡量和评价”，[③] 按照这种世界观，世界上各种事件都可以在一个“伟大的存在之链”中发现其内在的目的和理由，可以在某种神圣的秩序里确定其位置。在其中，“事实”与“价值”是内在统一的：在“目的论”宇宙中，每一个事物都由其“功能”和“目的”来界定，行使自己的“功能”，完成自己的“目的”，每一事物也就证实了其存在，实现了其价值，因此，事物的“存在”与它存在的“目的”和“价值”是不可分离的，在事物“存在”这一“事实”中，即已内在包含着其存在的“目的”和“本质”是什么，“是”与“应该”、“事实”与“价值”完全内在一致地连接在一起，二者之间浑然无间。然而，“世界的理性化”摧毁了这一“目的论式的世界秩序”，消解了统一的宇宙秩序和通过这种宇宙秩序所设定的价值原则，驱逐了前现代社会人们可信奉的“唯一必然之神”，把人的生活分裂为两个决然区分的领域，即“事实领域”与“价值领域”。

“事实领域”与“价值领域”是遵循着不同“游戏规则”的两个领域。前者遵循着“价值中立”的原则，拒斥价值信念的存在，所呈现的是一个由工具理性组建起来的世俗世界。它要求人们遵循理性的社会秩

① 参见［美］贝尔《资本主义文化矛盾》，生活·读书·新知三联书店 1989 年版，导言。

② ［德］韦伯：《新教伦理与资本主义精神》，于晓等译，生活·读书·新知三联书店 1987 年版，第 142—143 页。

③ ［德］韦伯：《经济与社会》，林荣远译，商务印书馆 1997 年版，第 508 页。

序，按照理性的法则和要求，在社会的分工体系中寻求自己的位置。"事实领域"要求排除私人性，"排除爱、恨和各种纯个人的感情，尤其是那些不合理的、难以预测的感情"，[①] 在此领域，人们只需接受法律和社会性规范的约束，"例行公事"地履行自己的职责，就可成为一个合格的"职业人"。在此领域，人们无须提出人生的"终极意义"是什么这类问题，也不可能从它出发推演出人"应该如何生活""什么样的人生是真正有意义的"等问题的答案。肇始于休谟的"事实"与"价值"两分的观点在这里得到了实践，并获得了完全的胜利。与事实领域相对，"价值领域"是个人的主观性领域，在这里，人的生命意义和价值不再依靠某种终极的、唯一的意义和价值之源来提供，而成为个人必须自己选择和确定并为之承担后果的"责任伦理"，人生意义、人生目的和人生价值的问题完全属于私人的信仰，个人灵魂深处的事情应由个人自己来负责处理，人生的终极意义问题是个人生活的基本信仰，在此领域个人拥有完全的"治权"，他是自己的"立法者"，个人必须自行建构自己生命的目的，为自己作出关于生活意义和价值的阐释。没有任何外在权威为个体提供先定的价值知识，也没有任何外在的力量强制性地干涉个体对生命意义的阐释和选择。这就意味着，对于人的意义生活和价值秩序来说，产生了双重的后果，一是"价值的多神化"，"终极价值"的私人化，使得生命意义和价值变成个体的自我认证和良知决断，统一性的普遍价值原则消失了，"价值的多样性"变得不可避免；二是由"价值的多神化"所导致的"价值的争斗"，每个人坚执自己选定的价值信念，必然就会排斥其他人的价值信念，你"侍奉这个神，如果你决定赞成这一立场，你必得罪所有其他的神"，这里有"不同的神在相互争斗……那些古老的神，魔力已逝，于是以非人格力量的形式，又从坟墓中站了起来，既对我们的生活施威，同时他们之间也再度陷入了无休止的争斗之中"。[②]

"世界的祛魅"以及由此所导致的"事实领域"与"价值领域"的分离意味着人们的生活格局，尤其是意义生活和价值秩序发生了重大变化

---

① 转引自［美］科瑟《社会学思想名家》，石人译，中国社会科学出版社 1990 年版，第 253 页。

② ［德］韦伯：《学术与政治》，冯克利译，生活·读书·新知三联书店 1998 年版，第 40—41 页。

和根本位移。如果说尼采宣布“上帝已死”，是以一种哲学的方式表达了这种意义生活和价值秩序的深刻变化的话，那么，韦伯则是以社会理论家的敏锐，对此作出了先知般的描述。

二 面对“祛魅的世界”：接受还是拒斥

通过“理性化”与“祛魅”两个基本概念，韦伯描述了现代社会最为核心和关键的重大事实。在此，“核心”和“关键”所表明的是：现代人的生存状态和生存方式在很大程度上由它们所规定和塑造，甚至可以说，现代人的生存命运，他们的解放与奴役、进步与困境等都与此内在关联在一起。面对这一“核心”和“关键”事实，任何一个真正思考和关注现代人命运的思想家都难以回避。可以说，对韦伯所揭示的这一事实的深入理解、反思和评估，构成了现当代西方哲学的重大主题，现当代西方哲学的众多思潮，都是从不同视角对这一事实所作出的不同的理论回应。在此意义上，可以说，韦伯围绕着“理性化”和“祛魅”这两个基本范畴对现代社会特质和发展趋势所做的深刻分析和揭示，构成了现当代西方哲学无法绕过的巨大思想背景和资源，它提示人们：现代人生活在一个与传统社会生活有着重大不同的世界上，它构成了人们自我理解的基本语境，它迫使每一个关注现代人命运的哲学家回答：究竟如何理解并面对“祛魅”的现代世界？我们是否能够承受这样一个世界？

在现当代西方哲学中，无论是卢卡奇、马尔库塞、哈贝马斯等“西马”哲人对工具理性、技术统治、官僚政治及作为其“哲学表达”的现代实证主义的批判，还是海德格尔、福柯、德里达等对现代世界的批判性解构，抑或施特劳斯、施密特等对“现代性”的激烈批判，人们都能见到韦伯巨大的身影。对此，本文无法一一展开进行深入探讨，而只能围绕“世界的返魅”与“直面世界祛魅”这两种颇具代表性的立场，来阐明现当代哲学在此问题上的基本态度。

“世界的返魅”是现当代哲学面对“理性化”的、“祛魅”的世界所表现出的一种典型姿态。在它看来，“祛魅的世界”是一个“无神”的世界，无神的世界是一个“荒芜”的世界，因而是一个“堕落”的、价值虚无的世界。因此，必须超越“祛魅”的现实，在“返魅”中克服工具理性的肆虐，重建价值的“客观性”与“神圣性”。

在“世界的返魅”这一哲学姿态下面，汇聚着众多观点各异、方向不同的思想主张。其中最有代表性的是“科学的返魅”“社群的返魅”“宗教的返魅”三种声音。“科学的返魅”是对“世界的祛魅”的直接反应。大卫·格里芬在《后现代科学——科学魅力的再现》一开头就说道：“现代性及对现代性的不满皆来源于马克斯·韦伯所称的‘世界的祛魅’。这种祛魅的世界观既是现代科学的依据，又是现代科学产生的先决条件，并几乎被一致认为是科学本身的结果和前提。”① 现代科学所关注的是一个纯粹“机械事实”的领域，这是一个价值和意义无关的由赤裸裸的机械因果性所统治的领域，在现代科学看来，知识只有建立在可观察的事实和逻辑推理的基础上才是合理的，除此之外，一切都是无意义的“胡说”。它要求的是“价值中立”，关心的是“客观性”，强调的是“事实”和“逻辑”。如果说在中世纪，人们相信能够在“解剖跳蚤中看到上帝的证明”，那么，现代科学则彻底解除了一切“魔咒”，消灭了一切不能用科学语言去言说的“神秘之域”（维特根斯坦意义上的），“科学不思想”，它向人们呈现的是一个赤裸裸的机械化和数理化的宇宙。与此不同，以“后现代科学”为纲领的现当代哲学家们以相对论、量子物理学等“非机械主义物理学”成果为根据，要把被驱除出去的意义和价值重新赋予科学，从而实现“科学的返魅”。巴姆说道：“后现代科学不应将物质与意识割裂开来，因而也不应将事实、意义及价值割裂开来。因此，科学与一种内在的道德观密不可分，而真理和美德由于是科学的一部分，也是不可分割的。我们的现状之所以如此危急，部分是由于这种割裂造成的。”②

如果说“科学的返魅”直接针对的主要是科学的“价值中立”所导致的“事实”与“价值”的分裂，那么，“社群的返魅”和“宗教的返魅”所针对的则主要是韦伯揭示的“价值的私人化”所导致的“价值个体主义”。

---

① ［美］格里芬：《后现代科学——科学魅力的再现》，马季方译，中央编译出版社 1995 年版，第 1 页。

② 同上书，第 76 页。

现当代哲学中的“社群主义”无疑是主张“社群返魅”的代表。麦金太尔把韦伯所体现的立场称为“情感主义”，这是指这样一种价值立场：“所有的评价性判断，尤其是所有的道德判断，就其在本性上，它们是道德的或是评价性的而言，都不过是爱好、态度或情感的表达”，“人们把价值赋予各种事物的种种理由，归根到底（虽然未必是直接地）总是任意性的、非理性的”。[①] 在现代社会，“道德言辞最突出的特征是如此地用来表述分歧，而表达分歧的争论的最显著特征是其无止境性”。[②] 然而，一种没有道德共契的社会能够存在下去吗？价值上的“情感主义”岂不会导致社会的分崩离析？克服这种不安的根本途径是恢复社群的神圣性，以社群为基础，克服韦伯所代表的“价值情感主义”。对于这种诉求，贝尔概括道：“社群主义的本体论即是，我们首先是一种社会生物，汲汲于在俗世中实现某种生活形式……一个人的道德立场必须与其社群主义的本体论一致”[③]，一个人只有在“社群”中才可能界定自己，才能回答“你是谁”的问题，它为个人“提供了一个有意义的思考，行动和判断的背景性的框架”，“一个人割断与他置身于其中的社群的联系，其代价是，他陷入了严重迷失方向的状态，在许多重要问题上不能表示立场”。[④]

“宗教”被视为另一种抵制工具理性和价值个体主义的有效力量。以马克斯·舍勒为例，他认为，重释基督教的“爱的共同体理念”或“爱的集体理念”是克服价值个体主义的根本途径，这一理念要求遵循一条“伟大的道德和宗教原则，叫做道德—宗教相互关系原则，或曰道德的责任共负原则”，这一原则认为，“我们应该真切地感到，我们在任何人的任何过失上都负有责任；它还指出，即使我们不能直观地看到我们实际参与的尺度和规模，我们天生地在活生生的上帝面前，作为自身内责任共负的统一的整个道德领域为道德和宗教状态的兴衰共同负责”。[⑤] 当代普世

---

① ［美］宾克莱：《理想的冲突》，马元德译，商务印书馆 1983 年版，第 10 页。

② ［美］麦金太尔：《德性之后》，龚群译，中国社会科学出版社 1995 年版，第 9 页。

③ ［美］贝尔：《社群主义及其批判者》，李琨译，生活·读书·新知三联书店 2002 年版，第 84 页。

④ 同上书，第 96 页。

⑤ ［德］舍勒：《爱的秩序》，林克等译，生活·读书·新知三联书店 1995 年版，第 102—103 页。

伦理的阐发者们更把宗教视为建立世界伦理的途径：因为“宗教可以毫不含糊地解释，为什么道德、伦理价值和准则必须是无条件地（并且不仅在对于自己方便的时候）、因而普遍地（在所有的阶层、等级、种族）承担义务……只有绝对的东西本身才能无条件地使别人承担义务、只有绝对的东西才能绝对地约束别人”。[①] 通过宗教的神性力量的彰显，对抗工具理性带来的极端世俗化倾向以及价值个体主义的“虚无主义”威胁，构成“宗教返魅”的深层旨趣。

如果说上述“科学的返魅”“社群的返魅”与“宗教的返魅”在总体上对“世界的祛魅”所体现的是一种拒斥立场的话，那么，另一些哲学家则不同，他们把韦伯所揭示的“世界的祛魅”视为现代人必须面对和接受的“生活实情”，认为明智的态度不是对之采取激烈的拒斥态度，而是承认、发现和挖掘其中所蕴含的对人的成长积极的、有意义的内容和因素，并在此前提下探求保护和推动人的有尊严的幸福生活的途径。

伯林、罗尔斯、哈贝马斯等哲学家即是这一立场的代表。他们一方面对“世界的理性化”所体现的“科学主义”和“工具理性”倾向不无批判，但另一方面对“世界的祛魅”倾向同样予以高度的肯定。在他们看来，“世界的祛魅”表明人们一劳永逸地摆脱了普遍性、一元化的价值权威的束缚和强制，意味着人的自由空间的扩展和选择权利的增加，因而是人的一次重大的解放。

虽然在对“价值多元主义”的具体理解上，伯林与韦伯有诸多不同，但与韦伯一样，他对于“价值多元”与“价值冲突”这一现代性的特性和趋向予以高度的重视与肯定，认为任何企图回到“价值一元论”的“返魅”状态的诉求都将带来灾难性的后果。韦伯把这种后果描述为“假先知”与“虚假偶像”的流行，以及由此造成的个人自由选择与责任伦理的遮蔽；而伯林则把这种后果描述为极权主义对个人“消极自由”的压制，以及由此所导致的人性的丧失。他们都把自觉地承认“价值多元论”视为一个人、一个社会摆脱野蛮、走向成熟的根本标志，韦伯把拒不承认“价值多神化”与“价值冲突”的政治称为“政治的未

① ［瑞士］汉斯·昆：《世界伦理构想》，周艺译，生活·读书·新知三联书店2002年版，第114—115页。

成熟的婴孩状态”（politicalinfant），而伯林则强调：“认识到一个人的信念的相对有效性，却又能毫不妥协地坚持它们，正是文明人区别于野蛮人的地方。”[①] 他们均相信：道德价值的多样、冲突与矛盾是不可调和的，这一点构成了现代人特殊的价值处境，现代人必须接受“多神主义”的命运，而不可违逆这一处境去徒劳追求所谓“普遍性”“同质性”的“价值共识”。人寻求并服膺于自命“先知”者所兜售的普遍性、客观性的“价值乌托邦”，以克服价值个体主义带来的心灵焦虑，这样做的结果将使一个人失去其人格和自由意志，从而给人的生存带来灾难性的后果。因此，在一个没有“先知”的世界上，我们必须对种种虚假的偶像保持高度的警觉。

罗尔斯、哈贝马斯等人并不像伯林一样把捍卫“价值多元主义”及以此为根据的“消极自由”作为其哲学的核心主题，但与伯林一样，他们把韦伯关于“世界的祛魅”的信念作为其思想进一步推进和深化的基本出发点。罗尔斯在《政治自由主义》中把现代社会“理性多元论”的事实作为建构其社会正义原则的社会生活根据，把“社会正义”原则的建构视为在“理性多元论”成为不可逆转的现代社会生活基本事实的前提下寻求社会公共理性和重叠共识的努力。“世界的祛魅”使得由某种普遍的、唯一的“善”来维系整个社会生活统一性的做法已不合时宜，人们必须在承认并正视这一事实的前提下，寻求并确立不同文化和价值信念的人们和群体共同生活的制度框架与制度伦理。哈贝马斯虽然在具体理路上与罗尔斯并不相同，但他的“商谈伦理学”同样建立在“认真对待价值和文化多样性”这一前提之上，所谓“商谈伦理学”所要寻求的是“多元声音中的理性同一性”。他说道：“我通过思考所得出的结论是：只有在多元性的声音中，理性的同一性才是可以理解的。”[②] 因此，问题的根本不在于让“祛魅的世界”实现“返魅”，而在于在“祛魅”的条件下，在价值分化与冲突的语境中重释并重建“理性”。

以上简要分析已经足可以显示“世界的祛魅”这一现代社会的特点

① ［英］伯林：《自由论》，胡传胜译，上海译文出版社 2003 年版，第 246 页。

② ［德］哈贝马斯：《后形而上学思想》，曹卫东译，译林出版社 2001 年版，第 139 页。

和倾向对现当代哲学具有的深远影响力。无论是主张“直面”还是主张“返魅”，都是以不同的方式对此所作出的回应。每一个关注现代人类命运的当代哲人，都不得不面对韦伯深沉的提问：究竟如何面对“世界的祛魅”？

三 “世界的祛魅”与现当代中国哲学的思想历程

以上我们主要讨论了“世界的祛魅”在西方当代哲学中的深远影响力。事实上，随着中国市场经济的深入推进，以及从传统社会向现代社会的转型，“理性化”以及“世界的祛魅”同样成为中国社会曾经历和正在经历的历史进程。它以巨大的力量把中国人卷入其中，极大地改变了其生存面貌、存在方式。与此同时，当代中国哲学的思绪也无时无刻不被这一进程所深刻地影响和激荡，可以说，当代中国哲学的重大理论论争和基本的发展轨迹，与这一进程之间存在着彼此呼应的深层关联，都是自觉或不自觉地对“理性化”和“世界的祛魅”的进程所作出的理论反思，都是以一种不同的方式在回应：究竟应该如何理解、评价和应对“世界的祛魅”这一现代性的基本趋向？

与现当代西方哲学相比，当代中国哲学对于中国社会现代性建构过程中“世界的祛魅”的回应有其特殊的表现。本文拟以近30多年当代中国哲学发展进程中“乌托邦主义”与“回归现实生活世界”之争、“形而上学”与“后形而上学”之争、“神圣德性”与“社会正义”之争这三次有着重要意义的思想论争为个案对此进行分析。上述论争虽然并不能完全代表哲学争论的全部内容，但它们以一种特殊的方式，集中体现了当代中国哲学在面对“理性化”与“世界的祛魅”时所引发的思想困境与冲突，而这种思想困境和冲突在深层折射的正是现代化过程中中国人现实生活的精神困惑和生存选择。

“乌托邦主义”与“回归现实生活世界”是哲学世界观层面所体现的两种不同思想取向。众所周知，“回归现实生活世界”，这是国内哲学界近30年来最响亮的呼声之一。人们从马克思哲学的实践观点、从现当代西方哲学的总体趋向、从哲学与人的生命存在之间的内在关系等不同的角度论证和阐发“哲学回归现实生活世界”的必然性和必要性。对此，一些学者常从一般的纯粹学理的角度来理解，而很少把它放到中国现代性建构过程中，尤其放到“世界的魅”这一背景和框架中去理解这一呼声所表达的深层诉求。在笔者看来，这一深层诉求最核心的指向性就在于拒斥“乌托邦主义”对另一个“抽象世界”的迷恋，把哲学的眼光从“彼岸世界”的单向追求中转向对普通人此岸世俗生活的关注上来。这里的“乌托邦主义”指的正是对现代中国人的生活产生过重大影响的极端理想主义和浪漫主义思潮及其运动，它把人的生活的意义与某种绝对的道德价值目标相等同，要以纯而又纯的道德理想同“污浊”的现实世界相对抗，以极端超越的理想世界的崇高否定、贬低和拒斥世俗生活，并强制性地要求现实生活交出一个摆脱了所有物质欲望与世俗追求的理想王国。相对于这种“乌托邦主义”，“回归现实生活世界”所体现的正是对于“世界的魅”的呼唤，它要求人们摆脱悬在自己头上的神圣世界的压迫，使人们从勒紧裤带享受“天堂”生活的憧憬中警醒过来，鼓励人们自由地追求此岸的幸福和尊严，这正是“回归现实生活世界”的哲学呼声所包含的深层的内涵与意义。这从“真理标准”的讨论（对“神圣的两个凡是”的破除）到“教科书体系”的变革（对非人的“神圣规律”和“神圣教条”的破除），从“主体性”和“实践唯物主义”的讨论（对非人的神圣形象的破除）到市场经济的哲学辩护（破除窒息人一切私欲的“神圣生活秩序”）等20世纪80年代以来的“哲学事件”中，都得到了十分清楚的凸显。

“形而上学”与“后形而上学”更多的是从哲学思维方式的层面所体现的两种不同思想取向。“后形而上学”是从西方哲学引进的一个概念，如同“回归现实生活世界”的主张一样，人们更多地从纯粹学理的角度阐发和理解其理论内涵。实际上，如果把它放到中国现代性建构过程中，尤其放到“世界的祛魅”这一背景和框架中去理解“后形而上学”的思想旨趣，就能领会到：对传统形而上学及其核心即形而上学本体论思维方式的反思批判，既是“世界的魅”的体现，同时又是对它的肯定与支持，高清海先生曾这样概括道：“传统本体论的思维方式，也就是从抽象原则出发的思维方式，走向空幻理想的思维方式，使人缅怀过去的思维方式，追寻彼岸世界的思维方式，远离现实存在的思维方式，否定真实生活的思维方式，从云端讨论世俗事物的思维方式，依赖外在权威的思维方式”，因此，“要回到我们的现实世界中来就必须破除本体论思维方式。只有破除本体化思维模式才能做到确立实践观点的哲学思维方式，从而做到立足我国现实，面向世界，面向未来”,① 这一概括十分鲜明和深刻地揭示了在对形而上学本体论思维方式的反思和批判中所展现的对“世界的魅”的诉求。

与上述论争相比，“神圣德性”与“社会正义”之争更多的是在价值论的层面所体现的两种不同思想倾向。这二者要回答的根本课题是社会生活的统一性究竟依靠何种力量来予以维系，究竟是靠某种普遍性的、对所有人都有效的道德价值，还是靠社会制度层面的正义建构？这是两种有重大不同的思路和方案。二者都看到了中国社会变迁中，尤其是市场经济的进展所导致的同质化社会的终结以及社会的分化与异质化（包括人们生活方式、价值认同、人生态度等的分化和异质化），很显然，这一进程正是韦伯所说的“世界的祛魅”进程的必然体现和后果。面对这一现实，“神圣德性”的主张者认为只有寻求、恢复和确立某种对所有人都有约束力的道德价值，才能避免社会生活的瓦解并实现社会生活的统一。而“社会正义”的主张者则认为，首要的问题不在于寻求对所有社会成员具有约束力的普遍性的道德价值，而是在承认社会分化与异质化的前提下，建构正义的社会制度，既保护人们自由的、多样性的生活方式，鼓励人们追求和创造自己的幸福生活，同时又维系和保障社会生活的稳定与长治久安。如果把这两种不同的思路和方案置于韦伯关于现代性的论述中，我们不难理解，它们的分歧正体现了对于“世界的祛魅”的不同态度和立场。

以上只是就三个侧面，从世界观、思维方式、价值观三个角度简要讨论了当代中国哲学与“世界的祛魅”这二者之间的深层关联。这种关联给人们的启示是多方面的。首先，“世界的祛魅”这一现代性的根本特点与趋向为理解当代中国哲学的发展脉络与深层逻辑提供了一个十分重要而深刻的视角和参照，从此出发，许多重大的哲学争论将获得其丰富的历史内涵与时代意义。这一点，从前述讨论中已经得到了显示。其次，它向我们展示了现当代中西哲学在时代内涵与思想主题上的一致性和差异性，二者都是在以自己的方式回应“世界的祛魅”这一现代性现象，它表明了

① 《高清海哲学文存》第1卷，吉林出版社1996年版，第150—151页。

无论中国人的生活，还是中国哲学的思想课题，与现当代西方人和西方哲学面临着共同的挑战，这是其一致之处。但中西方具体历史条件与发展阶段的差异性，使得这种回应又呈现出不尽相同的特点和取向，这是其不同之处。最后，它为进一步从哲学的角度思考中国社会发展的一系列重大课题提供了重要的参照。上述三个侧面的讨论实际上已经表明：如何理解和处理世俗与神圣、现实态度与乌托邦精神、形而上学思维方式与形上精神的彰显、德性与正义等矛盾关系，是中国人的生命存在和社会发展中所面临的重大课题，对这些课题的创造性回应，是当代中国哲学实现自身发展、并以哲学的方式影响中国社会发展的重要途径。

（原载于《天津社会科学》2012 年第 9 期）

乌托邦精神与哲学合法性辩护

哲学与其他学科的重大不同在于，它总是需要为自身存在的合法性[①]进行辩护。在现代西方哲学中，“哲学的终结”成为不少流派和哲学家的一个重要主张，“虽然哲学一直受到怀疑，但是在20世纪，哲学却受到了来自哲学家的一连串史无前例的指责”。[②] 在日益世俗化的现代社会，人们或诉诸无反思的常识，或从功利主义的价值观出发，对哲学的存在价值同样提出了种种质疑和否定。这使得为哲学的存在乌托邦精神与哲学合法性辩护合法性进行自我申辩，已成为“哲学家所遇到的最尖锐、最有意义、最深刻和最有活力的问题”。[③] 要为哲学的当代合法性进行有力的辩护，基本前提在于拯救哲学所特有的精神品格，这种品格一个十分重要的内容即是哲学的乌托邦精神。[④] 哲学的乌托邦精神是否可能以及如何可能，是事关哲学存在合法性的性命攸关之处，同时也是极为艰难的课题。本文将在现代西方哲学发展的语境中，运用马克思哲学的观点，围绕着乌托邦精神与哲学当代合法性二者之间的深层关系，对哲学的当代合法性进行专门的探讨。

---

① “合法性”（英文 legitimacy，又译为“合理性”“正当性”等），在政治学等社会科学中，意指政治制度系统得到人们认可和承认的程度。本文提出的“哲学合法性”，乃是要阐发哲学作为人类思想创造的一个特殊维度所具有的存在根据、意义和功能，论证哲学理应被人们认可和承认的、不可消解和终结的存在必要性和正当性。

② ［美］劳伦斯·卡弘：《哲学的终结》，冯克利译，江苏人民出版社2001年版，第4页。

③ 同上书，第5页。

④ 彰显哲学特有的精神品格，为哲学存在的合法性进行辩护，可以从多个视角出发。本文从乌托邦精神的角度，为哲学合法性进行辩护，仅是针对哲学所面临的重大困境而选取的其中一个视角，它并不排斥其他理解视角。

一 乌托邦精神的危机：哲学的当代合法性所面临的重大挑战

笔者所使用的“乌托邦精神”从“乌托邦”这一概念引申凝练而来。文中不对乌托邦思想进行具体探讨，更不涉及“乌托邦”设计的种种具体细节，而是从中提炼出“乌托邦精神”这一概念，特指哲学之为哲学特有的精神品格。

对于“乌托邦”一词，人们经常从常识和科学的观点出发，把它斥为“虚幻”和“空想”。常识植根于人们的日常经验，从它的观点看，“乌托邦”无异于是没有经验根据，也无实际用途的“幻想”或“幻觉”的代名词；而从科学主义的观点看，由于“乌托邦”无法被实证方法和经验手段予以证实和检验，因而属于“无意义”的“胡说”。在思想史上，曼海姆重新阐释“乌托邦”的含义，使之摆脱上述常识和科学主义理解，并成为一个具有重要意义的哲学概念。他在《意识形态和乌托邦》一书中区分了“意识形态”与“乌托邦”，把“乌托邦”规定为“超越现实，同时又打破现存秩序的结合力”的精神取向。乌托邦是人类精神的重要维度，这一维度的消失，将“带来事物的静态，在静态中，人本身变成了不过是物”，“乌托邦已被摒弃时，人便可能丧失其塑造历史的意志，从而丧失其理解历史的能力”。① 20世纪以来，西方马克思主义中的许多学者，例如布洛赫、马尔库塞、哈贝马斯、詹姆逊、哈维等人，从不同视角对“乌托邦”所包含的重要的哲学内涵和意义进行了阐发。② 他们的工作启示我们：超越常识和科学主义的立场，从一种哲学价值论的视角来理解“乌托邦”，人们将发现，在被常识和实证科学认为“不切实

① ［德］卡尔·曼海姆：《意识形态与乌托邦》，周纪荣、李书崇译，商务印书馆2000年版，第196—268页。

② 布洛赫的相关思考集中体现在《乌托邦精神》、《希望原理》等著作中；马尔库塞在《爱欲与文明》、《论解放》等书中，通过对实证主义的批判，对“乌托邦精神”的重大意义做了深入分析；哈贝马斯明确把自己的哲学理想称为“交往乌托邦”；詹姆逊在《未来的城市》、《乌托邦的政治》、《未来的考古学》等一系列著述中，全面阐述了其对乌托邦和乌托邦精神的理解，并提出了“乌托邦的复兴”的主张；哈维在《希望的空间》等论著中，明确提出并论证了其“辩证的时—空乌托邦理想”。

际”和“虚幻”之处，恰恰体现了一种“人性的真实”与“价值的真实”。在种种乌托邦设想和想象中，贯穿着一种不断超越现存状态，追求更美好生存样态的精神，一种立足于可感现实并不断超越当下境况的对真善美价值理想的追求，一种“相信未来可能要从根本上优于现在的信念”。[①] 正是这种精神，推动着人类对自身生存现状保持永不停止的反省和批判态度，并向其敞开另一种“更值得生活”的希望空间，不断呼唤和引导人们追求和创造更加美好的生活。由于这种乌托邦精神，我们就“决不能把乌托邦与幻想等同起来。幻想建立在无根据的想象之上，是永远无法实现的，而乌托邦则蕴含着希望，体现了对一个与现实完全不同的未来的向往，为开辟未来提供了精神动力。乌托邦的核心精神是批判，批判经验现实中不合理、反理性的东西，并提供一种可供选择的方案”。[②]

本文所指的“乌托邦精神”，正是在上述区别于常识和科学主义立场的哲学意义上使用的。在哲学发展过程中，以一种理论思维和反思意识的方式表达和显示这种乌托邦精神，构成哲学的一种重要品格。纵观哲学史，超越可感的当下存在，指向无限性的终极眷注，成为贯穿于其中最为强劲的精神定式。哲学家虽然具体观点不同，但都努力在最深层面和最根本意义上去把握世界、解释人与世界的关系，理解生活的价值，并由此表现出一种对于“终极性”的渴求。该渴求在“存在论”上追求“终极存在”，在“认识论”上追问“认识何以可能”的终极基础，在“价值论”上则探寻人的“终极意义”。在这种指向“无限性”的终极关怀中，哲学向人们彰显出一种既立足于现实同时又否定现实的超越性理想，它要求人们克服自身的自然惰性和对现存事实的消极默认，避免人的思想在非批判和质疑中陷入僵化和教条，呼唤和推动人们从当下有限的现实中跃起，永远保持自我批判和自我超越的空间。在此意义上，美国哲学家伯恩斯坦说道：“乌托邦精神是所有真正哲学的灵魂，并且，哲学不仅是乌托邦式的，而且要为一种理性的乌托邦辩护。”[③]

---

① ［美］拉塞尔·雅各比：《乌托邦之死：冷漠时代的政治与文化》，姚建彬译，新星出版社 2007 年版，第 2 页。

② ［德］尤尔根·哈贝马斯、［德］米夏埃尔·哈勒：《作为未来的过去：与著名的哲学家哈贝马斯对话》，章国锋译，浙江人民出版社 2001 年版，第 122—123 页。

③ ［德］R. J. 伯恩斯坦：《形而上学、批评与乌托邦》，曾乐译，《哲学译丛》1991 年第 1 期。

哲学的乌托邦精神在其独特的追问和思考方式中得到了集中体现。哲学家面对眼前的现象世界，却要否定它，以理性的方式去寻求和建构更为“本真”的“存在”。对此，马尔库塞概括道：“哲学按照真理来思考就是答应要按照真理去生存”，“寻求正确的定义、寻求善、正义、忠义和知识的概念，于是就变成了一项颠覆性的事业，因为所要寻找的概念意指一种新的城邦”。[①] 这表明，哲学的追问和思考不同于日常意识与实证科学。常识安居于自在自发的世界，对于现存状态持“习惯”和“接受”的基本态度；实证科学以经验事实为出发点，以“客观性”与“可验证性”为最高标准。与它们不同，哲学不仅不以接受、肯定现存状态为满足，恰恰相反，它以否定和超越现存状态、追求比现存状态更美好的状态为己任。这种独特思维方式所体现的乌托邦精神，使哲学作为人类精神创造的一个特殊维度的存在合法性得到了充分确证。

哲学的乌托邦精神长期以来是哲学家十分自觉的理论意识和精神支柱。对此，伯恩斯坦的论述颇为中肯：“贯穿形而上学传统的冲动是乌托邦冲动，在这种活动中，我们进行的怀疑保有了活生生的灵魂，并对看似明晰与确定的东西从不停止质疑。……形而上学的怀疑要求我们揭示并探究批评所包含的理想。”[②] 柏拉图的《理想国》是经典的乌托邦精神的诞生地，成为后人乌托邦想象的重要思想源泉。康德被公认为西方哲学史上带有转折性的重要哲学家，在他那里，哲学的乌托邦精神得到了更进一步的展现，这尤其体现在其对“目的王国”和人的“价值主体性”的论证中，康德深知“人的确是足够罪恶的”，但在任何时候都把人当作目的本身来看待并由此建立的目的王国中，人真正超越它受制于自然必然性的“污浊”本性，并使自己的尊严和人格得以确立。[③] 黑格尔是辩证法理论的集大成者，他清醒地看到了“人们的目光过分执着于世俗事物了，以至于必须花费同样大的气力来使它高举于尘世之上”，为此，人们必须在精神力量的激励下，不断否定和克服一切“不合理”的障碍和“僵硬的

① ［德］马尔库塞：《单向度的人》，刘继译，上海译文出版社1989年版，第120页。

② ［德］R. J. 伯恩斯坦：《形而上学、批评与乌托邦》，曾乐译，《哲学译丛》1991年第1期。

③ 参见［德］康德《实践理性批判》，韩水法译，商务印书馆1999年版，第94—95页。

事实”，在精神力量的激励下，建立起“新世界的形象”。[①] 在此意义上，黑格尔以“绝对精神”概念为核心的辩证法理论所体现的正是哲学的乌托邦精神。

然而，在现代西方哲学中，对哲学乌托邦精神的批判、否定和质疑，成为一个十分突出而引人注目的现象，并因此构成了对哲学合法性最具根本性的挑战。

现代西方哲学对哲学乌托邦精神的批判、否定和质疑，关涉到20世纪以来许多重要的哲学运动，如语言分析学派、逻辑实证主义、唯意志主义哲学、存在主义哲学、实用主义、后现代主义等。由于篇幅所限，本文无法展开具体分析。概括而言，其内在逻辑表现如下。第一，把哲学的乌托邦精神与传统形而上学的独断和教条等同起来，在批判和否定传统形而上学的同时，也一同冷落与抛弃哲学的乌托邦精神。传统形而上学迷恋于超感性的终极存在，这使得哲学的乌托邦精神贯注着一种“绝对意识”，即总是设定无限完美的“另一个世界”作为“现存世界”的替代物，并设定了绝对的、无条件的“终极存在”作为“另一个世界”真理性的根据和保证，在此意义上，哲学的乌托邦精神与传统形而上学的理解原则和思维方式一样体现出独断性和教条性，宣告传统形而上学思维方式的终结，也必然随之宣告哲学的乌托邦精神的终结。在这点上，尼采的观点颇具代表性，他说道：“把世界分为‘真正的’世界和‘假象的’世界，不论是按照基督教的方式，还是按照康德的方式，都只是颓废的一个预兆，——是衰败的生命的表征”，因此，“随同真正的世界一起，我们也废除了假象的世界！”[②] 第二，揭示哲学的乌托邦精神所蕴含的价值虚无主义本性。以“彼岸世界”与“此岸世界”的二元对立为基础，通过前者对后者的贬低和否定来显现哲学的乌托邦精神，这是长期以来哲学的思维定式。但这是以人们生活于其中的此岸现实生活的否定与瓦解为代价的，而现实生活的瓦解，实质上是现实的人的生命存在及其价值的否定和瓦解，这表明，哲学的乌托邦精神虽然以超越性的价值理想为追求目标，

① 参见［德］黑格尔《精神现像学》上册，贺麟、王玖兴译，商务印书馆2009年版，第8页。

② ［德］尼采：《偶像的黄昏》，周国平译，湖南人民出版社1987年版，第28—30页。

但在根底上却恰恰具有价值虚无主义的本质，就此而言，哲学的乌托邦精神是自我挫败与自相矛盾的。海德格尔无疑是这种观点最有影响的代表者，他通过对西方传统形而上学的分析，作出了这样的诊断："形而上学是这样一个历史空间，在其中命定要发生的事情是：超感性的世界，即观念、上帝、道德法则、理性权威、进步、最大多数人的幸福、文化、文明等，必然丧失其构造力量并且成为虚无的。"① 第三，揭示哲学的乌托邦精神所蕴含的非批判的话语霸权和权力意志。哲学对现存世界的否定和超越以彼岸世界的终极存在为根据，而彼岸世界的终极存在是由哲学家的理性慧眼所"发现"的，因此，哲学代表着凌驾于一切生活领域和具体知识之上的超级话语，哲学的乌托邦精神完全由这种"超级话语"所规定和支配，在此意义上，哲学的乌托邦精神不过是自诩为人与社会历史的立法者、预言者和裁判者的哲学家的"思想自恋"，表达着自身企图占据话语权力中心，体现着哲学的学科帝国主义倾向。在这种企图与倾向的支配之下，极易助长一种自命掌握开启未来之谜钥匙的幻象，以及以真理为名塑造未来的野心，并对现实的社会历史带来极其严重的后果。福柯对"总体性话语压迫"的解析、德里达对"形而上学暴力"的反思、拉康对"主人话语"的批判，等等，即是从不同视角对此所做的揭示。

现代西方哲学的某些流派对乌托邦精神的这种态度有着深刻的社会与文化根源。美国学者雅各比曾用"乌托邦之死"来概括当代盛行的文化气氛，其根本特征是"相信未来将比现在更加美好的这种信念已经消失"。② 这体现在当代文化的诸多层面和领域。其中最有影响的当属"意识形态终结论"以及与此相关的"历史终结论"。"意识形态终结论"针对苏联所代表的教条式共产主义意识形态及其实践所带来的严重后果，认为"自由资本主义"意识形态及其实践已取得了最终胜利，"历史终结论"更进一步认为，随着东欧及苏联社会主义的解体，以市场经济和资本主义民主政治为基本特征的资本主义制度的真理性已获得了一劳永逸的确证，人类历史已经达到了至终究极的圆满状态。很显然，按照这种观

① 《海德格尔选集》下，孙周兴选编，上海三联书店 1996 年版，第 774 页。

② ［美］拉塞尔·雅各比：《乌托邦之死：冷漠时代的政治与文化》，姚建彬译，新星出版社 2007 年版，第 2 页。

点，“未来”不过是“现在”的同质延伸，人类超越性的乌托邦精神失去了存在的必要性与可能性。从社会层面上看，哲学对待乌托邦精神的这种态度与现代社会日益世俗化的倾向，以及功利主义成为最为强大的价值观密切相关。社会理论家已经深刻地指出，现代社会是一个不断“世俗化”的过程，马克思的“商品拜物教”、韦伯的“世界的理性化”、卢卡奇的“物化”、哈贝马斯的“劳动乌托邦”等概念都是从不同角度揭示：功利主义“代表着最为典型的现代性伦理——如果现代性有伦理的话”。[①] 在这种世俗化和功利主义价值观占据支配地位的情况下，人们宁愿沉溺于“贪婪攫取欲”的满足而对不能带来现世“实惠”的乌托邦精神采取一种冷漠、厌恶和无视的态度。

针对现代西方哲学中乌托邦精神的衰竭，哈贝马斯说道：“如果乌托邦这块沙漠绿洲枯干，展现出的将是一片平庸不堪和绝望无计的沙漠。”[②] 现代西方哲学对哲学的乌托邦精神的反思、批判和否定，既是从根基处对哲学本身的存在合法性提出了严峻挑战，同时也是以一种特殊方式表达了当代文化和当代人对于超越性价值理想的冷漠和怀疑。因此，捍卫哲学的乌托邦精神，既是对哲学当代合法性，也是对当代文化和当代人的价值理想进行辩护。

要捍卫哲学的乌托邦精神，需要直面并回答三个前提性问题：第一，哲学的乌托邦精神在当代是否可能以及何以可能？第二，以往哲学的自我理解及其所体现的乌托邦精神究竟存在什么深层理论困境？第三，在当代理论语境中，应如何重新理解和阐发哲学的乌托邦精神？

二 人的现实生命存在：乌托邦精神与哲学合法性的深层根据

哲学的乌托邦精神是否可能以及何以可能？我们认为，哲学的乌托邦精神在人的生命存在中有着深刻根据，它根植于人特殊的生命存在方式，

① 包利民：《现代性价值辩证论》，学林出版社2000年版，第60页。

② ［德］哈贝马斯：《新的非了然性》，载薛华《哈贝马斯的商谈伦理学》，辽宁教育出版社1988年版，附录第105页。

凝聚着人的自我理解和自我意识，体现着人们对于自身生存需要和发展的觉解与憧憬，是推动人不断走向自由与解放的不可替代的思想力量。可以说，哲学的乌托邦精神是人生命存在的乌托邦精神的自觉理论表达。正是在这里，哲学的存在合法性获得了最为坚实的根据。

“认识你自己”，自古以来是哲学最高的主题。但另一方面，人又是所有存在中最难把握的对象，之所以如此，根源于人的特殊的生命存在方式。

人生命存在方式的特殊性，最根本的在于他不是单一和单重性的存在，而是处于“自然性”与“超自然性”、“物性”与“神性”、“有限性”与“无限性”等矛盾性的两极所形成的“张力”之中，通过实践活动实现“两极”之间的否定统一，同时又不断地打破这种“张力”，推动人们向未来敞开自我生成和自我超越的空间，构成了人特殊的生存方式。

人来源于自然，这一点决定了“自然性”构成了人的重要性质，马克思指出：“人直接地是自然存在物。人作为自然存在物，而且作为有生命的自然存在物，一方面具有自然力、生命力，是能动的自然存在物；这些力量作为天赋和才能，作为欲望存在于人身上；另一方面，人作为自然的、肉体的、感性的、对象性的存在物，同动植物一样，是受动的、受制约的和受限制的存在物。”[①] 但是，人与动物的重大分别在于，动物完全从属于其本能生命，“动物和自己的生命活动是直接同一的”，[②] 而人却从不满足于自然生命存在，而是要以自然生命为基础同时又突破自然的主宰，通过实践活动去创造自己所需要的生活资料，生成“属人”的“生活世界”和生存环境，对此，马克思说道：“人不仅仅是自然存在物，而且是人的自然存在物，就是说，是自为地存在着的存在物。”[③] 这表明，人的生命存在又具有自为、自主和自由的本性。

人的自为、自主和自由本性，决定了人摆脱了一切“前定本质”的规定而具有了面向未来的“生成”品格。动物的存在遵循单一的“自然”尺度，因此，它的“存在”被其“本质”（即“自然”）所预先规定。但

① 《马克思恩格斯全集》第3卷，人民出版社2002年版，第324页。

② 同上书，第273页。

③ 同上书，第326页。

是，人不是自然现成的、被“完成”的作品，而是需要通过自主性创造、自为性活动和自由性追求而成就自身。因此，不断面向未来的“自我超越”，成为人的生命的根本特征。布洛赫把人规定为“希望的主体”，海德格尔把人理解为以“将来时间”为导向的生存活动，舍勒把人界定为“超越的意向和姿态”等，都是从不同角度对人的这一独特生命存在本性的阐明。

人的自我超越本性是人区别于自然物的根本特征，但这种“超越性”并不意味着人能达到“无限”。人总是居于“有限”与“无限”的张力之中，并不断地从“有限”向“无限”敞开。这里所说的“有限性”包括两个方面的重要内涵。一是指人作为自由的超越者，其超越的前提是“有限”的，在一定的条件下，无论是人的理性能力、实践能力乃至个体的生命，都具有“有限性”，正是这种“有限性”，才为人的自我超越和创造提供了基础和空间，如果人彻底摆脱了“有限性”，也就失去了超越和创造的驱动力。二是指人的自我超越永远不可能达到终极圆满的结局，不可能达到只有神才能达到的摆脱一切矛盾、绝对自由的理想状态，否则人也将同样失去超越和创造的必要性。在此意义上，人又区别于“神”的存在。

可以清楚地看到，人处于“自然性”与“神性”这两极之间，同时又通过实践活动否定性地统一该两极。一方面，人禀赋着“自然性”与“神性”的某些特点；另一方面，他又区别于单纯的“自然存在物”与“神性存在物”，前者是孤立、静止和封闭的，后者是极端完美和理想化的。只有在人特殊的生命本性中，贯穿着一种不断超越现存状态，追求和创造美好生活的渴求，一种立足于历史和现实并不断向未来可能性自我超越的冲动，它表明：乌托邦精神是人的生命所特有的“生命精神”。

人特殊的生命存在需要一种与之相适应的理解方式，以一种反思意识的理论思维方式对人独特的生存方式进行自觉理解，正是哲学的重大功能。如果说乌托邦精神是人特有的“生命精神”，那么，哲学因其对人的这种独特生存方式和生存本性的自觉理解，使得乌托邦精神成为哲学不可消解的重要精神品格。

要自觉理解人特殊的生命存在，首要前提是克服从“两极对立”观点去寻求人的单极本性，由于人生命存在所具有的“双重”和“矛盾”

本性，使得无论是从“自然物质”一极，还是从“神性”（指极端的自由性与无限性）一极出发，都将导致人的生命存在抽象化，这是哲学在把握人的存在问题上的最大困难。在哲学史上，康德和黑格尔对此问题作出了特殊贡献。

康德的重要贡献在于他通过“理性”批判，自觉地揭示了人的“理论理性”的有限性，并以这种“有限性”为基础，论证了人在实践领域所具有的自由超越性。在《纯粹理性批判》中，康德指出理论理性在把握“无条件总体”时必然陷入“先验幻象”，因而必须限制思辨理性的使用。但康德揭示“理论理性”的有限性，并不是要限制人的自由超越性，相反，他恰恰要为后者提供广阔的空间。如果说在理性的理论运用中，我们必须依赖经验，但道德法则的根据不能到经验中寻找，只有超越经验对象的限制，才能确立道德法则的根据：“这正好就是使人超越自己（作为感觉世界的一部分）的东西，就是将他与只有知性才能思想的事物秩序联结起来的东西，而这种秩序同时凌驾于整个感觉世界之上，凌驾于那与感觉世界一起可以在时间里被经验地决定的人的此在以及所有目的的整体（只有它才切合于作为道德法则的无条件的实践法则）之上。它不是任何别的东西，只是人格而已，亦即超脱了整个自然的机械作用的自由和独立性，而这种自由与独立性同时还被看作是存在者委身于特殊的、即由他自己的理性所给予的纯粹实践法则的能力”，[①] 超越经验世界中感性事物的诱惑和束缚，遵循理念这一“无条件的总体”所提示的“至善”方向，使道德法则的力量在人不断自我改善、自我提升和超越的实践中得到最充分的体现。

康德的上述思想，显示了他对于人生命存在中“有限性”与“无限性”之间张力的深刻理解以及以澄清人的“有限性”为前提而对人的自由超越性的憧憬。正是在此意义上，布洛赫在《乌托邦精神》中，把康德引为自己的同道，认为康德哲学中所贯彻的正是哲学的乌托邦精神。

黑格尔的重大贡献则在于，他的精神辩证法以一种抽象的方式表达了人通过自己的创造性活动，不断自我否定和自我超越并生成自身的自由和自为本性。在黑格尔的辩证法中，精神作为“实体”之所以同时又是

① ［德］康德：《纯粹理性批判》，韦卓民译，华中师范大学出版社 2000 年版，第 94 页。

"主体"，在于它是一种"自我否定""自我超越"的自由能动精神，精神从其直接性出发，自己规定和展开自己，不断地否定自身又不断地扬弃这种否定性而返回自身，这是一个不断否定自身的抽象性，并不断达到具体性、丰富性和现实性的过程，也是一个精神的自我成长、自我发展和自我创造的过程。但是，黑格尔对人自我超越的自由创造本性的理解是以否定人的自然物质本质为前提的，"人"被异化为抽象的精神存在而成为"上帝"的代码，他通过凸显精神的能动性和自由性否定和超越了"物化的人"，但与此同时却又把人抽象化为"神化的人"。在此意义上，马克思指出：黑格尔的辩证法只是为人的发展历史"找到抽象的、逻辑的、思辨的表达，这种历史还不是作为一个当作前提的主体的人的现实的历史"。①

马克思对该问题作出了根本性的贡献。他把感性的生活实践活动确立为人的本性的生存方式，既克服了康德把实践仅局限于道德领域的局限性，同时也克服了黑格尔把实践理解为"精神劳动"的抽象性，并以此为根据，对人特殊的生存本性进行了深刻的揭示。以实践观点为根据，哲学将真正贯彻"矛盾""辩证否定"和"历史发展"的观点，以一种符合人本性的方式实现对人的把握。

首先，在实践观点的视野里，人的生命存在和生存活动在本性上就是"对立统一"的或"矛盾"的，自然性与超自然性、物性与神性、有限性与无限性等矛盾关系在人的生命存在中内在统一，使之既不像在纯粹自然世界一样，受纯粹自然因果性支配，也不像在纯粹神性世界一样，受绝对的、无条件的自由和目的性所支配，而是处于二者的辩证张力之中。要理解人的这一本性，就不能运用知性思维方式，该方式在"绝对不相容的对立中思维"，② 以之来把握人，其结果必然导致人的生命存在的瓦解、分裂与抽象化。辩证法的"矛盾"观点正是克服了"非此即彼"的知性思维，在"两极对立"的否定性统一中把握人的"矛盾"本性。黑格尔说道："辩证法是现实世界中一切运动、一切生命、一切事业的推动原

① 《马克思恩格斯全集》第3卷，人民出版社2012年版，第316页。

② 同上书，第396页。

则。同样，辩证法又是知识范围内一切真正科学认识的灵魂"，[①] 在黑格尔那里，"矛盾进展"的"主体"是"绝对精神"，这实质上是以一种扭曲的方式表达了人的生命存在的矛盾本性，马克思把黑格尔的精神活动性置换为人本源性的生命存在和活动方式，即感性实践活动的基础上，从而使"矛盾性"和"对立统一性"自觉成为把握人的理论观点。

其次，在实践观点的视野里，"否定"和"超越"是人的存在的固有本性。要理解人的这一生存性质，就不能运用把握物的"本质主义"思维方式。物的存在完全是由自然赋予的前定性质所规定的，具有"本质前定"的性质，因此，"本质主义"的思维方式与物的存在方式正相适应。但如果运用它来把握人的存在，就会窒息人的自我否定性和超越性。辩证法的辩证否定观点正是对这种本质主义思维方式的克服。马克思说道："黑格尔的《现象学》及其最后成果——辩证法，作为推动原则和创造原则的否定性——的伟大之处首先在于，黑格尔把人的自我产生看作一个过程，把对象化看作非对象化，看作外化和这种外化的扬弃；可见，他抓住了劳动的本质，把对象性的人、现实的因而是真正的人理解为他自己的劳动的结果"[②]，马克思明确把"作为推动原则与创造原则"的"否定性"视为辩证法的最重大成果，并认为它的伟大贡献在于描述和表达了人的自我产生和创造过程，从而使辩证否定观点成为把握人的自我否定性和超越性的自觉的理论观点。

最后，在实践观点的视野里，任何声称历史达到了终极状态的教条主义和独断论都与人的生存本性相违背。物的存在是给定的和自在的，被自然界规定其存在界限，因而它在本性上是"非历史"的；上帝是"永恒常在"的，它已经自足圆满，无须向未来敞开。与此不同，在"有限"中追求"无限"，在"历史"中寻求"超越"，"成为其所是"同时又不断地"否定其所是"。这是人所特有的生存方式。正是在此意义上，马克思强调，"对实践的唯物主义者即共产主义者来说，全部问题都在于使现存世界革命化，实际地反对并改变现存的事物"[③]。没有"历史的终结"，

① ［德］黑格尔：《小逻辑》，贺麟译，商务印书馆 1987 年版，第 177 页。

② 《马克思恩格斯全集》第 3 卷，人民出版社 2012 年版，第 319—320 页。

③ 同上书，第 155 页。

没有“完美的历史终极状态”，只有面向未来的不懈追求和创造。由此，马克思才说：“辩证法对每一种既成的形式都是从不断的运动中，因而也是从它的暂时性方面去理解；辩证法不崇拜任何东西，按其本质来说，它是批判的和革命的。”①

在矛盾性中不断自我否定和超越，向未来更为美好的世界敞开，这是在人的生命存在中所体现的乌托邦精神；而贯彻矛盾观点、辩证否定观点、历史和发展观点的哲学真正以一种符合人的本性的理论思维方式，自觉实现了对现实的人的存在的理论表达和理解，在这种自觉表达和理解中，哲学的乌托邦精神得到了充分体现。这是我们立足于马克思哲学关于现实的人的存在及其历史发展的观点，运用其辩证法理论所得出的基本结论。它启示我们，只要我们承认深植于人的生命本性中的乌托邦精神，也就难以否认，乌托邦精神是哲学不可消解的理论精神，哲学也因此成为人类思想文化圆周中不可终结的重要扇面之一。

三　乌托邦精神与传统形而上学思维方式的内在冲突

现代西方哲学对乌托邦精神的怀疑、批判和否定，并非空穴来风，而是有其深刻的思想根源。它以一种极端的方式，深入揭示了西方传统哲学对哲学的乌托邦精神的理解和表达中所存在的深层困境，即传统形而上学思维方式与哲学的乌托邦精神之间的矛盾和冲突。

这里所谓传统形而上学思维方式，特指贯穿在整个西方传统哲学中的一度占据主导地位并产生重要影响的理论原则和思维模式，现代西方哲学家用种种不同的提法予以指称，例如“逻各斯中心主义”“在场形而上学”“柏拉图主义”“基础主义”“客观主义”等。虽然各有侧重，但它们共同分享着如下重要特征。

第一，它以对“无条件的总体”的把握为最终目的，或者说，它的根本目标是获得关于存在者之为存在者的最高原理和终极根据。康德在《纯粹理性批判》中做过十分深刻的分析：传统形而上学认为哲学的“先验理性”具有“原理的能力”，其旨趣在于“把理性看作在原理之下获得

① 《马克思恩格斯全集》第3卷，人民出版社2012年版，第22页。

知性的规则的统一性之一种能力。据此，理性就绝不直接致力于经验或任何对象，而是致力于知性，为的是通过概念而给知性的杂多知识以一种验前的统一性，这种统一性可以称为‘理性的统一性’”,[①] 这即是说，哲学理性的根本功能是寻求绝对的“无条件者”，并以之为根据，来实现知性知识的统一性。这种“无条件者”包括“我思主体”“世界总体”与“上帝”等，康德把它们称为“先验理念”。哲学把握了这种“无条件者”，也即获得了可囊括和统领一切现象和领域的“最高真理”。

第二，与上述内在相关，它所追求的最高原理和终极根据，必然以超越历史的“永恒在场”为根本特征。传统形而上学所追求的“无条件的总体”，代表着“永久地与历史无关的模式或框架，在确定理性、知识、真理、实在、善行和正义的性质时，我们最终可以诉诸这些模式或框架”,[②] 在它看来，“变化”和“生灭”是缺乏真实性和实在性的标志，同时也是产生一切不确定性和危险性的根源，因此，只有逃避时间性和历史性，进入固定不变和绝对确定的实在领域，才能使人的认识乃至人的整个生命脚踏大地、获得坚实的根基。消灭时间、进入永恒，克服历史，实现终极的“现时性”，这是传统形而上学思维方式和理论逻辑的固有之义。正是在此意义上，海德格尔在《存在与时间》中把从亚里士多德到黑格尔的整个形而上学所坚持的时间观概括为“现在性时间观”，并指出历史性之遗忘乃是传统形而上学的根本特质。

第三，它必然是一种瓦解和抹杀矛盾的思维方式。为了把握“存在”，形而上学把世界分裂为“存在”与“存在者”、“本质”与“现象”、“真理”与“幻象”、“必然”与“偶然”、“永恒”与“生灭”等“相互矛盾”“彼此对立”的双向度的领域。然而，形而上学确立这些矛盾关系，最终目的却是要消解和终结它们。在这众多双向的矛盾关系中，前一项居于主宰性的地位，形而上学要求以前者为基础，来“统一”和“吞噬”后者，从而实现矛盾的“和解”。因此，按照形而上学的思维方式，矛盾关系的双方并不是一种平等的交互关系，而是等级制的统治和控

① ［德］康德：《纯粹理性批判》，韦卓民译，华中师范大学出版社 2000 年版，第 320—321 页。

② ［美］理查德·J. 伯恩斯坦：《超越客观主义与相对主义》，郭小平等译，光明日报出版社 1992 年版，第 9 页。

制关系，它最终追求的是消解矛盾关系的单极统一性。

第四，它必然是一种把理论神圣化并因此轻视和贬低实践活动和现实生活的思维方式。形而上学理性所要把握的是一个超感性的永恒常驻的、普遍性的实在领域，与之相比，人的现实生活领域是一个变动不居的、“生成性”的领域，而“生成性”意味着转瞬即逝、崩溃毁灭，其中充满着偶然性和不确定性，它无论在认识还是价值等级上都居于“低贱”的地位。对此，马克思深刻地指出，形而上学的思想根源就在于通过抽象，把一切都置换成逻辑范畴：在形而上学者看来，“世界上的事物是逻辑范畴这块底布上绣成的花卉；他们在进行这些抽象时，自以为在进行分析，他们越来越远离物体，而自以为越来越接近，以至于深入物体。……既然如此，那么一切存在物，一切生活在地上和水中的东西经过抽象都可以归结为逻辑范畴，因而整个现实世界都淹没在抽象世界之中，即淹没在逻辑范畴的世界之中”。[①] 在此意义上，形而上学思维方式所代表的必然是一种颠倒逻辑范畴与现实生活、知识与行动、理论与实践的关系，并以前者来压抑后者的理论逻辑。

从以上分析可以看出，西方传统哲学对超历史的、无条件的、终极的、神圣存在的追求，包含着一种强烈的否定和批判现存世界、追求更完美世界的超越精神，这表明，西方传统哲学内在地体现着哲学的乌托邦精神。这是它所留下的最为宝贵的精神遗产。但另一方面，西方传统哲学对乌托邦精神的表达，始终与形而上学的思维方式与理论原则不可分割地纠缠在一起。形而上学的理论方式和理论原则与哲学的乌托邦精神之间存在着深刻的内在冲突和矛盾，它使得后者无法真正得以彻底体现，并最终成为其桎梏。

首先，形而上学思维方式对“无条件总体”的迷恋将最终窒息哲学的乌托邦精神。哲学的乌托邦精神表征着人在其历史有限性中不断面向未来生成的可能性。它自觉地承认：“历史同认识一样，永远不会在人类的一种完美的理想状态中最终结束；完美的社会、完美的‘国家’是只有在幻想中才能存在的东西”，[②] 因此，永葆生机勃勃的求真意识、向善意

① 《马克思恩格斯选集》第 1 卷，人民出版社 2012 年版，第 219 页。

② 《马克思恩格斯选集》第 4 卷，人民出版社 2012 年版，第 223 页。

识和审美意识，永不停息地“在批判旧世界中发现新世界”，是哲学永远不会终结的任务。与此不同，传统形而上学试图通过对“最高原理”和“最终统一性”的追求，去获得具有终极权威性和最后确定性的至上真理与绝对知识，这表明，它最终寻求的不是“超越性”而是“绝对性”，不是向“未来敞开”，而是“永恒在场”，不是“批判”与“否定”而是“同一性”与“肯定性”。然而，倘若哲学掌握了“绝对”和“终极”，那也就意味着它不再需要否定和超越自身，也无须想象一种更为美好的生活。马克思曾这样论述道：“新思潮的优点又恰恰在于我们不想教条地预期未来，而只是想通过批判旧世界发现新世界。以前，哲学家们把一切谜底都放在自己的书桌里，愚昧的凡俗世界只需张开嘴等着绝对科学这只烤乳鸽掉进来就得了。”① 很显然，如果哲学已经掌握了“一切谜语的答案”，也就无须“在批判旧世界中发现新世界”，面向未来的开放视野就被关闭，哲学的乌托邦精神也因此而遭到窒息。

其次，形而上学思维方式对人的“矛盾性”的消解瓦解了哲学的乌托邦精神的动力源泉。在生活实践观点的视野里，人是一种矛盾性、双重性的存在，它决定了人必须在历史中寻求超越，在有限性中寻求无限性，在束缚中寻求解放。离开了这种张力，人就失去了自我否定和自我超越的可能，也失去了面向未来的真实渴求和驱动力。然而，形而上学思维方式以否定矛盾为归宿，人由此成为只按照单一尺度存在的存在者，人或者被“物化”成自然存在物，或者被“神化”为虚幻的幽灵，这实际上瓦解了人生命存在中的“内在张力”，消解了人自我否定和自我超越的真实动力，因而，哲学的乌托邦精神无法得到充分彰显。

再次，形而上学思维方式对人的历史性的消解，必然窒息哲学的自我反思和自我超越维度。作为一种历史性的存在，人总是在特定的历史境遇中开展其生活，这种历史性规定了人的“有限性”或“历史局限性”，但这并不表明人的消极无为。恰恰相反，历史性和有限性为人面向未来进行自我否定和超越提供了真实的可能性。马尔库塞说：“永恒满足的死敌是‘时间’，即内在的有限性，即所有条件的根本。因而，完整的人类解放

---

① 《马克思恩格斯全集》第 47 卷，人民出版社 2004 年版，第 64 页。

概念，就必然包含与时间斗争的前景。”[①] 如果消灭“时间”并达至“永恒满足”，那么，也就失去了“人类解放”的可能性和必要性。传统形而上学思维方式消解人的历史性而追求“永恒在场”，实质上等于要求哲学寻求“永恒的满足”，去完成“那只有全人类在其前进的发展中才能完成的事情”。[②] 失去了“历史意识”，哲学的乌托邦精神不可能得到彻底体现。

最后，形而上学思维方式对现实生活实践的漠视，消解了哲学的乌托邦精神的现实根基。现实生活实践是乌托邦精神的出发点和归宿，哲学的乌托邦精神植根于对人独特的生命精神的自觉理解。但是，传统形而上学思维方式却以哲学思辨消解了生活实践，这种颠倒使得哲学的乌托邦精神失去了赖以立足的现实基础而成为“无根”的浮萍。

以上四个方面从不同角度表明：传统形而上学试图通过对最高原理和终极统一性的追求，为人的生存发展确立永恒的、超历史的“最高支点”，但这与人通过历史性的实践活动，不断在“矛盾”中自我超越和否定，向未来敞开和生成的生命存在特性是相冲突的。传统形而上学追求最高原理和终极统一性，并以它们作为无条件的根据，来规范和要求人们的思想和生活，但由此却使哲学对超越性价值理想的追求，异化为外在于现实生活并束缚人历史发展的僵化教条与虚假偶像。由于这种矛盾和冲突，哲学窒息了人生命存在的乌托邦精神，同时使哲学的乌托邦精神陷入扭曲、教条和独断。这正是导致现代西方哲学对它采取激烈的批判和否定态度并使哲学的合法性陷入危机的深刻理论根源。

四　乌托邦精神的当代内涵与哲学不可消解的合法性

如何克服形而上学思维方式，并拯救和重建哲学的乌托邦精神？要回答这一问题，根本前提是重建哲学与人的现实生命存在之间的关系。通过这种重建，我们将自觉认识到，哲学的乌托邦精神不是哲学悬空思辨的结

---

① ［德］马尔库塞：《审美之维》，李小兵译，生活·读书·新知三联书店1989年版，第61页。

② 《马克思恩格斯选集》第4卷，人民出版社2012年版，第226页。

果，而是在对人独特的生命存在的理解中，以一种反思意识的方式所凸显的哲学的精神品格。它以人的现实生命存在为根基，后者构成了哲学的乌托邦精神的出发点和归宿。以这种自觉理解为基础，哲学的乌托邦精神将真正摆脱传统形而上学思维方式的束缚，在“面向未来”和“面向现实”两个相互关联的基本维度中，使其得到充分彰显。

面向“未来”的维度，是指哲学的乌托邦精神将彻底抛弃对“永恒在场”的终极实在的迷恋，而体现为对“不在场”的未来希望的不懈追求。据考证，“乌托邦”（Utopia）一词源自古希腊，由“无”和“场所”两个词构成，即“不在场”（non - presence）或“不站在对面”之意：[①] 它不存在于时间中的某一瞬间和空间中的某一点。在这种古希腊思维的原始经验中，包含着对“乌托邦精神”的非形而上学理解。然而，在传统形而上学思维方式支配下，哲学把本应“不在场”的“乌托邦精神”“在场化”，结果使其失去了本应具有的面向未来的超越维度。而“未来”之所以成为可能，恰恰就在于它的“不在场”性。真正意义上的“未来”，意味着“不站在对面”和永远向可能性敞开，意味着人们永远不可能把它实体化，并把它一劳永逸地收入囊中。一旦被“在场化”，也就表明“未来”维度的消失。破除形而上学思维方式，即是要拯救对“不在场”的未来希望的追求精神。

在哲学史上，康德曾通过“建构性理念”与“范导性理念”的区分，较早地对乌托邦精神的这一内涵进行了深入阐发。康德指出，“世界总体”“上帝”“灵魂不朽”等“先验理念”，作为传统形而上学所欲捕捉的“终极存在”“绝不具有建构性的应用，以至于某些对象的概念会由此被给予，而且如果人们这样来理解它们，它们就纯然是玄想的（辩证的）概念。与此相反，它们具有一种杰出的、对于我们来说不可或缺的必然的范导性应用”。[②] 所谓“建构性应用”是指“先验理念”作为“在场”化的“无条件总体”，对“概念杂多”的“统一”作用，康德深刻地论证了，“先验理念”的“建构性应用”不可避免地会导致欺骗性的“先验幻

① 参见［美］吉列斯比《欧洲小说的演化》，胡家峦、冯国忠译，生活·读书·新知三联书店1987年版，第28页。

② 参见《康德著作全集》（第3卷·纯粹理性批判），李秋零等译，中国人民大学出版社2004年版，第419页。

相”。而“范导性应用”则与此不同，它意味着，“先验理念”的功能不在于达到“无条件的绝对”，而在于使人们意识到自身之不足，不断超越自己，面向未来，去追求更高的知识和道德理想。在“范导性应用”的意义上，“先验理念”表征着永不可能被“在场化”的，但同时又不断引导人们自我超越的未来召唤。

在现代西方哲学中，不少哲学家通过对传统形而上学思维方式的深入反省，对哲学乌托邦精神的这一内涵进行了多方面的阐发。例如，布洛赫把乌托邦精神把握为“趋向美好未来的意向”，① 哈贝马斯认为其“商谈伦理学”的基本初衷是要在“后形而上学”的地平线上“重建乌托邦”，② 罗蒂则明确表达要以“后形而上学希望”取代“柏拉图主义”对“终极实在”的迷恋，认为“如果说实用主义有什么不同之处的话，那么就在于它以更美好的人类未来观念取代了‘现实’、‘理性’和‘自然’之类的观念”，③ 詹姆逊强调乌托邦精神“来自可能永远不会存在的某种未来……它们是来自未来的时间旅行者，向我们发出关于未来的警示”。④ 其中德里达颇具代表性，他用“不在场”的“在场”、“不可见的可见性”来描述马克思的思想遗产，特别是其共产主义的人文价值理想，认为它们应该被理解为“某种无限的范导性理想，一项永无终结的任务的终点，或是无限接近的极限”，而不能被理解为“现成的真理”与“永恒的原则”。作为“不在场”的存在，它要比人们轻率地称作活生生的在场的东西更为真实，更能显现和发挥其强大的思想力量。反之，把价值理想当成一种“实体性”的“在场”，其结果恰恰会导致“理论主义中立化的麻木”，⑤ 从而陷入种种教条主义的僵化与独断。

---

① Ernst Bloch, *The Principleof Hope*, Cambridge, Massachusetts: The MIT Press, Vol. 1, 1986, p. 7.

② 参见［德］哈贝马斯《新的非了然性》，载《哈贝马斯的商谈伦理学》，薛华译，辽宁教育出版社 1988 第 105 页。

③ ［美］理查德·罗蒂：《后形而上学希望》，张国清译，上海译文出版社 2003 年版，第 7 页。

④ ［美］詹姆逊：《乌托邦与实际存在》，载王逢振编《詹姆逊文集》第 3 卷，中国人民大学出版社 2004 年版，第 389 页。

⑤ 参见［法］雅克·德里达《马克思的幽灵——债务国家、哀悼活动与新国际》，何一译，中国人民大学出版社 1999 年版，第 94—46 页。原译文“调节性理想”一词在引用时改为“范导性理想”。

真正的哲学所抱持的对未来希望和追求，不是脱离社会历史发展客观必然趋势的“空想”，相反，它是以对这种必然趋势的自觉理解为前提的关于“人的现实自由和解放何以可能”的不懈追问和探寻。在《德意志意识形态》中，马克思、恩格斯说道：“德国哲学从天国降到人间；和它完全相反，这里我们是从人间升到天国。这就是说，我们不是从人们所说的、所设想的、所想象的东西出发，也不是从口头说的、思考出来的、设想出来的、想象出来的人出发，去理解有血有肉的人。”[①]“从天国降到人间”与“从人间升到天国”，代表着两种有着根本区别的历史观，“从人们所说、所设想、所想象的东西出发”，对未来的设想必然是抽象的，因而不可避免地陷入空想，而“从人间升到天国”，则是要从历史唯物主义的视野出发，通过对以实践活动（首先是物质生产活动）为基础的“社会存在”及其历史运动的自觉揭示，回答人生存发展的现实根据，确立人自由和解放的现实前提。正是以这种历史观为基础，马克思在《共产党宣言》中才这样表达了对于人与社会的未来希望：“代替那存在着阶级和阶级对立的资产阶级旧社会的，将是这样一个联合体，在那里，每个人的自由发展是一切人的自由发展的条件。”[②] 才在后来的著作中进一步这样描述人的自我解放进程：“人的依赖关系（起初完全是自然发生的），是最初的社会形态，在这种形态下，人的生产能力只是在狭窄的范围内和孤立的地点上发展着。以物的依赖性为基础的人的独立性，是第二大形态，在这种形态下，才形成普遍的社会物质变换，全面的关系，多方面的需求以及全面的能力的体系。建立在个人全面发展和他们共同的社会生产能力成为他们的社会财富这一基础上的自由个性，是第三个阶段。”[③]“人的自由个性”作为马克思哲学所追求的人和社会的未来希望，不是哲学家“世界之外”的空洞遐想，而是建立在物质生产力与生产关系矛盾运动的基础上并经历“人的依赖关系”和“以物的依赖性为基础的人的独立性”等历史环节，因此，它在最深层体现了历史运动的根本趋向。

马克思哲学对未来希望的不懈追求精神，不是“脱离现实”的抽象

① 《马克思恩格斯选集》第1卷，人民出版社2012年版，第152页。

② 同上。

③ 《马克思恩格斯全集》第46卷上，人民出版社1979年版，第104页。

思辨与空洞玄想，恰恰相反，它是以对“现实”自觉而深入的理解为基础。在《关于费尔巴哈的提纲》第一条，马克思说道：“从前的一切唯物主义（包括费尔巴哈的唯物主义）的主要缺点是：对对象、现实、感性，只是从客体的或者直观的形式去理解，而不是把它们当做感性的人的活动，当做实践去理解，不是从主体方面去理解。因此，和唯物主义相反，唯心主义却把能动的方面抽象地发展了，当然，唯心主义是不知道现实的、感性的活动本身的。”① 马克思明确提出要把“现实”当作“实践”去理解，这表明：第一，“现实”不是静止的“现在”，而是在感性实践中不断生成并向未来敞开的历史性过程，“面向未来”是“现实”的重大特征；第二，“现实”不是永恒的“现存”，而是要在实践活动中不断被改变和超越的对象，“自我改造”和“自我超越”是“现实”的另一根本特征；第三，“现实”不是价值中立的僵死“事实”，而是一个在感性实践活动中追求人的自由和解放的价值空间。马克思对“现实”的上述理解，既摆脱了旧唯物主义在此问题上的“直观性”，也克服了唯心主义在此问题上的“抽象性”，深刻地体现了现实性与超越性的内在统一。在这种统一中，哲学对未来希望的不懈追求摆脱了传统形而上学的“外在超越”而真正体现了一种“内在超越”的精神。

同时，强调对未来希望的追求精神，也并不否定人类历史形成的积极文明成果，相反，对人类历史形成的积极文明成果予以切实的尊重和继承，是追求和创造未来希望的重要前提。马克思曾说道：“共产主义对我们来说不是应当确立的状况，不是现实应当与之相适应的理想。我们所称为共产主义的是那种消灭现存状况的现实的运动。这个运动的条件是由现有的前提产生的。”② 这里所谓“现有前提”，既指资本主义的历史局限，也指其历史成就。对未来共产主义美好希望的追求，不是基于所谓的纯粹的理性，把共产主义与资本主义看成抽象的对立和否定关系，而是要充分吸收和发扬资本主义所创造的宝贵财富和成果，对之采取“具体的否定”和“肯定”中的“否定”态度，未来希望正建立在资本主义社会“自我否定”的基础之上。马克思所说共产主义的历史必然性正根植于此。这

① 《马克思恩格斯选集》第1卷，人民出版社2012年版，第133页。

② 同上书，第166页。

表明，哲学对于未来希望的追求精神，又是历史性与超越性的内在统一。哲学在这种统一中真正成为“时代精神的精华”，哲学面向未来的超越维度获得了坚实的根基。

对美好未来的希望，与对现存状态的批判难以分割。对阻碍人自由和解放的一切抽象力量进行彻底批判，这是哲学的乌托邦精神的另一重要内涵。

自哲学产生以来，批判和否定就始终是哲学的重要特质，也是哲学的乌托邦精神的重要体现。传统形而上学对终极实在的追求，已经蕴含着批判和否定现存世界的冲动和努力。但是，这种批判注定是不彻底的。这是因为，传统形而上学要求从哲学所把握的终极存在、终极知识和终极价值为根据和标准来展开对现实世界的批判，然而，批判的根据和标准本身却具有“绝对性”“超历史性”和“无条件性”，因而享有免于批判的特权。在此意义上，传统形而上学的批判必然陷入独断和教条。

要把哲学的批判精神贯彻到底，关键在于自觉到，哲学的批判工作不是展示哲学话语霸权的场所，而是推动人走向自由和解放的思想力量。哲学的批判本性源于对人生命特性的自觉理解和表达，它根植于人自我否定和自我超越的生命本性，其根本旨趣在于破除一切与人生存发展不相适应的因素，否定一切阻碍人的自我发展、妨碍人的生命自由的异化力量，以实现人不断的自我超越和自我提升。

自觉到这一点，哲学将摆脱形而上学的独断和教条气息，体现出彻底的批判精神。马克思曾围绕辩证法的批判本性，对此做了十分精彩的论述：“在对现存事物的肯定的理解中同时包含对现存事物的否定的理解，即对现存事物的必然灭亡的理解；辩证法对每一种既成的形式都是从不断的运动中，因而也是从它的暂时性方面去理解；辩证法不崇拜任何东西，按其本质来说，它是批判的和革命的。”① “不崇拜任何东西”意味着对一切“虚假偶像”的自觉揭露和拒斥。美国学者雅各比区分了“蓝图派”的乌托邦精神与“反偶像崇拜”的乌托邦精神。前者致力于在“绝对真理”的引导下，“纤毫毕现地描绘未来”；而后者的“本质性要素在于：它对此时此地的关注。它憧憬未来并珍视现在”，它相信：“与其为实现

① 《马克思恩格斯全集》第44卷，人民出版社2001年版，第22页。

抽象的东西工作，不如为消除具体的罪恶而努力。”[①] 这种“反偶像崇拜”的乌托邦精神正体现了哲学的彻底批判本性。

哲学的“反偶像崇拜”集中体现在两个方面。一是对以观念形态存在的虚假偶像进行批判，即我们常说的“意识形态批判”，其职能在于祛除独断和教条的虚假意识和抽象观念对人的思想和现实生活的遮蔽，捍卫人的思想自由和创造性，通过人们的思想解放实现人与社会的发展。马克思在其著作中所进行的“政治经济学批判”“空想社会主义批判”“德国古典哲学批判”等，即是这种工作的典范。二是对支配和统治人们的抽象的现实力量进行批判，其职能在于揭露和解构宰制人们的现实生活、使人的生命存在陷入僵化的虚假偶像，从而捍卫人的现实生活的丰富性和具体性。马克思对“商品拜物教”、“货币拜物教”和“资本拜物教”的批判，即是这种批判的范例，无论是抽象观念，还是支配和统治人们的抽象的现实力量，虽然表现不同，其共同点都是试图成为绝对的、无条件的主宰力量，束缚人们的头脑和生活，成为人走向自由解放的桎梏。通过对它们的批判，“推翻使人成为被侮辱、被奴役、被遗弃和被蔑视的东西的一切关系”,[②] 构成了哲学的“反偶像崇拜”的根本旨趣。

与传统形而上学思维方式用非历史的标准裁判现实的倾向不同，真正的哲学的这种“反偶像崇拜”不能脱离历史和现实，相反，它总是需要在历史和现实语境中获得具体内涵和主题的活动。无论是支配和统治人们的抽象的现实力量，还是独断和教条的抽象观念，在不同历史条件下都有不同的表现形态。因此，哲学的批判活动总是针对人历史发展中具体的生存困境和矛盾而展开的，它必须要在具体的历史情境中获得其现实的内容，离开对历史和现实生活内在矛盾的领悟和理解，哲学的批判就会演变成堂吉诃德式的与臆想出来的幻影搏斗。在此意义上，哲学“反偶像崇拜”所体现的是一种既内在于历史和现实，同时又超越历史和现实的独特理论精神。

同时，与传统形而上学思维方式用先验的教条要求和规定现实生活，

---

① ［美］拉塞尔·雅各比：《不完美的图像：反乌托邦时代的乌托邦思想》，姚建彬译，新星出版社 2007 年版，第 189 页。

② 《马克思恩格斯选集》第 1 卷，人民出版社 1995 年版，第 10 页。

并以此证明哲学的绝对真理性与理论优越性不同，哲学“反偶像崇拜”的批判活动是推动现实生活跃迁的真实力量。马克思对此说道：“新思潮的优点就恰恰在于我们不想教条式地预料未来，而只是希望在批判旧世界中发现新世界。……如果我们的任务不是推断未来和宣布一些适合将来任何时候的一劳永逸的决定，那末我们便会更明确地知道，我们现在应该做些什么，我指的就是要对现存的一切进行无情的批判”,①“教条式的预料未来”所表明的是哲学完全脱离现实生活的无根的独断和狂妄，而“批判旧世界中发现新世界”则是要推动人们在实践活动中去追求和创造一个与现存世界不一样的更为自由和美好的新世界。在此意义上，哲学反抗虚假偶像的批判活动永远不会终结，只要地球上还存在贫困、不公与奴役，只要人类仍然在面向未来追求自己的美好生活，人类就永远需要不断求助于哲学的批判精神。马克思说道：“人的自我异化的神圣形象被揭穿以后，揭露具有非神圣形象的自我异化，就成了为历史服务的哲学的迫切任务。”② 克服“教条式预料未来”的传统形而上学思维方式，自觉地承担起“揭露非神圣形象的自我异化”的任务，在永不终结的哲学批判活动中，哲学的乌托邦精神得到了充分彰显。

无论对“不在场”的未来希望的追求，还是对阻碍人自由发展的抽象力量的彻底批判，都是以对人现实的生命存在本性的自觉理解为基础，从不同维度对哲学乌托邦精神进行表达。它们表明，在抛弃传统形而上学思维方式之后，哲学并没有走向“终结”，而是以更加自觉和更彻底的方式彰显了哲学独有的精神品格。只要人类仍然需要自我理解，只要人仍在追求自由和解放，就需要哲学焕发其特有的乌托邦精神，哲学也将因此而体现其不可动摇的存在合法性。

（原载于《中国社会科学》2013 年第 7 期）

① 《马克思恩格斯全集》第 1 卷，人民出版社 1956 年版，第 416 页。

② 《马克思恩格斯全集》第 3 卷，人民出版社 2002 年版，第 200 页。

哲学是人幸福生活的仆人

今天哲学适当的存在方式和理论功能究竟为何？在今天困扰着人们的诸多哲学问题中，这一问题可能最具有前提性。如果不能对此有自觉的反省，那么，其他所有一切哲学问题都将无所附丽。围绕这一重大问题，最为根本的是如何理解哲学与生活的关系，也即是要回答：哲学究竟应成为人的幸福生活的“主人”，还是成为人的幸福生活的“仆人”？对此问题的不同答案，意味着哲学不同的思想姿态和理论功能，也意味着哲学对自身不同的理论自觉，因而具有十分重大的意义。

一　“幸福生活的主宰”：哲学不恰当的自我期许

哲学自产生之日起，就把服务于人的幸福生活作为自己的重大使命。康德曾言：“哲学在古代看来原是指教人什么才是‘至善’的概念，并指教人什么是求得它的行为的。”[①] 在西方哲学的奠基者苏格拉底那里，对“善的生活何以可能”的追问和寻求被明确地置于哲学的中心，他在街市上不懈奔走，以其“辩证方法”与人谈话，均围绕着何为明智、虔诚、公正等事关人的幸福的德性而进行。黑格尔曾言，“苏格拉底以前的雅典人，是伦理的人，而不是道德的人”[②]，苏格拉底实现了从“伦理”到“道德”的转化，而“道德学的意义，就是主体由自己自由地建立起善、伦理、公正等规定……这样一来，善、伦理等规定便是永恒的、自在自为

---

① ［德］康德：《实践理性批判》，韩水法译，商务印书馆1999年版，第111页。

② ［德］黑格尔：《哲学史讲演录》第2卷，贺麟、王太庆译，商务印书馆1960年版，第43页。

的存在了”。[①] 策勒尔对此说道：“他把哲学从天上召唤下来，把它安置在城市中，引进家家户户，使它成为探究生活和道德、善与恶所必需。”[②] 苏格拉底对哲学的这种自我理解对后来者产生了深远影响，在西方哲学史上打下了深深的烙印。无论是柏拉图对“理想国”的眷恋、亚里士多德对“至善圆融”生活的向往、中世纪哲学对“上帝之城”的迷恋、近代哲学对“理性王国”的执着等，虽然在具体观点和倾向上不尽相同，但在哲学最终应服务于人的幸福生活这一点上是基本一致的。康德在《纯粹理性批判》开头引用培根《伟大的复兴》中的一段论述清楚地表达了对哲学使命的这种理解：“余之所尝试者不以之为创设一宗派或一私见，而确信为创设人类之福利及威权。”[③]

进一步追问，哲学将服务于人的幸福生活视为最高使命，那么，它以何种方式实现这一点？

对此，哲学史上占据主导地位的是这样一种回答：哲学服务于人的幸福生活，实质上就是要让哲学作为立法者和支配者来主导人的现实生活。哲学掌握着关于人的生活意义的最高真理以及达到这一真理的不二法门，人们只有听从哲学的指引和教导，遵循和顺从哲学的教诲，才能找到通向理想生活的通道。虽然表现不一，但柏拉图《理想国》中的“哲学王”长期以来一直是哲学家们隐秘的梦想，柏拉图说道：“除非是哲学家们当上了王，或者是那些现今号称君主的人象真正的哲学家一样研究哲学，集权力和智慧于一身，让现在的那些只搞政治不研究哲学或者只研究哲学不搞政治的庸才统统靠边站，否则国家是永无宁日的，人类是永无宁日的。”[④] 当我们把哲学理解为“正确的世界观、人生观与价值观”时，所服膺的正是这样一种信念。一言以蔽之，哲学服务于人的幸福生活，就是要让哲学充当人和人的生活的“主人”或“主宰”，就是要让人听从哲学真理的召唤并接受其“救赎”。

---

① ［德］黑格尔：《哲学史讲演录》第2卷，贺麟、王太庆译，商务印书馆1960年版，第42—43页。

② ［德］策勒尔：《古希腊哲学史纲》，翁绍军译，山东人民出版社1992年版，第81页。

③ ［德］康德：《纯粹理性批判》，蓝公武译，商务印书馆1960年版，第1页。

④ 北京大学哲学系外国哲学史教研室编：《西方哲学原著选读》上卷，商务印书馆1982年版，第118页。

很显然，这种对于哲学与生活关系的理解所体现的正是传统形而上学的思维方式。它体现出如下基本特征：（1）它把人的幸福生活奠基于某种只有哲学才能把握的终极实在、最高实体之上。在它看来，“存在有或者必定有一些永久的与历史无关的模式或框架，在确定理性、知识、真理、实在、善行和正义的性质时，我们最终可以诉诸这些模式或框架”，①哲学家的首要任务就是发现这种终极的实在与永恒的框架，从而为我们的认识、行动和生活奠定一劳永逸的基础，并因此为人的永恒幸福奠定不可动摇的根据。（2）它试图通过设立一种“善恶二分”的等级模式来为理想的幸福生活奠基。在这种两元对立的等级模式之中：超感性的“实体”一极所代表的是本质、真理、理性、独立、自由等，感性的“现象”一极所代表的则是偶然、无常、被动、不真、卑污等，前者代表着幸福生活的本质内容，后者则代表着不幸生活的根源。因此，前者主宰和统治后者，后者无条件地服从前者，是幸福生活的根本保障。（3）它试图通过把幸福生活锚在某种非时间、非语境的“非历史”的、“永恒在场”的“本真存在”根基之上。在它看来，超感性的实体是在“时间”之外的“非历史性”存在，“非时间”、“非历史”的存在才是可靠、真实的，而历史与时间中的存在不过是漂泊无根的幻象，只有把历史之流中的一切还原为与时间无关的永恒在场者，人的生活才会获得内在的坚定性并因此逃避“虚无主义”的威胁。

按照上述思维方式，在哲学与人的生活的关系上，哲学所扮演的必然是一种“高于生活”的绝对强势的角色。这包含着相辅相成的双重意味：

对于哲学来说，它意味着哲学企图成为人的幸福生活至高无上的保障者和监管者的雄心壮志。这种自我认知建立在这样三个基本信念基础上：首先，它相信“所有真正的问题都应该有且只有一个真正的答案，而其他的答案都必然是错误的”；其次，“必定有一条可靠的途径导向这些真理的发现”；最后，“真正的答案，如果找到了的话，必定彼此融洽、俱成一体，因为真理不可能是相互矛盾的——这一点是我们先验地知道的”。②

① ［美］伯恩斯坦：《超越客观主义与相对主义》，郭小平等译，光明日报出版社1992年版，第9页。

② ［英］伯林：《扭曲的人性之材》，岳秀坤译，译林出版社2009年版，第9—10页。

哲学正代表着对这种“最后答案”的把握，它凌驾于现实生活的一切内容之上，把一切碎片融成一个统一的模式、把人引向幸福生活的康庄大道，并因此成为“至高无上”的神圣之学。

对于人的现实生活来说，它意味着要获得幸福，就必须仰望并皈依于哲学所揭示的超历史的、永恒的终极实在。具体而言，它至少必须满足三个条件。首先是“逃离偶然，拥抱普遍”，这即是说，只有超越个人的“偶然存在”并努力成就哲学所揭示的普遍性，人才能找到归宿和着落。对于哲学及其所揭示的普遍性真理，人们要么臣服于它，要么就听任黑暗的魔鬼，用疯狂、用知识和道德上的晦暗混沌（偶然性）把自己裹缠起来并因此陷入不幸。其次是“否弃时间机缘，追求必然和永恒”。这即是说，只有超越时间和机缘并进入必然和永恒的世界，个体生命才能功德圆满，达到至善。时间和机缘意味着短暂和易逝，意味着个人生命价值的速朽，逃离时间和机缘、达到永恒和必然，乃是个人实现其生命“价值”、完成其人生“使命”的必要条件。最后是“远离人的‘实存’，实现人的‘本质’”，这即是说，只有皈依哲学所揭示的人与世界的“本质”，抛弃感性、偶然的作为“实存”的“小我”，与形而上学的先验本质合一，人的幸福生活才能得到圆满的实现。

综合以上对传统哲学的分析，可以得出如下几个基本结论。第一，哲学把“服务”于生活、引导人走向幸福生活作为其根本使命，认为离开哲学智慧的照耀，幸福生活将成为不可能。第二，哲学以一种“高于生活”的方式“服务”于生活，生活的目的和意义被置于生活之外，即在传统形而上所揭示的永恒、终极实在所代表的“另一个世界”中。第三，哲学以“高于生活”的方式服务于人的生活，实质是把哲学置于现实生活的立法者、主宰者和裁判者的优先和优越地位，在此意义上，与其说哲学为幸福生活“服务”，不如说哲学成为幸福生活的“主人”。

二 “幸福生活主宰”的幻觉与哲学危机的根源

哲学以“高于生活”的方式服务于生活，本来其初衷是为“幸福生活”提供最终的、一劳永逸的基础和指导，但其结局却是否定和贬低生活，并因此使人的幸福和尊严被贬损。这就是哲学试图成为“幸福生活的主宰”所包含的内在悖论。

哲学希望成为人的生活的“主人”，所表现的是哲学“成神似的自恋”和“自我崇拜”。“成神似的自恋”是哲学的“自圣”或“自我崇拜”，它体现了哲学企图成为至高无上的立法者和监管者的雄心壮志。哲学成为生活的“主人”或“主宰”，表明“生活”成为被抽象观念所支配和控制的“客体”，也意味着现实生活中的人成为抽象观念的牺牲品。哲学成为人的生活的“主宰”，实质就是把人的生活目的和意义置于生活之外或之上，真实的人及其现实生活则由此被视为实现这种目的和意义的手段和工具。很显然，由此导致的结果必然是人及其现实生活的被扭曲和遗忘。这集中体现在如下三个方面。

首先，哲学成为生活的“主宰”，必然使哲学以一种“唯我独尊”、“舍我其谁”的优越感，导致对普通人生活漠视的合理化。这一点从上述讨论可以看得很清楚，在哲学与普通人生活的关系中，前者扮演着“救赎者”的角色，后者则是需要被救赎的对象。以这种信念为前提，哲学必然把普通人的生活视为应加以否定和超越的“低级”和“鄙俗”的存在，它必然要求普通人放弃自身而将自身交付给哲学观念来支配和控制。与此相配合，哲学成为居高临下、高高在上的权力话语，要求生活服从哲学于是成为“天经地义”的“绝对命令”。对于哲学与人的生活的这种关系，现当代众多思想家已从不同角度进行了深入的批判性反思。马克思哲学曾批判旧哲学把人感性的实践活动当成“卑污的犹太人的活动”，指出它把思想王国当成一个神圣的“独立王国”，要求实现哲学与生活关系的颠倒，即是这种批判性反思的代表性成果。通过这种反思，人们越来越自觉地认识到：试图从抽象的观念和原则出发控制人的现实生活的野心，正是造成历史上众多痛苦和灾难的思想根源，这是因为，与哲学观念相比，人的现实生活具有更为本源和优先的地位，它并不受某种哲学“学说”、“思想”的规范和约束，其丰富性、异质性和复杂性，无法由任何一种哪怕是最高明的哲学学说、思想和话语所囊括。如若无视这一点，以哲学和哲学家所把握的“真实答案”为尺度和标准来要求它们，实质上就是在以哲学和哲学家的“‘真实’自我之名并代表这种自我来威逼、压迫与拷打他们，并确信不管人的实际目标是什么"。[①] 很显然，在此情形之下，人的思想的尊严和生活的幸福将成幻象。哲学成为"幸福生活的主宰"，这是其"成功"，然后却使人的思想和生活变得微不足道，因而它的"显赫地位"实质上是其最大的"失败"。

其次，与上述内在相关，哲学成为生活的"主宰"，所体现和贯彻的是一种单极性、一元化的思维定式和话语诉求，哲学和哲学家把自己所"发现"的"真理"、"生命"与"道路"定义为"真"、"善"、"美"，并据此把其他一切定义为"假"、"恶"、"丑"，由此便建立起一种"真"与"假"、"善"与"恶"、"美"与"丑"的两极对立模式，在这两极模式中，毫无疑问，让前者占据绝对、无条件的统领和主导地位，以前者为尺度和标准来控制和消灭后者，乃是哲学天赋的职责和使命。很显然，这种"两极对立"模式实质上是以单极的无上霸权和一元的绝对权威为旨趣的，无论是起点还是归宿，"两极对立"实质上是"一元独霸"与"单极操纵"。然而，正如现当代哲学家们多方面的反思所揭示的那样，无论是我们人的精神世界和生命存在，还是我们的社会生活和历史运动，并不遵循着"非善即恶"的"黑白逻辑"，在真假、善恶、美丑等两极对立之间，存在着一片巨大的"中间地带"，这一"中间地带"由无限多样、异质的人的生活样式、文化形态、思维方式、价值观念等所组成，面对它们，任何"非此即彼"的简单框架都是无效的。哲学"成神似的自恋"与"自我崇拜"却完全无视这一事实，用"普洛克路斯忒斯之床"把这一切剪裁成它理想中的模型。很显然，由此所导致的将是一个被彻底削平的、同质性的、万马齐喑的僵死世界。阿多尔诺曾言，"奥斯维辛集中营证实纯粹同一性的哲学原理就是死亡"[②]，即是对这一后果的透辟而尖锐的揭示。哲学至高无上的"崇高自我"得以挺立的前提是消灭一切"不和谐的冲突"，是以放之四海而皆准的抽象戒律和同一性教条取代丰富生动的人和事物的个性和多样性，哲学获得了"自我"，万物却因此失去了"自性"。哲学之幸，同时即是人与世界之不幸。

最后，哲学"成神似的自恋"与"自我崇拜"代表着一种漠视普通

① ［英］伯林：《自由论》，胡传胜译，译林出版社2003年版，第202页。

② ［德］阿多尔诺：《否定的辩证法》，张峰译，重庆出版社1993年版，第362页。

生命个体及其生活的高调的贵族主义与精英主义的精神品格，它对于人们现实生活的矛盾、痛苦和不幸必然持漠然的非批判态度。哲学和哲学家痴迷于对可见世界背后高了还要再高的超感性的本质世界，这是一个水晶宫般的绝对纯净的世界，一个毫无瑕疵的绝对完美世界。因此，它对现实世界的苦难是无动于衷的，对感性生命的需要和欲求是蔑视和冷漠的。现当代哲学中，克尔凯郭尔对“孤独个体”的辩护、尼采对“健全生命本能”的吁求、海德格尔对“向来我属性”的“此在”的生存论意义的阐释等，就其根本而言都是对传统哲学抹杀个体生命及其存在意义的抗议以及对普通个体生命存在的捍卫。现当代哲学的许多哲学家在痛切的反省中，已经充分地意识到：哲学和哲学家的凯旋，同时就意味着普通人的生命存在及其生活以一种“合理的”方式被藐视，乃至被清除和消灭。正因如此，放弃哲学唯我独尊的“优越地位”，走向“后哲学文化”，为人类文化的平等相处以及普通人的自由开辟空间，成为许多哲学家的共同诉求。

上述分析清楚地告诉我们：哲学“成神似的自恋”与“自我崇拜”蕴含着“霸权主义”的独断话语，表达着一种绝不宽容的权力意志，深埋着“以理杀人”和普通人生命价值被漠视的祸根。哲学沉浸在“一览众山小”的快感之时，现实人的生活与生命却沦陷了。哲学和哲学家成为“王者”之时，也即是其自我异化之时。因此，哲学以“高于生活”的方式、在生活之内或之外“为幸福生活服务”，其结果必然走向反面，它不仅不可能成为引导人走向幸福生活的积极力量，相反，它将成为妨碍和制约幸福生活的独断教条，成为贬损和戕害生活的抽象力量。

三　从“幸福生活的主人”到“幸福生活的仆人”：哲学的重大理论自觉

哲学以服务于人的幸福生活为己任，其结果反而导致人的生活的抽象化和人的尊严被贬损。这一悖论要求哲学重新理解自身与人的生活的关系，调整其自我认识和自我定位。其中至关重要的就是使哲学的角色实现从“幸福生活的主人”到“幸福生活的仆人”的根本转变。

在本文中，“幸福生活的主人”和“幸福生活的仆人”无疑是一种“比喻”的修辞表达。它所表达的核心内涵是：哲学不是人的生活之外的救赎真理，它不代表人的生活之外的生活目的和意义，更不能为人的全部生活奠基终极基础和提供最高指南；在哲学与人的生活的关系中，人的生活是“主词”，哲学是“宾词”，人的生活取决于人自己的实践活动，人的幸福生活、人的自由和尊严需要人通过自己实际的努力去争取、奋斗和创造，哲学只是这种争取、奋斗和创造过程中的一个环节和一种力量，因而它不能“越俎代庖”，充当生活的“立法者”和“主宰者”。无疑，与其他学科和意识形式相比，哲学具有其特殊的品格和性质，但这种特殊的品格和性质并不表明哲学具有“生活主人”的资格和特权，而只是表明哲学为生活服务的特殊途径和方式。以一种特殊的方式，发挥哲学特有的精神品格，成为内在于人的生活并推动人追求有尊严的幸福生活的重要力量。

具体而言，哲学作为人的“幸福生活的仆人”，其存在方式和功能主要体现在两个基本方面。一是通过哲学的“划界”工作，发挥哲学的“治疗”功能。二是通过哲学的“越界”工作，发挥哲学的“超越”功能。这两者，所指向的都是人的精神思维领域和现实生活领域中存在的独断力量，通过对这种独断力量的“治疗”和“超越”，捍卫思想和生活的具体性、丰富性和创造性，是哲学的基本存在方式和理论功能。

对哲学存在方式和理论功能的上述理解，基于对这样一个基本事实的充分自觉，那就是无论在历史还是在现实中，总是存在着企图占据绝对统治地位的观念教条和抽象力量。正如康德十分深刻指出的那样，“形而上学的自然趋向”是人的思想和认识的本性。所谓“形而上学”的“自然趋向”，就是追求超验的“无条件总体”的倾向，它要求超越所有具体的、异质性的知识，达到代表“最高统一性”的“终极原理”。这一“终极原理”构成一切具体的、异质性知识的无条件的、具有“客观规范性”的“大前提”和出发点。“形而上学的自然趋向”对“无条件的总体”的追求，包含着一种对人的生存、现实生活与社会历史发展的统治意志和控制欲望，它包含着一种以一驭万的野心，意味着操控一切现象的话语权力。马克思则从另一个角度——历史唯物主义立场出发，把这种抽象教条称为“意识形态”，指出其基本特点是“把特殊的东西当成普遍的东西”，并把“普遍性的东西当成统治性的东西”。在这种抽象教条和“绝对权威”的支配之下，人的思想必然成为“单向性”的、僵化的存在，其自由的、丰富的、创造性的特质必然丧失殆尽。马克思曾针对普鲁士“书报检查令”对人们思想的戕杀所导致的后果，这样说道：“你们赞美大自然令人赏心悦目的千姿百态和无穷无尽的丰富宝藏，你们并不要求玫瑰花散发出和紫罗兰一样的芳香，但你们为什么却要求世界上最丰富的东西——精神只能有一种存在形式呢?”① 当马克思抗议精神只有“一种存在形式”时，所指向的正是在抽象教条和“绝对权威”的统治之下，人的思想和精神世界陷入干瘪和枯萎的结局。不仅在精神和思想领域，在社会现实生活中，也总是存在着试图把一切都纳入囊中的总体化的垄断力量，这种力量或者是无所不在的“权力”，或者是席卷一切的“资本”，或者是削平一切的“技术”等。马克思曾通过对“资本逻辑”的批判，揭示了其试图超越一切界限，寻求对社会生活各领域进行全面统治的本性。海德格尔则通过对“技术”的批判，揭示了其笼罩和削平一切的“座架”性质。这种抽象力量与人的生活样式的多样性、人的自由选择的丰富性和异质性、社会历史发展的多向性和选择性等之间存在着不可调和的冲突和矛盾。人的现实生活拥有无法被还原为某种抽象力量的异质性和丰富性，如果任由它不加限制和反省地运用到人的生存、现实生活和社会历史之中，将可能导致对人和社会生活的强制性操纵，从而导致人的自由的丧失与生活的抽象化。

思想超越自己界限而追求“无条件的总体”，所导致的结果是思想陷入独断和幻象，社会生活中的某种力量超越自身界限而寻求对社会生活的全面支配和控制，所导致的结果是“抽象对人的统治”。人的生活之所以陷入种种不幸，其深层根源正在于此。为此，哲学的“划界”就是要对人的思想观念和社会生活中不同领域的“界限”进行自觉的区分，通过澄清思想和事物的界限，揭示不同领域思想和事物所遵循的差异性的“游戏规则”，明确思想观念和社会生活中不同领域的“边界”，防御其不知限度的僭越，从而捍卫思想与生活的自由、丰富和创造本性，以防止和消解抽象的总体性力量对多样和丰富的思想和生活领域的侵蚀和控制。在此，哲学不是高高在上的“立法者”，而是要通过对人们的思想观念和社会生活中的“抽象病”进行揭示和治疗，成为健康的思维方式和生存方

① 《马克思恩格斯全集》第1卷，人民出版社1995年版，第111页。

式的守护者。在当代哲学中，维特根斯坦对“可说”与“不可说”的划界、海德格尔对“存在”与“存在者”的划界、哈贝马斯对“劳动”与“交往”的划界等，即是哲学这种工作方式的杰出典范。与此相辅相成，哲学的“越界”工作则是要对存在于人的思想观念与社会生活中的束缚人自由发展的刻板教条、僵死观念和抽象力量的解构、克服与超越。推动观念变革、进行思想启蒙、促进人的思想解放，要求哲学勇于突破既定思维方式、理论原则与陈腐观念所设定的“界限”，消解它们对于人们头脑的禁锢，把人们从它们的压抑和困扰中解放出来。同时，反思和解剖现实生活中支配人们、使人失去尊严和幸福、导致人的生命陷入片面化的现实力量，增进人们对自身生存状态的自觉理解，并以此为前提，推动人们不断走向自我超越和解放。在此意义上，哲学的“越界”意味着对统治和支配着人们思想和生活的“终极力量”、“最终模式”、“最后真理”进行驳斥和超越，从而为思想的自由空间、生活的未来希望开辟道路。在此方面，马克思哲学无疑为我们提供了最具启发性的典范。

上述哲学的“划界”与“越界”工作表面上正相反，实质上相辅相成、内在相通。它们从不同侧面体现了哲学作为“批判武器”的功能。二者表明：哲学虽然并不能代替“武器的批判”，但通过直面和反思使人的思想和生活陷入抽象的教条和独断力量，捍卫思想和生活的自由与丰富本性及其创造活力，推动人们不断从种种束缚和奴役中摆脱出来，实现自我解放，这是哲学最为宝贵的批判精神与反省品格的充分凸显，因而也是以哲学的方式履行其使命的最恰切方式。

哲学的“划界”和“越界”工作方式表明，哲学不再是一种从某种永恒标准出发的超历史的“先验审判”，而成为一种真正的历史性的活动。这是因为，正如上述分析所表明的那样，“划界”和“越界”所针对的都是在具体历史条件下遮蔽和扭曲精神、思想和生活具体性与丰富性的抽象力量。这种抽象力量在不同历史条件下呈现出不同的表现形态和特质，就要求哲学的“划界”和“越界”工作必须在特定的历史语境中获得其具体的内容与主题，并因此是一项必须在人的思想、认识和人的现实生活的发展进程中不断重新开始的历史性任务。这即是说，人们的思想和生活总会不断地需要和呼吁哲学发挥其“划界”和“越界”功能，也正因如此，哲学才成为一种永远不会终结的、与人思想和生活相伴始终的活动。

通过上述讨论，我们可以看出，当哲学把“划界”和“越界”作为自己的工作方式时，哲学真正放弃了“主人”的姿态，而把服务于人的思想的尊严和生活的幸福作为自己的本分。一方面，哲学真正领悟到了以往以高高在上的“积极姿态”充当“幸福生活主宰”的欲望在根本是“无知无畏”的“僭越”，它不仅不能推动人的福祉，反而会由于对人自由思想和生活的强制性控制而带来严重的后果。另一方面，放弃成为“幸福生活的主宰”，并不表明哲学的自我放逐和自暴自弃，相反，它使哲学找到了真正属于自己的位置，那就是把自身置于现实生活的基础上，把“防御”独断和抽象力量对自由生活的扭曲和破坏作为自己的使命，哲学由此成为捍卫自由的思想和创造性生活的“仆人”。哲学不再贪图成为“唯我独尊”的“女王”，而是努力成为推动人的思想自由创造和生活幸福的一种朴素而真实的力量，这是哲学的重大觉醒，也是哲学兑现它为人类服务诺言的基本前提。

（原载于《吉林大学社会科学学报》2012 年第 4 期）

“奥斯维辛”与现代哲学

——考察现代哲学转向的一个重要参照系

究竟如何把握现代哲学的基本理论精神及其相对于传统哲学的理论转向，这是当前哲学界十分关注的重大课题，对此人们已经从多个角度和层面进行了阐发。在笔者看来，考察现代哲学转向，有一个极为重要的参考系是绝不可以忽略的，那就是“奥斯维辛”。对于现代哲学来说，“奥斯维辛”决不仅是一个“历史事件”，更重要的它是现代人类灵魂深处一个重大的“精神事件”，它迫使哲学去重新理解人性，重新理解现代性和现代社会，重新理解自身在现代社会的位置和使命，并因而使哲学在精神气质、思想内容、理论姿态等诸方面都发生了重大转折。可以毫不过分地说，“奥斯维辛”是一道分水岭，“奥斯维辛”之后，哲学中一系列最为重大和根本问题的理论根基和奠基原则发生了根本的变化。

一　“奥斯维辛”与“形而上学的终结”

拒斥“形而上学”、“形而上学的终结”，这是20世纪以来哲学最为响亮的口号之一，“后形而上学”被视为现代哲学最重大的主题，它标志着与传统哲学的决裂。① 那么，“形而上学”为什么必然走向终结？究竟应在何种意义上理解和把握“形而上学的终结”？学者们执着于各自不同的思想传统和理论视野，对此进行着无休止的争论。在我看来，“后形而上学”的合法性与其说是纯粹理论性的，不如说是“生存实践性”的，

---

① ［德］哈贝马斯：《后形而上学思想》，曹卫东、付德根译，译林出版社2001年版，第6页。

要真正理解“后形而上学”的深层根据，必须跳出单纯理论话语的圈子，看到形而上学的理论命运与人的生存命运之间的内在关联。我认为，传统形而上学在20世纪以来的命运，实质是由这样一个根本问题所决定的：“形而上学”究竟如何直面“奥斯维辛”？“奥斯维辛”之后，“形而上学”能否以及何以自存？正是在对这一问题的回应中，“形而上学的终结”和“后形而上学思想”获得了其真实的意义。

形而上学是西方传统哲学的核心，在其漫长的演变过程中生成了许多各具特色的理论形态，但同作为形而上学，它们呈现出一些最为根本的“家族相似”的特征，而在这些特征中，对“同一性”的追求或者说“同一性思想”构成了形而上学的核心。

众所周知，“存在论”是传统形而上学的基本内容。“存在论”要追问诸“存在者”得以“存在”的根据和理由，在传统形而上学看来，所谓“存在”，就是人以一种知性的概念的方式所把握到的超时空、超感性的自因“实体”，这种“实体”存在于事物现象“后面”并支配着万事万物，构成了整个世界的最高统一性。形而上学的任务就在于排除偶然、外在现象的纷扰，深入“事物后面”，进行“纵向的超越”，去把握这超感性的、本真的“存在”。在它看来，这一超感性的“存在”是绝对的、自在自因的、超时空和永恒在场的，感性现象变幻无常，但超感性的本质实体却永恒常在，就像海德格尔所说的：“‘实体’的存在特征描画出来就是：无所需求。完全不需要其它存在者而存在的东西就在本真的意义上满足了实体观念。”① 很清楚，这一实体世界超越了感性现象界的杂多和差异，它绝对同一，能统摄一切“差异”于“同一”中，统摄将来与过去于现在的永恒中，它是“一元性”、普遍性的“绝对统一体”。这一点决定了在形而上学中，“一”和“多”构成了一对最为基本的逻辑关系，“一既是原理和本质，也是原则和本源。从论证和发生意义上讲，多源于一；由于这个本源，多表现为一种整饬有序的多样性”。②

就此而言，可以说，形而上学实质上就是“同一性思想”，寻求、论

① ［德］海德格尔：《存在与时间》，陈嘉映、王庆节译，生活·读书·新知三联书店1987年版，第114页。

② ［德］哈贝马斯：《后形而上学思想》，曹卫东、付德根译，译林出版社2001年版，第29页。

证和捍卫这种"同一性",构成了形而上学的最高使命,亚里士多德、斯宾诺莎、黑格尔等形而上学大家都把其精心思辨设计而成的"同一性"本体称为"神",这最典型地表明了"同一性"思想对于传统形而上学中的核心价值。

20世纪以来,分析哲学、现象学、西方马克思主义哲学、后现代主义哲学等纷纷登场,对传统形而上学及其同一性思想的理论缺陷进行了多方面的反省和批判。然而,与它们相比,"奥斯维辛"的批判是最具判决性和毁灭性的,它给人类提出的是这样一个无法回避的、必须作出选择的终极性问题:或者选择死亡,或者抛弃"同一性"思想。

这是因为,"奥斯维辛"以一种最典型的方式凸显了形而上学及其"同一性"思维的理论底蕴和实践效应:"奥斯维辛集中营证实纯粹同一性的哲学原理就是死亡。"① 传统形而上学的"同一性"思想完全建立在对"个体性"和"差异性"否定和抹杀的基础上,这种对个体性的否定和抹杀,在黑格尔那里使个人成为可以任冰冷的历史理性的车轮无情碾碎的小草,在希特勒那里则成为实现种族存在的"高贵同一性"而"干掉"大量"非同一"的无足轻重的"存在者":"种族灭绝是绝对的一体化。不管在哪里,只要人们被毁灭——或用德国军队的说法,'被干掉'——直到他们被当作与他们完全无用的概念的偏差而真正灭绝掉,运用的就是这种方式。……集中营里的施虐狂们对他们的牺牲品预言:'明天你们将化为烟雾从这个烟囱里升上天空。'这种预言表明了历史所趋向的对每一个人的生命的冷漠。个人即使在他的形式上的自由中也像在清算者的脚下一样,是可互换的和可替代的。"② 在此意义上,形而上学和同一性思维的胜利,便是个人以一种"合理的"方式被清除和消灭,形而上学和同一性思维的凯旋,便是个体生命化为奥斯维辛焚烧炉里的缕缕青烟。

与上紧密关联,"奥斯维辛"确证了传统形而上学和"同一性思想"所固有的精神品性,那就是对感性的现实生活的轻蔑和漠视。它痴迷于对可见世界背后高了还要再高的超感性的本质世界的建构,这是一个水晶宫般的绝对纯净的世界,一个毫无瑕疵的绝对完美世界,因此,它对现实世

① [德] 阿多尔诺:《否定的辩证法》,张峰译,重庆出版社1993年版,第362页。

② 同上书,第362—363页。

界的苦难是无动于衷的，对感性生命的需要和欲求是蔑视和冷漠的。也就是说，传统形而上学和“同一性思想”的“崇高”是建立在贬斥和压制“凡俗”生命的基础上的，奥斯维辛则标志着这种“贬斥”和“压制”达到了极致。奥斯维辛的屠杀对于形而上学和同一性思维来说是没有重量的，死难者的眼泪和痛苦对于形而上学和同一性思维来说是不可能引起任何回音的。在这个多灾多难的世界上，我们需要爱和被爱，需要现实的关怀和慰藉，然而，传统形而上学和同一性思维除了强制性地、一厢情愿地要求现实世界交出一个虚妄的乌托邦之外，不能提供任何东西。

可见，传统形而上学和“同一性思维”代表着一种高高在上的独断话语，表达着一种绝不宽容的权力意志。“以理杀人”和个体生命价值灰飞烟灭的结局，在这种专断话语和权力意志中已深埋祸根，“奥斯维辛”确证了传统形而上学和“同一性思维”的毁灭性后果，这既是传统形而上学同一性思想的胜利，——因为在此它发挥出了其极致的灾难性力量，同时也是其彻底的失败和终结，——如果现代人能洞察灾难的思想根源并自求超越的话。

毫无疑问，没有人会愿意选择死亡，没有人会愿意重复奥斯维辛的灾难，因此也就没有人会留恋形而上学和同一性思维。正是在这里，注定了传统形而上学和同一性思想的命运，那就是它必须走向终结，必须被一种新的“后形而上学思想”取而代之。我认为，只有这样把传统形而上学与“奥斯维辛”联系在一起时，才真正触及了形而上学的深层痼疾，才真正捕捉到“形而上学的终结”的最根本、最重要的意蕴和根据。

二 “奥斯维辛”与“道德合法性基础”的危机和重建

在现代哲学中，尼采等人要求“重估一切价值”、麦金太尔等人疾呼“现代性道德论证的失败”、利奥塔德等人鼓吹“后现代道德”，等等，对现代道德合理性基础深层危机的反思成为现代哲学的一个重大课题。然而，与他们相比，“奥斯维辛”的挑战是最具判决性和最不容反驳的，如果说那些哲学家尚且是用纸和笔作为工具，那么奥斯维辛则是以人的生命作为代价，向人们揭示了现代性道德的内在缺陷，证明了道德合理性基础的深层危机。可以说，奥斯维辛为整个现代性道德设计提供了一把检测自己的尺度，它所提出的质问是："现代性道德"究竟是"道德"的，还是在某种意义上是"反道德"的？面对这一质问，现代性道德设计暴露出了其根本性的理论硬伤。

按照马克斯·韦伯等现代社会理论家的观点，现代社会之区别于传统社会，是以"理性化"作为标志的，它意指一种将特定需要、为达成特定需要采取的可能手段、这种手段可能产生的结果等都一一纳入考虑和计算的态度，在它的视野里所存在的只是作为"原材料"或"工具"的"物"和"事实"，它对任何事物唯一的价值标准就是"效率"，任何社会政治、经济的过程，其制度与组织及理智的创造等的"好"还是"坏"，终极的判断标准在于擅理智的功利性和效率性。[①]

工具理性的统治，把现代人的公共生活笼罩在工具主义和实用主义的魔力之下，它要求人们排除私人性，"排除爱、恨和各种纯个人的感情，尤其是那些不合理的、难以预测的感情"，[②] 它重视的是通过"规则"来调节人们的实际利益，而不关心如人生在世究竟如何生活、什么样的生活是"好"的生活等终极价值和意义问题，不但不关心，而且还坚持，社会没有权力来为个人规定生命价值和世界意义的理解，否则，就将被认为既是对个人自由的威胁，又是对社会公正的损害。与此相关，道德、价值、信念、目的等由于不具有工具性意义因而被视为"非理性"的，应该从公共领域驱逐出去，其存在之所只能是生命个体自由选择的私人领域，价值是主体赋予的，价值的正当性和权威性基础是个体的良知，如何理解道德价值、根据何种道德信念来实践，这完全属于私人的由个人自己来负责的自我选择的事情，在此领域个人拥有完全的"治权"；没有任何外在权威为个体提供先定的道德知识，也没有任何外在的力量来干涉个体对人生价值和道德意义的阐释和决断，个人是价值和道德信念的唯一合法权威。

这就是统治着现代道德的"价值个体主义"和"道德情感主义"。据此，一个人接受这种道德价值而拒斥另一种道德价值，最后的根据和权威

---

① 参见［美］艾恺《世界范围内的反现代化思潮》，贵州人民出版社 1991 年版，第 5 页。

② 转引自［美］科瑟《社会学思想名家》，石人译，中国社会科学出版社 1990 年版，第 253 页。

完全是他自身，在这里，“所有的评价性判断，尤其是所有的道德判断，就其在本性上，它们是道德的或是评价性的而言，都不过是爱好、态度或情感的表达”，“人们把价值赋予各种事物的种种理由，归根结底（虽然未必是直接地）总是任意定的，非理性的”，[①] 道德评价和判断已全然失去统一性，道德信念陷入了无休止的分歧和争斗，人们坚执自己选定的道德信念和道德判断，必然就会排斥其他人的道德信念和道德判断，这里有“不同的神在无休止地相互争斗……那些古老的神，魔力已逝，于是以非人格力量的形式，又从坟墓中站了起来，既对我们的生活施威，同时他们之间也再度陷入无休止的争斗之中”。[②] 于是，在现代社会，“道德言词最突出的特征是如此多地用来表述分歧，而表达分歧的争论的最显著特征是其无终止性”。[③]

“价值个体主义”与“道德情感主义”把道德仅局限于个人的“私人领域”，在“公共领域”严守“价值中立”的教条，这就意味着，在广泛的社会生活领域采取道德冷漠的态度是完全合法的，只要符合工具理性的需要，“公共领域”的一切行为都可以不受道德约束和控制，人们无须为之承担任何真正的道德责任，这就为社会生活中放弃一切道德责任的恶行提供了合法的借口和打开了方便之门。舍勒曾十分深刻地指出，“在近代个人主义及其紧密地依附于它的专制国家、民族主义和自由竞争经济的发展过程中……已丢失了责任共负这一崇高原则，而且是在其理性根子上逐渐丢失了这一原则；我认为，这是近代伦理道德的一个根本缺陷”[④]。

奥斯维辛惨剧以一种最为鲜明和典型的方式确证了现代伦理道德的这一根本缺陷。当纳粹党徒在现代官僚机器的指示下，按照理性化的操作程序，运用先进的机械技术，把犹太人投入焚烧炉的时候，根据道德价值属于私人领域而与公共领域无关的现代性道德设定，“没有任何东西可

① ［美］宾克莱：《理想的冲突》，马元德译，商务印书馆 1983 年版，第 10 页。

② ［德］韦伯：《学术与政治》，冯克利译，生活·读书·新知三联书店 1998 年版，第 40—41 页。

③ ［美］麦金太尔：《德性之后》，龚群等译，中国社会科学出版社 1995 年版，第 9 页。

④ ［德］舍勒：《爱的秩序》，林克等译，生活·读书·新知三联书店 1995 年版，第 103 页。

以将'社会工程'采取的大屠杀式的手段视为不适当，或者将在它们作用下的行动视为非理性而加以摈弃",[1] 它致使大屠杀"行为没有了内在的道德价值。……道德评价外在于行动本身，不是由引导和塑造行动自身的那些标准来作出裁定的",[2] 因此，"大屠杀在技术和管理上的成功要部分地归功于娴熟地运用了现代官僚体系和现代技术所提供的'道德催眠药'"。[3]

奥斯维辛大屠杀的重要执行者艾希曼在耶路撒冷的审判中，面对一片愤怒的谴责，他的辩解是：我不过是执行上级的命令，执行命令乃军人的天职，我何错之有？人们可以对艾希曼的辩解齐声声讨，然而，如果按照现代性道德的基本原则，他的话却又是不无根据的，可以说，他的辩解以一种特殊的方式表达了现代性道德的深层困境。艾希曼是现代官僚机器的一个零件，而这一官僚机器完全遵循着工具理性的效率原则，它是"道德中立"或"道德无涉"的，艾希曼按照官僚机器的指令行事，最忠实地体现了效率原则，因而他同样是"道德无涉"的。

因此，奥斯维辛的根本责任与其在于某个偶然的个人，不如说在于现代性道德范式所蕴含的内在缺陷。离开这一点，现代人就不可能认清奥斯维辛，更谈不上超越奥斯维辛。

正是在此意义上，我们认为，奥斯维辛构成了人们反省和重建道德合理性基础的一个最深刻的原动力，也构成了理解现代道德哲学理论和道德实践的一个最坚实的标尺。只有以此为标尺和参照系，我们才有可能理解约纳斯、阿伦特等人关于"责任伦理"、"集体责任"的吁求，才能领会麦金太尔、桑德尔、泰勒等"社群主义"者们的古道热肠，才能读懂利奥塔德、福柯、德里达等人在"解构"、"否定"姿态后面所蕴含的一片苦心。

三 "奥斯维辛"与"社会统一性基础"的反思和寻求

"政治哲学"的兴起是现代哲学一个十分重要的理论现象，在这一理

① ［英］鲍曼：《现代性与大屠杀》，杨渝东、史建华译，译林出版社2002年版，第24页。

② 同上书，第25页。

③ 同上书，第36页。

论现象的背后有着多方面的理论和现实背景。但其中，“奥斯维辛”无疑是一个直接的思想刺激因素。它提出的根本问题是：如何建立一种有效的社会制度的安排，来避免奥斯维辛之类的惨剧重演？如何在现代社会政治、道德和宗教话语多元并存、相互争斗的情势下，寻求一种“公共理性”，来包容多元话语，并使社会的统一性基础成为可能？

现代社会是一个“祛魅”的世界，世界的“祛魅”意味着前现代社会那种“唯一必然之神”的消失，“价值的多神化”变得不可避免。“价值的多神化”必然导致“价值的争斗”，人们坚执自己选定的价值信念，必然就会排斥其他人的价值信念，你“侍奉这个神，如果你决定赞成这一立场，你必得罪所有其他的神”，这里有“不同的神在无休止地相互争斗……那些古老的神，魔力已逝，于是以非人格力量的形式，又从坟墓中站了起来，既对我们的生活施威，同时他们之间也再度陷入无休止的争斗之中”。①

这就意味着，现代社会必然是一个多种多样的社会、政治、道德和宗教学说和思想体系同时并存的社会，这些思想体系和理论学说都拥有着争夺自己接受者和拥护者的“自由”（罗尔斯称之为“理性多元论事实”②）。哈耶克说过：“每一种社会秩序都依赖于某一种思想体系”，因此，在多元化的“思想体系”后面蕴含着的是多元化的“社会秩序”，每一种思想体系实质都在为一种社会秩序提供辩护和论证。

“价值的多神化”并不可怕，可怕的是“思想体系”及其所代表的“社会秩序”不能彼此宽容。每一种思想体系都是“异质的”，如果它们的每一种都以“绝对真理”自居，企图占据“话语霸权”并进而在现实社会中谋求唯我独尊的地位，那么，它必然会排斥其他思想体系，并把遏制和清除其他思想体系视为理所当然，于是，“思想体系”之间、“思想体系”的“拥护者”之间的无休止的“你死我活”的争斗便变得不可避免。由此所导致的后果就是“社会统一性”的危机：整个社会成为一个

① ［德］韦伯：《学术与政治》，冯克利译，生活·读书·新知三联书店1998年版，第40—41页。

② ［美］罗尔斯：《政治自由主义》，万俊人译，译林出版社2000年版，第3页。

由各种野心勃勃、相互竞争的学说和代表它们的拥护者们组成的竞技场，维系整个社会，使之成为一个“统一体”的“公共理性”和“社会共识”消失了，社会分裂成为现实的威胁，社会的“稳定性”面临严峻的挑战。

与上述紧密相关，在传统社会的“唯一必然之神”消失，“价值多神化”成为现实的情况下，现代人在心理上会面临着一个根本性的抉择，或者接受“价值多神化”的命运，然后在诸神中选择属于自己的“神”，或者“逃避自由”，去寻求甚至人为地制造某种偶像，然后跪倒在这一偶像面前，以获得心灵的皈依和平静。前者要求现代人具有自我承当的决心和勇气，需要现代人自觉地确立起“责任伦理”；而后者则是以放弃责任和人格，甘愿屈从于某种外在的权威为特征的（弗洛姆称之为“权威型人格）。弗洛姆、赖希等人曾做过深刻的分析，即在现代社会，“权威型人格”构成对社会统一性和稳定性的又一个重大威胁，它为现代极权主义的产生提供了重要的心理基础。

“奥斯维辛”以一种极端的形式体现了这种“社会统一性”的危机。有学者已指出，希特勒的特殊之处在于其行为背后起着支配作用的乃是一种特殊的宗教，即“拯救式的反犹主义”，希特勒的行为“生自对种族低劣化的恐惧，生自对拯救的宗教信仰”。① 希特勒把自己的“宗教”视为唯一的拯救之途，并因此把其他一切“思想体系”及其接受和信奉者视为必须彻底清洗的对象。正是抱着这种特殊的排他性的、绝对一元性的宗教，希特勒利用强大的国家机器，专心地实行了对一个民族的灭绝行动。与此相辅相成的是，在“价值多神化”的处境中，许多德国人选择了“逃避自由”，他们把希特勒视为“祛魅世界”的先知，视为拯救德国和世界的救星来崇拜。这二者的内在结合，把整个社会拖入了空前野蛮的状态，整个世界于是陷入了混乱和无序，社会的稳定性和统一性被彻底破坏了。

“价值的多神化”，这是现代社会区别于传统社会的特质。必须肯定，相对前现代社会个人受制于高高在上的绝对权威，“价值的多神化”是对个人的一次重大解放，它为个人带来了前所未有的自由空间。现代社会的

---

① 转引自［美］罗尔斯《万民法》，张晓辉等译，吉林人民出版社 2001 年版，第 22 页。

这一积极成果无疑应该予以保留，但是要维持现代社会的统一性与稳定性，又必须确立“多”中之“一”，寻求到一种能把整个社会“黏合”在一起的公共性纽带。这种公共性纽带不能建立在抹杀“多样性”的基础上，它必须既能包容多样性，同时又能超出多样性并把多样性有机地联系在一起。

那么，这种公共性纽带是什么呢？许多现代哲学家指出，这种公共性纽带不能是实质性的，不能建立在某种“完备性学说”的基础上，而只能是形式性、程序性和制度性的。实质性、建立在完备性学说基础上的“纽带”不可能具有“公共性”，它总是个别的、带着自己倾向性的，它不可避免地具有片面性、狭隘性和排他性，因而不可能包容和允许多样性和丰富性的存在。只有制度性、程序性的设计，才能够既具有公共性，同时又能包容异质性和多样性。正是出于这种考虑，罗尔斯明确提出了“正义优先于善”的主张，一种“正义”的社会和政治制度，为分化的现代社会提供着“公共理性”和“重叠共识”，保证着现代社会的长治久安。① 在正义的政治制度和社会框架内，一方面，异质性政治、道德和宗教学说及其所代表的社会秩序设计将各自保持其个性和差异性；另一方面，其中任何一种学说及其代表的社会秩序设计都不能超越正义原则设定的边界，成为无限膨胀、压制他者的独断力量。于是，在正义程序的规范之下，现代社会将既保留了“价值多神化”的积极成果，又避免了“诸神争斗”所可能带来的离心和无政府倾向。

无疑，罗尔斯等人把“政治正义”作为现代社会的统一性基础，以之来保障现代社会的稳定性，这其中包含着难以掩饰的“西方中心主义”色彩。但是，它们的理论努力体现了现代哲学的一个重要主题和使命，那就是寻求和确立一种维持现代社会良好秩序、避免“奥斯维辛”之类惨剧重演的“公共理性”。“奥斯维辛”之后，一种哲学要在当今之世获得存在的合法性，对此已不可能无动于衷。

---

① 参见［美］罗尔斯《政治自由主义》，万俊人译，译林出版社 2000 年版，导论。

四 “奥斯维辛”之后的哲学：从“终极知识”到“生存智慧”

如上三个方面，实质上已从不同的角度和层面提示着对这一问题的阐释和回答，那就是：奥斯维辛之后，哲学的言说方式和存在方式必须发生重大变化。

在漫长的历史过程中，哲学始终把捕获绝对的、无条件的终极知识和最高本体作为自己的最高使命，而概念逻辑则被视为通达这种终极知识和最高本体的根本途径和不二法门，以概念的方式来把握终极存在，获得关于世界的终极解释，建立起关于整个世界的客观知识体系，被视为哲学的最高目标。哲学的任务就在于提供一种大全性、永恒性的特殊知识，这种特殊知识能为人的现实生活和一切具体知识提供最后的基础和最高的尺度，凭此人们即可脚踏根基，找到可资依赖的最后权威和依靠。

“知识就是权力（power）”，哲学试图捕获绝对的、无条件的终极知识，在深层所潜藏着的是对一种至高无上、以一驭万、唯我独尊的话语权力的隐秘渴望。[①] 任何话语权力都是建立在“我”与“他”、“主”与“客”二元对立的思维模式基础上的，它企图控制对象、统治存在、掌握他者，因而它要求建立的实质是一种等级关系而非平等的交往关系。在漫长的历史发展中，哲学醉心于这种话语权力，沉溺于这种“我与他”、“主与客”式的二元等级关系，企图用概念逻辑之网来捕捉整个世界，海德格尔把长期统治着哲学的这种思维方式概括为“控制论”的思维方式，可谓十分恰切。但奥斯维辛彻底地宣告了这种哲学的终结，它以无数生命为代价，向哲学提出了这样的迫切要求：必须改变以“我与他”、“主与客”的等级模式为根据的控制论式的思维方式，并提供人类在奥斯维辛之后在这个星球继续生活下去的生存智慧。

这意味着，哲学的言说方式和存在姿态必须发生重大改变。哲学不应再汲汲于对“超级学科”和话语权力的追求，恰恰相反，它应该成为自觉抵制话语权力、拒斥文化霸权的否定和超越性力量。在前面的讨论中我

① 对此，尼采、福柯等哲学家已做了十分深刻和精彩的分析。

们已经指出，在种种历史悲剧的背后，几乎都可以看到作为权力话语而存在的哲学的身影，奥斯维辛惨剧的深层根源，是与企图占据权力中心的“同一性”哲学话语密切联系在一起的，奥斯维辛以一种极致的方式凸显出了哲学“控制论”思维方式灾难性的实践后果。要想避免奥斯维辛之类的悲剧，哲学就必须放弃成为话语霸权的野心，抛弃唯我独尊的狂妄，它应该学会承认并习惯于接受这一点：自己的真实位置不在“中心”，而是在“边缘”，不是“现存世界”的“在场”者，而是“生活在远方”的“不在场”者。不仅如此，它还应该成为现存世界中一切权力话语积极的解构者和否定者，运用反思批判力量，发现和揭示权力话语的裂缝和界限，扫除无论理论还是现实生活中的“形而上学的幽灵”，为新的生活可能性寻找空间，是哲学所应自觉采取的思想姿态。相对于从前哲学唯我独尊的理论抱负，这种思想姿态似乎是哲学地位的一种“自我降低”，然而，哲学的这种“自我贬抑”，其目的恰恰是肯定生活的多样性和创生力，肯定未来的开放性和生成性，肯定思想的丰富性和创造性。在此意义上，哲学的“否定”姿态，其根本旨趣恰恰在于“肯定”思想、生活和未来，在于保护人类从此永远避开奥斯维辛式悲剧的重演。

与此相关，哲学的理论主题和思想旨趣也必须发生根本的改变，即从追求世界的终极“本体”转向追求人与社会的自我理解，从追求“绝对知识”转向追求“生存智慧”，因此，“实践哲学”将取代“理论哲学”，成为“奥斯维辛”之后的第一哲学。绝对知识和终极本体是“不朽”的，通过对它们的占有，哲学也因此而进入不朽，这是哲学长期以来沉溺其中的梦想。然而，奥斯维辛无情地击碎了这一水晶宫里的酣梦，它发出的当头棒喝是：当“有限”的生命在焚尸炉里一瞬间灰飞烟灭时，哲学的“不朽”何以可能、其根基何在？当人们连最基本的生存权力都无法保证的时候，哲学的“不朽”大梦如何能做得安稳？当人与人共处一个世界却彼此不共戴天、以死相搏时，哲学的“不朽”梦幻有何真实的价值？很清楚，面对“奥斯维辛”，哲学如果还想有所作为，就必须从这“不朽”的迷梦中走出来，直面一个最为基本的课题，即：人类究竟应该怎样共同生存于世、究竟应该怎样在这个世界上共同存在和生活下去？人们之间应如何彼此相处，从而让每个人都能幸福地度过有限而必有一死的人生？正是对这一问题的回答，规定了哲学必须放弃对“绝对知识”的追求，并以一种反思批判的方式，来不断深入理解人在这一世界的真实地位，寻求人与人、人与自然、人与自身的“相与之道”，哲学因此不再是“本体之学”而成为“生存智慧之学”，不再首先是“知识论”而首先成为了“实践哲学”，前文所讨论的“道德合理性基础的重建”和“社会统一性基础的寻求”等重大课题，即构成这种“实践哲学”的核心内容。

只有理解了这一点，才有可能理解20世纪中后期以来的许多重要的哲学运动，才能理解整个现当代哲学的真实基础。雅斯贝尔斯、萨特、伽达默尔、阿多尔诺、哈贝马斯、福柯、德里达、罗尔斯、利奥塔……这些20世纪以来最重要的哲学家在谈及自己哲学生涯的时候，都无不承认或强调“奥斯维辛”对于其思想形成和发展所产生的巨大刺激作用和根本性影响，伽达默尔把自己的解释学称为“作为实践哲学的解释学”，强调“团结是决定性条件和全部社会理性的基础”，[①] 马丁·布伯呼吁彻底超越“我”、“他”对峙的思维方式和人生态度而代之以“我”与“你”彼此倾听和应答的思维方式和人生态度，哈贝马斯要求以“商谈伦理”和“交往理性”取代“策略伦理”和“工具理性”，勒维纳斯对“为他人”思想的着力阐发、后现代主义以一种激进甚至偏执的姿态所表现出来的对“权力话语”、对以各种名目出现的“中心主义”和“整体主义”的解构和拒斥，等等，在所有这些之后，都隐含着对“奥斯维辛”的内在关怀和深层回应。正是在此意义上，我们才说，“奥斯维辛”是20世纪以来人类一个带有转折意义的内在“精神事件”，它改变了现代人的思想方式和生存方式，从而也必然改变哲学的言说方式和存在方式。

（原载于《天津社会科学》2004年第1期）

① ［德］伽达默尔：《科学时代的理性》，薛华等译，国际文化出版公司1988年版，第76页。

第二编

哲学的合理存在方式与当代哲学的重大课题

超越“一”与“多”关系的难局

——一种实践哲学的解决方案

在困扰着哲学家的诸多问题中，“一”与“多”的关系无疑具有中心性的地位。长期以来，围绕着如何理解和解决“一”与“多”的关系，哲学家提出并设计了各种解决方案，并使得这一问题成为哲学探究的重大主题。尤其值得关注的是，围绕着“一”与“多”的关系，形成了哲学中的一个“问题家族”或“问题域”，实体与属性、普遍性与特殊性、同一性与差异性、同质性与异质性、一元与多元、本质与现象、中心与边缘、理与事等一系列哲学中带有根本性的矛盾关系均与之同根同生，它们贯穿于哲学发展史，至今仍然是让哲学家苦恼不已的永恒而常新的重大问题。如何以一种合理的方式理解和解决这一问题，对于推动哲学的进一步发展具有特殊的意义。

一 “以一驭万”与“以多解一”的死结：困扰哲学发展的重大课题

究竟如何理解并解决“一”与“多”的关系？纵观哲学发展史，人们可以发现两种最具代表性的思路：一种是试图以“一”涵盖和统率“多”，这可以称为“以一驭万”的思想模式；另一种则与之相反，它要拯救被“一”所压制的“多”，以“多”化解“一”的专制，这可以称为“以多解一”的思想模式。无论是在哲学史上，还是在今天的诸多重大理论论争中，这两种理论模式交替出现，相互对峙，形成难以克服和超越的两极对立难局。

“以一驭万”的思想模式根源于追求和获取终极确定性的欲望纵及野

心。面对异质性、多样性的现象世界，人们感受到“众声喧哗”的不确定性，感受到“无秩序”的“离乱”，感受到“无物常驻”的“幻灭”。如何克服这种不确定性、离乱与幻灭？最根本的途径是“发现”支配、统率和规定异质性和多样性的同一性的终极原理，以之为根基，即可获得理解和把握整个世界的“阿基米德点”，依靠这一“不可动摇”的支点，将一劳永逸地克服不确定性的威胁，抵达最为圆满和超越的境域。

传统形而上学即是这种“以一驭万”的思想模式的典范，把万物追溯到“一”，以“一”控制“多”，是传统形而上学的根本主题与使命。亚里士多德把形而上学视为“第一哲学”，把“存在”视为“第一哲学”的核心问题，而“存在”构成了一切“存在者”的终极原理与原因，破解了“存在”之谜，也就等于获得了对多样性世界的终极解释。

亚里士多德对“第一哲学”的这种设定，在哲学的漫长发展过程中，奠定了哲学最典型的自我理解。无论是把“一”把握为至善理念、第一推动者、绝对精神等的神本形而上学，还是把握为先验自我、我思等的主体形而上学，都是通过对某种同一性的实体的悬设，实现对多样性和异质性的现象世界的支配与掌控。

“以一驭万”的“一”既是知识之“一”，也是价值之“一”，同时还是人性与社会历史之“一”。在知识层面，形而上学关于“存在”的知识是掌握着其他一切具体知识的最高知识；在价值层面，形而上学对“存在”的设定中蕴含着对圆满生命的终极信念；在人性与社会历史层面，形而上学的终极存在规定了人的本质和生存意义与社会历史运动的“根本大法”。因此，传统形而上学的“以一驭万”就是要奠定和颁布知识、价值、人性和社会历史的“宪法”，确立自身对于它们的不容置疑的终极“立法权”。

“以一驭万”的思想模式遭到的最根本的挑战在于：“第一哲学”所设定的终极支点自身的合法性何以能够证成？“一”与“多”究竟何者更具有真实性？无法被“一”所涵盖和包容的异质性和多样性的存在空间是否有其不能被抹杀的存在价值？“以多解一”的思想模式把哲学和思想的深刻危机归咎于“以一驭万”思想模式的专制性和独断性，并把消解形而上学实体的一元统治，拯救和恢复异质性与多样性不可消解的存在，作为自身自觉的任务。

在哲学史上，“以多解一”的思想模式与“以一驭万”的思想模式如同“欢喜冤家”，始终相伴相随，对形而上学一元化的、总体性的抽象实体的消解，与“以一驭万”的欲望构成如影随形的“伴侣”。当苏格拉底苦思事物同一性的“普遍定义”时，智者学派则要拆解同一性的普遍尺度，为认识和事物的流变性和异质性进行“巧言令色”的辩护；当中世纪神学家为上帝神圣的“永恒在场性”进行论证时，一些唯名论者却在为不能还原为共相的个体进行辩护；当启蒙思想家把普遍的理性视为主宰世界的不二法则并满怀以理性征服世界的信念时，浪漫主义却在为跳出理性的抽象铁笼，呈现人的心灵世界、历史文化和自然气象万千的多样性而不懈努力。这一点在现当代哲学中得到了最为充分的表现。在消解传统形而上学的旗帜下，对异质性和多样性的捍卫，成为众多哲学流派的共同思想旨趣。他们或者拒斥对思想和知识的一元化理解，通过语言游戏的多样性与丰富性彰显思想和知识的差异性与异质性；他们或者拒斥对于生活意义和人生价值的单极化理解，基于不同价值和不同生活方式的相互冲突和多元化，为每个人的多样化的自由选择创造空间；他们或者拒斥对生活世界和历史运动的一元决定论理解，基于生活世界的开放性和历史运动的多向性，抗议生活世界与历史的同质化……所有这些哲学流派虽然理论背景与立论基础各不相同，但却有共同的旨趣，那就是拯救被同一性压制的多元性，为异质性和差异性的荣誉正名。

“以一驭万”和“以多解一”这两种思想模式在哲学发展过程中相互交替，形成了一个似乎永无止境的纠纷战场。在其中一种力量兴起的同时，已然内在地孕育着另一种力量，二者的相互对峙以及这种对峙的恶性循环，俨然成为哲学思想发展史上一个极为重要的现象。这一现象的引人关注之处在于，双方中的任何一方都有其固有之理和存在根据，却又永远无法说服和战胜对方。

“以一驭万”的思想模式的合理性在于它深刻地表达了人们不满足于有限的现存状态，在有限中不懈寻求无限的超越意识。思想史家已经指出，传统形而上学对同一性的追求源于原始神话思维。如果说原始神话以一种非逻辑的方式表达对超越性世界的寻求，那么传统形而上学则试图以理性逻辑的方式否定有限世界的界限并表达对理想世界的憧憬。正如有学者所指出的那样，它内在地蕴含着把人的自我否定和自我超越的生存论冲动以语言或逻辑的方式固定下来的深层意向。[①] 不可否认，这种超越意识体现了人的生命区别于动物的独特本性，凝聚了哲学最为宝贵的批判精神与人的生命最动人心魄的自由追求。

“以多解一”的思想模式的合理性则在于它敏锐地揭示了“以一驭万”思想模式的深层困境。这一困境首先在于，“一”如何能够“驾驭”、“一切”？也就是说，如何从“一”合理地论证和说明充满差异性、异质性且不断处于流变和运动之中的无数个体性存在？无论是柏拉图、亚里士多德，还是中世纪的神学家、近代以来的理性主义哲学家，都面对此问题绞尽脑汁，却始终难以令人信服地解决这一根本性的疑难。而不能在理论上合理地回答问题，传统形而上学对“一”的捍卫就成为一种非理性的迷信和幻觉。与此困境内在相关的是，传统形而上学把一切多样性和异质性追溯和归结为“一”，并因此把前者视为“一”的现象或“外化”，这就产生了如下问题：这种多样性和异质性彻底从属和服从于同一性的关系是否合理？这种从属和服从关系意味着一种不平等的等级格局，多样性和异质性的被支配和被控制地位是否公平？尽管传统形而上学对同一性实体的追求蕴含着超越有限的自由精神，然而，对多样性和异质性的压制和排斥不正使人与世界失去了现实的自由而陷入了抽象的同一性统治的黑洞和深渊吗？当哲学把“以一驭万”作为自身的最高使命并因此把自身确立为“为天地立心、为生民立命、为万世开太平”的“第一哲学”时，哲学因此而成为“唯我独尊”的“超级学科”，哲学家也因此而成为手握“以一驭万”的真理特权的“神人”，哲学和哲学家的独断如何避免“专横”和“野蛮”的指控？尤其是当这种“以一驭万”的真理欲在现实中付诸实践，不仅要解释世界，而且要理论与实践相统一，以真理之名来改造世界的时候，现实生活中异质性和多样性的存在将何以自处？为了“圆满和谐”的统一性，消灭一切不和谐、矛盾和冲突的异质性，以一致性代替多样性、让放诸四海而皆准的统一法则替代自由个性，这种权力意志所造成的灾难性后果如何避免？

“以多解一”的思想模式对“以一驭万”思想模式的消解，正是针对上述根本性困境所产生的思想反叛。它要求把异质性与多样性从抽象的同

① 邓晓芒：《思辨的张力》，湖南教育出版社1992年版，第59页。

一性中解救出来，确立每一个体性存在者不可被同质性法则同化的独立存在价值。在它看来，个体性存在者从同质性法则的统治中被拯救，意味着它们摆脱“普洛克路斯忒斯之床”的强制，获得了“自由游戏”的空间。无论是人的思想，还是人的价值和生活方式，抑或文化形态、历史运动、实践活动等，都有着不可还原、不可化约的自治性与“本己”的“游戏规则”。在此意义上，“以多解一”的思想模式至少显现出双重的合理性与重大意义：第一，它拆除了“一”与“多”之间不平等的等级结构，具有“解放”的意义。第二，它拯救了多样性与异质性无法被消解的独立存在价值，在激进的姿态下显示出特殊的“建设”意义。

毫无疑问，“以一驭万”的思想模式被“以多解一”的思想模式视为必须被炸毁的形而上学暴力结构，因而它与后者不可能有共同语言。但另一方面，“以多解一”思想模式是否就能因此彻底解决前者的问题呢？换言之，多样性与异质性的狂欢是否就能一劳永逸地抛弃和驱逐对同一性的追求呢？绝对的多样性和异质性与同一性的追求是否像它们表面看来的那样势不两立呢？

在我们看来，绝对的“多”与绝对的“一”虽然针锋相对，两极对立，但在根本上，二者的思维方式却有着内在的相通之处。

如果说“以一驭万”的思想模式宣称“一切即一”，代表着鲜明的上帝的眼光，那么，当“以多解一”的思想模式宣称“多即一切”的时候，同样所体现的是一种上帝的眼光，它告诉人们：绝对没有“一”可能的存在空间，异质性与多样性就是人与世界的全部真相，必须彻底放弃寻求一切形式的同一性的追求和努力。这难道不同样是一种居高临下的、上帝般的口吻和姿态吗？在《旧约》的“创世纪记”中有一个著名的“巴别塔”的故事：“那时，天下人的口音，言语，都是一样。他们往东边迁移的时候，在示拿地遇见一片平原，就住在那里。他们彼此商量说，来吧，我们要作砖，把砖烧透了。他们就拿砖当石头，又拿石漆当灰泥。他们说，来吧，我们要建造一座城和一座塔，塔顶通天，为要传扬我们的名，免得我们分散在全地上。耶和华降临，要看看世人所建造的城和塔。耶和华说，看哪，他们成为一样的人民，都是一样的言语，如今既作起这事来，以后他们所要作的事就没有不成就的了。我们下去，在那里变乱他们的口音，使他们的言语彼此不通。于是，耶和华使他们从那里分散在全地上。他们就停工，不造那城了。因为耶和华在那里变乱天下人的言语，使众人分散在全地上，所以那城名叫巴别（就是变乱的意思）。”这一故事以一种形象的方式提示人们：建造通天的巴比塔，显示了人们对上帝的僭越，而绝对的异质性和多样性，体现的同样是上帝的意志，二者在这点上殊途同归。

是否有可能超越“一”与“多”之间这种恶性循环的死结，建立二者之间良性的健康关系？也就是说，能否寻找到克服二者的抽象对立、实现二者和解的有效途径？这是一个迫切需要解决的问题。

二　“一”与“多”、“辩证统一”的虚幻性及其根源

在哲学史上，并非没有人自觉意识到“一”与“多”关系上的两难困境，并试图克服二者的抽象对立、实现二者的和解和统一，这其中尤为突出的就是我们称为辩证法家的哲学家，其最为典型的代表无疑是黑格尔。

从哲学发展史看，解决“一”与“多”以及与此内在相关的有限与无限、普遍性与特殊性、自由与必然等一系列矛盾，是黑格尔辩证法所要解决的根本问题之一。在黑格尔看来，辩证法的对象就是“自由、精神与上帝”，[①] 是“大全”，如“灵魂、世界、上帝，它们本身属于理性的理念，属于具体共相的思维范围的对象”。[②]

就此而言，辩证法的理论目标与传统形而上学是完全一致的，那就是说，“大全”性的、总体化的一元化实体，构成了辩证法的基本对象，在此意义上，黑格尔把辩证法的主体亦即实体称为“绝对”。但是，辩证法所追求的“一”并非抽象的同一性，而是包含多样性、特殊性、个性，以之作为自身内在环节的具体的同一性，这即是说，同一性是“一”，而构成同一性的具体环节是“多”。如何统一普遍性、绝对性的“大全”实体与有限而特殊的异质性、多样性的知性规定之间的矛盾，亦即“一”与“多”的矛盾，实现二者的和解，被黑格尔认为是辩证法所要处理和

① ［德］黑格尔：《小逻辑》，贺麟译，商务印书馆 1987 年版，第 47 页。

② 同上书，第 99 页。

解决的基本问题。

在此问题上，黑格尔既不同于知性形而上学，也不同于非理性的直觉主义者。

知性形而上学试图用有限的、孤立的思维规定认识"大全"和"真理"，认为"思维的规定即事物的基本规定，并且根据这个前提，坚持思想可以认识一切存在，因而凡是思维所想的，本身就是被认识了的"。① 其主要特点是："以抽象的有限的知性规定去把握理性的对象，并将抽象的同一性认作最高原则。"② 很显然，知性形而上学把"一"把握为排斥异质性和多样性环节的抽象同一性。黑格尔认为，这种有限的知性思维是无法把握形而上学对象的，它们不适宜于表达无限的形而上学的实体等具有"无限丰富内容"的观念，而且是"决不足以穷尽其含义的"，因此，按照有限知性规定的本性来把握无限的形而上学实体，结果必然陷入抽象对立、自相矛盾的独断论：知性规定都把自身坚执为最后的规定，把它视为固定的真理，结果必然导致非此即彼的知性对立与外在冲突。在此意义上，有限的知性思想规定与无限的形而上学实体之间存在着不可克服的矛盾，它无法正确地理解并解决"一"与"多"关系上的困境，毋宁说，它本身就是这种困境的集中体现。

耶可比、谢林等直觉主义者试图超越概念规定，以一种非理性的方式达到对无限性"真理"和"实体"的直观，实现与无限的形而上学总体的无中介的直接统一。黑格尔认为这实质上也是抽象的同一性、抽象的普遍性，它抽掉了一切具体的思维规定与中介，陷入了"夜间观牛，其牛皆黑"的空虚性。因此，在他们那里，"有限"与"无限"的统一是一种空虚与混沌的统一。它与其说解决了"一"与"多"的矛盾，不如说它以一种神秘的方式回避和掩蔽了这一问题。

在黑格尔看来，"一"与"多"不是截然对立的两极，而是具有"辩证统一"的性质。离开"多"的"一"是抽象的同一性，而离开"一"的多样性是"恶的无限"。而要实现"一"与"多"的这种辩证统一，辩证法必须赋予理性以自我创造的能动性与自由性，来寻求超越和否定有

① ［德］黑格尔：《小逻辑》，贺麟译，商务印书馆 1987 年版，第 95 页。

② 同上书，第 109 页。

限知性规定，以生成和实现无限的精神的“大全”的途径。在黑格尔看来，“理性之能为无条件的，只有由于理性不是为外来的异己的内容所决定，而是自己决定的，因此，在它的内容中即是在它自己本身内”[①]。理性既包含知性，同时又超越知性，既包括有限，同时又超越有限，因而它能实现有限与无限的内在统一。以对理性的这种理解为根据，绝对、大全、真理或“无限的总体”于是成为一个具体的普遍性和包含差异性和特殊性的具体的同一性：“关于理念或绝对的科学，本质上应是一个体系，因为真理作为具体的，它必定是在自身中展开其自身，而且必定是联系在一起和保持在一起的统一体，换言之，真理就是全体。全体的自由性，与各个环节的必然性，只有通过对各环节加以区别和规定才有可能。”[②] 这一体系是一个既包括各特殊环节同时又超越各环节把它们包含于自身之内的“大全”，因而它是“一”与“多”、“有限”与“无限”的内在统一。

可见，黑格尔试图克服知性形而上学的抽象同一性，以辩证法确立包含差异性和特殊性的具体同一性，从而解决“一”与“多”这一贯穿于整个西方哲学史的中心矛盾。

那么，黑格尔辩证法这种解决“一”与“多”矛盾的方式是否成功？“一”与“多”的辩证统一是否具有坚实的根基？我们认为，黑格尔虽然清醒地意识到了传统形而上学的思维方式所导致的“一”与“多”的矛盾并试图运用辩证法的方式进行解决，但是，他并没有真正做到这一点。其根本原因就在于，黑格尔与坚持抽象同一性的知性形而上学一样，在根底上执着于理论哲学的思维范式。

这里所谓的理论哲学，是指区别于实践哲学的、以认识世界总体和终极存在等形而上学对象为目标的哲学形态，按照康德的说法，它代表着一种试图“不依靠经验而独立去求得一切知识”[③] 的哲学理性。它具有两个基本特点：（1）它是一种以理论认识和思维能力为中心的哲学理性；（2）它认为理论理性具有把握世界总体和终极存在的无限力量，在此意

---

① ［德］黑格尔：《小逻辑》，贺麟译，商务印书馆 1987 年版，第 142 页。

② 同上书，第 56 页。

③ ［德］康德：《纯粹理性批判》，韦卓民译，华中师范大学出版社 2000 年版，第 6 页。

义上，康德又把理论理性称为“原理的能力”,① 即能够获得最具普遍性和最高解释力的知识的能力。当黑格尔把辩证法的对象设定为“自由、精神与上帝”,② 并认为“灵魂、世界、上帝，它们本身属于理性的理念，属于具体共相的思维范围的对象”的时候，其理论哲学的基本立场就已经被规定了。③

理论哲学的基本立场决定了黑格尔对“一”与“多”关系的理解与解决，仍然只是形而上学范畴层面的思辨，这即是说，他所说的“一”与“多”的辩证统一只是范畴层面的抽象统一，而没有真正正视、触及和解决现实的“一”与“多”的关系。如上所述，“以一驭万”与“以多解一”的两难困境表明，“一”与“多”的矛盾，实质上是要回答统一性、普遍性认识与异质性、差异性的个别性存在之间的关系问题。而在黑格尔那里，所谓多样性，只不过是构成绝对精神辩证运动的内在环节的多样性，这些内在环节是范畴层面的知性规定，是构成现实世界“本质”的“阴影世界”，是超感性的、超历史的“永恒在场”，因而它们属于普遍性的共相，而并非现实个体的异质性与多样性。这即是说，黑格尔并没有真正如他所自诩的那样建立起具体的同一性，而是最终与传统形而上学一样落入了抽象同一性的窠臼。哈贝马斯曾评价黑格尔辩证法的“革新形而上学的同一性思想”,④ 它把“‘一’理解为绝对主体”，把精神的自我否定、自我超越的历史运动“当作是调和‘一’和‘多’、无限和有限的中介”,⑤ 从而把“普遍同一性概念真正付诸实现”。这实际上是说，黑格尔的辩证法是传统形而上学的“普遍同一性概念”更为彻底的贯彻和体现，而以“普遍同一性概念”为根据，意味着他与传统形而上学一样，不可避免地走上“以一驭万”的忽视和压制多样性和异质性的老路。正是因为这一点，黑格尔成为后世哲学猛烈攻击的重要目标。很显然，以此为前提，不仅无法切实解决“一”与“多”的关系问题，反而以另一种

---

① ［德］康德:《纯粹理性批判》，韦卓民译，华中师范大学出版社 2000 年版，第 319 页。

② 德］黑格尔:《小逻辑》，贺麟译，商务印书馆 1987 年版，第 47 页。

③ 关于黑格尔辩证法所归属的理论哲学立场，请参见拙著《辩证法与实践理性》第 1、2 章，中国社会科学出版社 2009 年版。

④ ［德］哈贝马斯:《后形而上学思想》，曹卫东等译，译林出版社 2012 年版，第 151 页。

⑤ 同上。

方式显示和加重了在这一问题上所陷入的困境。

黑格尔辩证法在“一”与“多”关系问题上最终功败垂成，所体现的是一切以寻求关于世界总体的普遍性原理的理论哲学思维范式的共同缺陷。要真正解决这一问题，有赖于思维范式的转换。

三　实践哲学视域中理解和解决“一”与“多”关系的新思路

“以一驭万”的思想模式的症结在于“以一压制多”，“以多解一”的思想模式的症结在于在多样性的狂欢中彻底否定了“统一性”的可能。因此，要解决“一”与“多”的关系问题，关键是要解决：是否可以寻求一种能够容纳和肯定多样性和异质性的统一性？换言之，一种不以压制和抹杀多样性和异质性为前提的统一性是否可能？

黑格尔辩证法的教训是：立足于理论哲学的层面，“一”与“多”仅仅被把握为纯粹思辨层面的范畴，最终难以摆脱“以一驭万”的强制性的同一性。要破除强制性的同一性，需要从理论哲学的视域转向实践哲学的视域。

从实践哲学视域理解“一”与“多”的关系，“一”不再被抽象为高居“多”之上的抽象同一性，而被理解为“多元声音”在开放的互动与融合中生成的历史性的公共之理。公共之理是自由之理，它允许并鼓励每一个人都能按照其对生活的独特理解，表达其个性化的声音，选择属于自己的人生，就此而言，多元性与异质性拥有不可剥夺的存在权利；但同时，每个人的存在，包括他的个性化的表达和生活选择又并非绝对的离散状态，而总是处于与他人的社会关系之中。因此，生活在社会关系中的每一个人要摆脱你死我活的丛林状态，就必须依赖于公共的对每一个人都具有约束力的普遍性规范。对于每个生活在社会中的个体来说，这种普遍性规范具有公共性，因而相对于异质性和差异性的个体来说，它代表着“一”。但在生活实践中，这种具有公共性的普遍性规范的生成，又并非某种权威力量强加的结果，而是充满着异质性和差异性的个人在公共空间中以相互承认为前提，按照民主的合理性的程序而产生的，就此而言，公共之理又是民主之理。自由之理与民主之理的结合，使得长期困扰着人们的“一”与“多”关系问题在新的视域中获得了新的内涵，并开辟了解决这一古老问题的新途径。

在实践哲学的视域中，异质性与多样性不再是与普遍存在或本质性知识相对应的一个本体论或知识论概念，而是意指社会生活中每一个不可抹杀和复制的生命个体。对异质性和多样性的肯定和尊重，即是对每一生命个体的不可剥夺的存在价值、权利和尊严的承认和捍卫，也就是说，它要肯定每一生命个体独一无二的主体性地位。同样，在实践哲学的视域中，统一性也不再是“以一驭万”的概念化存在，而是能够包容和保障每一生命个体价值、权利和尊严的公共性程序和制度框架。遵循这种全新的思路，“一”与“多”都被赋予了全新的内涵，关于二者关系问题的提问方式发生了根本性的改变，随着提问方式的根本改变，解决这一问题的思想路径将因此而峰回路转，传统形而上学及其理论哲学思维范式所产生的种种理论困境也将因此消失于无形。

按照上述理解，“一”与“多”的关系不再具有一方取代另一方的两极对立性质，而是相互支撑、彼此协调的关系。一方面，“以一驭万”，以“一”来取消“多”的现象在此完全失去了合理性，恰恰相反，“一”的存在和生成是以异质性和多样性的个体生存为条件和目的的，离开后者的存在和活动，“一”将无所附丽并失去其存在的价值。另一方面，异质性和多样性也并非为所欲为的放纵与任性，相反，每一生命个体都存在和活动于与他人的关系中，相对于无数个人共同生活的公共世界，每个人都具有有限性，它必须在遵循公共之理的条件下，在充分尊重他人主体性的前提下，去创造属于自己的生活，因此，异质性和多样性的保持与繁盛，有赖于普遍性的公共之理所提供的保障。总之，在实践哲学的视域中，“一”与“多”真正克服了非此即彼的两极对立关系，二者各得其所，同时又缺一不可。

异质性与多样性所呈现的是一幅以合理分歧和自由选择为关键和核心的生动而丰富的图景。

对于现代人而言，“合理分歧”是指“那种根本要素就是承认，在生活意义的问题上，通情达理的人们自然而然地会产生分歧。在关于完备的生活、人类之善和自我实现的性质等问题上，我们讨论得愈多，我们的分歧就愈多，甚至我们与自己分歧也会愈多”。“它是这样一种认识，在最重要的问题上，理性不可能使我们走在一起，而是使我们彼此分离。”[①]这即是说，对于每一个生命个体而言，他不需要屈从于某种超人的理性权威来规训他“应当如何生活”，而是可以充分发挥自己的理性能力，根据自己的生活经验形成对生活意义的个性化理解。这是每一个现代人的基本权利，也是其自由和尊严得以保障的基本前提。罗尔斯在《政治自由主义》中用“理性多元论”这一概念表达了同样的观点，他认为，现代社会具有首要意义的“第一个事实”是：“在现代民主社会里发现的合乎理性的完备性宗教学说、哲学学说和道德学说的多样性，不是一种可以很快消失的纯历史状态，它是民主社会公共文化的一个永久特征。在得到自由制度的基本权利和自由之保障的政治条件和社会条件下，如果还没有获得这种多样性的话，也将会产生各种相互冲突、互不和谐的——而更多的又是合乎理性的——完备性学说的多样性，并将长期存在。”[②] 由于完备性学说的这种分化与多样性，现代社会的每一个理性的生命个体不再无条件地认同、肯定和接受任何完备性学说，每个人都自觉地认识到：“有许多合乎理性的学说得到了人们的认同，但并非它们全都可以为真（事实上，它们中的任何一种都不可能为真）。任何理性的个人所认肯的学说，仅仅是诸多其他学说中的一种合乎理性的学说。一个人在认肯它时当然相信它为真，或者相信它可能合乎理性。”[③] 任何一种完备性学说都不能拥有超出其自身观点之外的特殊要求，现代社会中的成熟的成员既认肯自己所坚持和信奉的完备性学说是理性的，同时也认肯不同于我们的学说的其他人也是理性的。在多样性的、大量的完备性学说中认肯其中的任何一种，使之占据绝对的、唯我独尊的地位，在现代社会将被视为一种不合乎理性的做法。现代社会的这一特点，表明它充分承认和尊重不同生命个体异质性和多样性的存在。

自由选择是合理分歧的必然结果。现代社会鼓励每一生命个体，按照他对生活意义的理解，自主选择属于自己的生活方式，创造个性化的人生。选择是人区别于其他一切存在物的根本特征，因而是人性的最集中体

① ［美］拉莫尔：《现代性的教训》，刘擎等译，东方出版社2010年版，第11页。

② ［美］罗尔斯：《政治自由主义》，万俊人译，译林出版社2000年版，第37页。

③ 同上书，第63页。

现。而选择意味着，在每一个人面前，有无数的可能性向他敞开，他可以选择从不同的“生活之门”进入，创造与众不同的生活道路。正是在这里，每个人的自主性和自为性得到了充分的展现，个人主体性得以确立。

很显然，以合理分歧与自由选择为关键词的现代社会是一个尊重异质性与多样性的社会，它为每一个人的自由发展提供了广阔的空间。在这样的条件下，任何“以一驭万”的权力意志和操纵野心都将遭到拒斥。

但是，与上述不可分割的另一方面是，合理分歧与自由选择所显示的异质性与多样性生活景象，始终是与公共的、普遍性的、对每个人都有约束力的道德价值规范和社会政治规范相辅相成的，后者构成了对全体异质性和多样性的生命个体都有效的共同要求。

道德价值规范的核心要求是对每个异于自身的他人的平等尊重和彼此之间的相互承认。这是前述合理分歧与自由选择的异质性与多样性的必然要求。承认每一生命个体自身的个人主体性，必然内在地要求对等地承认异于自身的他人拥有同样的主体性。黑格尔曾深刻地指出人的自我意识的获得和确立有赖于他人的承认，利科也深刻地论证了每个人实际上都是“作为他者的自我”而存在，哈贝马斯论证了主体间交往的伦理规范，霍耐特等人进一步对人与人之间“相互承认”的价值规范基础进行了系统的探讨，等等，实际上都是对在合理分歧与自由选择的异质性和多样性成为现代社会基本特征的条件下，每个人应遵循的基本道德价值规范的表达。他们要传达的基本思想是：合理分歧与自由选择的异质性和多样性必然带来人们之间的争议与分歧，充满争议和分歧的人们要维持社会生活共同体的存在，避免其陷入分裂与崩溃，就必须服从平等尊重和相互承认的价值规范，并以此为前提，在理性对话与彼此宽容中，对待和掌控分歧与争议。这理应成为对每一个现代人的最低限度的道德规范要求。

除了平等尊重和相互承认的道德价值规范之外，在合理分歧和自由选择的异质性和多样性成为现代社会基本特征的条件下，要保证社会的长治久安与繁荣稳定，并保证这种异质性与多样性不被专横的抽象力量所侵蚀，每个人还必须服从与之相应的社会政治规范。

这种社会政治规范的核心正是当代政治哲学从不同角度所讨论的核心主题，即政治正义。正义的社会制度架构所体现的是每个社会成员的公共理性和共同善，它保证充满异质性和多样性的人们在社会共同体中社会合作的有效性，使得各行其是的无数的个人主体性，能够在一个共同的社会政治架构的基础上形成并维系一个稳定的社会政治共同体。

无论是平等尊重和相互承认的道德价值规范，还是以政治正义为核心的社会政治规范，都不是与异质性和多样性的个人主体性相对立的外在意志的产物，相反，它们是所有社会成员切实参与其中并体现每个人意志的规范，在此意义上，这些规范属于康德意义上的人的自我立法，或者说它们是社会成员的自我建构。脱离开合理分歧与自由选择的异质性与多样性，这些规范将失去存在的基础和必要性。

通过以上简要讨论，我们在实践哲学的视域里为重新对待与解决"一"与"多"这一困扰着哲学的重大问题提供了一种新的思路。按照这种思路，"一"与"多"真正克服了非此即彼的两极对立难局，形成一种相辅相成的互助关系。这种关系正是中国古人所憧憬的"和而不同"的美好境界。让每个人既自由生活与发展，同时又推动社会共同体的和谐稳定，——这就是"一"与"多"关系的真实意义。以往的哲学之所以在这个问题上陷入"以一驭万"和"以多解一"之间的恶性循环，根源就在于仅仅把它当成理论问题，而没有把它当成实践问题。

（原载于《中国人民大学学报》2015 年第 5 期）

如何在追求“理想”的过程中避免自我戕害

——对“目的”与“手段”关系的哲学反思

当人们谈及“理想”时，总是把它与某种神圣超越的美好存在联系在一起。无论是对于个人还是对于社会来说，不满足于现存状态、追求超越性的理想，都标志着人区别于动物的精神品格，因而是人的生存和社会发展过程中十分珍贵和不可缺少的向度。但是，哲学之为哲学，一个重要的思想责任在于它不仅应该以一种特有的方式引导人们追求理想，而且还应该有勇气和责任对理想的追求进行自觉的批判性反省。长期以来，哲学对前者给予了较多的关注，而对后者则没有引起足够的重视。然而，历史的经验和教训告诉我们：如果对此缺乏自觉批判性反省，对理想的追求恰恰有可能导致对理想的损害并因此使满怀激情的理想主义蜕变为自我反对的价值虚无主义。对“理想的追求”本身进行深入的哲学反思，是避免“理想”幻化为“虚无”不可缺少的重要防御机制。

本文所探讨的“目的”和“手段”关系，正是从一个重要角度对“理想的追求”本身进行反省。这里的“目的”，所指的正是我们所欲追求的“理想”，而这里的“手段”，所指的是通向和实现“理想”的“途径”与“方式”。如何理解和处理“目的”与“手段”关系，是在理想的自我反思问题上具有核心意义的重大课题。

一 “目的”能否证明“手段”正当

按照人们通常对于“目的”与“手段”关系的理解，“目的”代表欲在未来变成现实但在现实中尚未存在因而要趋向的“理想”，但“目的”存在于“未来”，因而要实现“目的”，必须依赖通向“目的”的

“手段”。与“目的”相比，“手段”具有两个特殊的规定性。

第一，“手段”具有“现实性”。与注目于“未来”的“目的”不同，“手段”直接触及现实生活中人们的存在，关乎个人日常生活中的幸福与不幸、快乐与悲伤因而直接影响现实中人们的生活景况和生存命运。具体而言，“手段”的执行者是现实的个体生命，任何实现“目的”的“手段”都需要由此时此地的个人来操作与践行；其次，“手段”执行后果的承受者也是现实的生命个体，任何手段的实行，都会产生现实的后果，这同样需由此时此地的个人来承担。无论在哪种意义上，“手段”都具有鲜明的现实性。

第二，“手段”具有“实践性”。与“目的”充满激情的人文情怀不同，“手段”直接改变现实世界，也改变人们的生活，甚至会彻底改变人的生活轨迹与生存命运。“手段”之为“手段”，一个重要特征在于它总是体现为一种试图体现和落实“目的”的“策略”，如果说“目的”主要体现为“价值理性”向度，那么，“手段”则更多地表现为“工具理性”向度。以一种“工具理性”的方式追求作为“价值理性”的“理想”，这是“目的”与“手段”关系中十分重要的方面。在此意义上，“手段”具有鲜明的实践性。

那么，问题在于：直接改变人的生存状态及命运的“手段”是如何获其合法性的呢？“手段”凭何发挥这种“现实性”与“实践性”的作用，或者说，它从何获得发挥这种“现实性”与“实践性”作用的资格与根据？

按照通常理解“目的”和“手段”关系的模式，毫无疑问，这种合法性、资格与根据是从“目的”中获得的。“目的”的真理性与神圣性，决定了通向这种“目的”的“手段”的“崇高性”与“正当性”。“目的”犹如普照的光，它投射在通达它的“手段”上，使得后者也沐浴着天然的光辉。一句话，“目的”保证了“手段”的“正当性”。

然而，今天需要重新反思的一个重大问题是：“目的”是否足以保证“手段”的正当性？

要回答这一问题，就必须对通常理解“目的”与“手段”关系的理论模式所包含的思想预设进行前提性反思。只有当它赖以成立的思想前提足够坚实，“目的保证手段正当”的观点才能成立，反之，我们就有充分的理由对之进行质疑。

反思人类思想史上种种有代表性的关于人与社会历史发展的理想主义学说以及它们对于“目的”与“手段”关系的论证，可以看出，它们虽然在具体表述和主张上千姿百态，但在基本的思维模式上却遵循着“家族相似”的基本预设。

对于这种理论模式所遵循的基本预设，人们已从不同视角出发进行了概括，有的人称为“目的论”，有的人称为“末世论”，还有的人称为“历史决定论”、“历史理性主义”等，我个人更倾向于用“传统形而上学”[①]的思维方式和理论原则来对它进行表述。不管如何称谓，在形成手段与目的之间的逻辑关系链条这一点上，它们表现出惊人的相似性。概括而言，这种理论模式具有三个最基本的预设：第一，人与社会历史的发展有而且只有一种正确的发展路径与方向，这种路径和方向由某种终极的理想和目的所引导，并因此使得人与社会发展的历程呈现出一种朝既定的理想和目的前行的轨迹与路径。第二，这种朝既定的理想和目的前行的轨迹和路径不是偶然的，而是具有内在的必然性。这种必然性表现为人与社会发展所遵循的不以人的意志为转移的、铁一般的“客观规律”，循此客观历史规律，人与社会历史经过若干必然环节和阶段，直至抵达最终的目的和理想。第三，关于人与社会历史发展的必然性及这种必然性所通向的终极目的和理想，人们有能力达到对它的自觉意识并获得对它的“客观”的真理性认识，以这种认识为根据，人们就能沿着它所昭示的人与社会发展阶梯和环节，走向一种完美的理想生活。

以上述基本预设为根据，在“手段”与“目的”的关系上，“目的”具有至高无上的地位，只要遵循“客观规律”并能因此通达终极的理想，一切手段都具有神圣的合法性和正当性。“目的高于一切，手段服从于目的”，于是便成为从上述思想预设所必然推演出来的基本结论。

然而，深入进行反思，这一基本结论所赖以成立的上述四个预设都存在着严重的缺陷。

认为人与社会历史发展只有唯一的发展路径和方向，这从根本上否认

① 这里所说的“传统形而上学思维方式和理论原则”，其基本特点和内容，请参见笔者《辩证法与实践理性》（中国社会科学出版社 2011 年版）第一章的有关论述。

了人区别于动物的选择性以及由这种选择性所导致的人与社会历史发展路径和方向的多种可能性，马克思曾说过：“‘历史’并不是把人当做达到自己目的的工具来利用的某种特殊的人格。历史不过是追求着自己目的的人的活动而已”[①]，如果承认人的活动是历史的本质，那么，由人的活动所创造和生成的社会历史就区别于自然界，自由的选择性和创造性而非机械的必然性构成了前者的运动本性，马克思在其博士论文中通过对德谟克利特强调原子机械直线运动的批判和对伊壁鸠鲁原子“偏斜运动”的重视，已然清楚地表达了“自由意志”在社会历史运动中所具有的特殊意义。当代社会理论、历史哲学的重大成果，已经从不同角度深入揭示了社会历史发展路径和方向的多元性与多向性。

认为人与社会历史发展遵循着与人无关的机械必然规律，这在根本上颠倒了社会历史发展的“主词”与“宾词”之间的关系，使得社会历史发展成为某种超人的抽象力量支配的神秘过程。究其实质，“不以人的意志为转移”的“社会历史规律”就是“无人的理性”的自我运动，它犹如一辆不知由谁驾驶的滚滚前行、不可阻挡的列车，而历史的真正主体，即现实的人，却成为这一列车上无所作为的被动乘客，或者如一部已经被某个匿名的作者写就的戏剧，现实的人却成为旁观这一戏剧的观众。熟悉哲学史的人都知道，这种观念实质上不过是黑格尔“绝对精神”的另一种版本而已。当代哲学所取得的重大进展之一就是彻底摒弃和颠覆了这种关于“社会历史剧本”的迷信和教条，当代哲学对传统形而上学的反思和批判，一个重要内容就是要解构这种认为社会历史发展由某种超人力量支配的抽象观念，重新寻求和确立现实的人及其活动在社会历史发展中的真实地位，破除超人的神秘力量对于现实的人及其历史活动的遮蔽与扭曲。

认为人能够获得关于社会历史必然和规律性和发展的最终目的的认识，这实际上是把人，更准确地说，是把少数先知先觉者抬高到了上帝的地位。正如上所述，这种理论模式一方面把人视为历史运动的旁观者和工具，但另一方面它又强调人有能力获得关于历史运动及其最终目的的最高真理，这似乎自相矛盾。但深入反思就可以发现，这种对人获取关于社会

① 《马克思恩格斯全集》第2卷，人民出版社1957年版，第118页。

历史发展及其终极目的的最高知识的设定，实际上只是它赋予少数特殊的“先知先觉”的特殊人物以直观真理的“慧眼”，坚持和主张这种哲学观念的哲学家本身即是这种特殊人物的代表。把少数人视为关于社会历史发展及其终极目的真理的捕获者和占有者，这种观念包含着一种企图操纵历史的话语霸权与权力意志。对此，当代许多富有洞察力的哲学家们已经进行了深入的分析和批判，无论是普特兰对形而上学实在论“上帝之眼”信念的揭露，还是福柯对知识与话语权力的批判性分析、利奥塔对于试图囊括一切真理的“元叙事”的消解，等等，都从不同角度宣告了这种获取关于人与社会历史发展及其最终目的最高知识的野心所具有的虚妄性和独断性。

从以上简要分析可以看出，历史上曾经产生的许多理想主义学说，由于遵循传统形而上学思维方式和理论原则，使得它对于“目的”与“手段”关系的理解，不可避免地表现出独断性，并暴露出它深层的理论困境。而如果说它所假设的“目的”与“手段”之间关系难以成立，那么，用“目的”证明“手段”的正当性也就失去了可靠支撑。

二 “手段”的任性与“目的”的异化：双重的伤害

正如前面指出的，与“目的”不同，“手段”具有直接现实性与实践性。如果“目的”不能证明“手段”的正当性，那么，“手段”的实施就将会对人们现实生活乃至生存命运产生重大的影响。尤其在“手段”借着“目的”的炫目光环，以“天然正当”的名义发挥其现实性与实践性作用的时候，这种影响就将尤其严重并值得引起高度警惕。在历史和现实中，以“目的”证明“手段”的正当性，并因此蜕变为“为了目的，可以不择手段”的极端表现，却成为并不罕见的景象。尤其现代以来，随着种种“元叙事”的层出不穷和花样翻新，由“元叙事”所引导的种种社会改造运动已经巨大地改变了人类社会的面貌，给亿万人的生活带来了深远的影响。对此进行深入反省，是一个十分重大的理论与现实课题。

我们应充分意识到，认为目的是美好纯粹的，那么，手段就天经地义具有正当性，这种观念极易催生和助长一种以“目的”的“神圣名义”，剥夺和损害人们此时此地的现实幸福，并把这种剥夺和损害合理化神圣化的观念和行为。

对于每个实际存在的个人而言，最具有现实性的是此时此地的当下生活。当然他会有梦想，会去追求和创造比当下更为美好的未来，但这种梦想和追求是以当下的现实生活的真实性为前提和根基的。如果此时此地的当下生活变成达到未来目的的手段和工具，那么将意味着“今天”被摆上了“明天”的祭坛，“今日之我”成为“明日之我”的“祭品”，因而也必然意味着人的现实生活被虚无化。

然而，当“目的”被抬高到一个神圣不可侵犯的地位时，它就获得了一种超越时空的，穿透过去、现在和未来的普遍意义，它如同“普照的光”，赋予了社会历史时间中一切阶段和过程中人们的思想和行为以合法性的根据。按照这种逻辑，当下人们生活的必要性和价值，仅在于它是通向未来目的的桥梁和中介，或者说，它是为了一个比它更高的、更神圣的目的而存在。这意味着，当下的实际个人的生活如果不“奉献”给比它更高的目的和理想，那么它就将失去其存在的价值。简言之，这种逻辑的核心是：生活的目的在生活之外，生活应该为其更高的目的负责。

那么，这种“生活之外”的“更高目的”是什么呢？对此，人们给出了种种答案。伯林曾引用19世纪俄罗斯思想家赫尔岑的话，描述了现代社会对此种种有代表性的回答：在我们时代，一种新的献祭形式出现了，活生生的人被摆上了抽象物（比如国家、教会、政党、阶级、进步、历史的力量）的祭坛，而在我们这个时代，这些抽象物全是人民所祈求的对象：如果他们要求屠杀个人，他们肯定能够得到满足。[①] 联系现代以来的人类历史，不难理解，伯林所说的这些“抽象物”背后，都代表着一种关于社会历史发展的“宏大叙事”，表达着对于现实所应服膺的更高目的的承诺与信念。如果这些“抽象物”仅仅只是思想的“抽象物”，即仅仅停留于主观的想象或理论的设想，那么，它们不会对人们的现实生活构成强制，但是，它们不满足于仅作为“头脑中的风暴”存在，而是要谋求成为社会历史运动的规范性力量。它不是“个人话语”，而是“权力话语”。它要给人们描述一条社会历史运动的“客观行程”，当下每个人的实际生活只有纳入并遵循这一“客观行程”的轨迹，才能获

① ［英］伯林：《扭曲的人性之材》，岳秀坤译，译林出版社1990年版，第19页。

得其存在的意义和价值。这实际上表明：当下的个人生活并没有其独立自在的地位，其地位完全由这一“客观行程”所规定。个人生活的目的和意义，全在于它甘愿委身于“宏大叙事”所设定的历史行程及其终极目的。

随着个人当下生活被套上历史“客观行程”及其终极目的的“列车”，个人于是变成“列车”上无足轻重的乘客，作为“小我”的个体绝对服从历史的“大我”，于是获得了无可置疑的必要性与必然性。当“民族”、“教会”、“种族”、“国家”等观念跨越其边界，膨胀为最高的实体和终极目的之时，当“历史”、“进步”、“规律”等观念成为主宰一切的绝对规范之时，个体生命难以避免地成为这一系列抽象观念的牺牲品。伯林在《俄国思想家》中再次引用赫尔岑的话，对此做了极为深刻的阐明，“个人之屈从社会—屈从人民—屈从人类—屈从观念，是活人献祭（humansacrifice）的延续……为有罪者而钉死无辜者……社会真实单元所在的个人经常被作为牺牲而献祭于某个概括观念、某个集合名词……牺牲之目的……何在……则未尝有谁闻问”，并评论道，“这些抽象事物——历史、进步、人民福利、社会平等——都曾是无辜者被献祭其上而未引起主事者良心丝毫不安的残酷祭坛”。[①] 为了保证历史“客观行程”不受影响地“顺利完成”以及历史“最终目的”地“完美实现”，个人及其当下的生活为“抽象物”而付出真实的牺牲，于是成为其应尽的“本分”和“责任”。

如果进一步深入反省，我们就可以看到，当上述“宏大叙事”宣称为社会历史的“客观行程”及其最终目的提供了“如实”描绘时，它实质上并不像它所声称的那样具有不容置疑的“客观性”，它面临的最为严厉的质疑是：如何证明它所描述的社会历史运动的“客观行程”及其“最终目的”的描述具有普遍的、超个人的“客观性”？检讨历史种种“宏大叙事”，无一例外可以发现，面对这一质疑，它们均缺乏真正有说明力的回应，它把这一具有判决性的前提性问题视为“理所当然”、“不言自明”的真理，当成所有人都应该无条件接受和服膺的“先验原则”。回避这一质疑，实质上只说明了一点，那就是它所认为的“客观

① ［英］伯林：《俄国思想家》，彭淮栋译，译林出版社 2001 年版，第 108 页。

性”其实只是其主张者所持的“主观”见解，它关于历史“客观行程”的看法只是其主张者“观念中的历史”。因此，它所宣称的关于历史“客观行程”及其“终极目的”实际上不过是冒称“客观性”之名的“主观建构”。

把本来“主观性”的东西当成“客观性”的东西，亦即把本来是“个人言说”当成普遍性的“公共之理”，这是人的理性僭越的最集中表现。康德的“理性批判”曾对此做了极为深刻的分析与反思，指出这种僭越必然导致不可避免的“先验幻象”。如果这种“幻象”仅仅像康德所分析的那样局限于人的认识领域，那么，除了引起人的思想迷乱之外，不会有更严重的后果。但问题在于，这种僭越经常落实在现实生活中，为“主观性的自我”以“客观历史”及其终极目的为名，滥用其权力意志，满足自身欲望，打开了方便之门。

本来“主观性”的东西被僭越为“客观性”东西，使得“目的”与“手段”的关系完全失去其原初的承诺，而蜕变为一些具有“主观目的”的人与另一些被视为“手段”的人之间的关系。应该说，这种蜕变是哲学史和思想史上那些伟大的理想主义学说的提出者始料不及的，但是，这却是历史和现实中屡见不鲜的事实：在中世纪和前现代社会，有以“君权神授”名义滥施暴政的封建君主；在现代社会，有以“替天行命”的名义操纵历史，例如希特勒这样的战争狂人，他们无不以“神圣目的”示人，但在实践中，都走向了“为达自己目的，不择手段”的可悲结局。

“为达目的，不择手段”意味着，“手段”失去了任何约束而成为为所欲为的任性活动。正如前面已经指出的，与“手段”的“任性”相辅相成的是“目的”的异化，超越性的价值理想，沦为实用主义的、充满欲望的“主观意志”。“手段”的“任性”与“目的”的“异化”，二者属于相互伴生的同一过程。

“手段”的“任性”与“目的”的“异化”彻底宣告了以“目的”证明“手段”的内在困境，同时也充分显示了它的严重后果。这种后果概括而言，最根本地体现在两个主要方面。第一，由于“手段”的“任性”，现实中个人的实际生活面临成为实现他人意志和目的的“材料”的危险，这一点在历史和现实中已经留下了无数惨痛的教训。第二，由于“目的”的异化，必然给现实中人们对超越性理想的信念带来毁灭性的打击，这正成为迷漫于现代社会价值虚无主义的一个深层根源。①

三　人的现实权利与扎根于现实的理想：破解“目的”与“手段”困境的根本途径

以上分析已经清楚地告诉我们：哲学史上种种理想主义学说对于“目的”与“手段”关系的论证存在着致命的缺陷。这种缺陷根源于它在理解此问题时所遵循的传统形而上学思想原则和理论范式。要克服这种缺陷，需要在根本上瓦解这种思想原则和理论范式所预设的关于“目的”与“手段”之间的逻辑链条，改变“目的”与“手段”关系的理解模式。

要做到这一点，最为关键之处是把“目的”从彼岸世界位移到现实世界中来，把现实生活中的每一个人都视为“目的”，不断减少把人当成“手段”和“工具”、使人受侮辱、受奴役的社会关系视为应当追求的“理想”。

把现实生活中的每一个人都视为“目的”，意味着“目的”不存在于现实世界之外的另一个世界，而就是此时此地的每一个实际存在的个人。康德曾言：“人（以及每一个理性存在者）就是目的本身，亦即他决不能为任何人（甚至上帝）单单用作手段，若非在这种情形下他自身同时就是目的；于是，我们人格之中的人道对于我们自身必定是神圣的，因为它是道德法则的主体，从而是那些本身乃神圣的东西的主体”②，这即是说，“目的”不是现实中的个人要去追逐的某种“外在之物”，而就是每一个人自身。就其与自身关系而言，把每一个人当成目的意味着，每一个人应该尊重他自己，通过自己的努力，把确立自身的人格尊严作为其价值追求，就其与他人关系而言，每一个人都应该把他人视为与自己一样的有着同样人格尊严和价值的主体，自觉到离开对他人“主体性”的承认，自

① 对此的详细论述，请参考笔者《寻求真实的价值主体：反思与克服价值虚无主义的基本前提》，《社会科学战线》2012 年第 1 期。

② ［德］康德：《实践理性批判》，韩水法译，商务印书馆 1999 年版，第 144 页。

我人格的“主体性”也将无法得到真正的确证。把自身视为目的并把他人视为目的，使所有人的利益和尊严都得到同等的对待，并由此努力使人们的现实生活世界成为一个“目的王国”，这才是人们所应追求的真实“目的”。正像塞尔日所说：“人必须被赋予权力、尊严和价值。没有这些，就没有社会主义；没有这些，一切都是虚伪的、沦丧的和变质的。”①

基于对“目的”的上述理解，形成和确立保护每一生命个体基本权利的“法权”观念以及以这种观念形成的法权制度，就成为保障人这一“目的”不受损害的不可缺少的重要方式。黑格尔说：“法的基地一般说来是精神的东西，它的确定的地位和出发点是意志。意志是自由的，所以自由就构成法的实体和规定性。至于法的体系是实现了的自由的王国”②，这即是说，人的自由及其实现构成了法权的根本旨趣。以法权观念和法权制度为根据，无论是在“人对物占为已有的权利”，即黑格尔所说的“人有权把它的意志体现在任何物中，因而使该物成为我的东西”③，还是在人的主观领域即人的意志自由及其权利，都将是“人成为目的”不可抹杀的核心内容。

尊重和保护个人的现实权利，并把每一个人视为“目的”，这同时意味着“正义”应该成为社会的基本价值。当代政治哲学家们早已指出，“正义”是社会制度和社会结构的首要价值，旨在调整社会生活成员之间的利益和权利关系，避免社会成员在非正义的社会关系中丧失自由和尊严。罗尔斯的学生博格曾这样总结罗尔斯研究工作的意义：“终其一生，罗尔斯都在关注一个问题：人的生活是否以及在何种程度上是可以改善的——人（无论在个人还是集体）能否过一种值得过的生活（或者用康德的话说，在地球上过一种有价值的生活）……抱着这种想法，罗尔斯努力以某种方式表明，是什么让人的生活有可能富有意义，从而过上有价值的生活。”④ 可以说，当代政治哲学中对“正义”问题的探讨之所以成

① ［英］卢克斯：《马克思主义与道德》，袁聚录译，高等教育出版社 2009 年版，第 184 页。

② ［德］黑格尔：《法哲学原理》，范扬等译，商务印书馆 1961 年版，第 10 页。

③ 同上书，第 52 页。

④ ［美］博格：《罗尔斯：生平与正义理论》，顾肃等译，中国人民大学出版社 2010 年版，第 27 页。

为焦点，正体现了对“人是目的”这一价值的自觉认同和高度眷注。

按照前述历史上许多理想主义学说对“目的”和“手段”的理解，这种法权观念和制度以及对“社会正义”的关注是完全不必要的累赘。根据这种思维逻辑，现实的个人最重要的使命是遵循历史的“客观行程”去追求历史的最终目的，并在此过程中，实现自己的解放，个人只有与在他之外的最终目的的照耀之下，才能找到自己的价值归宿和生活意义，因此，重视和强调此时此地的实际的个人“权利”和社会的正义，是对“历史大势”和对神圣目的的不敬。正是受这种观念支配，我们一再被要求把个人“融入”浩浩荡荡的历史洪流之中，把个人献身于其必须仰目注视的终极理想，至于个人此时此地应享受什么样的权利以及这种权利如何得到保障、现实的“社会正义何以可能”等问题则被视为资产阶级“麻醉人的谎言”和“意识形态”而避之唯恐不及，更有甚者，现实存在的不正义和对个人权利的损害被视为实现“终极目的”的必要手段，就如黑格尔所说的：“恶”是历史发展的动力借以表现出来的形式。

但是，一旦我们改变这种思维方式与理论原则，把实际生活中的每个人视为“目的”，那么，对人的现实权利的维护和保障就变得极为重要，它拒绝任何把个人充当一切“终极目的”的祭品的观念和做法，坚信个人在此时此地的实际生存具有不可替代的独立价值，强调以个人权利的丧失为代价所获得的“解放”，必然是虚幻和无根的。

把现实的人的存在本身视为“目的”，并不因此否定和抹杀人超越性的理想维度，但它赋予了理想以崭新的内涵和意义。按照这种理解，理想不存在于现实世界的彼岸，而必须植根于现实生活并以提升现实的个人的尊严和幸福为根本旨趣。这即是说，面对未来的理想寓于现实世界之中，它是在对现存世界中一切把人当成工具和手段、侮辱人和损害人的观念、行为和社会关系的批判和否定中彰显出来的对人的更美好的生存状况的憧憬和追求。马克思曾言，他的哲学的根本旨趣“不在于教条式地宣告未来，而是要在批判旧世界中发现新世界”，这一论述所表达的正是这种立足于现实生活，同时又不屈从于现存状况并向未来不断敞开的理想主义精神。

如前所述，我们应该把现实中的每一个人都视为目的，但必须直面的一个基本事实是，在历史和现实中，无论是抽象观念还是现实中运作的抽象力量，使得“抽象对人的统治”成为现实中个人难以摆脱的境遇。所谓抽象观念，即是种种那种宣称提供了最高真理、绝对价值和最高目的的普遍性、总体性的权力话语，正像施蒂纳警告过的，这种思想文化观念一旦成为“圣物”，就会成为人大脑中的一个“轮子”，成为控制人的生命、阻碍社会发展的异化力量。① 所谓“抽象力量”，所指的是企图控制社会生活全部领域的总体性的社会力量，例如封建社会“控制一切”的专制行政权力，资本主义社会企图吞噬一切的不断增殖、无所不入的资本逻辑的专横统治，等等，当这些“抽象力量”成为统治现实生活的唯一的、绝对的存在之时，人的生命中一切丰富的因素，社会生活中的一切内容，都将被还原和蒸馏为干瘪的、单向度的苍白幽灵。因此，无论“抽象观念”还是“抽象力量”，它们对个人的统治将使个人或者成为“抽象观念”的工具，或者成为“抽象力量”的玩偶，很显然，在此条件下，“人是目的”这一价值必然不可能得到真正落实和体现。

正是通过对上述人被“工具化”和“玩偶化”的生存状态的反驳和超越，理想的维度获得了坚实的根基和真实的内容。克服抽象观念和抽象力量对人的统治，减少现实生活中侮辱和损害人的种种现象，不断推动我们的世界朝更加有利于人的尊严和价值得到保障和实现的方向努力，让每个人成为目的以及我们的社会生活成为“目的王国”越来越可以亲身感受到的现实，这就是我们所应确立的基本价值理想。

从以上讨论可以看出，如果我们消解以往理解“目的”与“手段”关系的那种传统形而上学思维方式和理论原则，超越“目的”与“手段”之间抽象的二元对立，把“目的”把握为“现实的个人”，把“理想”把握为不断否定将人作为“手段”的抽象观念和力量，努力实现“人是目的”这一基本价值，前述“手段”的任性与“目的”的异化就将得到切实的克服，历史上种种贯彻形而上学思维方式和理论原则所形成的“目的”和“手段”关系所包含的深刻困境也将因此被真正克服。尤其重要的是，这种关于“目的”和“理想”观念的转变，将对现实生活实践

① ［德］施蒂纳：《唯一者及其所有物》，金海民译，商务印书馆 1989 年版，第 80 页。

产生重大的影响，以这种“目的观”和“理想观”为基点，现实实践中任何把个人当成“手段”（哪怕是为了最动人的理想）的观念和做法都将失去合法性，一种与人的生命要求相适应的崭新价值观念将被确立起来，并因此深刻地推动社会的文明进步。

（原载于《社会科学研究》2016 年第 1 期）

“关系理性”与真实的“共同体”

中哲、西哲、马哲的对话与汇通，关键在于捕捉到我们时代具有实质性意义的重大理论与现实课题。在这个过程中，中哲、西哲、马哲的理论资源都将被激活，并以一种内在而非外在的方式实现对话、交汇与融合。因此，以重大问题为导向，是进一步推进三者对话与融合的重要生长点。“关系理性”与真实的“共同体”即是这样一个具有重要理论与现实意义的课题。本文试图通过对这一问题的探讨，展开中哲、西哲、马哲对话与汇通中一个具有生发性的思想视野。

一　“主观理性”与“共同感”的矛盾：现代性深层的“二律背反”

理性是哲学中最为根本的概念之一，虽然人们经常赋予它以不同的内涵，但没有人否认，对理性的反思和自觉是哲学的重大主题。哈贝马斯这样说道：“从历史起源以来，意见和行动的合理性就是哲学研讨的一个论题。我们甚至可以说，哲学思维本身，就是从体现在认识、语言和行动中的理性反思中产生的。哲学的基本论题就是理性。”① 从词源上考察，理性由逻各斯一词引申而来，逻各斯的通常解释是：理性、判断、概念、定义、根据、关系，② 意味着“最真实的存在”、“最根本的真理”，构成人和万事万物都须服从的根本尺度与法则。在哲学的意义上，理性构成人的

① ［德］哈贝马斯：《行动的合理性和社会合理化》，载《交往行动理论》第 1 卷，洪佩郁等译，重庆出版社 1994 年版，第 14 页。

② 参见［德］海德格尔《存在与时间》，陈嘉映等译，生活·读书·新知三联书店 1999 年版，第 38 页。

思想和行为的终极根据和源始出发点，对其进行自觉理解和反思，是哲学最为重大的议题。

哲学以"理性"为重大议题，但在不同历史阶段，"理性"却被赋予了不同内容并表现为不同形态。哲学作为一种以反思意识的方式表达对人自身生存性质、生活价值以生存状态理解的特有意识形式，它对理性的理解和反思，是与人的生成、发展过程相适应着的。理性形态的转换和变革，在深层根植于人的生存方式的变化，体现不同历史发展阶段人具体的生存特性与发展要求。

从历史上看，"理性"最早表现为"客观理性"。这是一种与前现代的传统社会人们的生存活动方式相适应的理性形态，它代表着普遍性的、强制性的外在客观价值尺度，为传统社会的存在合法性提供着价值规范基础。按照马克思的观点，传统社会属于人的发展的"群体本位"阶段，它意味着个人是"一定的狭隘人群的附属物"，① "共同体"的利益拥有压倒一切的优越地位，服从共同体的需要，是个人思想和行为的最高价值原则。在此条件下，共同体所极力维护的必然是支配着个人和社会生活全部领域的普遍的、强制性的价值法则，个人所信奉的也必然是外在于他并支配着他的抽象共同体的普遍的、永恒的价值尺度。经典社会理论家如涂尔干从另一角度同样指出，传统社会的根本特点是"同质性"与"未分化性"，同质的、未分化的社会需要同质性的价值情感和信仰，来维系着整个社会的机械有序性并实现社会整合，涂尔干把它称为"集体意识"。② 罗蒂曾从哲学层面这样描述人们所遵循的这种客观理性形态："当柏拉图尝试回答'为什么正义符合个人的利益?'，或当基督教宣称'人可以由服务他人而获得完美的自我实现'时，他们背后的企图都是希望将公共和私人融为一体。为了以这类形而上学或神学的角度，把完美的追求和社会整体感结合起来，他们要求我们承认人类有一个共通的人性。"③ 这种个人之上的、把"公共"与"私人"统一为一体的、共同体的价值准则，所体现的即是"客观理性"形态。

① 《马克思恩格斯全集》第30卷，人民出版社1995年版，第22页。

② ［法］涂尔干：《社会分工论》，渠东译，生活·读书·新知三联书店2000年版，第42页。

③ ［美］罗蒂：《偶然、反讽与团结》，徐文瑞译，商务印书馆2003年版，第3页。

在西方古代哲学中，柏拉图可以说是这种“客观理性”最具代表性的自觉表达者。他认为，理性的源泉在于客观的、超感性的理念世界，在他看来，善的理念是“一切事物中一切正确者和美者的原因，就是可见世界中创造光和光源者，在可理知世界中它本身就是真理和理性的决定性源泉；任何人凡能在私人生活或公共生活中行事合乎理性的，必定是看见了善的理念的”。人所应该做的，是以灵魂之眼，“正面观看实在，观看所有实在中最明亮者”。[①] 柏拉图的这种“理念论”构成了其理解和设计“理想国”的根据。可以说，其“理想国”在深层表达了人在“主观理性”尚未生成、抽象“共同体”占据主导地位条件下的生存性质。黑格尔通过对柏拉图的批评表达过这一观点，他指出，古代共同体奉行的是“共有产权”：“柏拉图理想国的理念侵犯人格的权力，它以人格没有能力取得私有财产作为普遍原则。人们虔敬的、友好的，甚至强制的结义拥有共有财产以及私有制原则的遭到排斥，这种观念很容易得到某种情绪的青睐。”[②]

然而，从传统社会向现代社会的转型，却从根本上瓦解了上述客观理性形态。现代社会人们不再接受把理性视为个人无条件服从的抽象共同体的普遍的最高准则，而是把它规定为个人“主体”的本质属性，即“主观性”。它要求把理性从个人之上的共同体返回到个人自身，强调个人的“主观理性”而非“客观理性”构成人与社会的价值源泉和根据。

在哲学史上，黑格尔是第一个从世界历史的高度对现代性进行全面反思与批判的思想家，[③] 他明确地自觉到，哲学的重大使命就是从思维的角度把握其时代，而用哲学的概念来把握现代，现代性最根本的特质就是以个人“主观理性”取代了传统社会的“客观理性”，使之成为现代社会占据统治地位的支配原则，禀赋主观理性的个人对一切进行自主判断，是现代性的基本标准，黑格尔说道：“一般说来，现代世界是以主观性的自由

---

① 参见［古希腊］柏拉图《理想国》，郭斌和等译，商务印书馆1997年版，第276—277页。

② ［德］黑格尔：《法哲学原理》，范扬等译，商务印书馆1961年版，第55页。

③ 参见［德］哈贝马斯《现代性的哲学话语》，曹卫东译，译林出版社2004年版，第19页。

为其原则的，这就是说，存在于精神整体中的一切本质的方面，都在发展过程中达到它们的权利的"[1]，"主体的特殊性求获自我满足的这种法，或者这样说也一样，主观自由的法，是划分古代和近代的转折点和中心点"[2]。这意味着，从"古代"向"现代"的历史转折，标志着"理性"原则的重大变换，即从"客观理性"向"主观理性"的变换，现代社会的成就与危机，均在这种"理性"原则的转换中有着深层的根源。

众所周知，现代西方哲学是以笛卡尔的"我思"概念为开端的。黑格尔这样概括道，"从笛卡尔起，我们踏进了一种独立的哲学。这种哲学明白：它自己是独立地从理性而来的，自我意识是真理的主要环节。……在这个新的时期，哲学的原则是从自身出发的思维，是内在性，这种内在性一般地表现在基督教里，是新教的原则。现在的一般原则是坚持内在性本身，抛弃僵死的外在性和权威，认为站不住脚"。它强调：存在物要被人认识到，须呈现为人的思维领域中的意识事实，必须以"我的心"、"我的意识"作为先在的逻辑根据，也即必须以主观意识的"自我"作为一切关于对象知识的基础，个人主体因此成为世界的立足点和中心。[3] 可以说，自笛卡尔以来的现代西方哲学就是一个使主观意识的"自我"不断地实现中心化，并以"自我"为中心，为知识与存在确立一劳永逸的基础的过程。

现代西方哲学把"我思"确立为一切确定性和真理赖以立足的基石，这种哲学观念以一种反思意识的形式集中表达了现代人和现代社会的理性信念。它深植和奠基于现代人的生存活动方式和生活世界，体现和凝聚着现代性的根本精神。马克思曾指出，自然发生的"人的依赖关系"是人的最初存在状态，而"以物的依赖性为基础的人的独立性"构成人类发展的第二大阶段，[4] 如果说前述"客观理性"是与人的发展第一阶段相适应的理性形态，那么，"主观理性"就是与人的发展第二阶段相适应的理性形态，表达着现代人要从抽象共同体的统治中摆脱出来，追求个性自主和独立的价值旨趣，在此意义上，从"客观理性"向"主观理性"的转

① ［德］黑格尔：《法哲学原理》，范扬等译，商务印书馆 1961 年版，第 291 页。

② 同上书，第 126—127 页。

③ ［德］黑格尔：《哲学史讲演录》第 4 卷，贺麟等译，商务印书馆 1996 年版，第 59 页。

④ 《马克思恩格斯全集》第 30 卷，人民出版社 1995 年版，第 107 页。

换，在深层体现着现代人生存方式和发展要求的深刻变化。正如哈贝马斯所指出的，“主观理性”不仅构成哲学意义上的知识与存在的根据，更是现代以来人们确立人与社会生活价值的规范性源泉，它要代替中世纪上帝的神圣权威，为人生意义、社会理想、道德价值等确立一劳永逸的基础。他说道：“在现代，宗教生活、国家和社会，以及科学、道德和艺术等都体现了主体性原则”[①]，正是“主观理性”原则，支撑了宗教改革、启蒙运动和法国大革命，确立了现代文化形态。人们相信，通过人的主观理性能力的发挥，不仅能实现对“自然的统治”并把人从自然的支配中解放出来，而且能够控制社会生活中统治着人的异己力量，破除偏见、迷信和外在权威对人的统治，从而克服一切外在束缚，使自身真正成为自律、自主、独立的“主体”，实现自我救赎和解放，在此意义上，“主观理性”取代了中世纪的“上帝”的神性，被确立为现代社会的价值规范基础，它不仅是哲学的思想原则，而且是体现在现代社会生活中人们的生活实践原则。

以“主观理性”取代“客观理性”，这一理性形态的重大转换，标志着现代性精神的确立。从历史的观点看，毫无疑问，个人“主观理性”的自觉和挺立，是现代性不可否认的重大成果。但与此同时，今天我们需要反思个人“主观理性”的膨胀所带来的重大挑战，而在诸种挑战中，“生活世界统一性”的危机以及由此所导致的人们“共同感”的丧失，对于今天人们的现实生活尤其具有十分特殊和迫切的意义。

所谓“生活世界统一性”是指社会生活中人们通过某种共同纽带所形成的生活世界的整体性，亦即通过某种普遍承认和一致接受的方式相结合，形成一个相互依赖和结合的共同体。所谓“共同感”是指社会生活中的个体对于“共同体”的归属感和认同感。在“客观理性”占据主导地位的条件下，“生活世界统一性”以及以此为前提形成的人们在社会生活中的“共同感”具有“自然而然”的性质。如前所述传统社会是以“共同体”为主导的社会形态，共同体所要求的普遍性、强制性的价值准则，成为所有共同体成员无条件服从和遵循的价值共识，就像黑格尔在《精神现象学》中所描述的那样，在此情况下，“伦理行为的内容必须是实体性的，换句话说，必须是整个的和普遍的；因而伦理行为所关涉的只

① ［德］哈贝马斯：《现代性的哲学话语》，曹卫东译，译林出版社2004年版，第22页。

能是整个的个体，或者说，只能是其本身是普遍物的那种个体”,[①] “个体”成为“普遍物个体”，这意味着，整个社会生活共同体以稳固的，且被所有人一致认同的“集体意识”为纽带，维系着人们生活世界的整体性，与此相辅相成的是，生活在共同体中的所有成员也把自身存在与共同体的整体利益结合在一起，并由此生成一种“休戚与共”的“共同感”。柏拉图曾在《理想国》中说道，“对于一个国家来说，还有什么比闹分裂化一为多更恶的吗？还有什么比讲团结化多为一更善的吗?”发现一劳永逸的途径和纽带，来避免“化一为多”的“分裂”而实现“化多为一”的“团结”，从而达到人们在社会生活中的“苦乐同感、息息相关”,[②] 这是“理想国”的重要功能。在一定意义上，可以说，柏拉图所描述的“理想国”以一种生动的方式表征了传统社会人们生活世界的整体性以及人们在共同体中所享有的“共同感”。

然而，个人的“主观理性”却恰恰是以摆脱和破除上述“生活世界统一性”和共同感为基本诉求的。黑格尔曾指出，个人“主观理性”在根本上所代表的是一种“知性原则”，它实质上是“以一种知性的方式设定无限”，这使得它不可避免地内蕴和遵循着“对象化”与“统治性”的逻辑。作为“对象化”逻辑，它遵循着“主客二元对立”的原则，把自我确立为主体，与把自我之外的他者规定为“客体”不可分割地关联在一起。“主观理性”原则把主观意识的“自我”实体化为“主体”，强调自我意识的同一性，是保证其他一切存在者存在的最终根据，立足于这种“自我”，一切自我之外的“他者”都是与“我”相对立并由“我”所规定，人与人之间的关系成为一种互为对象性关系。这使得“主观理性”原则充满控制性、征服性的“暴力”，体现在对他人的关系上，必将把他人“作为客体加以压迫”。个人不仅把社会共同体视为只有工具性价值，也视他人只有工具性价值，由此必然导致社会生活共同体的分裂和“伦理总体性”的瓦解。

在黑格尔看来，个人“主观理性”的这种“对象性”逻辑在现代社会的“市民社会”得到了最集中的体现：“市民社会是个人私利的战场，

---

① ［德］黑格尔：《精神现象学》下卷，贺麟等译，商务印书馆 1979 年版，第 9 页。

② ［古希腊］柏拉图：《理想国》，郭斌和等译，商务印书馆 1997 年版，第 197、200 页。

是一切人反对一切人的战场，同样，市民社会也是私人利益跟特殊公共事务冲突的舞台，并且是它们二者共同跟国家的最高观点和制度冲突的舞台。”[①] 在几乎相同的意义上，马克思指出：“在‘市民社会’中，社会联系的各种形式，对个人说来，才表现为只是达到他私人目的的手段，才表现为外在的必然性。”[②] 可见，当“主观理性”成为现代社会的支配原则时，社会将成为因自利目的而结合在一起的个人的聚合体，并因此而丧失内在的统一性。

很显然，与“生活世界统一性”的丧失相伴随，社会生活中人们之间的休戚与共、息息相关的“共同感”也必然随之消退。一方面，社会生活的“机械团结”取代了传统社会的“有机团结”，原子式的个人之间或基于“劳动分工”，或基于形式化和理性化的“契约”、“规则”形成人与人之间的人际关系，实现着不同个人之间的结合。正如滕尼斯指出的，在这种状态下，“尽管有种种的结合，仍然保持着分离。……在这里，人人为己，人人都处于同一切其他人的紧张状况之中。他们的活动和权力的领域相互之间有严格的界限，任何人都抗拒着他人的触动和进入，触动和进入立即被视为敌意”。[③] 如果在传统社会，每个人都属于共同体，“都感到自己的血循环于这一群体的血液之中的，自己的价值是群体精神中的价值的组成部分。共同感觉、共同愿望——负担着全部价值”，那么，在个人主观理性占据主导的现代社会，共同体的价值“只是投在个人身上的价值之和……或者，说得更简单些：‘社会’——恣意的、人为的、基于诺言和契约的人际关系取代了‘群体’及其结构”，[④] 舍勒把个人“主观理性”对于“共同感”的这种“胜利”，称为“价值的颠倒”，很显然，在此条件下，人与人之间那种休戚与共的“共同感”必然不复存在另一方面，个人“主观理性”必然使得价值上的“个体主义”取代价值上的“共同体主义”，这进一步加重了“共同感”的危机。现代人不

① ［德］黑格尔：《法哲学原理》，范扬等译，商务印书馆 1961 年版，第 197、309 页。

② 《马克思恩格斯选集》第 2 卷，人民出版社 2012 年版，第 684 页。

③ ［德］滕尼斯：《共同体与社会：纯粹社会学的基本概念》，林荣远译，商务印书馆 1999 年版，第 95 页。

④ ［德］舍勒：《价值的颠覆》，罗悌伦等译，生活·读书·新知三联书店 1997 年版，第 153—154 页。

再能忍受和臣服于凌驾于其上的神圣权威的统治，每一个生命个体把他的主观理性看成绝对性，主观性的个人被视为价值的最高主宰者和立法者。一切价值判断都是自我“个人意志”的产物，一个人接受这种价值而拒斥另一种价值，最后的根据和权威完全是他自身，于是，“道德行为者从传统道德的外在权威中解放出来的代价是，新的自律行为者的任何所谓的道德言辞都失去了全部权威性内容。各个道德行为者可以不受外在神的律法，自然目的论或等级制度的权威的约束来表达自己的主张”。① 这表明，价值判断失去统一性，就如同麦金太尔等人所指出的，陷入了价值上的主观主义和情感主义，而失去了基本的价值共识，必然意味着人与人之间内在的、相互依赖的“共同感”处于危机之中。

“主观理性”与“共同感”的分裂，这是现代性最为深刻的矛盾和困境之一。应人的“群体本位”状态，人们形成了“客观理性”，适应人的发展要求，又进一步生成和发展了“主观理性”。“主观理性”的自觉和高扬，解除“客观理性”对人的压抑，使人获得了重大解放。但是，个人“主观理性”是一种包含重大片面性的理性形态，这种片面性在当代人生活中已经充分暴露了其弊端与困境。人的自我认同的危机、人与人关系的紧张，不同种族、民族与文化之间的冲突，乃至人与自然关系的对立所导致的生态危机（正如莱斯所指出的，人对自然的控制实质上反映的是人与人的关系，即“一些人企图统治和控制他人”②），等等，都在这一矛盾和困境中有着深层的根源。要克服这一深层矛盾，我们必须适应人面向未来的生存发展要求，寻求理性形态的当代转换。

二 “关系理性”与“为他人的主体性”：重建“共同感”的前提

“主观理性”与“共同感”的分裂这一现代性的重大挑战，迫切要求人们对“性”观念进行深刻反省与重建。从历史上看，个人“主观理性”的挺立，意味着个人从“共同体”的束缚中摆脱出来，获得了一定的自

① ［美］麦金太尔：《德性之后》，龚群等译，中国社会科学出版社1995年版，第87页。

② ［加］莱斯：《自然的控制》，岳长龄等译，重庆出版社1993年版，第109页。

由和独立。以“主观理性”取代传统社会的“客观理性”，这是个人自我生成和自我发展过程中的一个重要环节，不如此，个人无法挣脱个人对他人完全屈从的依赖关系而实现个人的人格独立与自由。

但是，个人“主观理性”的主宰地位以及由此所带来的共同体的崩解和“共同感”的消失，对于人的整全存在来说，却又是一个巨大的损失。鲍曼曾这样富有诗意地描述道：“‘共同体’意味着的并不是一种我们可以获得和享受的世界，而是一种我们将热切希望栖息、希望重新拥有的世界。”① “共同体”带给人确定性、安全感和归宿感，这同样是人的生命存在的内在需求。然而，随着个人的“主观理性”成为支配人们生活的依据，不同个体之间相互依赖的家园感却远离我们而去。坚持个人“主观理性”，却意味着共同体的消逝，而坚持“共同体”的实在性，却又可能导致历史上种种抽象“共同体”对个人独立人格和自由伸展的压制。这一悖论表明，要克服个人“主观理性”与“共同感”的分裂，实质上就是要超越“个人自由”与“共同体”之间的矛盾。

按照威廉斯的专门研究，“community”（共同体）这一英文词最早可追溯为拉丁文“communis”，意指“普遍”、“共同”，“community”意味着由某种共同的纽带了连接起来的生活有机体。② 在社会思想史上第一个对“共同体”进行专门探讨的是德国社会学家滕尼斯。在他看来，人与人通过相互结合所形成的“现实的和有机的生命”，就是共同体，“共同体的理论出发点是人的意志完善的统一体，并把它作为一种原始的或者天然的状态”。③ “共同体”与拥有相同身份与特质的群体有关，是建立在自然基础上的、历史和思想积淀的联合体；是相关人群共同的本能、习惯与记忆；是人们对某种共同关系的心理反应，表现为直接自愿、和睦共处、平等互助的关系。按照这种理解，“共同体”至少具有如下基本特征。第一，它代表一种通过人们之间的内在结合而形成的特殊的生存方式和生活样式。第二，共同体的所有成员在情感、信念、价值等方面都处于共享状

① ［英］鲍曼：《共同体》，欧阳景根译，江苏人民出版社2007年版，第4页。

② 参见［英］威廉斯《关键词》，刘建基译，生活·读书·新知三联书店2005年版，第79页。

③ ［德］滕尼斯：《共同体与社会：纯粹社会学的基本概念》，林荣远译，商务印书馆1999年版，第52、58页。

态。第三，人在互相依赖中获得安全感、确定性和归宿感。血缘共同体、地缘共同体、精神共同体①等即是最典型的共同体形式，家庭、部落、氏族、城邦等都是共同体的具体表现。

很显然，对共同体的上述理解主要是以传统社会人们的生存方式和生活样式为原型的。今天的人们尽可以把它想象为田园诗般的、和谐美妙的生活景象，然而，暂且不论这种想象是否具有真实的历史依据，今天重提并思考共同体的可能性，需反思的一个前提性问题是：这种原始共同体是否有可能在当代社会的语境中恢复和重建？在此问题上，我们同意马克思的基本观点，那就是"应当避免重新把'社会'当作抽象的东西同个体对立起来"，② 试图否弃现代性的成果，即以"主观理性"为核心的"个人主体性"所建立的"共同体"，只能是一种"虚幻的共同体"。

我们认为，今天对理性进行反省与重建，必须以当代人的生存发展要求作为基本坐标。马克思指出，人的发展在经历"人的群体本位"和"以物的依赖性为基础的人独立性"阶段之后，"建立在个人全面发展和他们共同的社会生产能力成为他们社会财富这一基础上的自由个性"，应成为人的新的发展要求。今天我们寻求新的理性形态，必须适应人的这一发展要求，既不能停留于"主观理性"，同时也不能回归传统社会"共同体"所代表的"客观理性"，而应在充分尊重和保留个人"主观理性"积极成果的前提下，克服其封闭和孤立的实体性，打开"个人"与"他人"之间的通道，从而为形成一种承认个人的自由人格，同时又为生成人与他人之间的"共同感"提供可能性。这种新的理性形态就是"关系理性"。

"关系理性"是一种在超越实体化、单子化个人的社会关系中，去理解"个体"的存在规定、生存意义和根据的理性。它既要求破除人的自我理解问题上的"唯实论"，也要求破除人的自我理解问题上的"唯名论"；既融解和扬弃人的"普遍本质"，也融解和扬弃孤立"自我"的实体化。它要求从"关系"而不是从"实体"出发对人的现实存在进行规定，现实的人不能被解读为"普遍的人的本质"的显现和定在，也并非

① 参见［德］滕尼斯《共同体与社会：纯粹社会学的基本概念》，林荣远译，商务印书馆1999年版，第65页。

② 《马克思恩格斯全集》第3卷，人民出版社2002年版，第302页。

孤立的“个体”，而是与自我发生关系同时也与他人发生关系的“关系中的个体”。

具体而言，“关系理性”具有如下双重旨趣。第一，它要求从人与人的“交互性关系”理解人的存在。所谓“交互性关系”，是“一种既实现共同规划又支持每个人各有差异的规划的社会合作模式”，在其中，“每一个人都承认另一个人的自由并且都是为了提高另一个人的自由而行动的”,[①]“交互性”意味着人与人之间彼此的相互承认，就像马克思所概括的那样，在这种关系中，每个人成为“他自己为别人的存在，同时是这个别人的存在，而且也是这个别人为他的存在”,[②] 在此意义上，“关系理性”原则拒斥一个人对另一个人或一群人对另一群人的外在支配和控制，强调任何单方面的权力意志和控制欲望都是与“关系理性”原则相违背的。第二，它要求从人与人的“互依性关系”理解人的存在。所谓“互依性”，意味着人与人之间的互相依赖、互为目的，强调只有在“自身”与“他者”的交织中，个人才能真正确立起“自我”人格的同一性和实现自身发展，“自身性”与“他者性”乃是不可分割的一体之两者，离开“他人”以及与“他人”的相互构成关系，所谓“自我”将成为毫无内容的空无，因此，每个人都不应把别人当成实现自己欲望和利益的工具和手段，而应彼此视为成就自身的目的。马克思曾批判资本主义社会“利己主义领域的、一切人反对一切人的战争的精神”,[③] 认为它“使人的世界分解为原子的相互敌对的个人的世界”,[④] 批判资产阶级国民经济学家试图从“贪欲以及贪欲者之间的战争即竞争”[⑤] 出发把资本主义社会关系永恒化，所表达的正是对人与人“工具性关系”的否定以及对“互依性关系”的追求。

“关系理性”不同于“客观理性”。如前所述，“客观理性”是与人的群体本位、发展阶段相适应的、前现代社会占据主导地位的理性形态，

---

① ［美］古尔德：《马克思的社会本体论：马克思社会实在理论中的个性和共同体》，王虎学译，北京师范大学出版社 2009 年版，第 143 页。

② 《马克思恩格斯全集》第 3 卷，人民出版社 2002 年版，第 298 页。

③ 同上书，第 174 页。

④ 同上书，第 196 页。

⑤ 同上书，第 266 页。

代表着要求个人无条件服从的、普遍性的、强制性的价值尺度与标准。它相信，个人只有在抽象的“共同体”中才成为“人”，个人存在价值和意义不在自身而在个人之上的“共同体”，它完全忽视和压制个人的“主观理性”，认为只有“共同体”才是人的化身。在此条件下，不可能形成人与人之间平等和开放的交往关系，更谈不上人与人之间的“自由联合”。与此不同，“关系理性”则要求破除与个人相对立的抽象“共同体”的统治，充分吸取现代性在推动个人的独立和解放方面的积极成果，是在对个人“主观理性”批判反思的基础上并对之采取“扬弃”态度的结果，它承认个人独立的价值和意义并以此为基础，去寻求人与人之间的自由交往和联合。对于二者的这种重大区别，马克思曾这样论述道：“在过去的种种冒称的共同体中，如在国家等等中，个人自由只是对那些在统治阶级范围内发展的个人来说是存在的……从前各个人联合而成的虚假的共同体，总是相对于各个人而独立的……它不仅是完全虚幻的共同体，而且是新的桎梏。在真正的共同体的条件下，各个人在自己的联合中并通过这种联合获得自己的自由”[①]，在“虚假共同体”成为马克思所说的人生存发展“桎梏”的条件下，人们的思想和行为必然会以抹杀个人的“客观理性”为依归，而马克思所说“各个人在自己的联合中并通过这种联合获得自己的自由”，所体现的正是“关系理性”的自觉。

“关系理性”也不同于个人“主观理性”，如前所述，个人“主观理性”是现代社会占据主导地位的理性形态，它把“个人”视为“没有窗户”的封闭实体，它以个人的“小我”取代了抽象“共同体”的“大我”，认为个人的“主观理性”构成人的思想和行为的终极根据。很显然，以此为前提，它必然以“自我”为中心并把他人视为“客体”和“对象”，其极端膨胀将导致人与人之间的分裂和对立。与此相区别，“关系理性”则要求打开个人主观性封闭的“窗户”，让人从“孤立的自我主体”困境中走出来，寻求“建立在人们的现实差别基础上的人与人的统一”,[②] 在“个人”与“他人”的内在关系中重新理解和确立自身思想和行为的根据。

---

① 《马克思恩格斯选集》第 1 卷，人民出版社 2012 年版，第 199 页。

② 《马克思恩格斯全集》第 47 卷，人民出版社 2004 年版，第 73 页。

可见，“关系理性”试图实现对抽象共同体的“客观理性”与个人“主观理性”的双重超越，意味着对人的存在的“实在性”的重新规定，它要求在人的自我理解问题上实现理解方式和思维原则的根本改变，即实现从“实体思维”向“关系思维”的转换。它要求既融解和扬弃人“普遍本质”，也融解和扬弃孤立“自我”的实体化，同时又努力把人的“个性”与“普遍性”内在统一起来，实现对人的具体的、历史的理解。它的基本信念是：“个人”就其真实存在而言，不能脱离与他人的“在”关系而存在，或者说，“关系中的个人”而非“实体化的个人主体”是人的“本真存在”状态。“人生在世”，如果说“世界”构成了人的存在的内在规定，那么所谓“世界”，最根本的就是人与他人的“共在”中所展开的生存空间与生活境遇。

“关系理性”的确立，是人的自我理解的一次重大深化，它代表着一种新的人的“主体性”观念的确立，这种“主体性”不再是孤立的实体化的“自我”，而是只有在与他人的关系中才能确立的新型“主体性”，我们可以称之为“为他人的主体性”。

首先，它自觉地意识到，每一个生命个体的存在和成长，都离不开与他人的“共在”关系。“我”的存在意味着我“生活”，我“做事”，而无论“生活”还是“做事”，都已“先在”地处于与“他人”的共在关系中，离开这种关系，个体既无法存在，也无法生活与做事。企图否定这一事实而把“自我”实体化和总体化，是“自我”的僭妄。

黑格尔在《精神现象学》中对此进行过精彩描述，在黑格尔看来，人之区别于动物，在于人的欲望的满足与动物有着根本不同，动物欲望通过“消灭客观的对象”得到满足，人的欲望之所以具有“人性”，在于人的每一个欲望，都最终是与获得他人“承认”的欲望内在联系在一起的，黑格尔说道：“这里的问题是一个自我意识对一个自我意识。这样一来，它才是真实的自我意识；因为在这里自我意识才第一次成为它自己和它的对方的统一……精神是这样的绝对的实体，它在它的对立面充分的自由和独立中，亦即在互相差异，各个独立存在的自我意识中，作为它们的统一而存在：我就是我们，而我们就是我。”①

① ［德］黑格尔：《精神现象学》上卷，贺麟等译，商务印书馆1979年版，第122页。

黑格尔试图告诉人们："自我"之所以成为可能，前提在于与其"自我"的"共在"以及其他"自我"对他的承认。马克思从人作为"社会存在物"的角度，进一步指出：人的生命表现，"即使不采取共同的、同他人一起完成的生命表现这种直接形式，也是社会生活的表现和确证。人的个体生活和类生活不是各不相同的，尽管个体生活的存在方式是——必然是——类生活的较为特殊的或者较为普遍的方式，而类生活是较为特殊的或者较为普遍的个体生活"。[①]"类"意味着每个人与他人相互交往形成的社会生活，所有这些都向我们彰显了一种对于人自身形象的自觉。正如"自我"是他人存在密不可分的环节一样，"他人"同样构成"自我"成为可能的基本条件。

其次，与上述内在相关，每一生命个体的存在意义和价值的实现、幸福的获得和实现，都离不开与他人的"共在"并以"他人"为条件。如果有人认为离开和排斥"他人"，"占有欲"得到越大程度的满足，其存在的意义和价值就越大，那么这是一种自欺欺人的幻觉。"自我"利益的最大化无助于幸福的最大化，孤立的"自我"把膨胀一己欲望视为生活意义和人生幸福的源泉，结果恰恰是对生活意义和幸福的否定。霍耐特曾中肯地说道："与爱、法律和团结相关的承认形式提供了主体间的保护屏障，保护着外在和内在自由的条件，无强制地表达和实现个体生活目标的过程就依存于这些条件。"[②] 有效地抵御侮辱、蔑视和暴力对公共生活及其成员的侵害，这是每一个人获得生存意义和生活幸福的基本前提。

"为他人"的"主体性"，既区别于"大写的人"，即实体化的"共同体"，又区别于"小写的人"，即实体化的"自我"，把"自我"与对他人的责任内在地统一起来，把"自己"与"陌生人"内在地关联在一起。法国哲学家列维纳斯通过对现代哲学"自我中心主义"的、以"反对他人"为取向的"主体性"观念的反省，认为与"他者"的关系是主体性的基本条件，他把人的"主体"描述为"同中之他"，把与"他者"的相遇视为"主体"的内在构成要素，把对"他人"的责任视为"主体性"的确证与自觉。这种与"自我中心主义"不同的"主体性"，与本文

---

① 《马克思恩格斯全集》第3卷，人民出版社2002年版，第302页。

② ［德］霍耐特：《为承认而斗争》，胡继华译，上海人民出版社2005年版，第181页。

所说的“为他人”的“个人主体性”具有共同的旨趣，那就是要真正突破“共同体”与“自我”的实体化，确立每一个“自我”对于“他人”的道德责任。

可以看到，“为他人的主体性”观念要求拆除“自我”与“他人”之间的樊篱，自觉意识到“自身性”与“他者性”之间不可分割的辩证关系，把“自我”的存在及其生存意义与“他人”内在关联，强调离开“他人”的维度，个人的“主体性”将失去存在的根据和依归。这为克服个人“主观理性”与“共同感”的矛盾，重建真实的“共同体”提供了前提。在此意义上，“关系理性”代表着一种区别于抽象的“主观理性”与“客观理性”的新型理性，意味着哲学对自身思想任务和价值立场新自觉。

三 “关系理性”与哲学价值立场的当代自觉

哲学对“关系理性”的自觉，既是人的自我理解的深化，也是对哲学思想任务和价值关怀在当代理论与现实语境中的一次重新设定。对于中哲、西哲、马哲来说，在推动个体自由发展的同时，促进人们之间的自觉联合，应成为其自觉的哲学意识和价值眷注。

哲学自产生以来，就试图通过对理性的自觉反思，为人的思维、存在和价值奠定最坚实的基础。哲学对理性的理解与人们的生存方式是内在相关的，无论是“客观理性”还是“主观理性”，实质上都是以思想的方式凝聚和映射着人的历史生存状态。

对于当代哲学来说，由于现代性所蕴含的深刻困境，内在地要求哲学对现代性的深层哲学根据，即以“主观理性”为核心的“主体性”观念进行深入的批判性反省，为哲学自身重新寻求存在根据和价值立场，这是当代哲学所面临的重大挑战。对此，美国哲学家多尔迈引用加塞特的话说道：“假如这个作为现代性根基的主体性观念应该予以取代的话；假如有一种更深刻更确实的观念会使它无效的话，那么这将意味着一种新的气候、一个新的时代的开始。”① 超越曾经作为哲学阿基米德点的“主体性”观念，意味着对哲学提出重大课题：哲学在当代所应持有的价值立场和价

① ［美］多尔迈：《主体性的黄昏》，万俊人等译，上海译文出版社 1992 年版，第 1 页。

值坐标是什么？哲学应以何种价值理念作为自身安身立命的根基？

面对这一挑战所产生的对哲学理性的怀疑主义和悲观主义，是当代哲学中一个十分重要的理论现象。这集中体现于一种基本观念，即认为一旦确立某种肯定性的价值立场，就难以摆脱"主体中心主义"的陷阱，而不能摆脱以主体为中心的"主观理性"，就无法真正克服现代性。因此，要彻底告别现代性，就必须对一切价值立场采取否定和解构的立场。对此，哈贝马斯评价道："这些理论想要指明，近代曾经从中获得自己的自我意识和自己乌托邦期望的那些增强影响力的力量，事实上却可以使自主性转变为依从性，使解放转变为压迫，使合理性转变为非理性。德里达从海德格尔对近代主体性的批判引出了如下结论：我们只有通过无目标的鼓动才能摆脱西方逻辑中心主义这种单调乏味的苦役。……富科把霍克海默尔和阿多尔诺对工具理性的批判，推进为关于力量永恒回归的理论。连他对那一不断更新的旋转式结构的永恒同一的力量循环的宣示，也只能窒息西方文化的自信心和乌托邦的最后一点火花。"[①] 很显然，这种思想观念充满着"主观理性"终结之后，对于理性力量的深深的怀疑主义和悲观主义。

拒绝怀疑主义和悲观主义，却仍执着于陈旧的理性观，这是当代哲学中另一引人注目的现象。这主要体现在两个方面。

一是试图在当代社会继续坚持和捍卫以"主观理性"为核心的个体自我立场，认为与此相违背的观念都是不合时宜的。例如诺齐克的《无政府、国家与乌托邦》，为当代语境中的"个人自由"和"个人权利"的绝对性和无条件性做了新的辩护。在他看来，具有"主观理性"的个人是终极的实体，个人的存在和价值拥有绝对的优先地位。与之相比，包括国家在内的一切共同体都处于从属地位，以"他人"或"共同体"的名义对个人权利和自由的限制，既是对现代社会生活秩序的损害，也是对人之为人的道德价值的亵渎。他理想中的乌托邦是每个人被"当做不可侵犯的个人，不可以被别人以某种方式用作手段、工具、器械或资源的个人：它把我们当做拥有个人权利的人，并带有由此构成的尊严"。[②]

---

① ［德］哈贝马斯：《新的非了然性》，载《哈贝马斯的商谈伦理学》，薛华译，辽宁教育出版社1988年版，第90页。

② ［美］诺齐克：《无政府、国家与乌托邦》，姚大志译，中国社会科学出版社2008年版，第399页。

二是试图回归与复兴以“客观理性”为核心的“共同体”，建立起超越个人“主观理性”的“共同感”。其重要的代表是社群主义。在他们看来，随着个体的“主观理性”占据主导地位，脱离开“共同体”的“自我”成为人们看待世界与他人的出发点，这导致了麦金太尔所说的“无标准的自我”，使人们在价值上失去了“客观标准”而陷入无所皈依的主观主义和相对主义。克服它的一个前提是重新理解人的存在论意义，颠倒被现代哲学所颠倒“个人”与“共同体”关系，把“共同体”视为规定人的存在的根本向度。较之孤立的个体，整体性的社群具有更为源始和基底的真实性。以此为基础，社群主义者进一步论证“共同体”对于道德价值重建所具有的意义：既然“共同体”构成人之为人的基本存在方式，那么，以“个人自我”作为唯一的价值根据就无疑是一种虚妄。与此相对，追求共同体普遍的、共同的善或美德，就应成为每个人的自觉归宿，正是在共同体中，并通过共同体与其他成员实现了主体间的一致性，并真实地体验到一种休戚与共的“共同感”。基于这种观点，社群主义者主张恢复传统的社群制度及其价值的约束力。例如，麦金太尔认为古希腊时期的城邦即是这种完美地体现了人们之间内在统一的共同体。

在上述背景下，哲学对“关系理性”的自觉就显示出了它的特殊意义。它表明，以个人“主观理性”为核心的主体性所确立的价值规范基础的裂变，并不意味着哲学丧失了一切价值根基的可能。哲学可以通过对理性的重新阐释和重置，在一个新的地基上获得自身的价值基点。这一价值基点的核心，即在于克服和超越“主观理性”的狭隘性、封闭性以及由此造成的对“他者”的对象化和控制性欲望，从“自我”与“他人”关系的角度重新理解和阐释“自我”的存在；在推进个人自由发展的同时，促进人们之间的团结与联合，通过人们之间的自由交往、相互承认，推动真实的共同体的生成和创造。以此为价值基点，哲学既摆脱和超越了个人“主观理性”与抽象共同体的“客观理性”的狭隘专断的价值设定，也摆脱和克服了上述在“主观理性”终结之后哲学的怀疑主义与虚无主义，从而使自身获得了一种新的价值自觉。

以“关系理性”为切入点和结合点，马克思主义哲学、西方当代哲学与中国传统哲学将实现内在的汇通，并在思想原则和价值观念上充分关切现实，立足当下，使自身真正成为创造性的思想力量。三者在为推动当代社会克服现代性的“主观理性”与“共同感”的分裂、促进“真实的共同体”生成过程中贡献出智慧。

在西方当代哲学中，通过对现代个人“主观理性”的深刻反思，超越“主观理性”的“个人中心主义”，从“关系理性”视角理解人的真实存在，构成其思考的趋向。比如，维特根斯坦深入地论证了“私人语言”的不可能性，离开与他人的语言游戏和主体间的交流互动，就不可能形成和遵循规则。[①] 这意味着，任何规范的形成都不能把个人的“主观理性”作为出发点，而必须以现实生活中从事社会实践的成员的“相互承认”为前提。海德格尔明确把与他人的“共在”视为“此在”的存在论规定，因而拒绝把自我作为一种没有他人的、现成存在的孤立自我来理解。[②] 舍勒通过对“同情”、“爱”等的现象学分析，深刻地论证了个人与他人之间所具有的不可分离的“共契关系”，等等，都从不同视角显示出从“关系理性”视角重新理解和把握人的存在的趋向。

在西方马克思主义哲学阵营内，哈贝马斯等哲学家更加明确地论证了以“商谈理性”扬弃“主观理性”的范式转换。在“商谈理性”视野中，“个性化”与“社会化”乃是一个二者不可分离的过程，离开人与他人的这种相互承认、相互确证的关系，个人的“主体性”将成为抽象的存在。哈贝马斯的学生霍耐特从青年黑格尔“相互承认”理论出发，进一步阐发了“自我”与“他人”之间互为前提的辩证关系。黑格尔认为，每个人只有“通过它的对方才是它自己”，[③]“不同他人发生关系的个人不是一个现实的人”[④]。霍耐特把黑格尔的这一思想与米德的社会心理学结合起来，系统地论证了“人类主体同一性来自于主体间承认的经验”，[⑤] 从而使“关系理性”成为理解哲学价值规范基础的理论视域。

中国传统哲学有着极为丰富的思想内容，其所蕴含的“关系理性”

---

① 参见［奥地利］维特根斯坦《哲学研究》，汤潮等译，生活·读书·新知三联书店 1992 年版，第 110 页。

② 参见［德］海德格尔《存在与时间》，陈嘉映等译，生活·读书·新知三联书店 1999 年版，第 14 页。

③ 参见［德］黑格尔《精神现象学》上卷，贺麟等译，商务印书馆 1979 年版，第 122、119 页。

④ ［德］黑格尔：《法哲学原理》，范扬等译，商务印书馆 1961 年版，第 347 页。

⑤ ［德］霍耐特：《为承认而斗争》，胡继华译，上海人民出版社 2005 年版，第 77 页。

视域，在经过批判性反思和创造性转换后，理应成为推动当代哲学价值自觉和当代人自我理解的重要思想财富。多数学者承认，中国传统哲学区别于西方哲学的一个重要特质在于其“非实体性”思维。这种“非实体主义”的重要表现之一就是从“关系论”视域来观照世界。例如，高清海就提出：“中国哲学的概念不是西方式的逻辑‘范畴’，也就是说，它不是靠概念体系中的逻辑关系来规定内涵的，而是对事物自身内在关系的直接表征。”[①] 在此意义上，从“关系理性”视角理解和把握人的存在及其价值，这在中国传统哲学中有着丰富的思想资源。联系本文主题，中国传统哲学没有形成如西方现代哲学中那种脱离与他人关系的实体化的“个人主体性”观念，相反，它总是要求从自身与他人的关系中把握和规定人的存在。以儒家哲学为例，其核心概念如仁、义、忠、恕、诚等，所体现的都是从“关系理性”的角度对人的存在论理解。“夫仁者，己欲立而立人，己欲达而达人。”（《论语·雍也》）“己所不欲，勿施于人。”（《论语·卫灵公》）只有在个人与他人的相互对待、相互构成、相互造就的关系中才能生成人自身的存在。荀子亦认为，只有个人与他人的“共在”与“合作”，才是人得以存在的基础。每一个人只有在与人们的关系中，才能获得生存的条件，获得脱离“禽兽”的真正的人的存在应具的规定。把个人实体化，并因此把他人视为“对象”，通过这“主客对立”方式确证个人的“主体性”，这对中国传统哲学思维是一件十分陌生的事情。只有在“诸父有善，诸舅有义，族人有序，昆弟有亲，师长有尊，朋友有旧”（《白虎通·三纲六纪》）的伦理关系中，在“父子有亲，君臣有义，夫妇有别，长幼有序，朋友有信”（《孟子·滕文公上》）的关系认同中，人的存在才能得到确证。

上述中国传统哲学所蕴含的“关系理性”向度表明，它对于人的存在的“他者”维度与“共同体”维度有着自觉的认识。这为克服现代性所造成的个人自由与共同体的分裂提供了深刻的思想智慧。但不可讳言，由于没有经历现代性的洗礼，中国传统哲学中所包含的“关系理性”缺少以“主观理性”为核心的个人主体性这一重要环节，这使得它在面对现代性“主观理性”与“共同感”的分裂时，需要经过批判性改造以获

① 高清海：《中国传统哲学的思维特质及其价值》，《中国社会科学》2002年第1期。

得其当代意义。我们应该清醒地意识到，中国传统哲学关于“他人”和“共同体”的思想植根于中国传统社会的生存方式，尤其是植根于传统宗族与小农社会的生活世界基础，在很大程度上，中国传统文化和社会的伦理价值体系是以直接的血缘亲族关系为中心并向外扩展而形成的。林安梧曾中肯地指出，中国人的道德意识围绕着“血缘性纵贯轴”而展开：“‘血缘性的自然连结’与‘人格性的道德连结’相渗透而成为一体之两面，使得那‘血缘的’不再停留在‘自然的血性’中，而提到了‘道德的感通’这层次，同时也使得‘道德的’不再停留在‘权力的理性的’规约之中，而渗入了‘自然的血性’之中。自然的血性与道德的感通关联成一个整体，不可两分。”① 道德价值规范与血缘亲情、道德性与血缘性内在地连接在一起，使得“共同体”不可避免地具有狭隘性和排他性。但立足于当代人的现生活世界，以一种批判性的态度，剥离其狭隘和排他性内涵，创造性地转换为现代性语境中回应个体与共同体的分裂和矛盾、推动真实“共同体”生成的理论资源和哲学智慧，那么，在此问题上，它与马克思主义哲学、当代西方哲学将可能呈现出相通的思想视域，成为对当代哲学和当代人与社会发展富有启示性的思想资源。

在哲学史上，马克思在现代性语境中深刻地意识到“主观理性”与“共同感”、“个人”与“共同体”分裂，并通过“关系理性”的哲学自觉，寻求弥合分裂，寻求真实“共同体”。在此方面，马克思主义哲学与当代西方哲学、中国传统哲学有着广泛的对话空间。

四 真实的“共同体”超越抽象“主观理性”与“客观理性”

对“关系理性”的自觉，是马克思主义哲学的理论特质和重要贡献。这一点既体现在马克思主义哲学总体性的思维方式和理论原则中，也体现在其具体的理论思想和观点中。他关于“社会关系”及“社会关系中的

① 林安梧：《儒学与中国传统社会之哲学省察：以“血缘性纵贯轴”为核心的理解与诠释》，学林出版社 1998 年版，第 20—21 页。

个人”的思想，可谓最为集中地体现了这一理论特质和贡献。

众所周知，历史唯物主义是马克思最重大的理论贡献之一。恩格斯把历史唯物主义规定为“现实的人及其历史发展的科学”，[①] 马克思在同样的意义上指出历史唯物主义的真正出发点是“从事实际活动的人”。[②] 对“现实的人”的关注，是马克思哲学的重要主题。问题的关键在于：“现实的人”何以获得其“现实性”并避免“抽象性”？

对于马克思而言，“关系理性”的自觉，是超越长期占据主导地位的“实体思维”，并因此克服后者对人的抽象化理解，这是使人获得“现实性”的重要思想前提。在哲学史上，“实体思维”代表着一种追求终极实在并从它出发来理解和规定人与世界的形而上学思维方式，[③] 海德格尔曾这样规定“实体”：“把‘实体’的存在特征描画出来就是：无所需求。完全不需要其它存在者而存在的东西就在本真的意义上满足了实体观念”，[④] “无所需求”即意味着，“终极实在”是自因自足的，它不依赖其他任何存在者而独立存在。在此意义上，“实体思维”实质上是一种“非关系思维”。在人的自我理解问题上，“实体思维”有两种主要表现形式：第一，把人归结为某种抽象的“普遍本质”，在此方面，最典型的代表是黑格尔和费尔巴哈，黑格尔把人把握为“自我意识”的理性存在，费尔巴哈则把人理解为“内在的、无声的、把许多个人自然地联系起来的普遍性”类本质，[⑤] 虽然具体内容截然不同，但在把人归结为抽象的“普遍本质”这一点上，二者皆贯彻着“实体思维”。第二，把人等同于为某种抽象的无所依存的“个人自我”，在此方面，最典型的无疑是施蒂纳作为“唯一者”的“自我”。无论是把人归结为某种“普遍本质”，还是归结为孑然独立的“自我”实体，虽然表现各异，但在实质上殊途同归，他们都脱离人与人的社会关系把握人，结果人都被实体化为抽

① 《马克思恩格斯选集》第4卷，人民出版社1995年版，第241页。

② 《马克思恩格斯选集》第1卷，人民出版社2012年版，第152页。

③ 对形而上学实体思维方式的专门分析与批评，参见贺来《论马克思哲学与形而上学的深层关系——“形而上学”的终结与“形上维度”的拯救》，《哲学研究》2009年第10期。

④ ［德］海德格尔：《存在与时间》，陈嘉映等译，生活·读书·新知三联书店1999年版，第108页。

⑤ 《马克思恩格斯选集》第1卷，人民出版社2012年版，第135页。

象的幽灵。

在马克思看来，要破解人的自我理解上的"实体思维"，把握真正的"现实的人"的存在，就必须自觉地意识到"人不是抽象的蛰居于世界之外的存在物。人就是人的世界，就是国家，社会"，[①] 而"社会本身，即处于社会关系中的人本身"[②]，只有"社会关系中的人本身"才具有真正的现实性。马克思的这一思想集中凝结为这样一个基本判断："人的本质不是单个人所固有的抽象物，在其现实性上，它是一切社会关系的总和。"[③] 对于这一熟知的论述，人们经常或者从常识的意义把它理为流俗的"人际关系"，或者在经验科学的意义上简单地把它理解为人存在的"社会关系网络"，结果其深刻丰富的哲学内涵被遮蔽起来。如果把它与上述哲学史上种种把人抽象化的"实体思维"进行比较，我们就可以看到，这一论断凝结着马克思对黑格尔、费尔巴哈、施蒂纳等人深入反思批判的思想成果，标志着在人的自我理解问题上哲学理论原则和思维方式的重大变换，意味着"关系理性"这一与人独特的存在特性相适应的思想视野的展开。

从"社会关系"的视野理解"人的现实本质"，马克思首先肯定"现实的个人"不能被蒸馏和虚化为人的"普遍本质"。他明确说道："我们开始要谈的前提不是任意提出的，它们不是教条，而是一些只有在臆想中才能抛开的现实前提。这是一些现实的个人，是他们的活动和他们的物质生活条件"，"全部人类历史的第一个前提无疑是有生命的个人的存在。"[④] 这就明确肯定了"个人"作为历史前提的重大意义。但另一方面，作为历史前提的"生命个体"并非世界之外的抽象实体，而是处于"社会关系"之中的"社会化"的"个体"。马克思说道："人是最名副其实的政治动物，不仅是一种合群的动物，而且是只有在社会中才能独立的动物。孤立的一个人在社会之外进行生产——这是罕见的事"[⑤]，"人对自身的任

① 《马克思恩格斯全集》第3卷，人民出版社2002年版，第199页。

② 《马克思恩格斯选集》第2卷，人民出版社2005年版，第791页。

③ 《马克思恩格斯选集》第1卷，人民出版社2012年版，第135页。

④ 同上书，第146页。

⑤ 《马克思恩格斯全集》第30卷，人民出版社1995年版，第25页。

何关系，只有通过人对他人的关系才得到实现和表现"[①]。这两重内涵的统一表明，人既不能被解读为"普遍的人的本质"的显现和定在，也不是脱离他人、与他人对立的"占有式"的个人主体，而是与自我发生关系同时也与他人发生关系的"关系中的个体"。正像古尔德所指出的，对马克思来说，社会关系中的个人才是构成社会的基本实体，[②]"关系理性"的自觉意味着马克思形成了一种区别于传统形而上学实体论的"社会本体论"，即"关系中的个人本体论"，[③] 在此，无论是人的"普遍本质"还是孤立"自我"，都彻底失去了沦为抽象实体的可能。

更重要的是，人是"社会关系中的个人"，这不仅是一种"事实"的描述，更蕴含着深刻的价值规范内涵。从这种观点出发，每个人的价值实现不是孤立自我的"私人性"活动，而是依赖于人们"共在"的社会关系以及以此为基础所形成的生存条件。每一个人的生活状态、生存品性乃至生存命运都受到每个人与他人所形成的社会关系的深刻影响，不同性质的社会关系规定了其在社会生活中的地位与生活前景。正如马克思所说的："成为奴隶或成为公民，这是社会的规定，是人和人或 A 和 B 的关系。A 作为人并不是奴隶。他在社会里并通过社会才成为奴隶。"[④] 因此，一个人的幸与不幸、快乐与痛苦，都与他人以及与他人形成的社会关系密切相关，一个人在自由与解放程度及其社会关系的合乎人性的程度内在地关联在一起。按照这种观点，结论是显然的，那就是要推动和实现人的自由，追求人的幸福，就必须改变与人的生存发展不相适应的社会关系，追求和创造使人的自由和幸福成为可能的、合乎人性的社会关系。马克思之所以特别重视对异化劳动、商品拜物教、资本逻辑的批判，其目的就是要在物与物关系的遮蔽和扭曲下揭示出人与人之间的真实关系，从而推动人的解放。马克思强调，在人的个性解放与社会关系的变革之间，存在着内在的一致性："全面发展的个人——他们的社会关系作为他们自己的共同的关系，也是服从于他们自己的共同的控制的——不是自然的产物，而是历史的产物。"[⑤]

---

① 《马克思恩格斯全集》第 3 卷，人民出版社 2002 年版，第 275 页。

② 参见［美］参见古尔德《马克思的社会本体论：马克思社会实在理论中的个性和共同体》，王虎学译，北京师范大学出版社 2009 年版，第 13 页。

③ 同上书，第 37 页。

④ 《马克思恩格斯全集》第 30 卷，人民出版社 1995 年版，第 221 页。

⑤ 同上书，第 112 页。

从历史发展角度看，马克思认为无论是抽象"共同体"主导的社会关系，还是以"个人主体性"为原则的社会关系，对个人来说都不是真正自由和独立的社会关系，而分别代表两种片面的人的存在样式。只有扬弃二者的片面性，寻求一种既使个人实现充分的独立，同时又实现与他人一体性的社会关系，以此为前提所建立的才能是"真实"而非"虚假的共同体"。

马克思指出："在发展的早期阶段，单个人显得比较全面，那正是因为他还没有造成自己丰富的关系，并且还没有使这种关系作为独立于他自身之外的社会权力和社会关系同他自己相对立。留恋那种原始的丰富，是可笑的，相信必须停留在那种完全的空虚化之中，也是可笑的。"[①] 以封建和贵族"共同体"为主导的社会关系形态是遗忘和抹杀"个人主体性"所形成的社会结合形式，在此阶段，个人"表现为不独立，从属于一个较大的整体"，[②] 与个人相比，抽象"共同体"是自因自足的实体，而个人则是依附于这一实体的附属品；"共同体"是真正的目的和意义，共同体和共同体的代表按照自己的意志来行使对共同体成员的支配和统治，个人只有在这一整体中通过整体所分配的角色和地位才能获得存在的价值和意义。马克思指出，这种"虚假的共同体"对于个人来说完全是"新的桎梏"。[③] 很显然，按照这种观点，当代西方哲学"社群主义"实质是把前现代社会的"共同体"涂上了一层浪漫主义的油彩并使之理想化了，而中国传统哲学关于"共同体"的思想也需要在充分吸收现代性成果的基础上予以批判性的转换。

否定"虚幻的共同体"，这也就意味着人的发展必须充分吸取现代性的重大成果，即"主观理性"以及以此为根据的"主体性"原则。马克思充分肯定它对于人的发展所具有的巨大作用，认为它使个人从人身依附的支配关系中摆脱出来，形成了与他人更为平等和开放的交往关系；个人也因此获得了更大的独立和自由空间，因而是人的发展过程不可或缺的环节。

---

① 《马克思恩格斯全集》第30卷，人民出版社1995年版，第112页。

② 同上书，第25页。

③ 参见《马克思恩格斯选集》第1卷，人民出版社2012年版，第199页。

但马克思同时看到，这种个人的“独立”和“自由”在根本上具有形式性和外在性，资本主义的生产关系使得个人并没有真正摆脱“依赖状态”。对此，马克思论述道：“这些外部关系并未排除‘依赖关系’……个人现在受抽象统治，而他们以前是互相依赖的。”[①] 区别仅在于，它使个人从对共同体的依赖变成了对物的依赖，如果说在抽象“共同体”阶段，只有共同体才是自足、自由的绝对存在，那么在市民社会阶段，只有物的关系才是自足的绝对存在。以“主观理性”为核心的“个人主体性”原则所体现的是“资产者”的原则，它对“个人”的解放只是一种狭隘的解放，即把大多数“无产者”排除在外的、剥夺大多数人自由的解放：“私有财产这一人权是任意地、同他人无关地、不受社会影响地享有和处理自己的财产的权利；这一权利是自私自利的权利。这种个人自由和对这种自由的应用构成了市民社会的基础。这种自由使每个人不是把他人看作自己自由的实现，而是看作自己自由的限制。”[②] 建立在“自私自利的权利”基础上，个人仍受制于物化的社会关系的束缚，因而不可能获得真正的自由个性。

只有超越上述二者的片面性，才能形成与人的自由全面发展相适应的社会关系。在马克思看来，真实的“共同体”是“这样一个联合体，在那里，每个人的自由发展是一切人的自由发展的条件”。[③] 在这种“自由人的联合体”中，个人主体性与社会共同体的分裂将实现真正的和解和超越，它将在承认、保存和容纳个人主体性这一重大成果的前提下，追求人与人的联合与统一。“在真正的共同体的条件下，各个人在自己的联合中并通过这种联合获得自己的自由。”[④] 即在真正的“共同体”中，个人自由不是建立在人与人相分隔的基础上，而恰恰以人与人的结合为前提。它不再把他人看成自身自由的束缚和限制，而是看作自身自由的条件和实现。

很显然，在马克思对个人自由的这种理解中，所体现的正是前文所论述的“为他人的主体性”观念。

① 《马克思恩格斯全集》第 30 卷，人民出版社 1995 年版，第 114 页。

② 《马克思恩格斯全集》第 3 卷，人民出版社 2002 年版，第 184 页。

③ 《马克思恩格斯选集》第 1 卷，人民出版社 2012 年版，第 422 页。

④ 同上书，第 199 页。

以这种对个人自由的全新理解为依据，"个体存在"与普遍的"类存在"之间的矛盾将得到克服和超越，个人自由与共同体的自由实现了一种内在的统一：一方面，"代替那存在着阶级和阶级对立的资产阶级旧社会的，将是这样一个联合体，在那里，每个人的自由发展是一切人的自由发展的条件"；另一方面，"只有在共同体中，个人才能获得全面发展其才能的手段，也就是说，只有在共同体中才可能有个人自由"。① 正是在这种"个人"与"共同体"的互为条件和交互关系中，"自由人联合体"取代前现代社会的抽象"共同体"，也取代现代社会抽象的"个人主体性"以及由此所形成的人与人之间的外在联系，成为真正的"共同体"。

从上述讨论可以看出，马克思主义哲学在此问题上，表现出对一切形式的实体主义思维方式的拒斥态度。它既反对把抽象的"个人"实体化（脱离与他人关系的实体化的个人是封闭的），又反对把抽象的"共同体"实体化（与"个人自由"和"自由个性"对立的"共同体"是虚假和专制的），而要求在自由个性的个人之间的交互关系中理解共同体的可能性。"真实的共同体"是由自由个人之间的相互关系而形成的，构成"共同体"的是"自由的社会的个人"，或者说是"处于相互关系中的个人"。在其中，"每一个人都承认另一个人的自由并且都是为了提高另一个人的自由而行动的。因此，不存在一个个人或一群人对另一个个人或另一群个人的支配。毋宁说，它是一种既实现共同规则又支持每个人各有差异的规划的社会合作模式。因此，这种社会形式的核心价值和动力原则是积极自由，积极自由被理解为社会个人最为充分的自我实现。这些交互性关系（积极自由在其中得以实现）都不再是形式性和工具性交互性关系，它们都在交换过程中得到了检验。因而这种关系可以被称为互依性关系"。② 人们形成"共同体"，既不是出于以"自我"为中心并把他人对象化的欲望，也不是出于对共同体中他人的被动依赖，而是出于个人相互的自由的联合。对于个人，"共同体"不是抹杀和消解个人自由个性的抽象普遍性，而是每个人既充分发展自己全面的个性，同时又向他人敞开自身，与

① 《马克思恩格斯选集》第1卷，人民出版社2012年版，第199页。

② ［美］古尔德：《马克思的社会本体论：马克思社会实在理论中的个性和共同体》，王虎学译，北京师范大学出版社2009年版，第143—144页。

他人内在统一的社会结合形式。

马克思主义哲学以“关系理性”为理论原则，走进社会历史现实的深处，为解决“主观理性”和“共同感”、“个人”与“共同体”的分裂和矛盾提供了独特的思路。超越抽象的“主观理性”与“客观理性”，推动人们在“关系理性”的自觉引导下，不断克服抽象个人和抽象共同体的“实体主义”并追求真实的“共同体”，以克服“主观理性”与“共同感”这一现代性的深层矛盾，是马克思主义哲学通过对现代性的社会历史批判所获得的重大理论自觉。

无论是所处的历史背景还是在诸多重要的理论观点等方面，马克思主义哲学与当代西方哲学的许多流派都有着分歧与区别。但它们共同面对着前述个人“主观理性”与“共同感”的矛盾这一现代性的深层挑战，在回应这一重大挑战的过程中，它们表现出了具有“家族相似”性的思维方式和价值诉求。当代西方许多哲学家通过对以往哲学观念和现代社会人的生存状态的批判性反思，把超越个人的自我中心主义，加强人与人之间的自由结合、促进人们之间的团结、推动以理性说服而非暴力的方式来解决公共生活的矛盾和冲突，从而不断地增进人们的“共同感”，视为每个人应自觉追求的价值目标。伯恩斯坦曾指出：无论阿伦特、哈贝马斯还是阿佩尔、罗蒂，都“关心地向我们说明了什么对人类系统是至关重要的，并说明了对话、交流、询问、联合和共同体的概念”。[①] 以罗蒂为例，他明确地把“协同性”（团结）与“客观性”对照起来，要求用“协同性”（团结）取代传统形而上学在漫长历史中对“客观性”的追求，对人们的社会生活来说，最重要的是“赞成容忍、自由探讨和追求通畅的交流”，“人类团结乃是大家努力达到的目标，而且达到这个目标的方式，不是透过研究探讨，而是透过想象力，把陌生人想象为和我们处境类似、休戚与共的人。团结不是反省所发现到的，而是创造出来的。如果我们对其他不熟悉的人所承受痛苦和侮辱和详细原委，能够提升感应相通的敏感度，那么，我们便可以创造出团结”。[②] 很显然，按照这种理路，打开“自我”

① ［美］伯恩斯坦：《超越客观主义与相对主义》，郭小平等译，光明日报出版社 1992 年版，第 257—258 页。

② ［美］罗蒂：《偶然、反讽与团结》，徐文瑞译，商务印书馆 2003 年版，第 7 页。

封闭的藩篱，在向他人的开放，不断促进人们之间的自由联合，加强人们之间的团结，“逐渐把别人视为‘我们之一’、而不是‘他们’”。[①] 从而催生和创造出一种生活共同体，在此过程中，个人的自由与社会的团结实现了内在的统一。撇开种种分歧与区别，我们可以看到马克思主义哲学与上述当代西方哲学家基本一致的思想旨趣，那就是在“关系理性”的指引下，超越个人“主观理性”与“共同感”的分裂这一现代性的深层二律背反，激励和推动人们面向未来，寻求和重建新的“生活共同体”，以克服与超越现代性的深层困境。在此方面，马克思主义哲学与当代西方哲学有着广泛的对话与融汇空间。

与前述中国传统哲学所蕴含的“关系理性”相比较，马克思主义哲学对于“关系理性”的自觉和以此为根据对“真实共同体”的憧憬，建立在对于现代性深层矛盾和困境的自觉反思与深刻批判基础之上，同时，它所设想的“自由人联合体”内在地包含和扬弃了个人“主观理性”这一现代性的重大成果，就此而言，马克思主义哲学体现出更为广阔的世界历史视野。

在以“关系理性”消解人的自我理解上的实体思维，寻求建立人与人之间、个人与共同体之间更为合理的关系这一问题上，马克思主义哲学与中国传统哲学体现出具有某种亲和性的思维方式与价值理想，这为二者打开了可进行深入对话与融汇的广阔思想空间。尤其是在当代中国社会特有的时空背景下，这种对话与融汇尤其具有其特殊的理论与现实意义。就现实性而言，它将为建构我们的现代性道路贡献重要的思想资源。我们所建设的中国特色社会主义实质上寻求的是一种根植于中国具体的历史和现实的、不照搬西方经验的现代性建构之路，在此问题上，中国传统哲学与马克思主义哲学所共同彰显的“关系理性”视域将为反思西方现代性的内在矛盾，超越“主观理性”与“共同感”的矛盾，寻求我们自身现代性道路提供深刻的思想启示。在理论上，它将为加强马克思主义哲学与中国传统哲学的深层结合、推进马克思主义哲学的中国化开拓出一个重要的思想空间。实现“马克思主义哲学中国化”，除了要求面对“中国的现代

① ［美］罗蒂：《偶然、反讽与团结》，徐文瑞译，商务印书馆2003年版，第7页。

性”这一重大现实处境和课题，还必须深植中国传统哲学并从中吸取营养。从“关系理性”视域，马克思主义哲学将获得一个与中国传统哲学实现内在而非外在结合的恰切生长点，在推动中国传统哲学的现代诠释和转化创造的同时，有力地深化马克思主义哲学的中国化。

（原载于《中国社会科学》2015 年第 6 期）

“诗性”的自我创造与个人生活的目的

一　形而上学的“脚本”与个人生活的“普遍化”

作为区别于社会共同体的个人，如何理解其生活的目的？按照形而上学的思维方式及其“元意识”，个人生活的真正目的，就是突破时间、现象和个人意见，与某种超验的事物建立起联系，进入另一个代表永恒真理的世界，这种超验的事物和永恒的世界代表着“人性”的完全实现和人的“本质”的完成，因而也就意味着个人一劳永逸地从无常、奴役、苦难等中摆脱出来，实现彻底的“解放”。

根据这种观念，个人的“真理”在于抽象掉生命个体的私人性和个性而形成的“人的共相”，因此，“个体生命”与“人的整体”、“人的公共性”即“社会整体”遵循着同一个“游戏规则”，二者有着完全相同的目标、相同的理想、相同的活动法则，二者是一而二、二而一的完全等同和重叠关系：既然个体生命的根据和价值源泉不在于“个体生命”本身，而在于由抽象掉“个体生命”的私人性和差别性而形成的“人的共相”，那么，对于所有的个体生命来说，它所遵循的游戏规则不能是个体性、私人性的，而只能是同一性和普遍性的，这一“游戏规则”以“人的共相”为依据，为每一个生命个体“公共”地分有，对所有的千差万别的生命个体都具有普适的约束力，它相信：“所有时代所有人的终极目标，其实是一样的”，“一组普遍而不变的原则支配着世界”，“并且这些规律是真实的，是可以获知的”。[①] 为了遵循和服从这一公共、普遍的游戏规则，生命个体必须自觉地放弃其私人的“偶性”，而服从这一公共、普遍的

① ［英］伯林：《反潮流：观念史论文集》，冯克利译，译林出版社 2002 年版，第 3—4 页。

法则。

仔细分析，我们这种对个人生活目的的理解包含三个最为根本的环节：其一，“逃离偶然，拥抱普遍”；其二，“否弃时间机缘，追求必然和永恒”；其三，“远离人的‘实存’，实现人的‘本质’”。

“逃离偶然，拥抱普遍”，即是说，它把“偶然性”视为威胁个人生命价值因而必须被抛弃的敌人，只有超越偶然并努力成就普遍性，个体生命才能找到归宿和着落。偶然性意味着无常和混乱，意味着个人生命价值的破灭，个体生命价值要么存在于个体生活之外普遍的纯粹理性之中，要么存在于无论个体承受苦难还是死亡都将永恒常存的普遍精神之中。对于这种“普遍性”，人们要么臣服于它，要么听任黑暗的魔鬼，用疯狂、用知识和道德上的晦暗混沌（偶然性）把自己裹缠起来。

“否弃时间机缘，追求必然和永恒”，即是说，它把“时间”和“机缘”视为个人生命价值的否定者，只有超越时间和机缘并进入必然和永恒的世界，个体生命才能功德圆满。时间和机缘意味着短暂和易逝，意味着个人生命价值的速朽，因此，逃避时间和机缘，达到永恒和必然，乃是个人实现其生命“价值”、完成其人生“使命”的必要条件。

“远离人的‘实存’，实现人的‘本质’”，即是说，这种“游戏规则”认为人的“本质”优先于人的“实存”，坚持个人生命的真实价值在于否弃“实存”而抵达其本质。所谓“实存”，指的是人的“个体此在”，指个人在时间和机缘中的偶性存在，根据这种“游戏规则”，个人的“实存”归属于个人的“本质”，而个人的“本质”是普遍性、必然性的先验原则，它代表的是一个超越“个体实存”的“大写的人”，皈依“本质”，即是要抛弃感性、偶然地作为“实存”的“小我”，而与“大写的人”合一。

深入探究，可以发现，当“逃离偶然，拥抱普遍”；“否弃时间机缘，追求必然和永恒”；“遗忘人的‘实存’，追逐人的‘本质’”成为个人生命价值设定的主要内容时，其中所运用的正是形而上学的思维方式及其“元意识”，按照这种思维方式，在对待个体生命时，它真正关心的并不是现实的“个体生命”本身，而是“个体生命”之外和“个体生命”之上普遍的、永恒的作为“本质”而存在的“人性”，即把所有的个性和差别性都清除掉之后所剩余的、为所有生命个体所共有的“人的共相”。这种理解方式最根本的后果便是：个体生命的生存活动失去了属于"自我"的独立的"游戏规则"而被迫服从"同一性"的、"普遍化"的"游戏规则"。一句话，生命个体失去了"自我"，失去了其本己的"自律性"和"私人性"，它使人的个体生命所呈现出的是如下这样一幅形象：

（1）人的生命的"个体性"是先验的普遍实在的"外化"物，人的"一般"优先于人的"个别"，人的"个别"是人的"一般"的构成物。众所周知，在柏拉图那里，"个体性"只有通过"分有"普遍性的"共相"，才能获得其存在的根据，这一点在黑格尔那里得到了最集中的表达。在《逻辑学》中，黑格尔在讨论"个别性"、"特殊性"与"普遍性"的关系时，一方面批判哲学史上其他形而上学家的普遍性是抽象的普遍性，它不能容纳个性和特殊性，他认为自己的普遍性概念区别于抽象的普遍性概念，是一种"具体的普遍性"，它可以将个体性与特殊性统摄并涵盖于自身之内；另一方面，他又强调，与个别性和特殊性相比，普遍性才是"真理"本身，"普遍性"具有真正的"实体性"，"个体性"和"特殊性"是"普遍性"自我区别的、能动活动的产物，是"普遍性"的表现和外化，因此，在囊括了特殊性和个体性于自身之内的普遍性以外，独立自在的个性是根本不存在的。在"普遍性"敉平一切的威力面前，人的生命的"个体性"终成虚幻。

（2）个体生命将在先验的、普遍的人的"共相"的先验框架的削平下，过滤和蒸发成彻底清除了差异性、多面性的单极性、单向性存在。按照上述理解方式和思维逻辑，为了获致人的"本性"和人的先验"本质"，必须在人的本来具有"立体性"的多维性质中，区分出现象与本质、理性与感性、永恒与暂时、普遍与个别、表层与深层等二极对立的性质，在二极之中，把前者规定为"人性"和"人的本质"，而把后者规定为人的"现象"和人的"偶性"，于是，以前者为标准来压制后者，在两极之中牺牲其中一极，在二元之中虚化其中一元，就成为建构"人的形象"的必然选择，这样，个体生命中无限复杂、丰富的内容就必然被蒸馏、过滤和挥发掉，以适应这一先验框架的内在要求，很显然，由此形成的个体生命必然是"水晶宫里人不见"，"立体化"的多维性质被"平面化"为单向、单极的存在。

（3）个体的生命活动将遵循着形而上学"脚本"规定好的内容而展

开，或者说，个体的存在及其生命历程的目的就是实现形而上学“脚本”所蕴含的内容。普遍的、先验的人的“本性”或“人的本质”犹如写就的剧本，安排了“剧中人”的一切活动及其命运，除了扮演好已规定妥当的角色，个人排除了任何自我选择和自我创造的可能。这即是说，按照上述理解原则和思维逻辑，生命个体成为一种“定性化”的、一劳永逸地被规定好的、失去了自我生成、自我创造的存在：既然个人生命的生存根据存在于前定的先验“本质”中，而“本质”总是具有永恒、超感性、超时空和超历史的性质，对于无论过去、现在，还是未来的人都拥有普遍有效性，那么个体生命必然成为一种已“定性”的、被先验地“完成”了的存在，成为一种禀赋“永恒”的超历史本性的存在。

（4）个体生命的价值和意义将成为由外在规范来予以评判和定义的对象，个体生命的价值将因此而失去其“自成目的性”。按照这种理解方式和思维逻辑，个体生命的价值不在其自身而在于其背后的普遍、先验的“人性”或“人的本质”，这种“人性”或“人的本质”是个体生命所应予追求和实现的目标和标准，它既解释着生命个体的价值和道德价值，也规定了生命个体的价值和道德生活，因而构成了个体生命意义与无意义、善与恶、好与坏等的强制性规范。这就意味着，个体生命的价值源泉来自于自身之外的超验源泉，在这一超验源泉的规范之下，个体生命本己的、通过自我创造和自我生成的“自律性”价值失去了独立的地位，个体生命失去了“自成目的性”，而成为普遍本质、先天人性实现自身的手段。

二　不能被普遍共相穿透的空间：“个体我在”的正当性

“实存性”这一概念来源于拉丁文“existential”，与“共相”、“一般”、“普遍”相对照，其最基本的含义是“个别性”、“实际性”与“此在性”。它意味着存在者的“如此存在”（tohotiestin），指示着特殊个体存在者的存在方式和存在实情。它要回答的是：“那个”（That）存在者“如何”、“怎样”，其关注的中心是“那个”及作为“那个”的“个体存在者”。

人作为生命个体，即是这种“实存性”的存在，或者说，人的生命个体就是"实存"。只有从"实存性"的角度来把握生命个体，生命个体才能如其所是的那样呈现自身，而不至于被"普遍化"为作为所有生命个体"公分母"的"人的共相"和"本性"。

使个体生命从"范畴"和"共相"的阴影下挣脱出来，确立其不可还原的个体性与私人性并由此真正通达"个人的真实性"，这是整个现当代哲学的重大主题之一。在一长串的名单中，海德格尔的思考具有枢纽性的重要地位。他上承克尔凯郭尔、尼采，下启福柯、德里达、罗蒂等，并通过其原创性的工作，使得个体生命从形而上学"共相"和"本质"的"轧平"机制中解放出来并获得其真实的存在，成为一项具有独立意义的思想事业。

在海德格尔之前，克尔凯郭尔也许是最早明确和自觉追问"个体是谁"，即个体生命的"个体性"和"私人性"的哲学家。克尔凯郭尔终生与黑格尔作战，在他看来，以黑格尔为代表的形而上学家试图以思辨理性和概念辩证法追寻和建构"存在"，实质是以"普遍"来解释"个体"，以"共相"来说明"个性"，"个人的真实存在"由此而被扼杀和吞噬，克尔凯郭尔所坚持的"个人的真实存在"，就是不能被任何普遍的理性法则和共相原理所还原，具有其别具一格的完整性和独立性的"个体实存性"，它比任何普遍理性和抽象共相都更为根本。抵制理性法则对生命个体的抹杀，捍卫生命个体的独立性，是克尔凯郭尔毕生的使命。

海德格尔充分肯定克尔凯郭尔的贡献："在十九世纪，索·克尔凯戈尔就把生存问题作为一个生存状态上的问题明确加以掌握并予以透彻地思考"①，"索·克尔凯戈尔极为深刻地看到了生存状态上的眼下现象"②，但是，他同时指出，"他对生存论问题的提法十分生疏，乃至从存在论角度看来，他还完全处在黑格尔的以及黑格尔眼中的古代哲学的影响之下"③，"他停留在流俗的时间理解上并借助于现在和恒常性来规定眼下"④。在海德格尔看来，正因为这些缺陷，克尔凯郭尔对个体生命的追

① ［德］海德格尔：《存在与时间》，陈嘉映等译，生活·读书·新知三联书店 1987 年版，第 283 页。

② 同上书，第 401 页。

③ 同上书，第 283 页。

④ 同上书，第 401 页。

问仍然是半途而废的。

克尔凯郭尔之后，尼采是把“个体生命的真实性”作为主题的另一重要哲学家，他清楚地看到，柏拉图主义把人的最高价值置于彼岸的超感性的理性世界，个体生命的价值完全为后者所规定，这实质上是对个人的生命的真正价值的否定，对于尼采的这一洞见，海德格尔概括道：“此在基本力量的主要虚弱化就在于对‘生命’本身的建立目标的力量的诽谤和贬低。而这种对创造性生命的诽谤的原因又在于：在生命之上被设定了那种要求否定生命的东西。这种要求，这种理想，就是超感性之物，它被解释为真正存在者”[①]，由此必然带来“虚无主义”的结局：“虚无主义是迄今为止对生命价值解释的结果”。[②] 正因如此，尼采把“重估一切价值”和“为人生作辩护”作为自己的使命，而“重估价值”，最根本的就是要重估“个体生命的价值”，所谓“为人生作辩护”，就是要捍卫和提升个体生命健康而非颓败的生命力量。

海德格尔同意尼采对传统形而上学虚无主义本性的诊断，但是他认为，尼采与传统形而上学的差异仅仅在于他用强力意志代替了主体、实体、共相等来充当形而上学的实体，因此尼采仍然属于“形而上学”，也正因如此，尼采不可能通达真正个体生命的“此在”，当他强调宇宙是强力意志的永恒轮回，个体生命作为强力意志的表现形式，与宇宙的大生命相比，不过是“小生命”，因而应该融入宇宙生命的全体之时，尼采就充分暴露了其形而上学的本性，个体生命被宇宙的“大生命”所溶化，个体生命的“个体性”与“私人性”最终没能逃脱形而上学实体的阴影。

海德格尔指出，人的“实存”或人的此在区别于人的“范畴存在”，在于它具有如下特性：（1）此在不是一种“现成”的存在，其根本特性在于其“生存”，“此在无论如何总要以某种方式与之相关的那个存在，我们称之为生存”，[③]“此在的‘本质’根基于它的生存”[④]，“人的‘实体’也不是作为灵肉综合的精神，而是生存”[⑤]，正是这一点，使得此在

① ［德］海德格尔：《尼采》上，孙周兴译，商务印书馆 2002 年版，第 175 页。

② ［德］尼采：《权力意志》，张念东等译，商务印书馆 1991 年版，第 199 页。

③ ［德］海德格尔：《存在与时间》，陈嘉映等译，生活·读书·新知三联书店 1987 年版，第 16 页。

④ 同上书，第 144 页。

⑤ 同上。

区别于其他存在者而具有特殊的存在方式。(2) 所谓"生存",是指此在所具有的"可能性","此在一向是它所能是者;此在如何是其可能性,它就如何存在",[①]"此在是委托给它自身的可能之在,是彻头彻尾被抛的可能性。此在是自由地为最本己的能在而自由存在的可能性。在种种不同的可能的方式和程度上,可能之在对此在本身是透彻明晰的"[②]。(3) 此在的根本特性是"时间性","时间性"构成了此在"存在的意义","在未经明言地领会着和解释着存在这样的东西之际,此在所由出发之域就是时间",[③] 就此而言,此在作为生存可能性,"有别于空洞的逻辑上的可能性。它也有别于一种现成东西的偶或可能性……作为生存论环节的可能性却是此在的最源始最积极的存在论规定性",[④]"时间性"乃是对此在存在意义的领悟得以可能的境域。

海德格尔认为,传统形而上学思维方式及其元意识遮蔽人的"此在",从而是导致"此在"存在意义遗忘的根源。传统形而上学自柏拉图以来,长期把人规定为"理性的动物",人于是被归结为"理性"的"共相",海德格尔明确地把这种观点称为"动物学的观点",在《存在与时间》等著作中,他通过对笛卡尔、康德等人的批判,解构了这种"动物学观点"对生命个体的"我性"或者说"私人性"的掩蔽。人们常把笛卡尔的"我思故在我"视为近代哲学的开端,"我思"的凸显本在突出"我"的基础地位,但海德格尔指出,笛卡尔的"我思故我在"恰恰是以生命个体的"我性"或"私人性"的耽搁为前提的,其根本原因就在于,当笛卡尔把"自我"规定为"我思"时,实际仍是把"自我"当作一个"普遍之物"来看待的,"自我"被当成"实体",一个禀赋先验理性的"思维实体",因此,笛卡尔的"自我"仍是一个"共相"、一个"普遍存在",而非作为"专名"而存在的"实存",对此,海德格尔说道:"笛卡尔通过把中世纪的存在论加到由他要立起来作为 fundamentuminconcussum(不可动摇的基础)的那个存在者身上来进行他的'沉思'的基

① [德] 海德格尔:《存在与时间》,陈嘉映等译,生活·读书·新知三联书店 1987 年版,第 175 页。

② 同上书,第 176 页。

③ 同上书,第 22—23 页。

④ 同上书,第 175—176 页。

本思考。rescogitans（能思之物）从存在论上被规定为 ens（物）”,[①] 因此，“他在这个‘激进的’开端处没有规定清楚的就是这个能思之物的存在方式，说得更准确些，就是‘我在’的存在的意义”[②]，这也就是说，笛卡尔没有真正理解作为能思之物的“我”的存在方式及其存在的真实意义，因而最终窒息了“我”的“实存”性质。相对于笛卡尔，康德对“我”的存在方式和存在意义有所推进：“在康德的分析中有两重积极的东西：一方面，他看到从存在者状态上把‘我’引回到一种实体是不可能的；另一方面，他坚持‘我’即是‘我思’”，“‘我思’等于说：我维系”,[③] 因而“我思”不再是笛卡尔意义上的自因实体，然而，康德“又把这个‘我’把捉为主体……因为主体这一存在论概念所描述的不是‘我’之为自身的自身性，而是一种总已现成的事物的自一性与持存性。从存在论上把‘我’规定为主体，这等于说：把我设为总已现成的事物。‘我’的存在被领会为思执（rescogitans）的实在性”[④]。在此意义上，无论是笛卡尔，还是康德，都把“此在”理解为了具有“自一性”与“持存性”的现成事物。“此在”被“普遍化”并因而使之失去了“自身的自身性”，即“此在”真正的“我性”和“私人性”。

海德格尔把“时间性”作为此在领悟自身存在得以可能的境域，通过对此在“有限性”的揭示，从根本上解构了形而上学思维方式及其元意识对个体生命的遮蔽，为生命个体彻底摆脱抽象“人的共相”或“人的本性”的专制，回归不可剥夺的“私人性”和“个别性”，开辟了一条极为重要的道路。

如前所述，此在的本性就是“生存”，而“生存”意味着“可能性”，意味着此在“能够在其最本己的可能性中来到自身，并在这样让自身来到自身之际把可能性作为可能性保持住”,[⑤] 而“保持住别具一格的可能性而在这种可能性中让自身来到自身，这就是将来的源始现象”[⑥]，

---

① ［德］海德格尔：《存在与时间》，陈嘉映等译，生活·读书·新知三联书店 1987 年版，第 31 页。

② 同上。

③ 同上书，第 379 页。

④ 同上书，第 379—380 页。

⑤ 同上书，第 385 页。

⑥ 同上。

在海德格尔那里，这种"将来的源始现象"就是"时间"："源始而本真的时间性的首要现象是将来"，[①] 在此意义上，"时间性问题"就是此在本源意义的生存可能性问题，生存于世的此在，其存在意义在根本上是"时间性"的。

在海德格尔看来，"时间性"并非柏拉图以来的形而上学家们所理解的"永恒性"，恰恰相反，形而上学的"时间观"恰恰是以抹杀和遗忘真正的"时间性"为代价的。真正的"时间性"乃是"有限性"，它意味着：此在的生存有一被给予的终结，这就是"死亡"，这是此在超越寻常的生存可能性，因此，此在作为"能在"，其根源在于"死亡"、在于"生存之终"，对此，海德格尔说道："只要此在生存着，它就已经被抛入了这种可能性。它委托给了它的死亡而死亡因此属于在世"，[②] "只要此在生存着，它就实际上死着"[③]。因此，此在本源性的时间性乃是一种有终结的、有限的时间性，"此在以出生的方式生存着，而且也已在向死存在的意义上以出生的方式死亡着。……在被抛状态与逃遁或先行着向死存在的统一中，出生与死以此在方式'联系着'。作为烦，此在就是'之间'"，[④] 因此，此在本源性的时间性与"永恒现在"的形而上学的"流俗时间观"有着根本的不同，它是"有限性"和"历史性"的，正因为此，此在永远不能如形而上学思维方式及其元意识所设想的那样达到与"终极实在"和"永恒本质"的接触，而总是一种处于"时间"之中的有限和历史性的生存，对此，海德格尔说道："正是出于为形而上学奠基的意图而对有限性的最内在本质的强调，本身就必须永远是彻底有限的，永远不能成为绝对的。"[⑤]

以本源"时间性"为境遇，凸显出此在的"有限性"，其根本目的是为了抵达个体生命独具一格的、不能被形而上学的共相所吞蚀的"私人性"和"个体性"。

---

① ［德］海德格尔：《存在与时间》，陈嘉映等译，生活·读书·新知三联书店 1987 年版，第 390 页。

② 同上书，第 301 页。

③ 同上书，第 302 页。

④ 同上书，第 441 页。

⑤ 《海德格尔选集》上，孙周兴选编，上海三联书店 1996 年版，第 125 页。

在“杂然相处的常人状态”中，一个此在可以由另一个此在“代理”，此在被“他人”所宰治因而丧失了自己本己的“个别性”和“私人性”，之所以如此，根源就在于“作为沉沦着的存在乃是在死亡面前的一种持续的逃遁”。然而，一旦人们领会到死亡乃是此在“最本己的、无所关联的而又无可逾越的可能性”，此在就将从“常人状态”中超拔出来，发现和确证自己不可替代的“别具一格”的“个人性”和“私人性”。对此，海德格尔说道：“死亡是把此在作为个别的东西来要求此在。在先行中所领会到的死亡的无所关联状态把此在个别化到它本身上来。这种个别化是为生存开展出‘此’的一种方式。这种个别化表明了，事涉最本己的能在之时，一切寓于所烦忙的东西的存在与每一共他人同在都是无能为力的。只有当此在是由它自己来使它自身做到这一步的时候，此在才能够本真地作为它自己而存在”[①]，“死亡”使此在“个别化”，是因为它是无法被任何人所替代的、纯属个人私人的事情，面对死亡，没有人可以代为承担，此在因此而成为“独一无二”、必须自我负责的存在，“任谁也不能从他人那里取走他的死”，[②] “在‘终结’中以及在由‘终结’组建的此在整体存在中，本质上没有代理”[③]，“死亡确乎意味着一种独特的存在之可能性：在死亡中，关键完完全全就是向来是自己的此在的存在。死显现出：死亡在存在论上是由向来我属性与生存组建起来的”[④]，在这种个人性的本源时间中，个体生命不可由形而上学的“共相”所敉平和取消，私人性和本己性由此而得以真正的确立。

在海德格尔这里，“时间性”不是此在的“本质属性”，或者说不是此在的“共相”，而是此在通达其本真的个体性和私人性的源始境域，“时间性”意味着此在的“有限性”，意味着此在通过对这种“有限性”的领悟摆脱形而上学的共相的专制而使“个人”真正成为“个人”。海德格尔曾这样说：“本真的时间就是从当前、过去和将来而来的、统一着其三重澄明着到达的在场的切近。它已经如此这般地通达了人本身，以至只

① ［德］海德格尔：《存在与时间》，陈嘉映等译，生活·读书·新知三联书店1987年版，第315页。

② 同上书，第288页。

③ 同上书，第289页。

④ 同上书，第288—289页。

有当人站在三维的达到之内，并且忍受那个规定着此种达到的拒绝着—扣留着的切近，人才能是人。"[①] 海德格尔通过对人的有限性的揭示，消解和割断了形而上学的普遍实体和抽象共相对生命个体的支配关系，并昭示了一个人们经常企图闪避不予面对和承认的事实：个体生命是不可能真正达到"万寿无疆"的，企图逃避时间，遁入永恒，通过与某种超验的实体和绝对本质合二为一，来达到"无限性"，不过是一种自欺和逃避，勇敢地直面人的"有限性"，自律地度过那必有一死的有限生命，恰恰正是个体生命忠实于自身、真诚无伪地生活的内在要求。

海德格尔为个体生命摆脱形而上学的重压所作出的贡献是奠基性的，他在克尔凯郭尔、尼采等人的基础上，为通向个体生命不能为形而上学的"共相"所还原的"实存性"开辟了一条十分重要的思想道路，并使得寻求"个体生命的真实性"成为一项具有独立意义的思想事业。利奥塔、德里达、福柯、罗蒂等这些后人们，从各个层面不断深化他所开创的这一事业，使得"捍卫个体生命的实存性"成为整个当代哲学中最为重大的课题之一。

德里达以"解构主义"著称，而所谓"解构"，就是要促使人们"开始去思考下述问题：即中心并不存在，中心也不能以在场者的形式去被思考，中心并无自然的场所，中心并非一个固定的地点而是一种功能、一种非场所，而且在这个非场所中符号替换无止境地相互游戏着"，[②] 德里达把海德格尔视为自己的思想先驱，同时又把海德格尔当成最需超越的对象。他认为海德格尔对"存在"的执着，表明他对形而上学的解构仍然是不彻底的，依然保留着"逻各斯中心主义"的残余。因此，"解构"就是要通过语言的自由的差异游戏，使被传统形而上学所压制的个性得以释放出来；利奥塔以"公正游戏"和"悖谬推理"为策略，试图消解一切抹杀个性和差异性的"元叙事"或"元话语"，他说："后现代知识并非为权威者所役使的工具：它能够使我们形形色色的事物获致更细微的感知能力，获致更坚韧的承受力宽容异标准。后现代知识的法则，不是专家式

① 《海德格尔选集》上，孙周兴选编，上海三联书店1996年版，第678页。

② ［法］德里达：《书写与差异》下，张宁译，生活·读书·新知三联书店2001年版，第505页。

的一致性；而是属于创造者的悖谬推理或矛盾论”，[①] 因而一切超越于个人之上的大写的“最终语汇”，如理性、逻各斯、绝对真理、客观规律、至善道德和完美价值等都是僭妄；福柯以宣告“人之死”而惊世骇俗，深刻地分析了理性的权力层面，揭露了理性背后所暗藏着的权力意志以及对个体生命的压制，指出了“现代社会”扼杀自我创造和个人规划空间的种种方式，它所描述的疯狂、诊所、监狱、性等，从“另类”的角度向人们揭示了“启蒙”与“野蛮”的同一性及其对个人自由的束缚和窒息，因此，当福柯宣告“人之死”时，他所意指的是以“理性”为“本性”的“大写的人”的死亡，并通过“大写的人”的死亡为“小写”的生命个体争得自由的空间，就此而言，“人之死”的主张并不是如一般流俗所理解的那样是一种“不负责任”的“虚无主义”，它所终结的是“人的本质”，而终结“人的本质”恰恰是为了争取个体生命的自由；罗蒂更是自觉地把自己定位于“反讽主义者”，他明确主张“自我的偶然性”，认为个人乃是“时间和机缘的产物”，强调只有承认不能被“普遍共相”和“必然本性”所同化的个人自我的偶然性，“才能在我们身上发现有价值的东西，才能创造值得我们尊敬的现在的自我”，[②] 他希望通过抛弃一切个体生命之上的“神性权威”，使个人去自由地编织自己的信念之网，创造自己与众不同的人生。

三　“诗”的而非“科学”的：个体生活目的的自我理解

个体生命不是为了与某个在它之上的某个“更伟大的东西”而生活，每个人都是自己生活的目的，自由地创造“自我”的个性和人格，追求每一个人属于自己的价值，这就是个体生命不能还原为“共同生活”的生活目的。

在这里，有三个内在联系的关键词，一是“自由”，二是“创造”，三是“价值”，以这三个关键词为核心，形成“不受强制的自由”、“以偶

① ［法］利奥塔：《后现代状况》，岛子译，湖南美术出版社 1996 年版，第 30—31 页。

② ［美］罗蒂：《偶然、反讽与团结》，徐文瑞译，商务印书馆 2003 年版，第 51 页。

然性为前提的创造"、"无原则的价值论"，三者构成理解个体生活目的的自我理解的核心概念。

"自由"在这里指的是"个体生命"那种不能被归结为公共生活、被公共生活所消解和替代的"私人自由"。它不是指"人类的全体自由"或"社会的或共同体的自由"，而是有着其具体的限定条件的"个体私人自由"。

"个体私人自由"意味着生命个体在一个不受干涉的领域内，被容许"做他有能力做的事、成为他愿意成为的人"。[①] 这包括两个方面的含义，其一，它意指生命个体拥有一个"不受干预的领域"，或者说它有一个属于个体自我的独立于任何外在力量的"自留地"，在此领域或"自留地"之内，生命个体拥有免于强制的自由，即"在虽变动不居但永远清晰可辨的那个疆界内不受干涉"；[②] 其次它意味着，生命个体在这一疆界内，可以"免于强制地"以自己的方式追求自己的"善"，在这个不受干涉的领域内，生命个体"可能的选择与活动的阻碍之不存在，即通向人自己决定遵循的道路的阻碍之不在，这种自由最终并不取决于我是否出发或能走多远，而取决于多少扇门是打开的，它们是如何打开的"，它意味着我的"选择的障碍之不存在，即当我决定行动时能以这种方式或那种方式行动"。[③]

不难看出，上述意义的"自由"正是自贡斯当、托克维尔、密尔以来一直被阐发，并由伯林明确概括的"消极自由"。伯林认为，贡斯当最早对"消极自由"这一概念做了最清晰的解释："这就是：存在着一个私人生活的领域，除了特殊情况外，这个领域是不希望受公共权力干涉的。"[④] 在这种"消极自由"中，最为根本的就是对"个体我在"的私人生活这一自主空间不可侵犯性的自觉认可和高度尊重，它坚信这样一个最基本的真理，那就是："他是一个人，一个有他自己生活的存在者"，[⑤] 因此，对于这个人的"自己的生活"，任何外在的力量都不应该强行进入。

① ［英］伯林：《自由论》，胡传胜译，译林出版社 2003 年版，第 189 页。

② 同上书，第 195 页。

③ 同上书，第 36—37 页。

④ 同上书，第 321 页。

⑤ 同上书，第 196 页。

只有当生命个体拥有一个属于自己的免于强制的生活空间的时候，它才有可能是自由的。

“消极自由”之所以为“消极”，是因为这个意义上的“自由”带有明确的防御性意图，它表现为对外在的强制性力量具有说“不”的能力，表现为（对）拥有企图侵入个体我在私人空间的一切权威的“拒绝权”和“否决权”。“它着重强调的是：自由”是一种“免于”（freefrom），是一种“摆脱”，它不是主动地“夺取什么”，不是向外扩充自己去剥夺他人的自由，而只是企图摆脱种种试图轧平个体生命、把个体生活“平均化”的外在权威，给自己保留出一方私人的空间。如果一个人无法拒绝和摆脱从它外面强加的事物，如果面对突破边界的入侵力量，一个人只能说“是”而失去了说“不”的可能，那么，它将不可能是一个真正的“自由人”。它相信，只有能够说“不”，拥有这种否决权和拒绝权，生命个体才能有真正的独立性和自主性，才具备作为“一个人”的基本条件，否则，个体生命的私人空间随时面临被外在权威侵入并被它完全溶解的危险，在此意义上，自由乃是对“个体我在”边界的一种自我守护，它试图划定一条边界（虽然在不同历史条件下，这一边界的具体内容并不完全相同），对任何企图僭越这一边界的人和事保留说“不”的权利。

在固守“个体我在”边界的前提下，个体生命的自由还表现在其对自己所认为是“善”的生活方式的选择权，“选择权”是个体生命自由的另一重要含义。“选择”意味着在生命个体前面，存在多种“生活的可能性”，有多扇“大门”向他敞开，它可以在多种选择中去追求和创造自己的“可能生活”而不是在外在压制下进行非此即彼的“决定”。因此，个体生命的“消极自由”、“并不仅仅是包含挫折之不在（这可以通过消灭欲望来获得），而且包含可能的选择与活动的阻碍之不存在”。“消极自由”之“消极”，并不是像一些人所理解的那样是一种否定一切，什么都不干的空洞状态，而是反对人为地关闭个体生命选择的大门，压制个体生命的自我决定。这种自由观念相信，人之有别于动物，最首要之处在于（去掉）“不在于拥有理性，也不在于发明了工具与方法，而在于能选择，人在选择而不是被选择时才最成为自己；人是骑士而非马匹；人是目的的寻求者（而不仅仅是手段），并以他自己的方式追求目的：可想而知，追求的方式越多，人的生活就变得越丰满；个体间相互影响的领域越广，新的和预料之外的机会就越多；他沿着新鲜而未被探索的方向改变其自身性格的可能性越多，展示在每一个个体面前的道路也就越多，他的行动与思想的自由就越宽广"，[①] 在此意义上，自由就是对个体生命的自发性和独特性的捍卫，对个体生活的选择多样性和丰富性的守护。

生命个体守护和捍卫自身免于强制的自由，是为了获得一个属于自己的生活空间，去创造自己的"可能生活"。

"创造"乃是我们这个时代使用最为频繁的概念，但熟知并非真知，在人们不经反思的无数次使用中，"创造"被流俗化为一个在所有地方任何时间都适用，然而其实在任何时间、任何地方都不适用的冗余概念。真正意义的个体生命的"自我创造"，包括三个基本特点。

首先，创造不是对必然秩序的认识和利用，而是对先验必然性的解脱和对偶然的承认，只有承认偶然，才有个体生命自我创造的可能。个体生命的自我创造不是去"发现"和"复制"那个"在那儿"现成存在的"先验真理"和"必然秩序"，相反，它是要在时间和机缘中实现自我筹划和自我生成，时间和机缘拒绝"必然性"，它总是变化的、特殊的、境遇性的，因而是偶然的，正是这种"偶然性"使生命个体的自我创造成为可能，只有承认这一点，个体才能避免成为必然秩序的"牵线木偶"，并创造真正成为人"自己给予自己"的过程。

其次，创造不是对普遍性法则的遵循，而是对"实践智慧"的寻求。普遍法则是适用于任何时间和任何地点的"一般真理"，康德早已指出，以之为出发点，所能提供的只是"分析判断"，即不能提供新的知识、只重复和演绎既有知识的判断，因而不可能是"创造性"的，人的生活因其是时间和机缘的产物，它所面临的问题总是发生在具体的历史条件和境遇之中，因此它要求的是"此时此地"可行的生活策略和生活样式，这种"此时此地"、"行得通"的生活策略和生活样式的寻求，无法从任何普遍的法则中引申和获取，它只能是一种"因地制宜"的实践智慧，这才是真正意义上的创造。当伽达默尔说"人们所需要的东西并不只是锲而不舍地追究终究问题，而且还要知道：此时此地什么是行得通的，什么是可能的以及什么是正确的"时，这种"清醒的诠释学意识"所表达的

① ［英］伯林：《自由论》，胡传胜译，译林出版社 2003 年版，第 252 页。

即是这种“实践智慧”和“创造”。

最后，创造不是多次性的“复制”和“仿造”，而是每一生命个体对自身“独特性”的“创作”。每一个人的生命历程都面临和经历着其特殊的时间和机缘，这与其他生命个体都绝不相同，他必须学会不断地去编织属于自己的生命之网，“一张向后延伸到过去、向前延伸到未来的网，来取代一个已经成形的、统一的、当下的、自我完足的实体，一个可以被视为固定不移和完满一体的东西”,[①] 从而创造出自己的人生。当我们用“自我”来称呼一个生命个体时，实际上已经包含着对每个人所具有的“独特性”的期待。运用“实践智慧”，在自己与众不同的生活境遇中不断实现自我超越，创造出独一无二的“自我”，从而让自己成为一部“只一回”、“只适用于一人”的具有独创性的“作品”。

从上述三个基本特点，我们可以看出，对个体生命来说，“创造”的核心就是努力成就独立的“自我人格”，而不是像形而上学思维方式及其元意识所要求的那样成就“普遍性”。它告诉我们：个人生命的自我创造具有“诗”的性质，而非“科学”的性质。

“诗”的本性在于“创造”，在于独一无二的“个性”的“张扬”，在于“流动的节奏和意蕴”，“科学”的本性在于“发现”，在于找到一般性的普遍法则和秩序，在于与现成“在那儿”存在的真理合二为一。形而上学思维方式及其元意识所追求的也是同样目标，古代哲学以“科学的总汇”和近代哲学以“科学之科学”自诩，因而此处所使用的“科学”是包括“哲学”在内的广义的“科学”。

自柏拉图以来，“哲学”与“诗”的争辩始终贯穿于整个哲学史。柏拉图主张把诗人赶出“理想国”，认为哲学家因其对永恒不灭的普遍必然秩序的“发现”，所以正代表了这种“个体生命的极致”，在他看来，“诗人的错误就在于他们在独特性、偶然上面白费笔墨——向我们诉说偶发的现象，而不是本质的实在”。[②] 哲学要把人引向“在那儿”现成存在的必然真理，从而使人在与人之上“更伟大”、更永久的东西的接触中超越人的个别性和偶然性，并因此脚踏大地，找到了生命永恒的意义，与此相

---

① ［美］罗蒂：《偶然、反讽与团结》，徐文瑞译，商务印书馆 2003 年版，第 61 页。

② 同上书，第 42 页。

对，诗人则认为柏拉图主义的"真实世界"只不过是子虚乌有，每个人的意义在于它通过自我创造，使自己的人生变得与众不同。不难发现，哲学与诗的争辩，在实质上就是以两种不同的方式在回答：个体生命的意义究竟在于否定个人的独特性和创造性而皈依于普遍性和永恒性，还是承认个人的偶然性并把创造出个人的独特人格作为人生的目的。

众所周知，自尼采以来，20 世纪不少哲学家对传统形而上学思维方式及其元意识进行了颠覆性的批判，试图以此实现与柏拉图主义决裂。在某种意义上，这种颠覆和决裂就是"诗"对"哲学"的颠倒和解构，他们"赞成尼采，认为人类的英雄是强健诗人、创制者，而不是传统上被刻画为发现者的科学家。更普遍地说，他们都极力避免哲学中冥想的气味，避免哲学中把生命视为固定不变、视为整体的企图。他们如此做，都是因为他们坚持个体存在的纯粹偶然所致"。[①] 在这些哲学家看来，是"诗人"，而不是"哲学家"，才是个体生命的典范，而"诗人"的最根本的特质就是：不承认先验存在的必然秩序，它要求以个体的"自我创造"代替对普遍的"必然性"的"发现"，诗人不会为不能发现"普遍真理"而焦虑，而只会为创造性和独创性的缺乏而焦虑。每个生命个体都是自我创造的"诗人"，在其时间和机缘中，创造出属于个人的意义空间，使自己的人生成为一个独特的"作品"。正是在此意义上，每一个体生命都是不可还原的、不能被任何绝对的"元意识"、"越界"消解的"这一个"。

个人的自我创造，归根结底是要创造自己的"价值"和"意义"，即要追求和形成自己的"善"。"价值"与"自由"、"创造"是不可分割的联系在一起的。

在"个体我在"中，"价值"不是一个"实体性"的概念，而是一个"形式性"概念，也就是说，不可能为所有不同的个体生命提供一个普适性的、在内容上完全相同、一致的、"本质性"的"价值观"或"价值原则"。对个体生命在其个人私人生活领域适用的唯一"价值规则"是：让每一个人"自由"地"选择"和"创造"属于自己的"价值"，或者干脆说，适用于个体生命的乃是一种"没有原则的价值论"。

---

① ［美］罗蒂：《偶然、反讽与团结》，徐文瑞译，商务印书馆 2003 年版，第 41 页。

在由形而上学思维方式及其元意识所支配的价值哲学的角度看来，“没有原则的价值论”是一个没有提供任何实质信息的同义反复。形而上学思维方式及其元意识相信，存在而且必然存在着一种“唯一正确”的“善”，从这种“善”出发，将“合乎逻辑”地引申出一整套对所有人都有效的“绝对命令”，它规定什么是“应该”，什么是“不应该”，告诫每个人什么是“好”，什么是“不好”，也就是说，它能提供一种规范生活、教人如何“做人”的价值准则。与之不同，“没有原则的价值论”包含如下两层基本意蕴。

其一，它指不存在一个无条件的、对所有生命个体都具有约束力的普遍的先验价值原则，每一生命个体的人生目的和价值都具有“向来我属性”，它在其具体的生存境遇中，在其特殊的时间和机缘中，有能力形成区别于他人的对人生目的、意义和价值的自我理解，并按照这种理解生成和创造自己区别于他人的个性化价值。这也就是说，在现实生活中，每一个生命个体能够知道什么是“好”、什么是“不好”，什么是“应该”、什么是“不应该”，它能够根据自己的生活智慧，对“幸福”、“勇敢”、“美丽”、“健康”、“快乐”、“爱情”等得出自己的见解，给出自己的“定义”，并在这种见解和“定义”指导下调节自己的行动，因此，一种东西是好还是坏，是有价值还是没有价值，不是由形而上学的价值原则来规定的，而是由每个活生生的个体我在的现实生活所规定的，是个体我在的现实生活决定价值规则的内容和形式。认为只有形而上学的价值论才能定义“价值”，规定何为“好”、“坏”，何为“应该”、“不应该”，所蕴含的前提是，个人缺乏理解和形成好坏善恶的能力，它必须等待某种外在的权威来启发和“指导”，使之知道人生的目的和意义，这种观念等于把生命个体贬为“不知好歹”的“白痴”，它表面上欲提升人的尊严，但实质恰恰是每个人尊严的丧失。

其二，它是指在其个人的私人生活领域中，每个人所选定和创造的人生目的和价值都具有同等重要的地位，所谓“同等重要的地位”，包括两层含义，一是指不同个人所选择和创造的价值之间没有等级之分和高下之别，它们具有同样的重要性；二是指这些个体所选择和创造的不同价值与每个人具体的生存境遇、特殊的时间和机缘联系在一起，彼此之间充满个性和异质性，甚至是相互矛盾和冲突的，因此无法找到一个统一的、普遍的标准来对它们进行评判和裁决。这两层含义综合起来，就是承认每个人所选择和创造的价值对它自己而言，都具有“绝对性”和“终极性”，这构成了它理解世界、安排生活的自我融贯的最终根据。“绝对性”和“终极性”向来是形而上学思维方式及其元意识的用语，但它意指的是超越时间和机缘的、普遍原则的超验绝对性和终极性，而非个体生命价值原则的绝对性和终极性，“无原则的价值论”恰恰要否定前者而确立后者的独立性和实在性，就此而言，它主张的是一种价值的“唯名论”。很显然，随着每一个体的价值获得绝对性与终极性，实际上也就取消了一切外在的强制人的傲慢权威，这与前文所论述的“自由”、“创造”含义是完全一致的。

“不受强制的自由”、“以偶然性为前提的创造”、“无原则的价值论”，这三者构成理解“个体我在”生活目的三个彼此紧密联系的方面。它最常遭到的批评是，这种观点把“个人”与“社会”割裂开来，使得个人成为脱离社会的“抽象幽灵”，它将导致一切“公共性”与“普遍性”的崩溃，导致个人“无法无天”的“唯我主义”与“个人主义”。在我们看来，这种批评的错误在于混淆了个人生活与公共生活的边界。我们并不否认社会公共生活的必要性和价值，也不否认个人与社会之间的重要关联。我们想强调的是，即使如此，在社会公共生活之外，个体生命有着不能被普遍性权威所穿透的私人生活空间，有着不能被归结和还原为普遍性“公共生活”的、专属于个体自我的“剩余者”，有着不能被共同体的“绝对伦理”所规定的选择权利，倘若这一点被完全遮蔽和剥夺，那么，个人将不复有安身立命之处。

（原载于《社会科学研究》2009 年第 2 期）

“群”与“己”：边界及其规则

——对“群己权界”的当代哲学反思

一 “己之善”与“群之善”的内在统一：一个亟须反思的形而上学教条

“群”与“己”是人生存的两个基本维度，二者都以“善”为最高价值。“己”，也就是“生命个体”追求自我发展和自我完善，即“己之善”；“群”，也就是“社会公共生活”追求其发展与解放，即“群之善”。

“群”与“己”、“群之善”与“己之善”究竟是什么关系？对于这一思想史上十分重大的“群己权界”问题，长期以来占据统治地位的是一种形而上学的回答。其基本观点是：在“群”、“己”之中，一定能够发现和确定一种共通、普遍的“人性”，它贯通于所有人之中，构成了人之为人的本真的先验规定性。以之为基础，“群”与“己”可以找到一个共同的源头和可通约的“公分母”；以此为根据，“群之善”与“己之善”可以完全融为一体，二者的生成和获得成为同一个过程。

按照上述思维方式，个体生命的目的和意义就是超越感性生活中的无常性和偶然性，与一个更普遍、更宏大的“实在”融为一体。感性、偶然性、个性等意味着转瞬即逝，因而也意味着“无意义”。“哲学就是练习死亡”，这一苏格拉底的名言告诉我们，肉身的、偶然性的此岸生活是不值得过的，唯有实现哲学——告诉人们永恒真理的学问所要求的一切，才能找到人生的归宿。哲学“给予我们一个与宇宙本身共长久的心灵，给我们一张装载单，什么是存在的，什么是可能的或重要的，实际上对我们而言，就是可能的或重要的。一旦复制了这张装载单，一个人就将死得心满意足，因为他已经完成了人类唯一的任务——认识真理，接触到'在那里'的东西……真理是永恒不灭的。消逝的只是独特个别的动物性"。[①] 突破时间、现象和个人意见的世界，一个更宏大、更伟大的存在合二为一，意味着个人超越了此岸世界的局限性，而进入了一个终极的永恒王国，个人因此实现了一劳永逸的自我救赎而获得了"永生"。

按照形而上学思维方式，社会整体的目标在于按照"真理"所提示的蓝图和指引的道路，超越现存状态的缺陷和不足，不断趋近和接触"真理"，最终实现与"真理"的统一。在这一过程中，社会生活不断从不公和奴役中摆脱出来，实现最终的解放。因此，对于社会整体的解放来说，最重要的是跳出现存的种种纷乱现象，发现和寻找到使"解放成为可能"的终极基础。只要这一终极基础被发现，社会生活的解放即可获得完成，人们所需做的就是"按图索骥"，把"真理"与实践结合起来，在实践中把它付诸实现。

可以看出，遵循形而上学的思维方式，"群"与"己"都与某个终极的、非人的权威或最终词汇联系在一起。这个最终权威或最终词汇既是个人生活的意义源泉，也是社会整体实现解放、实现理想状态的追求目标；它既提供个人安身立命的价值支柱，又提供整个社会公共生活所应该遵循的价值规范。

上述观念在人类历史上一直占据着统治地位。在现代历史上产生过重大影响的"自由主义"与"国家主义"这两个现代性现象，即是这种形而上学教条的产物。

人们对"自由主义"的理解充满分歧和争议。一般认为，它始终把"个人自由"置于优先地位，并认为社会整体将随"个人自由"的增长而实现总体的进步和解放。哈耶克对这种"个人主义"做过规定："真正个人主义的本质特征是什么呢？首先，它主要是一种旨在理解那些决定人类社会生活的力量的社会理论；其次，它是一套源于这种社会观的政治行为规范。"[②] 也就是说，它包含两层基本含义：一是意指着一种"理解方

---

① ［美］罗蒂：《偶然、反讽与团结》，徐文瑞译，商务印书馆2003年版，第41页。

② ［英］哈耶克：《个人主义与经济秩序》，贾湛等译，北京经济学院出版社1991年版，第6页。

法”，即把个人作为理解社会整体的基点，以此出发来推导和把握社会整体的品质和特征；二是意指着一种基本的社会政治秩序，个人是全部社会政治秩序的出发点和归宿，这是一种最好的保护和促进个人福利的社会，即一个总体福利最大的社会。这两层含义，集中表明了一个根本立场：个人的生活原则即是社会整体的生活原则，个人的规定性中已经包含着社会整体的规定性。后者完全可以从前者推演出来，二者在基本的理论原则上具有同一性。

“国家主义”反对“自由主义”的“个人本位”，认为它会导致伦理生活共同体的瓦解，只有民族国家，才是个人所应服从的“真理”。在黑格尔的《法哲学原理》中，这一思想得到了集中表达。在黑格尔看来，“国家是伦理理念的现实”①，国家的要求和原则同时也就是个人的生活要求和原则，构成全部个人生活的起点和归宿，“由于国家是客观精神，所以个人本身只有成为国家成员才具有客观性、真理性和伦理性……人是被规定着过普遍生活的；他们进一步的特殊满足、活动和行动方式，都是以这个实体性的和普遍有效的东西为其出发点和结果”；② 国家规定了个人的生活方向和目的，“对私权和私人福利，即对家庭和市民社会这两个领域来说，国家一方面是外面必然性和它们的最高权力，它们的法规和利益都从属于这种权力的本性，并依存于这种权力；但是，另一方面，国家的力量在于它的普遍的最终目的和个人的特殊利益的统一，即个人对国家尽多少义务，同时也就享有多少权利”。③ 遵守国家的“游戏规则”，个人达到了其“真理”，获得了真实的自由，实现其终极意义：“个人意志的规定通过国家达到了客观定在，而且通过国家初次达到了它的真理和现实化。国家是达到特殊目的和福利的唯一条件。”④

无论是“自由主义”还是“国家主义”，或者以个人为本位，或者以“民族国家”为本位，都无条件地设定了“群”和“己”的“内在统一性”，都坚信个人与社会整体遵循着完全同一的“游戏规则”。“自由主义”和“国家主义”在表面上似乎势不两立，相互对峙，但支撑上述这

① ［德］黑格尔：《法哲学原理》，范扬等译，商务印书馆 1961 年版，第 253 页。

② 同上书，第 254 页。

③ 同上书，第 261 页。

④ 同上书，第 263 页。

种设定和信念的，却是共同的形而上学思维方式。

然而，正如德里达所指出的，传统形而上学思维方式所寻求的乃是"超出了游戏边界的充分在场"。这种跨越"游戏边界"、对"己之善"与"群之善"内在统一性的追求，所带来的恰恰可能是"人的束缚"甚至是"人的奴役"。

首先，在这种"内在统一"中，"个人之私"和"个人之善"是最有可能被压抑和抹杀的生命面向之一。越过"边界"、要求"己之善"与"群之善"遵循"共同"的"游戏规则"，这等于强制性地要求个人放弃本己的"游戏规则"而服从于公共的、社会的"游戏规则"，个人独立的私人生活空间由此完全被抹杀。在柏拉图的"理想国"、卢梭的"公意"、黑格尔的"国家"中，我们都可以清楚地看到这一点。落实到现实生活中，则可能导致个人的自由和私人的幸福沦为共同体的附属物，"个人是如此渺小，个人的利益轻易地成为了敬献在公共利益和社会自身这一祭坛之前的牺牲品"。[①] 伯林、波普尔、哈耶克等现当代哲学家对"价值整体主义"、"历史主义"、"封闭社会"、"理性建构主义"等所做的多方面的深入的批判性反思，福柯运用其知识考古学和权力谱系学对种种以"公共性"、"普遍性"之面目出现的话语权力对个人的排斥和压抑所做的揭示和批判，都为此提供了典范性的探讨。

同样，在这种"内在统一"中，还可能产生的一个后果便是社会整体成为个人的手段，共同体被视为满足个人目的和需要的工具。只有在满足个人的需要和利益时，共同体才有存在的必要，否则随时可被抛弃。这种个体主义极端发展的结果，将"不仅使每个人忘却他的祖辈，而且使他看不到他的后代，也使他与他的同代人相疏离，它使他只能依靠他自己，最后使他完全蛰居于孤寂的自我心灵之中"[②]。黑格尔对"市民社会"所做的批判，以及当代社群主义者，如桑德尔、麦金太尔、查尔斯·泰勒对"无负荷的自我"、"情感主义"等所做的批判，正表达了对这种倾向的深深担忧。

---

① ［英］卢克斯：《个人主义：分析与批判》，朱红文等译，中国广播电视出版社 1993 年版，第 50—51 页。

② 转引自［英］卢克斯《个人主义：分析与批判》，朱红文等译，中国广播电视出版社 1993 年版，第 11 页。

无论是“个人之善”的被遮蔽，还是“公共之善”的被瓦解，其根源均在于僭越边界、试图把二者强制性地“统一”起来的形而上学思维方式。我们并不否认“群”与“己”之间存在的相互作用、相互影响的一面，也毫不怀疑“自由主义”与“国家主义”各自追求“人的解放”的真诚，作为最典型的现代性现象，它们都是现代性“解放逻辑”的表达者和代表者。然而，由于贯彻形而上学的思维方式，二者都不幸地被抽象化和虚无化了。

要克服这种悖论性的后果，唯一的途径就是超越形而上学思维方式，自觉地意识到“群”与“己”之间、“群之善”与“己之善”之间的“游戏边界”，并寻求二者各自相对独立的“游戏规则”。

二　“自由”地“创造”其“价值”：个体生命的“游戏规则”

个体生命不是为了在它之上的某个“更伟大的实体”而生活。自由地创造“自我”的个性和人格，追求属于自己的可能生活和人生价值，这就是个体生命不能还原为“共同生活”的自主的“游戏规则”。其中，“不受强制的自由”、“以偶然性为前提的创造”与“无原则的价值追求”构成了这一“游戏规则”的核心。

“不受强制的自由”意味着生命个体在一个不受干涉的领域内，“被容许做他有能力做的事，成为他愿意成为的人”。[①] 这包括两个方面的含义：首先，它意指生命个体拥有一个“不受干预的领域”，或者说有一个属于个体自我的独立于任何外在力量的“自留地”，在此领域或“自留地”之内，生命个体拥有免于强制的自由，即“在虽变动不居但永远清晰可辨的疆界内不受干涉”；[②] 其次，它意味着，生命个体在这一疆界内，可以“免于强制地”以自己的方式追求自己的“善”，“可能的选择与活动的阻碍”不存在，“通向自己决定遵循的道路的障碍”不存在。这种自由最终并不取决于我是否出发或能走多远，而取决于多少扇门是打开的以

① ［英］伯林：《自由论》，胡传胜译，译林出版社2003年版，第189页。

② 同上书，第195页。

及它们是如何打开的，意味着"选择的障碍之不存在，即当我决定行动时能以这种方式或那种方式行动"。[①]

不难看出，上述意义的"自由"正是自贡斯当、托克维尔、密尔以来一直被阐发，并由伯林明确概括的"消极自由"。伯林认为，贡斯当最早对"消极自由"这一概念做了清晰的解释，这就是："存在一个私人生活的领域，除了特殊情况外，这个领域是不希望受公共权力干涉的。"[②]在这种"消极自由"中，最为根本的就是对"个体我在"的私人生活这一自主空间的不可侵犯性的自觉认可和高度尊重。它坚信这样一个最基本的真理："他是一个人，一个有他自己生活的存在者。"[③] 因此，对于个人"自己的生活"，任何外在的力量都不应该强行进入。只有当生命个体拥有一个属于自己的免于强制的生活空间之时，他才有可能是自由的。

生命个体守护和捍卫自身免于强制的自由，是为了获得属于自己的生活空间，创造自己的"可能生活"，创造属于自己而不属于他人的人生。"自由"与"创造"构成个体生命游戏规则中不可分割的两个方面。真正的个体生命的自我"创造"，不是从既有的必然秩序中开展出来的，而是要追求并生成属于自己的秩序，它不是"有"中生"有"，而是"无"中生"有"。从"有"中生"有"，只不过是既有秩序的延伸和扩大，因而所表现的是对既有秩序的无条件服膺和遵循；而"无"中生"有"，则要求我们抛弃个体生命之上的一切"大写的"神性或准神性之物，承认"自我"的"偶然性"。

"自我的偶然性"指的是，个体生命乃是时间和机缘的产物，个体生命的自我创造不是以某种普遍的必然原则为出发点，而是以具体生活情境中所面临的具体问题为出发点的，时间和机缘决定了创造的目标、内容和方式，脱离时间和机缘，任何真正的创造都是不可能的。在每个人的生命活动过程中，总是面临着种种异于他人的具体背景和情境，面临着种种必须面对的"生活难题"。为此，他必须投入自己的理性、意志和感情，运用自己的智慧去回应和解决这些"生活难题"，只有如此，生命个体才能

---

① ［英］伯林：《自由论》，胡传胜译，译林出版社 2003 年版，第 36—37 页。

② 同上书，第 321 页。

③ 同上书，第 196 页。

实现更好的生存和发展。每个人的生命历程实际上就是一个不断面临、回应和解决"生活难题"的挑战，并因此不断生成和创造自己的过程。在此意义上，个人的自我创造总是与特殊的情境、特殊的生活挑战以及特殊的解决生活难题的策略关联在一起，每个情境、每一选择、每一挑战都是独特的，无法指望用统一的规范和普遍的法则来为之提供指导。

这种以"偶然性为前提的创造"表现出三个基本特点。首先，"创造"不是对必然秩序的认识和利用，而是对先验必然性的超越。个体生命的自我创造不是去"发现"和"复制"、"在那儿"现成存在的"先验真理"和"必然秩序"，相反，它是要在时间和机缘中实现自我筹划和自我生成。其次，"创造"不是对普遍性法则的遵循，而是对"实践智慧"的寻求。人的生活因为是时间和机缘的产物，它所面临的问题总是发生在具体的历史条件和境遇之中，因此，它要求的是"此时此地"可行的生活策略和生活样式。这种对"此时此地"、"行得通"的生活策略和生活样式的寻求，无法从任何普遍的法则中引申和获取，只能是一种"因地制宜"的实践智慧，这才是真正意义上的创造。最后，"创造"不是多次性的"复制"和"仿造"，而是每一生命个体对自身"独特性"的"创作"。每个人的生命历程都面临和经历着特殊的时间和机缘，他必须学会不断地去编织属于自己的生命之网，"一张向后延伸到过去、向前延伸到未来的网，来取代一个已经成形的、统一的、当下的、自我完成中的实体，一个可以被视为固定不移和完满一体的东西"，① 从而创造出自己的人生。当我们用"自我"来称呼一个生命个体时，实际上已经包含了对每个人所具有的"独特性"的期待：运用"实践智慧"，在自己与众不同的生活境遇中不断实现自我超越，创造出独一无二的"自我"，从而让自己成为一部"只一回"、"只适用于一人"的具有独创性的"作品"。

个人的自我创造，归根结底是要创造自己的"价值"和"意义"，即追求和形成自己的"善"。在个体生命的"游戏规则"里，"价值"不是一个"实体性"概念，而是一个"形式性"概念。也就是说，不可能为所有不同的个体生命提供一个普适性的、在内容上完全一致的、"本质性"的"价值观"或"价值原则"。个体生命在其私人生活领域适用的唯

---

① ［美］罗蒂：《偶然、反讽与团结》，徐文瑞译，商务印书馆2003年版，第61页。

一“价值规则”是让每一个人“自由”地“选择”和“创造”属于自己的“价值”，或者说，适用于个体生命的乃是一种“无原则的价值论”。

“无原则的价值论”包含如下两层基本意蕴：

其一，不存在一个无条件的、对所有生命个体都具有约束力的普遍的先验价值原则。每一生命个体的人生目的和价值都具有“向来我属性”，他在具体的生存境遇中，在特殊的时间和机缘中，有能力形成区别于他人的对人生目的、意义和价值的自我理解，并按照这种理解生成和创造区别于他人的个性化价值。也就是说，在现实生活中，每一个生命个体有能力知道什么是“好”与“不好”、什么是“应该”与“不应该”，他能够根据自己的生活智慧，对“幸福”、“勇敢”、“美丽”、“健康”、“快乐”、“爱情”等得出自己的见解，给出自己的“定义”，并在这种见解和“定义”指导下调节自己的行动。

其二，在个人的私人领域中，每个人所选定和创造的人生目的和价值都具有同等重要的地位。这有两层含义，一是指不同个人所选择和创造的价值之间没有等级之分和高下之别，它们具有同样的重要性；二是指这些个体所选择和创造的不同价值与每个人具体的生存境遇、特殊的时间和机缘联系在一起，彼此之间充满个性和异质性，甚至是相互矛盾和冲突的，因此无法找到一个统一的、普遍的标准来对它们进行评判和裁决。这两层含义综合起来，就是承认每个人所选择和创造的价值对他自己而言，都具有“绝对性”和“终极性”，构成了他理解世界、安排生活的自我融贯的最终根据。

三　相互承认与团结：社会公共生活的“游戏规则”

当我们把“自由”地“创造”其“价值”作为个体生命“游戏规则”的时候，这种理解实际上已经包含了这样的意蕴：其适用范围只限于个体生命而不能把它扩展到“主体间”的社会公共生活。“个体我在”不仅生活在属于自己的“私人空间”，还作为“个体生命”与他之外的其他“个体生命”处于相互关联之中，每个人的生活与其他人的生活存在着“重叠”或“相交”的部分，即“公共生活空间”。

与“个体生命”的“游戏规则”不同，社会生活的“游戏规则”是一种“普遍性”与“公共性”的存在。“普遍性”意味着“超个人性”，意味着对“个人主体”的约束性和规范性。一种价值规范要获得普遍性，必须得到人们的普遍赞同和遵循，否则就不可能有足够的约束力量，也就不可能成为普遍性的价值规范。因此，这种普遍性的价值规范不可能从“个体生命”出发形成，恰恰相反，它要求走出“个人主体性”的视野，并确立“主体间性”的全新视野。从“主体间性”的视野出发，社会公共生活的价值理想决不能建立在脱离他人、独白性的主体性以及由以此形成的人与人之间“主客二元对立”的统治和控制关系之上，而是生成于主体间的相互承认之中，在相互承认中不断扩大交往共同体的范围。就像罗蒂所指出的，减少侮辱、蔑视和暴力，不断地把“他”变成“我们”，不断加强那种对话和交往共同体内的联合，从而增进人们的“团结”，形成和创造更具包容性的共同体，[①] 这一点构成了公共生活最真实的价值追求。他相信，只有通过这种生活共同体的生成，才能使公共生活的每一个成员获得真正的自由和幸福。就像霍耐特所指出的，“与爱、法律和团结相关的承认形式提供了主体间的保护屏障，保护着外在和内在自由的条件，无强制表达和实现个体生活目标的过程就依存于这些条件”[②]，因此而有效地抵御侮辱、蔑视和暴力对公共生活及其成员的侵害。

自觉地把主体间性的相互承认与团结视为社会公共生活的基本价值规范，这是现当代哲学的重大倾向。哲学解释学的创始人伽达默尔即是这种倾向的重要代表之一。在他那里，解释学意义上的“对话”不是一种抽象的理论活动，而是人的“生活世界”和社会生活赖以持存的基本方式和社会理性，它作为“人生在世”源始的生存活动，构成了人类其他活动得以进行的“先验”条件和约束。正是在此意义上，伽达默尔把自己的解释学称为“实践哲学”。通过人与人之间自由、充分和开放的对话，重建被侵蚀的人的“生活世界”，实现人类的团结，即是这一“实践哲学”的根本使命。对此，伽达默尔说道：“实践正在指导某人，并在团结中活动。因此，团结是决定性条件和全部社会理性的基础。对赫拉克里特，人们有一种说法，称他为‘爱哭泣的’哲学家：逻各斯对所有的人

① ［美］罗蒂：《真理与进步》，杨玉成译，华夏出版社2003年版，第141页。

② ［德］霍耐特：《为承认而斗争》，胡继华译，上海人民出版社2005年版，第181页。

都是共同的，但人们却像每人有每人自己的理性那样行动。这一点一定要继续下去吗？”[①] 为了让赫拉克利特不再哭泣，人们必须改变自行其是的“主观理性”，并代之以主体间的“对话理性”。伽达默尔认为，“社会理性”的关键问题是：“真正的团结、真实的共同体应该实现”，“实践与他人有关，并依据实践的活动共同决定着共同的利益”，因此，公共生活的规范基础的价值核心便是：“人应该对某种人类团结有一种重新觉醒的意识，慢慢地把自己作为整个人类来认识。”[②]

伽达默尔的上述观点并不是孤立的，而是反映了现当代哲学在理解公共生活规范基础的价值内涵时所发生的一种“集体性”转向。现当代哲学的诸多哲学家从不同方向出发，阐发着这一共同的主题，即公共生活的价值理想在于加强人与人之间的自由联合、促进人们之间的团结、鼓励对话与倾听、推动以理性说服而非暴力的方式来解决公共生活的矛盾和冲突，从而使人们的公共生活不断向“自由人的联合体”的方向努力。阿伦特、哈贝马斯、霍耐特、阿佩尔、罗蒂等人虽然在不少具体观点上有重大分歧，但是，正如伯恩斯坦十分中肯地指出的：这些人都“关心地向我们说明了什么对人类系统是至关重要的，并说明了对话、交流、询问、联合和共同体的概念”，他们都“强调了在现当代世界上存在着对它们的多方面的威胁。他们对现代性的批判并不导致全盘否定现代性，在寻求从现代性中回收其内在的真理过程中他们是辩证的”。[③] 哈贝马斯明确地把自己的社会理想称为“交往乌托邦”。在他看来，这种“交往乌托邦”并非是“绘图桌上炮制出的一个秩序井然的社会的基本规范”，而是一种“事实上应该存在的状态，其前提是，社会化的个体在交往的日常实践中，运用日常语言达到相互理解的目的。在这种交往中，他们必然从特定的语用学规范出发，实现交往的理性。……无论何时何地，只要我们想通过语言来表达我们所要表达的意思，我们便会对我们所说的话语提出

---

① ［德］伽达默尔：《科学时代的理性》，薛华等译，国际文化出版公司 1990 年版，第 70、76 页。

② 同上书，第 72、76 页。

③ ［美］伯恩斯坦：《超越客观主义和相对主义》，郭小平等译，光明日报出版社 1992 年版，第 257—258 页。

真实性、真诚性和正确性要求。这给我们的日常交往注入了某种理想性";① 阿伦特通过对极权主义的研究，认为极权主义不仅破坏私人生活，更破坏人类的公共生活，摧毁公共领域，把人孤立起来，使人与公共世界失去了联系，而公共领域的摧毁，使得人的自由得以存在的条件随之丧失。在阿伦特看来，"辩论"是公共生活的精髓，只有在自由的论辩中，才能真正克服极权主义对当代社会的威胁，每个人才能成为自由的人。阿伦特把"行动"与"工作"、"劳动"区别开来。"行动"是唯一与公共生活相适应的概念，行动与人的语言能力内在相关，通过言行，每个人展现自己的个性，并与他人交往，从而进入公共领域。在阿伦特看来，"行动"具有两个最重要的特点，一是"复数性"，二是"自由性"。前者意味着，"行动"在孤独的状态下是不可能的，它总是与他人的互动和参与密不可分；后者意味着，"自由所经验的场所是行动"，甚至可以说，"拥有自由和开展行动是同一个事情"，将自由定义为行动的自由，是"在此之前从未存在过的东西、从未所有过的东西、从未成为认识和想象的对象的东西，严格说来，是从未知晓过的东西得以存在的自由"。② "行动"的这两个特性决定了公共领域的"复数性"与"自由性"。在公共生活中，人们通过自由的行动，参与公共生活，进行自由而公开的论辩，人们彼此寻求解释、澄清和检验，从而使一切统治欲望和权力意志成为不可能。在此意义上，"自由"具有"公共性"。只要在公共生活中，独立的个人一起参与辩论，共同参与决定公共事物，自由就存在。自由是与人们之间的平等交往联系在一起的，是在个人之间共同创造公共生活空间的过程中产生的。

罗蒂更是明确把"协同性"（团结）与"客观性"对照起来，要求用"协同性"（团结）取代传统形而上学在漫长历史中对"客观性"的追求。即便仍然保留"客观性"这一概念，"渴望客观性"也"并非渴望逃避本身社会的限制，而只不过是渴望得到尽可能充分的主体间的协洽一致，渴望尽可能地扩'我们'的范围"。③ 因此，对人们的社会生活来说，

① ［德］哈贝马斯：《作为未来的过去》，章国锋译，浙江人民出版社 2001 年版，第 103 页。

② Hannah Arendt, *Between Past and Future: Eight Exercises in Political Thought*, New York: Penguin Books, 1997, p. 151.

③ ［美］罗蒂：《哲学和自然之镜》，李幼蒸译，生活·读书·新知三联书店 1987 年版，第 410 页。

最重要的是“赞成容忍、自由探讨和追求通畅的交流”。罗蒂把自己称为“自由主义的反讽主义者”，认为“自由主义社会的核心概念是：若只涉及言论而不涉及行动，只用说服而不用暴力，则一切都行”。[①] 在这样的社会里，“人类团结乃是大家努力达到的目标，而且达到这个目标的方式，不是透过研究探讨，而是透过想象力，把陌生人想象为和我们处境类似、休戚与共的人。团结不是反省所发现到的，而是创造出来的。如果我们对其他不熟悉的人所承受痛苦和侮辱的详细原委，能够提升感应相通的敏感度，那么，我们便可以创造出团结”；[②] 在这样的社会里，“社会理想的实现，乃是透过说服而非武力，透过改革而非革命英雄主义，透过当前语言及其他的实务之自由和开放的交往，提出新实务的建议。但这就是说，理想的自由主义社会，其目标不外乎是自由，其宗旨不外乎是一种意愿，亦即愿意静观这些交往的动向，并遵行这些交往的结果”。[③] 通过这种“团结”或“协同性”的增强，不断减少社会公共生活中的“侮辱”和“残酷”，由此实现社会道德的不断进步。这便是罗蒂关于公共生活的“乌托邦”想象。

现当代哲学已经越来越自觉地意识到，通过主体间的相互承认，不断促进人们之间的自由联合，加强人们之间的团结，“逐渐把别人视为‘我们之一’，而不是‘他们’”[④]，从而催生和创造出一种自由、民主和开放的生活共同体，这构成了区别于个体生命的社会公共生活的基本价值规范。

（原载于《学术月刊》2006年第12期）

① ［美］罗蒂：《偶然、反讽与团结》，徐文瑞译，商务印书馆2003年版，第77页。

② 同上书，第7页。

③ 同上书，第88—89页。

④ 同上书，第7页。

社会团结与社会统一性的哲学论证

——对当代哲学一个重大课题的考察

社会团结与社会的统一性何以可能？如何从理论上理解和论证“社会团结”与“社会的统一性”？这是当代哲学所面临的重大理论课题，也是当代社会发展必然回答的重大实践课题。

一　社会团结与社会统一性课题的现代性背景

要切实理解“社会团结”与“社会统一性”这一课题的性质，必须把它置于现代性的背景之中。社会团结与社会统一性之所以凸显为现代社会一个重大课题，是与从传统社会向现代社会的转型和现代性的兴起密切相关的。只有立足这一背景，社会团结与社会统一性课题所包含的深层矛盾及其内涵才能得到内在的澄清。

从传统社会向现代社会的转型，这是人类社会有史以来所实现的重大社会变迁，对此，人文社会科学各学科从不同视野出发进行了多方面的探讨。从哲学角度来把握，现代社会之区别于传统社会的根本精神及其特质乃是以“个人主体性”的生成为标志的，黑格尔明确指出：“现代世界是以主观性的自由为其原则的”，[①] 这种“主体性”原则最早由笛卡尔奠定，在康德、费希特等人那里得到了进一步深入表达，并在黑格尔那里达到哲学的自觉，哈贝马斯曾指出：黑格尔是“使现代脱离外在于它的历史的规范影响这个过程并升格为哲学问题的第一人”，黑格尔第一次明确地把

---

① ［德］黑格尔：《法哲学原理》，范扬等译，商务印书馆 1961 年版，第 291 页。

“主体性”概括为“现代的原则”，这一原则主要包括四方面的内涵：(a) 个人（个体）主义：在现代世界，所有独特不群的个体都自命不凡；(b) 批判的权利：现代世界的原则要求，每一个都应受认可的东西，应表明它自身是合理的；(c) 行为自由：在现代，我们才愿意对自己的所作所为负责；(d) 最后是唯心主义哲学自身：黑格尔认为，哲学把握自我意识的理念乃是现代的事业。①

“个人主体性”这一现代性的基本原则，是作为中世纪宗教特权的替代物而出现的。在中世纪，上帝是社会和人们生活的意义根据和价值源泉，现代社会则要把人从神意的统治下摆脱和解放出来，要求从个人主体性出发，来为社会和人的生活，为科学、艺术和哲学重新奠基。正是这种“主体性”原则，支撑了宗教改革、启蒙运动和法国大革命，确立了现代文化形态：“在现代，宗教生活、国家和社会，以及科学、道德和艺术等都体现了主体性原则。”②“主体性”原则取代了以往宗教所发挥的绝对的一体化力量，成为现代人生活的价值根据和规范源泉。

毫无疑问，相对于传统社会依附于高高在上的神圣权威，个人主体性原则的确立标志着人的一次重大解放，因而标志着现代性的巨大成就。然而，在这种成就背后，同时隐含着一个深刻的危机，那就是随着“自我”成为“实体”、“绝对实在”和“最终根据”，社会团结以及与此相联系的社会的统一性面临着严峻的挑战。

这种严峻挑战根源于个人主体性原则所内蕴和遵循的“对象化逻辑”。“对象化逻辑”是一种“主客二元对立”的逻辑，把自我确立为主体，总是与把自我之外的他者规定为“客体”不可分割地关联在一起的。从根本上讲，个人主体性原则是一种把个体性的“我”视为第一性的实体的原则，它把主观意识的“自我”实体化为“主体”，强调自我意识的同一性是保证其他一切存在者存在的最终根据，认为只要确立“作为突出的基底的我思自我，绝对基础就被达到了，那么这就是说：主体乃是被转移到意识中的根据，即真实在场者，就是在传统语言中十分含糊地被叫

① ［德］哈贝马斯：《现代性的哲学话语》，曹卫东等译，译文出版社2004年版，第19—21页。

② 同上书，第22页。

做‘实体’的那个东西”。[①] 立足于这种“自我”，一切自我之外的“非我”都是与“我”相对立并由“我”所规定和涵盖的，与绝对第一性的、高于一切的“自我”相比，“非我”完全是一种派生的、外在的事物。可见，个人主体性原则体现的是一种以自我为中心，把外在之物对象化的统治性原则。对此，海德格尔概括道，自笛卡尔以来，“‘我’成了别具一格的主体，其它的物都根据‘我’这个主体才作为其本身而得到规定”，[②]“存在者之存在是从作为设定之确定性的‘我在’那里得到规定的”[③]。

贯彻这种“对象性逻辑”，必然使得他人成为“我”的“他者”，人与人之间的关系成为一种互为对象性关系，从此出发是不可能建立一种主体间相互承认的团结关系的。对此黑格尔做过专门的探讨，他指出，“个人主体性”原则在实质上是一种“知性”的原则，这种知性原则表现为一种控制性、征服性的“暴力”，这种“暴力”体现在对他人的关系上，将把他人“作为客体加以压迫”，每个人不仅把社会共同体视为只具有工具性价值的东西，而且也把他人当作只具有工具性价值的存在，由此必然导致社会生活共同体的分裂和“伦理总体性”的瓦解，这一点在“市民社会”这一展现“个人主体性的舞台”中得到了最为集中的体现，“在市民社会中，每个人都以自身为目的，其他一切在他看来都是虚无。但是，如果他不同别人发生关系，他就不能达到他的全部目的，因此，其他人便成为特殊的人达到目的的手段。但是特殊目的通过同他人的关系就取得了普遍性的形式，并且在满足他人福利的同时，满足自己”。[④]“市民社会是个人私利的战场，是一切人反对一切人的战场，同样，市民社会也是私人利益跟特殊公共事务冲突的舞台，并且是它们二者共同跟国家的最高观点和制度冲突的舞台”，“在市民社会中，每个人都以他自身为目的，其他一切在他看来都是虚无”，“一切癖好、一切禀赋、一切有关出生和幸运的偶然性都自由地活跃着”。在几乎相同的意义上，马克思指出：“在‘市民社会’中，社会联系的各种形式，对个人说来，才表现为只是达到

① ［德］海德格尔：《面向思的事情》，陈小文等译，商务印书馆 1999 年版，第 75 页。

② 《海德格尔选集》下，孙周兴选编，上海三联书店 1996 年版，第 882 页。

③ 同上书，第 881 页。

④ ［德］黑格尔：《法哲学原理》，范扬等译，商务印书馆 1961 年版，第 197 页。

他私人目的的手段，才表现为外在的必然性。"[①] 可以清楚地看到，当"个人主体性"成为现代社会的支配原则时，所谓社会将成为一个为自利目的而进行合作的外在结合体并因此而丧失内在的统一性。

与此相关的，个人主体性作为支配性原则，必然导致价值个体主义的兴起和价值共识的危机，从而使社会统一性失去所必需的精神基础。社会的统一性需要内在的精神基础来予以支撑，在传统社会，这种精神基础是由某种超人的神圣的精神力量来充当的，迪尔凯姆把它概括为"集体意识"，其典型表现形式就是宗教，在这种"集体意识"的规范下，"集体人格完全吸纳了个人人格"，[②] 所以整个社会以"集体意识"为纽带，以"个人的相似性"为基础，保障着社会的统一性得以实现。但现代社会随着个人主体原则的确立，个人不再忍受和臣服笼罩于其上的神圣精神力量的统治，他要求大胆而独立地运用自己的理性，其立足点乃是"从自身出发的思维，是内在性……现在的一般原则是坚持内在性本身，抛弃僵死的外在性和权威，认为站不住脚。按照这个内在性原则，思维，独立的思维，最内在的东西，最纯粹的内在顶峰，就是现在自觉地提出的这种内在性"。[③] 这意味着，每一个生命个体把他的独立性看成是绝对性的，把自身视为价值的最高主宰者和立法者。从这种价值个体主义立场出发，一切价值判断都是自我"个人意志"的产物，一个人接受这种价值而拒斥另一种价值，最后的根据和权威完全是他自身，于是，任何非个人的、具有普遍性和客观性的道德权威就彻底失去了存在合法性，"道德行为者从传统道德的外在权威中解放出来的代价是，新的自律行为者的任何所谓的道德言辞都失去了全部权威性内容。各个道德行为者可以不受外在神的律法、自然目的论或等级制度的权威的约束来表达自己的主张……"[④] "价值是由人的决定所创造的……每个人的良心都是不可被推翻的……而价值乃奠基于选择，它只能拥有纯粹主观的根据"[⑤]。很显然，价值个体主义

---

① 《马克思恩格斯选集》第 2 卷，人民出版社 1995 年版，第 2 页。

② [法] 涂尔干：《社会分工论》，渠东译，生活·读书·新知三联书店 2000 年版，第 91 页。

③ [德] 黑格尔：《哲学史讲演录》第 4 卷，贺麟等译，商务印书馆 1978 年版，第 59 页。

④ [美] 麦金太尔：《德性之后》，龚群等译，中国社会科学出版社 1995 年版，第 87 页。

⑤ 参见 Raymond Aron，"Maincurrent in Sociological thought"，Middles Expengu in Books Inc.，1967，pp. 206 - 210。

必然使得价值判断失去统一性，价值信念必然陷入分歧和争斗，这里有“不同的神在无休止地相互争斗……那些古老的神，魔力已逝，于是以非人格力量的形式，又从坟墓中站了起来，既对我们的生活施威，同时他们之间也再度陷入无休止的争斗之中”，[①] 由此所导致的后果便是普遍性、公共性的价值共识与价值规范处于危机之中，而失去了普遍性、公共性的价值共识与价值规范，意味着社会统一性所必需的价值共契和精神基础随之消失。

通过上面的分析可以看出，社会团结与社会统一性这一课题，其深层是与现代性的兴起、与个人主体性这一现代性的基本原则内在联系在一起的。个人主体性原则由于它所内蕴的对象性逻辑和价值个体主义取向，使得人与人之间成为一种外在的关系，并且使得社会统一性的精神和价值基础付诸阙如。这是社会团结与社会统一性陷入危机的深层根源。

二 社会团结与社会统一性的形而上学论证及其缺陷

那么，如何实现社会团结与达成社会的统一性呢？究竟以一种什么方式来为社会团结与社会统一性提供理论论证呢？在此问题上，长期以来曾占据着统治地位、有着重大影响的是形而上学的思维方式与理论逻辑。即使在今天，这种思维方式和理论逻辑仍然在或隐或显地发挥着作用。对其进行深入反思，对于这一课题的切实解决具有重要的意义。

按照形而上学的思维方式和理论逻辑，社会团结与社会的统一性之所以成为可能，是因为存在着一个普遍性、同一性、永恒的、超历史的理性基础，立足于这一基础，单个私人的“片面性”以及由此造成的社会“离心力”将会被超越，充满差异性的个人将克服其“私心”，与他人融为一体，从而实现并保证社会生活的统一性、社会的统一性。在它看来，在个人的“终极语汇”中，可以“区分核心的、共有的、义务的部分与边缘的、个性的、随意的部分”，前者代表着每个个人共享的“最小公分母——一个对公共目的和私人目的、对自我定义和对人与人的关系都适合

① ［德］韦伯：《学术与政治》，冯克利译，生活·读书·新知三联书店1998年版，第40—41页。

的描述”，它反映了“她和其他人类所共有的东西，是团结的基础”。[①] 在哲学史上，柏拉图无疑是这种思维方式和理论逻辑的奠基人和重要代表。在《理想国》中，他说道：“对于一个国家来讲，还有什么比闹分裂化一为多更恶的吗？还有什么比讲团结化多为一更善的吗”[②]，他最为关心的问题是找到一个一劳永逸的途径和纽带，来避免“化一为多”的“分裂”而实现“化多为一”的“团结”，从而达到人们在社会生活中的“苦乐同感，息息相关”，[③] 在他看来，这种途径和纽带就是“至善理念”，“善的理念”、“是一切事物中一切正确者和美者的原因，就是可见世界中创造光和光源者，在可理知世界中它本身就是真理和理性的决定性源泉；任何人凡能在私人生活或公共生活中行事合乎理性的，必定是看见了善的理念的”，[④] 这种“善的理念”将限制个人可能危害“公共秩序”的“自私欲望”，维系不同个人之间的“团结”，从而实现社会的“统一性”。

这种柏拉图式的思维方式和理论逻辑在后来的哲学中得到了更进一步的延续和强化。例如在中世纪，哲学家把永恒的神性视为社会团结、保证社会统一性的基础，通过对神性的分有，社会生活的“内在统一性”得以保证。而在近代，社会团结及其内在统一性则寄希望于“理性主义”的元叙事，它把理性视为社会生活的最为可靠的“黏合剂”，认为理性的力量将克服和超越一切由于特殊性、个别性所带来的分离并为社会生活的内在统一提供普遍性的牢固基础。

不难发现，无论“至善理念”、“永恒神性”还是“普遍理性”，其共同点均在于把社会团结与社会统一性建立在非历史的形而上学原理之上，认为这一形而上学原理将克服个人所造成的离散性和离心力，把不同的人们紧紧地“粘连”在一起。

然而，从今天哲学所达到的思想水准和人类社会发展的现实出发，我们可以看到，这种对社会团结与社会统一性的论证方式包含着严重的缺陷。

其一，以形而上学的非历史的普遍性原理来为社会团结和社会生活的统一性提供基础，这是一种典型的从先验本质来规定社会生活的理论逻

---

① ［美］罗蒂：《偶然、反讽与团结》，徐文瑞译，商务印书馆 2003 年版，第 130—131 页。

② ［古希腊］柏拉图：《理想国》，郭斌和等译，商务印书馆 2002 年版，第 197 页。

③ 同上书，第 200 页。

④ 同上书，第 276 页。

辑，它是以否认社会生活的差异性与丰富性为代价的。如前所述，无论是“至善的理念”、“永恒的神性”，还是“普遍的理性”，构成其内核的是一种“同一性思维”，它追求的是绝对同一的“本体”，它能统摄一切“差异”于“同一”中，统摄将来与过去于“永恒现时性”中，就此而言，以形而上学思维方式和理论逻辑来为社会生活的统一性提供基础，实质上就是以“同一性”为“差异性”、以“普遍性”为“特殊性”提供基础，很显然，这完全是以抹杀和牺牲“差异性”和“特殊性”为前提的。然而，社会之所以为社会，恰恰是以充满个性和差异性的个人的活动为前提的，正如阿伦特所说：社会公共生活的“实在性则要取决于共同世界借以呈现自身的无数视点和方面的同时在场，而对于这些视点和方面，人们是不可能设计出一套共同的测量方法或评判标准的。因为，尽管共同世界乃是一切人的共同会聚之地，但那些在场的人却是处在不同位置上的，一个人所处的位置不可能与另一个人所处的位置正好一样，如同两个物体不可能处在同一个位置上一样。被他人看见和听见的意义在于，每个人都是站在一个不同的位置上来看和听的。这就是公共生活的意义”，①这即是说，社会生活只有在不同的、充满差异性的个人参与和在场的条件下才会呈现自身，企图完全抹杀个性和特殊性、强制性地把社会生活过滤为同一性先验原理，只能使现实的社会生活变得干瘪和僵化。

其二，以形而上学的非历史的普遍性原理来为社会生活提供统一性的基础，认为找到了这种永久的与历史无关的先验模式和框架，就可以为社会生活的统一性奠定一劳永逸的基础，这是一种纯粹的基础主义和客观主义的思想进路，它是以否认社会生活的历史性与具体性为代价的。正如马克思所指出的，“社会生活本质上是实践的”，这种实践本性意味着，社会生活是在具体的历史情境中生成的，它在不同的历史发展阶段呈现出不同的面貌和特征，因此，历史性与具体性是社会生活的内在本性，离开这种历史性与具体性，所谓“社会生活”就将成为一种抽象的、十分神秘的东西。形而上学以非历史的普遍原理为社会生活提供统一性基础，其实质是以先验原则来剪裁社会生活，因而所体现的是一种教条主义的思维方

---

①［美］阿伦特：《公共生活和私人生活》，载汪晖、陈燕谷主编《文化与公共性》，生活·读书·新知三联书店1998年版，第88页。

式。从它出发，不仅不能为社会团结和社会生活的统一性提供真实的基础，反而会导致社会生活的抽象化。

其三，以形而上学的普遍性原理来为社会团结和社会生活提供统一性基础，这实质上是以对人的社会生活的摆脱和否弃为前提的，正如罗蒂所指出的，以形而上学的普遍原理来为社会生活提供统一性基础，其“中心假设是，我们必须尽可能长久地跨出我们的社会局限，以便根据某种超越它的东西来考察它，这也就是说，这个超越物是我们社会与每一个其他的实在的和可能的人类社会所共同具有的。这个传统梦想着这样一种最终将达到的社会，它将超越自然与社会的区别；这个社会将展现一种不受地域限制的共同性，因为它表现出一种非历史的人性”，[①] 这种传统认为：“哲学思想的全部意旨就是使自身与任何特殊社会脱离，并根据一种更普遍的观点去看轻特殊社会的存在”。[②] 这即是说，贯彻形而上学的思维方式和理论逻辑，等于要求站到社会生活之外，立足于“超社会”的基点来为社会团结与社会统一性提供基础。从社会之外，以“非社会性”或“超社会性”来说明和论证“社会性”，这种思维方式所带来的只能是对社会生活的纯粹外在的独断规定，不仅不能为社会团结和社会统一性提供基础，反而恰恰是以否定社会生活的独立性为前提并以遗忘和遮蔽社会生活为后果的。

从以上分析可以看出，以形而上学的普遍原理为纽带，并不能如它所承诺的那样保证社会团结与社会统一性的实现。这种思维方式与理论逻辑在根本上是与社会生活的本性相违背的，尤其随着传统社会向现代社会的转型，它更加暴露出不可克服的内在局限性。如前所述，个人主体性是现代性的基本原则，它既带来了社会团结与社会统一性的危机，同时相对于传统社会个人完全屈从于共同体的专制、“个体人格”完全被“集体人格”所吞噬，它又代表着人的发展的一次重大进步。然而，如果贯彻形而上学思维方式与理论逻辑，现代性的这一积极成果将被抹杀，社会生活的丰富性与复杂性、历史性与具体性等都被掩蔽，这样所形成的只能是马

① ［美］罗蒂：《哲学和自然之镜》，李幼蒸译，生活·读书·新知三联书店 1987 年版，第 408—409 页。

② 同上书，第 418 页。

克思所批判的与个人自由相敌对的“虚幻的集体”而非真实的“社会”，由此所实现的社会团结只能是迪尔凯姆所描述的“机械团结”而非“有机团结”，所达成的社会统一性也只能是一种“抽象的统一性”而非“具体的统一性”。

三　“主体间”的“相互承认”：社会团结的当代哲学论证

超越上述形而上学的思维方式与理论逻辑，寻求弥合社会分裂、实现社会团结和社会统一性的新途径，这是当代哲学要回答的重大课题之一。要回答这一课题，当代哲学所面临的是双重的任务，第一，必须避免传统形而上学思维方式和理论逻辑的独断性与专制性，在一种超越形而上学的理论视野中来为社会团结与社会统一性进行新的论证；第二，必须在吸取个人主体性这一现代性原则积极成果的前提下，同时又超越个人主体的孤立性和原子性以及由此所导致的社会分裂，寻求社会团结与社会统一性的精神基础。如果说前者所要求的是一种新的理论视野，那么，后者所要求的则是一种新的价值规范。

当代哲学的各个流派充满思想分歧和差异，而且不乏种种以“解构”、“否定”为旨趣的思潮。但是，透过种种差异和分歧，我们从中可以发现一条清晰可见的建设性的思路，那就是以“主体间性”代替“个人主体性”原则，以“相互承认”代替“对象性逻辑”，从而在一种新的理论视野和价值规范中为社会团结和社会统一性提供论证。

众所周知，当代哲学的一个重大主题是“语言学转向”。在对语言的哲学反省中，当代哲学所获得的一个重大洞见是：单个的主体既无法形成一条规则，也无法遵循一条规则。维特根斯坦在《哲学研究》中深入论证了“私人语言”的不可能性，每个孤立的主体都不能够“独白性”地制定和遵循规则，维特根斯坦启示我们：“试图用这种私人方式使用语言的人不仅不能把他的意义交流给他人，而且甚至也没有意义可交流给他自身；他根本不会成功地说任何事情”，[①] 离开与他人的语言游戏和主体间

① ［美］马蒂尼奇编：《语言哲学》，牟博等译，商务印书馆1998年版，第875页。

的交流互动，就不可能形成和遵循规则，"'遵从一条规则'也是一种实践。而认为自己在遵从一条规则并不是遵从一条规则。因此不可能'私自'遵从一条规则：否则认为自己在遵从一条规则就会同遵从规则成为一回事了"。① 离开他人，离开"主体间性"，就将无法确切地决断一个人是否在遵守一条规则，更谈不上去确立和形成规则了。因此，任何普遍性的规则都必然以语言游戏的存在为前提，任何离开主体间的社会交往所形成的所谓"规则"，不过是唯我论的"主观任意性"的产物，因而不可能是对人们的共同生活有约束力的规则，"不可能只有在一个场合一个人遵从了一条规则。不可能只有在一个场合一个人做了一个报告、下一个命令或理解一个命令，等等。——遵从一条规则，做一个报告，下一个命令，下一盘棋，都是习俗（用法、社会结构）"。② 在此意义上，一切建立在"个人主体性"基础上的所谓规范和规则不过是"既非真，亦非假"而是"无意义"的形而上学幽灵，只有具有社会性的、主体间性的规则，才具有现实的意义。

这也就意味着，社会生活的统一性存在于社会成员们，即"主体间性"的"相互交往"之中，它要求从"个人主体性"的独白意志中摆脱出来，从社会成员的民主商谈和对话过程之中寻求社会团结与社会统一性的可能途径。哈贝马斯把这一思想明确概括为"U 原则"和"D 原则"："U 原则（普遍化原则）——为了满足每个人的利益而共同遵守的某项规范，其引起的后果与副作用可以被所有受到该项规范影响的人所接受；D 原则（对话伦理原则）只有全部参与实际对话并受其影响的人都认可的规范，才可以宣称为有效的规范"。③ 在此，"U 原则"，即普遍化原则所说的"普遍性"，不是主体独白意志的自我"立法"，而是社会生活中的"所有相关者以一种利益平衡的方式，采取所有他者的视野，而这个原则旨在迫使角色的普遍交换"，④ 也就是说，这种"普遍性"要求"超越第

---

① ［奥地利］维特根斯坦：《哲学研究》，汤朝等译，生活·读书·新知三联书店 1992 年版，第 110 页。

② 同上书，第 109 页。

③ Habermas, *Moral Consciousness and Communication Action*, Cambridge, MIT Press, 1993, pp. 65－66.

④ Ibid., p. 64.

一人称单数的提问视角”，通过“交互主体性”来予以论证。在此意义上，社会生活的统一性是一种把社会生活中的每一个人都容纳于其中、通过每一个人的充分参与，并且以“参与者都可以接受”为标准的统一性；“D原则”更进一步揭示了社会生活的统一规范得以形成的“主体间性”途径，它意味着，每一个人的视角、观点和利益都应得到平等的承认和尊重，同时每一个参与者又能超越种族中心主义的“自我”，实现“去中心化”，不断地向他人的观点保持开放，设身处地地去理解他人的立场和观点。正是在这种既保持每个成员的个性，同时又与他人的开放性融合性关系中，既保持了个人主体的独立性，同时又超越了其隔绝性与孤立性，使社会生活的统一性得以可能。

从个人主体性原则转向互为主体性原则，不仅是理论视野的转变，而且是价值规范的转变。它意味着，应该抛弃充满“控制”和“征服”的“对象性逻辑”，而把加强人与人之间的“团结”和“联合”，创造一种愿意对话和倾听、相互辩论和理性说服的共同生活形式，减少和制止各种形式的暴力对社会生活的破坏作为社会生活的价值和精神基础。

正如前面所指出的，“个人主体性”原则把个人主体提升为绝对者，而把他人视为“对象”和“客体”，因而其理论逻辑总是与统治与臣服、控制和征服联系在一起。但从“互为主体性”的理论视野出发，社会生活所追求的将是人们之间的“相互承认”，从而不断地扩大交往共同体的范围，就如罗蒂所概括的：减少侮辱、蔑视和暴力，不断地把“他”变成“我们”，不断加强对话和交往共同体内的联合，从而增进人们的“团结”，创造更具包容性的共同体，[①] 构成了社会生活的基本价值规范。

把主体间的“相互承认”以促进人们的“团结”作为社会生活的基本价值，在哲学史上最早是由黑格尔提出的重要思想。黑格尔敏锐地看到了个人主体性原则的内在局限，他认为“自我”与“他人”是一种互为前提的辩证关系，“自我”只有通过他人，从他人那里获得承认和确证时，才成其为“自我”，每个人只有“通过它的对方它才是它自己”，[②]“不同他人发生关系的个人不是一个现实的人”[③]。主体之间的相互承认，

① ［美］罗蒂：《真理与进步》，杨玉成译，华夏出版社2003年版，第141页。

② ［德］黑格尔：《精神现象学》上卷，贺麟等译，商务印书馆1979年版，第119页。

③ ［德］黑格尔：《法哲学原理》，范扬等译，商务印书馆1961年版，第347页。

构成了社会伦理共同体的基础。但由于其“意识哲学”的立场和形而上学的思维方式，黑格尔的这一思想最终半途而废。抛弃黑格尔的不彻底性并拯救他的这一原创性洞见，成为当代许多哲学家的自觉追求。哲学解释学代表人物伽达默尔即是其中之一。伽达默尔把自己的哲学探讨定位于“在辩证法与现象学之间”，他试图以“对话逻辑”为基点，在解释学的视野中恢复辩证法本源的“对话”维度，他所谓“对话”，不是抽象的理论活动，而是社会生活赖以持存的基本方式和社会理性，因此他强调的“对话”具有极其明确和强烈的实践动机：通过人与人之间自由、充分和开放的对话，重建被侵蚀的人的“生活世界”，实现人类的团结。对此，伽达默尔概括道：“实践正在指导某人，并在团结中活动。因此，团结是决定性条件和全部社会理性的基础”；① “社会理性”的关键问题是：“真正的团结、真实的共同体应该实现”，“实践和他人有关，并依据实践的活动共同决定着共同的利益”，因此，社会生活的价值核心便是，“人应该对某种人类的团结有一种重新觉醒的意识，慢慢地把自己作为整个人类来认识”。②

伽达默尔的上述立场并不是孤立的，它反映了当代哲学在理解社会生活统一性的价值基础问题上所发生了“的”一种“集体性”的转向。加强人与人之间的自由联合、促进人们之间的团结、鼓励对话与倾听、以理性说服而非暴力的方式来解决公共生活的矛盾和冲突，推动人们社会生活不断向“自由人的联合体”的方向努力，这成为当代诸多哲学家从不同角度阐发的重要内容。阿伦特、哈贝马斯、霍耐特、阿佩尔、罗蒂等人虽然在具体观点上有重大分歧，但正如伯恩斯坦中肯地指出的：这些人都“关心地向我们说明了什么对人类系统是至关重要的，并说明了对话、交流、询问、联合和共同体的概念”，他们都“强调了在当代世界上存在着对它们的多方面的威胁。他们对现代性的批判并不导致全盘否定现代性，在寻求从现代性中回收其内在的真理过程中他们是辩证的”。③ 例如，哈

① ［德］伽达默尔：《科学时代的理性》，薛华等译，国际文化出版公司 1988 年版，第 76 页。

② 同上书，第 70、72、75—76 页。

③ ［美］伯恩斯坦：《超越客观主义与相对主义》，郭小平等译，光明日报出版社 1992 年版，第 257—258 页。

贝马斯明确地把交往理性视为“后形而上学时代”社会共同体的价值核心，认为“每一个人都应怀着普遍的、团结互助的责任心……团结他人，即把他人视作我们中的一分子，是我们共同体中每个人的责任”。[①] 罗蒂更是明确地把“协同性”（团结）与“客观性”对照起来，要求用“协同性”（团结）取代传统形而上学在漫长历史中对“客观性”的追求，对人们的社会生活来说，最重要的是“赞成容忍、自由探讨和追求通畅的交流”，在理想社会里，“人类团结乃是大家努力达到的目标，而且达到这个目标的方式，不是透过研究探讨，而是通过想像力，把陌生人想像为和我们处境类似、休戚与共的人。团结不是反省所发现到的，而是创造出来的。如果我们对其他不熟悉的人所承受痛苦和侮辱的详细原委，能够提升感应相通的敏感度，那么，我们便可以创造出团结”，[②] 通过这种“团结”或“协同性”的增强，不断减少社会公共生活中的“侮辱”和“残酷”，从而实现社会道德的不断进步。

在“交互主体性”的理论视域里，以“相互承认”为价值规范，对社会团结和社会统一性的精神基础进行新的理论论证，这构成了当代哲学中一种建设性的思路。从这种论证中，我们可以看到当代哲学在克服形而上学思维方式与片面的个人主体性原则从而寻求合理的社会生活形式并重建社会理性的具有重大意义的努力。

四　马克思哲学对于社会团结与社会统一性课题的思考和论证

在不少西方社会思想史家眼中，马克思是一个“社会冲突论者”，因此社会团结与社会统一性课题始终处于其视野之外。确实，马克思对于社会冲突有着深刻的揭示和分析，但同样不能否认的是，马克思对于社会团结和社会统一性课题提供了独特的思考和论证，而且这种思考和论证是与其关于社会冲突的思想相辅相成、互为补充的。

作为一个对现代性有着深入反思和批判的思想家，马克思深刻地看到

① 参见郭官义《哈贝马斯新作问世》，《哲学译丛》1997 年第 2 期，第 82 页。

② ［美］罗蒂：《偶然、反讽与团结》，徐文瑞译，商务印书馆 2003 年版，第 7 页。

了现代社会分裂的现实。但是，马克思为理解这种分裂的原因，以及克服这种分裂、实现社会团结和社会统一性的途径等问题提供了独特的解释原则和思维方式。在马克思看来，现代性语境中的社会分裂，只有通过对人的实践活动的理解并通过实践活动才能获得切实的克服："社会生活在本质上是实践的。凡是把理论导致神秘主义的神秘东西，都能在人的实践中以及对这个实践的理解中得到合理的解决。"[①] 这包括两个方面的具体含义，其一，现代性所导致的社会分裂，必须通过对实践活动的阐释才能揭示其本质和根源；其二，现代性所导致的这种分裂，也必须通过人的实践活动来予以克服和超越。

就第一方面，马克思认为，社会分裂的根源必须从"受到阻碍并发生分裂的实践"，即人的被异化的劳动中寻求理解。人的实践活动本来是人的"自由自觉的类活动"，是人本源性的自我生成、自我创造和自我实现的生存活动，但是，社会生产财富的私人所有制扭曲了人的实践活动。在私有制条件下，工人与资本家之间的关系成为一种雇佣关系，这种雇佣劳动关系使得自由自觉的劳动变成了一种"抽象劳动"。这种"抽象劳动"表明，"劳动"脱离了真实的劳动主体而成为一种为劳动主体之外的神秘力量服务的工具，这种神秘力量就是"资本"和作为资本人格化身的"资本家"，因此，在私有制条件下，劳动成为一种被"资本"所掌控并为"资本"服务的异在的活动，在这种活动中，"对象化本质力量的外化和占有之间的循环被打断了。生产者再也不能从他的产品中得到享受，并同他自身发生了异化，而他本可以在他的产品中重新找到自我"。[②] 因此，在私有制条件下，异化劳动使得劳动者与劳动活动对抗，使劳动与劳动产品对抗，他的劳动"不是他自己的，而是别人的；劳动不属于他；他在劳动中也不属于他自己，而是属于别人"，[③] "如果劳动产品不属于工人，并作为一种异己的力量同工人相对立，那么这只能是由于产品属于工人之外的他人。如果工人的活动对他本身来说是一种痛苦，那么这种活动就必然给他人带来享受和生活乐趣"[④]。

① 《马克思恩格斯选集》第 1 卷，人民出版社 1995 年版，第 60 页。

② ［德］哈贝马斯：《现代性的哲学话语》，曹卫东等译，译林出版社 2004 年版，第 74 页。

③ 《马克思恩格斯全集》第 3 卷，人民出版社 2002 年版，第 270 页。

④ 同上书，第 276 页。

在马克思看来，这种社会的分裂在资本主义的“市民社会”中得到了集中的表达。市民社会本质上是一种物质经济关系，它是“私人利益的体系”或私人利益关系的总和，在这种关系中，“人绝对不是类存在物，相反，类生活本身，即社会，显现为诸个体的外部框架，显现为他们原有的独立性的限制。把他们连接起来的惟一纽带是……需要和私人利益”[①]。因此，现代性的“个人主体性”原则在实质上不过是“资产者”的原则，它所代表的解放理想只是一种狭隘的解放，即“政治的解放”，即一种把大多数“无产者”排除在外的、剥夺大多数人自由的解放：“自由这一人权不是建立在人与人相结合的基础上，而是相反，建立在人与人相分隔的基础上。这一权利就是这种分隔的权利，是狭隘的、局限于自身的个人的权利。”[②]“私有财产这一人权是任意地、同他人无关地、不受社会影响地享用和处理自己的财产的权利；这一权利是自私自利的权利。这种个人自由和对这种自由的应用构成了市民社会的基础。这种自由使每个人不是把他人看作自己自由的实现，而是看作自己自由的限制”[③]，很显然，以“人与人相分隔”、“自私自利的权力”为基础，整个社会必然处于尖锐分裂和冲突状态。只有从这一角度，才能切实理解社会分裂的深层根源。

社会分裂根源在于实践活动的本性，那么，对这种分裂的超越和克服也必须通过现实的实践的途径，对此，马克思明确说道：“理论的对立本身的解决，只有通过实践方式，只有借助于人的实践力量，才是可能的；因此，这种对立的解决绝对不只是认识的任务，而是现实生活的任务，而哲学未能解决这个任务，正是因为哲学把这仅仅看作理论的任务。”[④] 要克服社会的分裂，不能停留于单纯理论的思辨之中，而必须在现实生活中克服和超越把具体劳动抽象化使人的自由个性陷入抽象化的资本主义体系，正是在此意义上，马克思才说道：“对实践的唯物主义者即共产主义者来说，全部问题都在于使现存世界革命化，实际地反对并改变现存的事

---

① 《马克思恩格斯全集》第3卷，人民出版社2002年版，第184页。

② 同上书，第183页。

③ 同上书，第184页。

④ 同上书，第306页。

物。"[①] 使"现存世界革命化、实际地反对和改变事物的现状"，这是一种"自我解放"的活动，在这种自我解放活动中，"物质武器"与"精神武器"必须相互结合："哲学把无产阶级当作自己的物质武器，同样，无产阶级也把哲学当作自己的精神武器"，[②] 这里的"哲学"所指的不是以"永恒存在"为对象的理论形态的思辨形而上学，而是以人的现实解放为诉求的"实践哲学"，它要通过无产阶级把自身付之于"实际地反对和改变事物现实"的实践活动之中，与此相辅相成，"无产阶级"是把"实践哲学"付诸实践的现实承载者，它没有自己的"特殊利益"，因而代表着"普遍的利益"，它超越了市民社会中作为特殊"私人"的资产者与普遍利益的内在冲突，因而，它"宣告迄今为止的世界制度的解体，……因为它就是这个世界制度的实际解体。无产阶级要求否定私有财产，只不过是把社会已经提升为无产阶级的原则的东西，把未经无产阶级的协助就已作为社会的否定结果而体现在它身上的东西提升为社会的原则"。[③]

所谓"社会的原则"，在马克思这里，所表达的正是他对于未来社会所要实现的社会团结和社会统一性的理解。这里所说的"社会"，并非"市民社会"，相反，它是指超越"市民社会"的"人类社会"或"社会化的人类"，马克思明确说道："旧唯物主义的立脚点是市民社会；新唯物主义的立脚点则是人类社会或社会的人类。"[④] "人类社会"或"社会化了的人类"，这是马克思对于超越社会分裂的未来社会制度模式的表述，因此，马克思的"社会"并非是一个社会学或政治学的价值中立的概念，而是一个对社会团结与社会统一性何以可能作出明确回答的规范性和价值性概念。马克思说道："共产主义是私有财产即人的自我异化的积极的扬弃，因而是通过人并且为了人而对人的本质的真正占有；因此，它是人向自身、向社会的即合乎人性的人的复归，这种复归是完全的、自觉的，和在以往发展的全部财富的"，在这里，马克思把"社会的人"与"合乎人性的人"并提，鲜明地表现出马克思"社会"概念中所蕴含的价值规范向度，构成社会概念核心的乃是"自由人的联合体"："代替那存

① 《马克思恩格斯选集》第 1 卷，人民出版社 1995 年版，第 75 页。

② 《马克思恩格斯全集》第 3 卷，人民出版社 2002 年版，第 214 页。

③ 《马克思恩格斯选集》第 1 卷，人民出版社 1995 年版，第 15 页。

④ 同上书，第 57 页。

在着阶级和阶级对立的资产阶级旧社会的，将是这样一个联合体，在那里，每个人的自由发展是一切人的自由发展的条件。”① 在此意义上，马克思的“社会”概念是对现代性的中心问题，即克服社会分裂所提供的一种解决方案：在“社会”这一“自由人的联合体”中，我们不再“把‘社会’当作抽象的东西同个体对立起来。个体是社会存在物。因此，他的生命表现，即使不采取共同的、同他人一起完成的生命表现这种直接形式，也是社会生活的表现和确证。人的个体生活和类生活不是各不相同的，尽管个体生活的存在方式是——必然是——类生活的较为特殊的或者较为普遍的方式，而类生活必然是较为特殊的或者较为普遍的个体生活”，② 个人主体性与社会共同体的分裂由此得以克服和超越。

可见，马克思对社会团结与社会统一性的论证是以实践观点作为基本的思维方式，以“社会”概念作为价值基础而展开的。从其中，我们不难发现马克思与前述的当代哲学对社会团结与社会统一性的论证所具有的基本一致的走向，那就是超越形而上学思维方式和抽象的个人主体性原则，在一种“后形而上学”和“后个人主体性”的视野中论证社会团结与社会统一性。马克思哲学用实践思维方式替代了形而上学的思维方式，用“社会性”价值替代了原子式的“个人主体性”价值，在这一点上，它表现出了鲜明的当代视野。

（原载于《天津社会科学》2007 年第 5 期）

---

① 《马克思恩格斯选集》第 1 卷，人民出版社 1995 年版，第 294 页。

② 《马克思恩格斯全集》第 3 卷，人民出版社 2002 年版，第 302 页。

“相互承认”与“人类团结”：社会批判规范基础的范式转换

一　抽象“主体性”与社会批判规范基础的危机

人们的社会生活在任何时候都是不完美和有限的，因而它总是需要不断地被“批判”和“超越”。通过社会批判，促进社会的自我理解，从而推动社会的自我超越，这是哲学的一个重要品格和重大功能。

哲学进行社会批判，所面临的首要问题是如何确立“批判的标准”或“批判的规范”：究竟谁拥有合法性权力来确立“批判”的标准和规范？批判的标准和规范究竟应该是什么？

长期以来，人们在解决这些问题时，普遍所采取的是一种“主体哲学”的思维范式。这包括两个方面的基本含义：

其一，社会批判的普遍性规范基础是由某些特殊的“主体”所决定的，这种“主体”是社会公共生活的普遍性规范的“立法者”和“奠基者”，它能“对争执不下的意见纠纷作出仲裁与抉择，并最终决定哪些意见是正确的和应该被遵守的”，[①] 它“既宣布有救，又规定从事解放的行动”，[②] 并从此出发，对社会生活的理想状态和终极目的作出规定。柏拉图可谓是这种思维逻辑和致思取向的最早代表。柏拉图认为哲学家拥有超人的直觉力，可以直面永恒神圣的至善理念并能够与之交流，他是神圣的理念世界的见证者和把握者，因此，他就有充分的资格成为一个“理想

① ［英］鲍曼：《立法者与阐释者》，洪涛译，上海人民出版社 2000 年版，第 5 页。

② 《雷蒙·阿隆回忆录：五十年代的政治思考》，刘燕清、孟鞠如等译，生活·读书·新知三联书店 1992 年版，第 517 页。

城邦”的立法者和建造者。通过哲学家的“立法”，众人将最终从衰败的社会现状中被“解放”出来。自近代以来，这种“主体哲学”的思维逻辑和致思取向以一种更为自觉、更为鲜明的方式体现出来，美国哲学家施特劳斯认为西方哲学自近代以来是一个日益走火入魔的过程，它的一个基本信念是相信整个世界可以而且应该按照“哲学”来改造，哲学为社会提供了“真理”，因而人们应该而且按照哲学家所提供的“真理”来全面改造不符合真理的世界。① 利奥塔曾如此描绘这种类型的“知识分子”：“‘知识分子’更像是把自己放在人、人类、民族、人民、无产阶级、生物或其他类似存在的位置上的思想家。也就是说，这些思想家认同于被赋予了普遍价值的一个主体，以便从这一观点来描述和分析一种情形或状况，并指出应该做什么，使这一主体能够实现自我，或至少使它在自我实现上有所进展……‘知识分子’的这一责任和普遍主体的（共有）概念是不可分开的。”② 很显然，这里的“知识分子”，正是前述“立法者”的典型。

其二，主体性是确立社会生活规范的源泉，它“既能替科学、道德和艺术奠定基础，也能巩固摆脱一切历史责任的历史框架”。③ 在它看来，通过塑造自由的主体，将代替中世纪宗教曾发挥的绝对的一体化力量，实现人的终极解放。它相信，随着理性主体的发展和成熟、个人劳动的自由化和社会化、普遍精神的一体化和总体化，人们将最终摆脱奴役、压迫和野蛮，获得完全的自由。它把理性视为“主体”的本质规定，相信通过人的理性能力的发挥，将实现“对自然的统治”并把人从自然的支配中解放出来，与此同时，也将能够控制社会生活中一直统治着人的客观的异己力量，超越社会生活的冲突和矛盾，达到对社会生活的掌控，实现社会的和谐和正义，社会和历史即可克服一切愚昧、不公和奴役，实现终极的和谐和完善。因此，“主体”的理性与自由，将代替中世纪的“上帝”，充当人与社会生活的规范标准和价值尺度，顺理成章，哲学贯彻“主体

① 参见［美］列奥·施特劳斯《自然权力与历史》，彭刚译，生活·读书·新知三联书店2003年版，第59页。

② ［法］利奥塔：《知识分子的坟墓》，载《后现代性与公正游戏》，谈瀛洲译，上海人民出版社1997年版，第116—117页。

③ ［德］哈贝马斯：《现代性的哲学话语》，曹卫东译，译林出版社2004年版，第24页。

性原则”，也就获得了社会批判的规范基础和价值根据，以之为出发点，哲学即可脚踏实地，行使其“为天地立心、为生民立命、为万世开太平”的神圣使命。

那么，这种思维范式是否能为哲学的社会批判提供可靠的规范基础呢？在当代哲学中，这一点遭到了尖锐的批判，人们已经越来越清楚地看到这一路径所包含的多方面的理论与现实困境。

就第一方面而言，所面临的困境是它无法有力地回应现代社会理性分化和多元化这一根本性事实。正如迪尔凯姆、丹尼尔·贝尔等新老社会理论家指出的，现代社会的根本特点是“分化性”和“非同质性”，它实现了从“领域合一”向“领域分离”的转向，整个社会生活的各个领域呈现出相对独立性并追求其各自相对独立自主的规范。哈贝马斯更具体地分析了这种分化的具体内容及过程，他指出，现代社会区别于传统社会，最重要的特征就是“理性的分化”，理性已经无可挽回地失去了其原初的统一性，理论理性、实践理性和审美理性，科学话语、道德话语与审美话语等之间的分裂是现代社会永久的特征，随着“世界的祛魅”，使得传统上具有社会整合功能、集真善美于一身的统一性、整体性原理，分裂为三个互不隶属，彼此独立的价值领域：认知—工具领域、道德—实践领域和审美—表达领域，“唯一必然之神”失去了其规范力量，取而代之的是一种强烈的自主、多元的自我意识，因此现代社会“不存在统御一切的统一和忠诚”，它已被分化为“多个参照系统”，这些参照系统“每一个都有它自己的理解的方式和理性的标准”，[①] 在此情形下，如果不顾现代社会“理性分化”和“理性多元论”的事实，仍然由某个抽象的“立法主体”来制定社会批判的规范基础，那么，其实质就像马克斯·韦伯所指出的，不过是在一个没有“先知”和“偶像”的世界制造出某个虚假的“先知”和“偶像”，它对人的社会生活不可能产生真实的规范力量，更无法在现实的社会生活中获得有效性证明。

就第二方面而言，它所面临的困境是“主体性”不仅无法真正整合社会生活，成为其规范性标准的源泉，反而有可能成为一种压迫性的力量，使社会生活系统处于分裂状态。现当代哲学通过多方面的批判性反

① ［英］鲍曼：《立法者与阐释者》，洪涛译，上海人民出版社 2000 年版，第 171 页。

思，向我们揭示，当“主体”成为“真理”、“道德”和“价值”的化身时，他与他人、与世界的关系必然是一种“我”与“它”的关系，而不可能是“我”与“你”的对等关系，体现在社会生活中，“主体”必然不可能以一种真正平等的方式来对待别人，而只能把他人“客体化”与“对象化”，这种“我”与“它”的关系，就像马丁·布伯所指出的那样：“‘我’与‘它’并非邪恶，恰如物质并非邪恶，但两者均狂妄地以存在自居，因而在此意义上乃是罪孽。倘若人听凭它们宰制自我，则无限扩张的‘它’之世界将吞没他，他之‘我’将荡然无存”，[①] 人们的社会生活“除了疯狂扩张的‘它’之暴政，它无物可以继承。‘我’在此暴政下日渐丧失其权力，可它仍沉醉在君主的迷梦中。”[②] 因此而形成对他人的“侮辱”、“伤害”和“蔑视”，这种“侮辱”、“伤害”和“蔑视”，在肉体层次上表现为“强暴”，在法权层次上表现为对他人权力的拒斥，在社会价值层面上表现为对他人“荣誉”和“尊严”的剥夺和废黜，[③] 在此意义上，以主体性作为社会批判的规范基础，所导致的结果便是：“曾经从中获得自己的自我意识和自己乌托邦期望的那些增强影响力的力量，事实上却可以使自主性转变为依从性，使解放转变为压迫，使合理性转变为非理性。”[④]

二　“主体间”的“相互承认”：一种确立社会批判规范基础的新的思维范式

确立社会批判的规范基础，必须消解抽象的“立法主体”，实现从抽象“主体”的立法向“主体间”的“相互承认”的范式转换。当代哲学所获得的一个重大洞见是：单个的主体既无法形成一条规则，也无法遵循一条规则。在此问题上，维特根斯坦通过对“私人语言”的批判所获得

① ［德］马丁·布伯：《我与你》，陈维纲译，生活·读书·新知三联书店 2002 年版，第 40 页。

② 同上。

③ 参见［德］霍耐特《为了承认而斗争》，胡继华译，上海世纪出版集团 2005 年版，第六章的有关论述。

④ 同上书，第 90 页。

的革命性见解具有开拓性的意义。在《哲学研究》中，维特根斯坦深入地论证了"私人语言"的不可能性，每个孤立的主体都不能够"独白性"地制定和遵循规则，维特根斯坦启示我们："试图用这种私人方式使用语言的人不仅不能把他的意义交流给他人，而且甚至也没有意义可交流给他自身；他根本不会成功地说任何事情"，[①] 离开与他人的语言游戏和主体间的交流互动，就不可能形成和遵循规则，"'遵守一条规则'也是一种实践。而认为自己在遵从一条规则并不是遵从一条规则。因此不可能'私自'遵从一条规则，否则认为自己在遵从一条规则就会同遵从规则成为一回事了"[②]。因此，任何规则都必然以语言游戏的存在为前提，任何离开主体间的社会交往所形成的所谓"规则"，不过是唯我论的"主观任意性"的产物，因而不可能是对人们的共同生活有约束力的规则，"不可能只有在一个场合一个人遵从了一条规则。不可能只有在一个场合一个人做了一个报告、下一个命令或理解一个命令，等等——遵从一条规则，做一个报告，下一个命令、下一盘棋，都是习俗（用法、社会结构）"。[③] 在此意义上，一切建立在"唯我论"，即"主体哲学"基础上的所谓规范和规则不过是"既非真，亦非假"而是"无意义"的形而上学幽灵，真正意义上的规则必然是"公共性"的，亦即是主体间性的。

这也就意味着，任何规范的形成，必须以社会生活成员的"相互承认"为前提，而不能如"主体性哲学"所设想的那样以"主客二元对立"为前提。所谓"相互承认"，就如黑格尔在《精神现象学》中所指出的，"自我"与"他人"是一种互为前提的辩证关系，"自我"只有通过他人，从他人那里获得承认、确证时，才成其为"自我"。他不可能在抽象的自我关系中形成，如果不超出自身，也就不会生成和认识自己，"我就是我们，而我们就是我"，[④] 每个人只有"通过它的对方才是他自己"，[⑤]

① ［美］马蒂尼奇编：《语言哲学》，牟博译，商务印书馆1998年版，第875页。

② ［奥地利］维特根斯坦：《哲学研究》，汤潮等译，生活·读书·新知三联书店1992年版，第110页。

③ 同上书，第109页。

④ ［德］黑格尔：《精神现象学》，贺麟等译，商务印书馆1983年版，第122页。

⑤ 同上书，第118页。

“不同他人发生关系的个人不是一个现实的人”。[①] 哈贝马斯更进一步指出：“个性化”与“社会化”二者乃是一个不可分离的过程，离开人与他人的这种相互承认、相互确证的关系，就根本谈不上普遍赞同和普遍遵循的规范和规则。

以社会生活成员的“相互承认”为前提，意味着在形成社会批判的规范基础的途径及其内涵上，发生了两个根本性的重大变化。

其一，在社会批判规范基础的“形成途径”上，“抽象主体性”的论证方式将被“交互主体性”的论证方式取而代之。

“交互主体性”的论证方式与“主体性哲学”的论证方式的根本差异在于它真正从“主体”的独白意志中摆脱出来，把社会批判规范基础的形成根据置于公共生活中每个成员的民主商谈和对话过程之中。在此方面，哈贝马斯的“交往行动理论”与“话语伦理学”做了十分深入、系统和细致的探讨，尤其他所提出的话语伦理的两个原则，提供了回答这一问题最核心的要素，这两个原则，即 U 原则和 D 原则：

“U 原则（普遍化原则）——为了满足每个人的利益而共同遵守的某项规范，其引起的后果与副作用可以被所有受到该项规范影响的人所接受。D 原则（对话伦理原则）——只有全部参与实际对话并受其影响的人都认可的规范，才可以宣称为有效的规范。”[②]

在此，U 原则，即普遍化原则所说的“普遍性”，不是主体独白意志的普遍“立法”，不是“我‘相互承认’与‘人类团结’：社会批判规范基础的范式转换是否能如此意志”，而是社会生活中的“所有相关者以一种利益平衡的方式，采取所有他者的视野，而这个原则旨在迫使角色的普遍交换”，[③] 也就是说，这种“普遍性”要求“超越第一人称单数的提问视角”，通过“交互主体性”来予以论证。在此意义上，社会批判的规范基础虽然仍然是一种“普遍性”，但这种普遍性是一种把公共生活中的每一个人都容纳于其中、通过每一个人的充分参与，并且以“参与者都可以接受”为标准的普遍性，在这种普遍性中，“每一个人的视角与所有人

① ［德］黑格尔：《法哲学原理》，范扬等译，商务印书馆 1963 年版，第 347 页。

② Habermas, *Moral Consciousness and Communication Action*, Cambridge, MIT Press, 1993, pp. 65 – 66.

③ Ibid., p. 64.

的视角相互重合，所有可能的当事人都参与到了这种话语之中，而且在话语过程中能够用一种假定的立场。通过论证总是值得追问的规范和行为方式的有效性来表明自己的态度。这种不偏不倚的视角超越了每个参与者的主观性，而又没有丧失共同参与者记述式立场之间的联系"。[①] 普遍性不再与一个高高在上的"立法者"联系在一起，而是生成于公共生活中的每个参与者的"视界融合"之中。

D原则更进一步揭示了规范基础赖以形成的"主体间性"途径。它表明，在规范的形成过程中，每一个人的视角、观点和利益都将得到平等的承认和尊重，同时，每一个参与者又能超越种族中心主义的"自我"，实现"去中心化"，不断地向他人的观点保持开放，设身处地地去理解他人的立场和观点。正是这种既保持每个成员的个性，同时又与他人的开放性相融合的关系中，社会批判的普遍性的规范基础才真正得以形成。

其二，在社会批判规范基础的内涵上，人们所追求的将不再是形而上学的"实体性"的硬的"规范性"，而是追求一种动态的、历史性的和开放性的"重叠共识"。

"重叠共识"是罗尔斯在《政治自由主义》中所提出的核心概念之一。罗尔斯把自己的"政治自由主义"视为对现代社会多元化和世界的多元化挑战的一种积极回应，他充分意识到现代社会一个最基本的事实，即他所谓的各种"完备性"的宗教学说、哲学学说和道德学说的多元论事实："这些学说中的任何一种都无法得到公民的普遍认肯。任何人也不应期待在可预见的将来，它们中的某一种学说、或某些其他合乎理性的学说，将会得到全体公民或几乎所有公民的认肯。"[②] 由于每个人所接受的完备性学说互不相同，因而他们对社会公共生活的价值目标、行为标准的观点和见解也必然是充满差别性甚至相互冲突的。在罗尔斯看来，人们之间的这种分化、差异乃至分歧都是完全合理和正常的一种状态，它"不是一种人类生活之不幸条件"，[③] 在此情势下，一切从"单个主体"出发，试图求得无条件的、绝对的普遍性的规范的企图都是"疯狂"的。因此，

① ［德］哈贝马斯：《对话伦理学与真理的问题》，沈清楷译，中国人民大学出版社2005年版，第85页。

② ［美］罗尔斯：《政治自由主义》，万俊人译，译林出版社2000年版，第4页。

③ 同上书，第153页。

真正应该追问的是，如何在保留公共生活中每个人属于自己的信念、观点的同时，在多元化的个人合理性观念之间寻找到一种公共的共识。在罗尔斯看来，这种公共的共识就是“重叠共识”。

罗尔斯把“重叠共识”概括为三个最为基本的特征：第一，“重叠共识”是一种包容理性多元论学说和观点的共识，它是在公共生活中多元化的、丰富多彩的观点之间相互妥协和协调的结果；第二，“重叠共识”的核心是公共正义或政治正义观念，这种公共的正义观念是“独立于各完备性宗教学说、哲学学说和道德学说之外的观念”；[①] 第三，“重叠共识”不是权宜之计，人们在公共的政治观念上所达成的这一共识具有价值和道德上的规范性，“重叠共识”独立于任何完备性学说，并不意味着它是冷漠的或怀疑论的，恰恰相反，它所要寻找的是一种能包容这些完备性学说，既能让这些完备性学说保持其个性和差别性，同时又能使它们和谐共存的规范性基础，因而这是一种更富包容性的，更为普遍的规范性基础，在此意义上，重叠共识是一种“后形而上学”的共识，它不以任何一种哲学或宗教道德学说作为自身的根据，任何一种哲学或宗教道德学说都是“派别性”的因而是“片面”和“特殊性”的，所以都不具备“普遍性”和“公共性”，重叠共识超越所有这些形而上学性质的学说，它“不必是完备的”，它追求的是在“公共理性”的意义上为公共生活的所有成员都能认可的政治正义观念。在分析完重叠共识的上述三个特征之后，罗尔斯对重叠共识作出了这样的总结：“总而言之，若理性多元论的事实是既定的，则公共理性所做的调和工作和因此而使我们能够避免依赖于普遍和完备性学说的因素便有两种：其一，它认明了政治价值在表达那些与在自由而平等的公民之间的相互尊重相一致的公平社会合作项目时所发挥的根本性作用。其二，它揭示了我们在一种理性的重叠共识中所看到的政治价值与其他价值之间具有充分包容性的和谐一致。”[②]

我们认为，罗尔斯从“重叠共识”的角度来确立现代社会公共生活的规范基础的思想路径，鲜明地反映了其“后形而上学”和“后主体性”

① ［美］罗尔斯：《政治自由主义》，万俊人译，译林出版社 2000 年版，第 153 页。

② 同上书，第 168 页。

的倾向，表达了他以一种积极的姿态回应社会和文化多元化的现代社会的挑战，确立与之相适应的社会生活规范基础的旨趣。这是对社会生活规范基础进行哲学反思所取得的重大成果之一。在此方面，他与哈贝马斯属于同一个家族。但在“重叠共识”的形成方式上，我们认同哈贝马斯从“交互主体性”角度所做的论证，离开“主体间性”，从“原始状态”和“无知之幕”的假设出发对“重叠共识”所做的论证，的确如同哈贝马斯所指出的，是一种人为的“信息强制”和“信息剥夺”，事实上，现实的公共生活中的每个人都不可能生活在“无知之幕”中，都是带着其不可“剥夺”的“世界观”或“偏见”参与公共生活，因此，“重叠共识”难以依靠原初状态等概念工具来予以论证，更不需要用一种人为的“无知之幕”来过滤和蒸馏掉公共生活中观点的差异，而是在承认人们世界观差异性和多元性的前提下，建立能够为言谈各方所理解的理想语言和合理语境，通过主体间的论辩和商谈来形成某种公共性的“重叠共识”。

三 增进人们之间的“团结”和“联合”：社会批判规范基础的价值核心

从抽象“主体”的“立法”向“主体间”的“相互承认”的范式转换，将加强人与人之间的“团结”和“联合”，创造一种愿意对话和倾听、相互辩论和理性说服的共同生活形式，减少和制止各种形式的暴力对社会公共生活的破坏，这将成为社会批判规范基础的价值核心。

正如前面已经论述的，抽象的“立法主体”总是充满着一种压迫性的“权力”欲求，他把自己提升为绝对者，把一切都当成“对象”和“客体”，因而其理论逻辑总是与统治与臣服、控制和征服联系在一起，“它与世界的关系表现为”一种垄断关系：面向存在者，认识和处理对象，提出真的命题和实现意图，那么，理性就依然只能在本体论、认识论或语言分析意义上局限于其某个层面……在本体论上被还原为一切存在者的世界（即一切可以想象的对象和一切现存的事态的总体性）；在认识论上被还原为认识现存事态和从工具理性的角度引用这些事态的能力；在语义学上被还原为用断言命题明确事实的语言——除内在所把握的命题真实性之外，不允许有任何其他的有效性要求，[①] 与此不同，在“主体间”的“相互承认”这一新的视野里，社会生活的规范基础决不能建立在脱离他人、独白性的主体性以及由此而形成的人与人之间“主客二元对立”的统治和控制关系之上，而在主体间的相互承认之中，不断地扩大交往共同体的范围，就像罗蒂所指出的，减少侮辱、蔑视和暴力，不断地把“他”变成“我们”，不断加强那种对话和交往共同体内的联合，从而增进人们的“团结”，形成和创造更具包容性的共同体，[②] 这一点构成了公共生活最真实的价值追求。他相信，只有通过这样一种生活共同体的生成，才能使公共生活的每一个成员获得真正的自由和幸福，就像霍耐特所指出的：“与爱、法律和团结相关的承认形式提供了主体间的保护屏障，保护着外在和内在自由的条件，无强制表达和实现个体生活目标的过程就依存于这些条件”，[③] 并因此而有效地抵御侮辱、蔑视和暴力对公共生活及其成员的侵害。

在现当代哲学中，伽达默尔是从其哲学解释学出发，较早对上述观点进行清楚表达的代表性哲学家之一。他明确主张，“辩证法必须在解释学中被恢复”[④]，必须恢复辩证法的本源性内涵，即辩证法的“对话”维度，并以“对话逻辑”为基点，使辩证法与解释学内在地结合起来。在伽达默尔那里，解释学意义上的“对话”不是一种抽象的理论活动，而是人的“生活世界”和社会生活赖以持存的基本方式和社会理性，它作为“人生在世”最为原始的生存活动，构成了人类其他活动得以进行的“先验”条件和约束，正是在此意义上，伽达默尔把自己的解释学称为“实践哲学”，这即是说，伽达默尔所强调的“对话”，具有极其明确和强烈的实践动机：通过人与人之间自由、充分和开放的对话，重建被侵蚀的人的“生活世界”，实现人类的团结，正如伽达默尔所概括的：“实践正在‘相互承认’与‘人类团结’：社会批判规范基础的范式转换指导某人，并在团结中活动。因此，团结是决定性条件和全部社会理性的基础。对赫

① ［德］哈贝马斯：《现代性的哲学话语》，曹卫东译，译林出版社 2004 年版，第 363 页。

② ［美］罗蒂：《真理与进步》，杨玉成译，华夏出版社 2003 年版，第 141 页。

③ ［德］霍耐特：《为承认而斗争》，胡继华译，上海人民出版社 2005 年版，第 181 页。

④ ［德］伽达默尔：《科学时代的理性》，薛华等译，国际文化出版公司 1988 年版，第 54 页。

拉克利特，人们有一种说法，称他为‘爱哭泣的’哲学家，逻各斯对所有的人都是共同的，但人们却像每人有每人自己的理性那样行动。这一点一定要继续下去吗?”[①] 为了让赫拉克利特不再哭泣，人们必须改变自行其是的“主观理性”，并代之以主体间的“对话理性”。伽达默尔认为“社会理性”的关键问题是：“真正的团结、真实的共同体应该实现”,[②]“实践与他人有关，并依据实践的活动共同决定着共同的利益”[③]，因此，社会生活的规范基础的价值核心便是：“人应该对某种人类团结有一种重新觉醒的意识，慢慢地把自己作为整个人类来认识。”[④]

伽达默尔的上述观点并不是孤立的，而是表达着一种现当代哲学的“集体意识”，即把哲学的规范基础定位于加强人与人之间的自由联合、促进人们之间的团结、鼓励对话与倾听、推动以理性说服而非暴力的方式来解决公共生活的矛盾和冲突，从而使人们的社会生活不断向“自由人的联合体”方向努力。阿伦特、哈贝马斯、霍耐特、阿佩尔、罗蒂等人虽然在不少具体观点上有着重大分歧，但是，正如伯恩斯坦十分中肯地指出的：这些人都“向我们说明了什么对人类系统是至关重要的，并说明了对话、交流、询问、联合和共同体的概念”，他们都“强调了在当代世界上存在着对它们的多方面的威胁。他们对现代性的批判并不导致全盘否定现代性，在寻求从现代性中回收其内在的真理过程中他们是辩证的”。[⑤]哈贝马斯明确把自己的规范理想称为“交往乌托邦”，并认为这种“交往乌托邦”并非是“绘图桌上炮制出的一个秩序井然的社会的基本规范”，而是一种“事实上应该存在的状态，其前提是，社会化的个体在交往的日常实践中，运用日常语言达到相互理解的目的。在这种交往中，他们必然从特定的语用学规范出发，实现交往的理性……无论何时何地，只要我们想通过语言来表达我们所要表达的意思，我们便会对我们所说的话语提

① ［德］伽达默尔：《科学时代的理性》，薛华等译，国际文化出版公司1988年版，第76页。

② 同上书，第70页。

③ 同上书，第72页。

④ 同上书，第76页。

⑤ ［美］伯恩斯坦：《超越客观主义与相对主义》，郭小平等译，光明日报出版社1992年版，第257—258页。

出真实性、真诚性和正确性要求。这给我们的日常交往注入了某种理想性";[①] 阿伦特把"行动"与"工作"和"劳动"区别开来，认为"行动"是唯一与社会公共生活相适应的概念，它具有两个最重要的特点，一是"复数性"，二是"自由性"，前者意味着，"行动"在孤独的状态下是不可能的，它总是与他人的互动和参与密不可分的，后者意味着，"自由所经验的场所是行动"，甚至可以说，"拥有自由和开展行动是同一个事情"，将自由定义为行动的自由，是"在此之前从未存在过的东西、从未所有过的东西、从未成为认识和想像的对象的东西，严格说来，是从未知晓过的东西得以存在的自由"，[②] 在社会公共生活中，人们通过自由的行动，参与公共生活，进行自由而公开的论辩，人们彼此寻求解释、澄清和检验，从而使一切统治欲望和权力意志成为不可能。

与上面这些人相比，罗蒂更是明确地把"协同性"（团结）与"客观性"对照起来，要求用"协同性"（团结）取代传统形而上学在漫长历史中对"客观性"的追求，即便仍然保留"客观性"这一概念，那么，"渴望客观性"也"并非渴望逃避本身社会的限制，而只不过是渴望得到尽可能充分的主体间的协洽一致，渴望尽可能地扩大'我们'的范围"，[③] 因此，对人们的社会生活来说，最重要的是"赞成容忍、自由探讨和追求通畅的交流"。罗蒂把自己称为"自由主义的反讽主义者"，认为"自由主义社会的核心概念是：若只涉及言论而不涉及行动，只用说服而不用暴力，则一切都行"，[④] 在这样的社会里，"人类团结乃是大家努力达到的目标，而且达到这个目标的方式，不是透过研究探讨，而是透过想像力，把陌生人想像为和我们处境类似、休戚与共的人。团结不是反省所发现到的，而是创造出来的。如果我们对其他不熟悉的人所承受痛苦和侮辱的详细原委，能够提升感应相通的敏感度，那么，我们便可以创造出团结"，[⑤]

① ［德］哈贝马斯：《作为未来的过去》，章国锋译，浙江人民出版社 2001 年版，第 103 页。

② Hannah Arendt, *Between Past and Future: Eight Exercises in Political Thought*, New York: Penguin Books, 1997, p. 151.

③ ［美］罗蒂：《哲学和自然之镜》，李幼蒸译，上海三联书店 1987 年版，第 410 页。

④ ［美］罗蒂：《偶然、反讽与团结》，徐文瑞译，商务印书馆 2003 年版，第 77 页。

⑤ 同上书，第 7 页。

在这样的社会里，"社会理想的实现，乃是透过说服而非武力，透过改革而非革命英雄主义，透过当前语言及其他的实务之自由和开放的交往，提出新实务的建议。但这就是说，理想的自由主义社会，其目标不外乎是自由，其宗旨不外乎一种意愿，亦即愿意静观这些交往的动向，并遵行这些交往的结果"，[①] 通过这种"团结"或"协同性"的增强，不断减少社会公共生活中的"侮辱"和"残酷"，从而由此实现社会道德的不断进步。这即是罗蒂关于社会公共生活的"乌托邦"想象。

通过上面的讨论，我们可以清楚地看到，当代哲学已越来越自觉把这一点视为社会批判规范基础的价值核心：通过主体间的相互承认，不断促进人们之间的自由联合，加强人们之间的团结，"逐渐把别人视为'我们之一'，而不是'他们'"，[②] 从而催生和创造出一种自由、民主和开放的生活共同体。

（原载于《社会科学战线》2006 年第 3 期）

① ［美］罗蒂：《偶然、反讽与团结》，徐文瑞译，商务印书馆 2003 年版，第 88—89 页。

② 同上书，第 7 页。

重建个体性：个体的“自反性”与人的“自由个性”

一

“把社会成员铸造为个体，这是现代社会的特征”①，鲍曼的这一论述凝练而准确地概括了“个体”在现代社会的特殊地位和不同寻常的意义。现代社会之所以区别于传统社会，最突出地体现在个体与社会整体之间关系的重大转换，“个体”成为社会生活的重要出发点，蕴藏着现代社会的重大秘密。

个体化成为现代社会的基本特征，这说明了它与现代社会之间的本质性关联。任何社会只要经历从传统社会向现代社会的转型，就难以避免产生“个体化”现象，也将因此分享“个体化”带来的解放和欢乐，并承担它所导致的风险和痛苦。

从西方历史看，其“个体化”进程是它特有的文化与社会长期变迁的产物。基督教文化、新教改革、文艺复兴、启蒙运动等为这一进程积累了深厚的思想和文化土壤。更重要的是，西方近代以来的政治革命与经济革命为它提供了最现实的动力，“政治革命”明确“群己权界”，为“个人”彻底摆脱身份、等级的束缚，克服抽象共同体的控制，提供了明确的制度保证；“经济革命”则在更深刻的层面上，否定和根绝了封建的人身依附关系。所有这一切内在结合在一起，使“个体化”成为难以阻挡的重大趋势。

如果说西方“个体化”进程是几百年历史文化运动的产物，那么，在中国这一进程，则主要浓缩在改革开放以来的短短 30 多年中。其中最

① ［德］贝克等：《个体化》，李荣山等译，北京大学出版社 2011 年版，序言。

为重要的推动因素，无疑是以社会主义市场经济建设为主题的社会和经济改革。正如马克思所指出的，“人的依赖关系”是前现代社会人的存在状态的最根本特征，在漫长的历史发展中，以传统宗法社会和小农经济为基础，决定了人必然是“一定的狭隘人群的附属物”，依赖于人的自然纽带和人群共同体，构成了其生存状态的根本特征。以市场经济为核心的社会与经济变革在中国几千年历史上，前所未有地打破了束缚人身的自然纽带和人身依附关系，个人获得了空前的独立和自主。与此相应的是，以往在我们的传统和思想观念中被污名化的“个人主体”、“自由意志”、“自我人格”等概念，也在思想理论层面上获得了重新理解和估价，而这又反过来为其存在提供了合法性支持，从而推动了“个体化”进程。

毫无疑问，“个体化”标志着人的重大启蒙和解放。按照马克思哲学的观点，“任何人类历史的第一个前提无疑是有生命的个人的存在”[①]，不仅如此，“人类的社会历史始终只是他们的个体发展的历史”[②]。因此，生命个体摆脱种种虚假共同体的统治和操纵，冲破各种人身依附关系的羁绊和束缚，这是实现“自由个性”必不可少的环节。否则，人就可能永远停留于康德所指出的“父爱主义”笼罩的“不成熟的状况”，而不可能获得真正的成长。

然而，问题的复杂性在于，人的“个体性”与“共在性”、“独立性”与“依赖性”、“自我”与“他人”等之间，并非绝对的隔绝、分裂和对立关系。一个人要成为真正独立自由的个体，并不等于摆脱和斩断与他人的相互联系，而是应在一个更高层面和更广泛范围扩大和升华这种社会联系。否则，“个体化”就将陷入自我反对的悖谬和抽象化。正因如此，在当代社会，“个体化”的这种“自反性”已成为人们必须正视和警惕的重大课题。

二

概括而言，“个体化”的“自反性”集中体现在如下方面：

① 《马克思恩格斯全集》第 27 卷，人民出版社 1972 年版，第 478 页。

② 同上书，第 24 页。

第一，“个体”的“受动”和被“规训”。现代社会理论与哲学的研究成果告诉我们：“个体化”是与现代社会的“理性化”过程相伴而生的，可以说，正是公共生活的“理性化”构成了现代社会“个体化”的前提性条件。所谓“公共生活”的“理性化”，主要指现代社会的政治、经济和社会生活按照普遍性的工具理性原则构建而成的社会秩序，其最典型的表现便是现代官僚体系。这决定了现代人的“个体化”，是由这种现代性的官僚和制度网络所引导和规范的“个体性”。就此而言，“个体化”并不意味着个人自由发展自己的“个性”，而是被社会制度和体系所“规训”和“引导”的“个体性”。对此，当代哲学家如福柯等人做过十分深入的分析，他们揭示了现代人在沉浸于“个人自由”的志得意满时，实际上不自觉地已被种种理性化的制度网络所支配和控制的生存实情。这是现代性也是“个体性”的深层悖论。

第二，“个体”的“无根”与“无向”。如前所述，现代社会的“个体化”是个体斩断了在他之外的传统、共同体和一切神圣权威等的联系后的产物，这意味着个体被置身于一个彻底“祛魅”的世界之中。如果说在传统社会人们的意识深处，“包含着‘世界’作为一个‘宇宙秩序’的重要的宗教构想，要求这个宇宙必须是一个在某种程度上安排得‘有意义的’整体，它的各种现象要用这个要求来衡量和评价”,① 那么，现代社会摧毁的正是这一“目的论式的世界秩序”，并把生命意义的重负完全转移到个人身上。问题在于，在“彼岸世界”的神圣秩序被瓦解之后，个人到何处获得意义感的根据？面对此挑战，个人的“无根”和“无向”凸显出来，海德格尔对“人生在世”在常人状态中“双可”、“闲谈”、“好奇”等的现象学描述，弗洛姆对现代人在生活的不确定性中“逃避自由”并服膺于极权主义风险的分析等，即对现代人的这种“无根”和“无向”性的深刻的哲学分析。

第三，“个体”的“孤立化”与“平均化”。个体在摆脱对他人的依赖关系时，其所付出的代价是个人“自由”和“独立”的片面化和狭隘化。马克思曾指出，现代社会的“自由”和“独立”不是建立在“人与

① ［德］韦伯：《经济与社会》，林荣远译，商务印书馆 1997 年版，第 508 页。

人相结合的基础上，而是相反，建立在人与人相分隔的基础上”，其权利是“这种分隔的权利，是狭隘的、局限于自身的权利”。[①] 托克维尔也在与传统社会比较的意义上揭示了这一点：如果说“贵族制度把所有的公民，从农民到国王，结成一条长长的锁链”，那么，现代社会则“打断了这条锁链，使其环环脱落”。[②] 这种与他人相脱离的个体所形成的并非人的真正的“自由个性”，而是“平均化”的泯然众人的生存状态。用托克维尔的表述，那将是一种新型的“专制”：“那时候将出现无数的相同而平等的人，整天为追逐他们心中所想的小小的庸俗享乐而奔波。他们每个人都离群索居，对他人的命运漠不关心。……每个人都独自生存，并且只是为了自己而生存。”[③] 于是，“自由”和“独立”难免落入形式性和外在性。

现代社会的“个体化”本欲生成人的“主体性”，却又面临“受动”与“被规训”的境遇；本欲以个人取代上帝的权威，依赖自身成为生命的主宰，却又陷入“无根”和“无向”的困境；本欲追求个人的“自由”和“独立”，却又陷入“孤立化”和“平均化”的境地。这充分说明，现代社会的“个体化”内在蕴含着自相反对的“自反性”悖谬性格。

三

如何理解和应对“个体化”的这种“自反性”性格，已成为影响人与社会未来发展极为关键的重大课题。在此问题上，存在两种有着重大不同的态度和思路。

一种是“逆个体化”的态度和思路。其基本立场是：

既然现代社会的“个体化”已经表现出如此多的内在矛盾和悖论，那么，最重要的是反抗“个体化”进程，克服“个体化”，寻求和建立曾经失去的集体认同和共同感。在现实生活层面，当代世界出现的诸如宗教原教旨主义运动、族群复兴运动等反现代性倾向的社会政治活动，即这种

---

① 《马克思恩格斯全集》第 3 卷，人民出版社 2002 年版，第 183 页。

② ［法］托克维尔：《论美国的民主》下卷，董果良译，商务印书馆 1996 年版，第 627 页。

③ 同上。

态度和思想的典型表现。在思想理论层面，社群主义的兴起可谓这种态度和思想的重要代表。当然，它们的具体背景和倾向各不相同，但均把消解和否定个体的独立性，视为克服现代社会“个体化”的“自反性”后果的根本途径。

与之不同，我们坚持的是另一种即“重建个体化”的态度和思路。它并不试图阻断和反抗“个体化”，而是要通过进一步深化“个体化”的内涵，克服其抽象性和片面性。它坚持，现代社会的“个体化”在推动人的自由和解放过程中所获得的积极成果是不容轻易抛弃和否定的，这是人的进一步发展不可抹杀的重要条件。以一种简单的非历史的方式否弃“个体化”及其重大价值，必然将为种种“虚假共同体”和非理性的“神圣权威”及其变种的“借尸还魂”大开方便之门，20 世纪以来当代世界发生诸多灾难性事件已再三确认了这一点。合理的做法不是否弃而是“重建个体化”，即在克服“个体化”抽象性的基础上，把它转化为真正“自由个性”的追求和创造。

立足于这种立场，现代社会“个体化”的根本缺陷在于它对“个性”和“自由”的狭隘和片面化理解和实践。真正的“自由”不在于摆脱他人而独立，真正的“个性”也不在于与他人相隔绝的“孤独自我”，而是只有在与他人的开放性关系中才能生成。这种“个体主义”，不是“自负”的、“占有性”的“个体主义”，而是“合作的个体主义”和“为他人的个体主义”。“个体主义”且“合作”和“为他人”，这二者似乎矛盾和冲突，但实质上相辅相成，具有内在的本质性的关联。在此方面，黑格尔对现代性的反省，是最早对此进行深刻思考的哲学家。霍尔盖特中肯地指出，在黑格尔那里，“并不只有在不受限制的个体选择中，在对自我满足不受约束的追求中才能发现自由，我们还可以在正义的政治制度中，与法律一致的生活中发现自由”。① 这也即是说，黑格尔明确提出了要在个人的自主性与对他人和共同体的依赖性这二者的统一中，重新理解“个人自由”的内涵。马克思把“建立在个人全面发展和他们共同的社会

① ［英］霍尔盖特：《黑格尔导论：自由、真理与历史》，丁三东译，商务印书馆 2013 年版，第 183 页。

生产能力成为他们的社会财富这一基础上的自由个性”,[①] 视为人的发展的未来理想，实际上在一个新的基础上延续和深化了黑格尔的主题——个人只有在与他人的社会性统一性关系中，实现“自由人的联合”，才能真正形成自己的“自由个性”。在当代哲学中，哈贝马斯关于“真正的个性化与真正的社会性具有内在的统一性”的观点；霍耐特关于“个人与他人的相互承认”以及在这种“相互承认”中成就个人自由和尊严的思考；贝克关于在“第二次现代性”背景下“要成为个体，你就得去建构和创造你的主体间性”[②] 的新型伦理构想等，都从不同视角展示了在当代社会和理论语境中“重建个体化”的重要理论探索。它们为我们审视现代社会“个体化”的成就与缺失、克服抽象“个体化”的狭隘性及其后果等提供了深刻的启示，值得人们予以高度重视，尤其对于当代社会科学的研究具有特殊的借鉴意义。

社会科学作为现代性的产物，其形成和发展依赖于诸多“不言自明”的预设和前提，而其中，追求自身最大利益和幸福的“个人”构成其最基本的人性预设和逻辑前提，经济学的“经济人”假设即是其最具典型性的表现。显然，社会科学的这种人性假设和前提与上述现代性语境中的“个体化”进程有着深层的一致性。我们通过对“个体的自反性”批判性反思，分析了现代社会“个体化”的内在矛盾和挑战，实质上也同时揭示了社会科学赖以成立的人性假设和前提的有限性和片面性。超越这一界限，从人的“自由个性”视野重新设定当代社会科学的人性前提和预设，也许将成为推动当代社会科学走向自我重建和自我跃迁的重要切入点。

（原载于《探索与争鸣》2017 年第 5 期）

① 《马克思恩格斯全集》第 46 卷上，人民出版社 1980 年版，第 104 页。

② ［德］贝克等：《个体化》，李荣山等译，北京大学出版社 2011 年版，第 246 页。

“陌生人”的位置

——对“利他精神”的哲学前提性反思

当我们使用“他人”这一语词时，主要意指两种人的存在状态。第一，是指“自我”之外的、与“我”不同的“其他人”；第二，是指与自己所属群体或“自己人”不同的“其他人”。在这两种情况下，“他人”实际上都意味着与“我”和“我们”相异有别的“陌生人”。因此，我们要论证“利他精神”的合法性与必要性，一个重要前提是需要论证：我们为什么会对“陌生人”负有伦理责任？为什么要对“陌生人”行善？我们究竟应该如何对待“陌生人”？这些问题，概言之，可归结为：我们应确立何种伦理价值体系，在这种伦理价值体系中，“陌生人”才可获得其应有的“位置”？

探求“陌生人”的位置不是一个纯粹的理论课题，更重要的，它是一个与每个人的现实生活密切相关的实践课题。尤其随着中国现代化进程的不断深化与拓展，它正日益成为影响每个人、困扰着整个社会生活的重大挑战。可以说，这是中国现代性建构过程中所遭遇的最为严峻的价值挑战之一。

一　对“陌生人”的冷漠：文化与社会之痛

近年我国发生了一系列关于社会道德事件的讨论，其实质上都与究竟应如何对待“陌生人”有关。这些事件，较有影响的如“老人摔倒在街上扶还是不扶”、“小悦悦事件”① 等。笔者写作此文时，正当马航

① 2011年10月13日，两岁的小悦悦在佛山南海黄岐广佛五金城相继被两车碾轧，7分钟内，18位路人路过但都视而不见，漠然而去，最后还是一位拾荒阿姨陈贤妹上前施以援手。该事件引发网友广泛热议。2011年10月21日，小悦悦经医院全力抢救无效离世。

MH370 客机失联事件发生后的第三天，中央电视台官方微博、新浪微博发文，“为 154 位同胞祈祷”，“请庇佑我们的亲人”。失事飞机上共有 239 位各国旅客，但微博只为“同胞”的生命祈祷，“同胞”之外的“陌生人”则不在关注之列。所有这些事件向我们提出了一个共同的问题：在我们的文化和社会中，陌生人的位置究竟在哪里？这一问题之所以重要，是因为“陌生人的位置”始终是中国文化与中国社会中，没有真正达成自觉也未得到认真对待的重大问题。很大程度上可以说，在我们的文化和社会中，“陌生人”一直被边缘化，因而长期以来没有获得其应有的位置。

对于中国传统社会中人的道德，费孝通以“维系着私人的道德”予以概括，认为这种道德区别于“陌生人”之间“人人平等”的“团体道德”：“中国的道德与法律，都因之得看所施的‘对象’和‘自己’的关系而加以程度上的伸缩。”[①] 这的确是对传统中国人道德的准确概括，而在这种道德价值体系中，“陌生人”是找不到其应有位置的。具体而言，这种“维系着私人的道德”在传统中国人视为最重要的道德规范中得到了最充分的体现。这些最重要的道德规范，莫过于中国人最为熟悉的“三纲五常”、“三纲六纪”、“五伦八德”。所谓“三纲”，即“君为臣纲，父为子纲，夫为妻纲”；所谓“五常”，即“仁、义、礼、智、信”；所谓“六纪”，即“诸父有善，诸舅有义，族人有序，昆弟有亲，师长有尊，朋友有旧”；所谓“五伦”，即“父子有亲，君臣有义，夫妇有别，长幼有序，朋友有信”；所谓“八德”，即“孝、悌、忠、信、礼、义、廉、耻”。由于“孝悌”拥有作为“仁之本”的根本地位，在所有这些关系中，“父子关系”与“兄弟关系”是最为重要的“两伦”，其他各伦的道德要求皆是由这两伦延伸和类推出来的：君臣关系虽然是政治制度层面的上下级关系，但在中国传统社会，“国”与“家”具有同构性，君臣如父子，在一定意义上，君臣关系实质是父子关系在国家层面放大化的体现；师长则如同父亲，“一日为师，终身为父”，“师尊”具有父亲一般的权威与地位；朋友则是兄弟关系的延伸，兄弟与朋友在很多场合具有同样的内涵，成为朋友也就意味着可以“称兄道弟”。而父子与兄弟所代表的，无

① 费孝通：《乡土中国》，上海人民出版社 2007 年版，第 35 页。

疑是最直接的血缘亲族关系。就此而言，中国传统文化和社会的整个伦理价值体系是以直接的血缘亲族关系为中心并向外扩展而形成的。林安梧非常中肯地指出，中国人的道德意识是围绕着“血缘性纵贯轴”而展开的：“血缘性的自然连结”与“‘人格性的道德连结’相渗透而成为一体之两面，使得那‘血缘的’不再停留在‘自然的血性’中，而提到了‘道德的感通’这一层次，同时也使得‘道德的’不再停留在‘权力的理性的’规约之中，而渗入了‘自然的血性’之中。自然的血性与道德的感通关联成一个整体，不可两分”。[①] 道德价值规范与血缘亲情、道德性与血缘性内在地联结在一起，使得道德价值规范不可避免地具有浓厚的“私人”品格。

这种“维系着私人的道德”的一个重大特点就是“道德生命”与“血缘生命”的一致性，“做人之道”与“成为人”的关键是搞清楚亲疏、远近、长幼，全部伦理价值体系即是以此为根据并外推而形成的。以“父子”、“兄弟”等最亲密的血缘为轴心向外类推，从父子关系类推到师长，从兄弟类推到朋友，从家庭类推到族人、同乡、熟人等。通过这种类推所建立的伦理关系，使得传统中国人可以建立一种“休戚与共”的“共同感”，造成一种人与人之间“和为贵”、“在一起”的“团结感”。但另一方面，这种类推往外延伸的范围和幅度又是十分有限的。费孝通在《乡土中国》中以“差序格局”来概括这一点：“以‘己’为中心，像石子一般投入水中，和别人所联系成的社会关系，不像团体中的分子一般大家立在一个平面上的，而是像水的波纹一般，一圈圈推出去，愈推愈远，也愈推愈薄”，所谓“人伦”，“就是从自己推出去的和自己发生关系的那一群人里所发生的一轮轮波纹的顺序”。[②] 因此，如同波纹所及的距离是有限的一样，伦理关系往外类推的限度就在于：它随时随地以“自己”为中心，只有与“自己”具有血缘亲情关系，至少也是“亲近”、“熟悉”的人，才能进入自己的伦理关系网络中，“波纹”的运动离“自己”这一中心越远，其力量越小，最终消失于无形，而处于“波纹”尽头的，

---

① 林安梧：《儒学与中国传统社会之哲学省察——以“血缘性纵贯轴”为核心的理解与诠释》，学林出版社 1998 年版。

② 费孝通：《乡土中国》，上海人民出版社 2007 年版，第 26 页。

正是"陌生人"。

按照这种价值伦理系统，"陌生人"是处于由上述父子、兄弟、夫妇、君臣、师徒、朋友、族人、熟人等构成伦理价值体系之外的"他人",[①] 相对于这一伦理价值体系，"陌生人"意味着"外人"、"生人"、"路人"、"与己无关的人"。"陌生人"与"自己"既无血缘亲情，又无朋友之爱、师生之谊，因此，除非通过某种途径或中介使之成为"自己人"，否则就难以纳入既有伦理价值体系并适用其道德规则。于是，"陌生人"就成为"非我族类，其心必异"的"夷狄"，才有了针对"他人"的"党同伐异"，有了"攻乎异端，斯害也已"，有了鲁迅所说的：中国人没有"个人的自大"，而只有"合群的自大"。对陌生人的"冷漠"乃至"粗暴"与对"自己人"的温情脉脉和"一体之仁"形成鲜明对照。

从中国传统文化与传统社会价值系统阐述我们对待"陌生人"的上述价值立场，并不意味着它们只是"过去的幽灵"。虽然从历史上看，这种价值观念植根于传统宗族社会和小农社会，但在长期的岁月中，这种价值伦理体系积淀成一种深层的"文化心理结构"，活生生地存在于今天人们的思想观念和价值信念之中，影响着我们在日常生活和公共社会生活中对待"他人"的态度。本节开头所列举的例子即生动地说明了这一点。事实上，从高校的"近亲繁殖"到社会上的"走后门、拉关系"，从官场用人的"秘书帮"与"四大铁"[②] 到家长对孩子"不要与陌生人说话"的告诫等，每一个生活在中国社会的人，无论是普通人还是"社会精英"，对此都会有切身的体会，并经常充当了这种价值态度的实践者。不同之处仅在于，在今天，上述这种对待陌生人的态度与现代化过程中中国式的"市场经济"所形成的"自我主义"相互催化和相互利用，从而使得寻求和确立"陌生人的位置"成为严峻的挑战。

这里使用的是"自我主义"而不是"个人主义"，这是因为二者无论在内涵还是价值旨趣上，都有着重大区别。"个人主义"是一个十分复杂的概念，按照卢克斯的概括，个人主义包含四重含义，第一，对个人具有

---

① 费孝通：《乡土中国》，上海人民出版社 2007 年版，第 26 页。

② 即"一起扛过枪，一起下过乡，一起同过窗，一起分过赃"的人之间感情最"铁"，可以重用。

至高无上和内在的价值及尊严的承认与肯定；第二，对个人自主性的承认与肯定；第三，对个人私人生活及个人利益的承认与肯定；第四，对个人自我发展和自我实现价值的承认与肯定。贯穿在这种个人主义之中的是“平等”和“自由”这两个最为核心的价值：“平等主要基于人的尊严，而自由则是个人自主性、没有公众干预和自我发展的能力这三者合成的产物。”① 在此意义上，真正的“个人主义”是以尊重每一个人的自由与平等权利为旨趣的。很显然，这种意义上的“个人主义”是随着宗教改革、启蒙运动，尤其是随着现代政治革命与市场经济的展开和深化而逐渐生成的，代表和体现着现代性最为重大的成果。与之不同，“自我主义”则完全以“自我”为中心，以自我利益的满足为最基本诉求；与此同时，它又并不把“他人”的利益与权利置于与“自我”同样重要的地位，相反，“自我”利益与权利的满足经常是以伤害“他人”的利益和权利为前提条件的。因此，“自我主义”实质上是一种变形和扭曲的“个人主义”，或者说，它是一种以个人主义为名的“伪个人主义”。

中国30多年来最大的变化无疑是从高度集中的计划经济向市场经济的转型。从20世纪70年代末“计划经济为主，市场经济为辅”，到80年代初的“计划与市场的内在统一”，再到90年代初“市场在国家宏观调控下对资源配置起基础作用”，最后到2013年中共十八届三中全会的“市场在资源配置中起决定性作用”，“市场经济”的地位被提到了一个越来越重要的地位。由于特殊的时空背景，中国的“市场经济”进程与近代以来的西方社会进程有着重大区别，它主要不是通过市民社会自下而上的“自生自发”，逐渐发展和壮大所形成的，而是依靠政府行政权力自上而下的推动而“建构”起来的。毫无疑问，在短短30多年里，中国经济得以迅猛增长，社会生活各领域发生了巨大变化。但是，市场经济在极大地激发人们“逐利动机”与“贪婪攫取性”的同时，并没有建立起相应的健全完善的法权体系与道德价值体系来予以平衡与约束，由此形成了“经济增长”与“法权制度”和“道德价值体系”之间的“滞差”。由于这种“滞差”，“物质欲求”与“贪婪攫取性”极易失去必要的约束，并

① ［英］史蒂文·卢克斯：《个人主义：分析与批判》，朱红文等译，中国广播电视出版社1993年版，第47、72、138页。

因此畸变为“唯利是图”的“自我主义”。这一点在当代中国社会已成为活生生的现实。

本文不拟对这种“自我主义”进行专门具体的探讨，而只想指出，这种“自我主义”与前述传统中国文化和社会中“维系着私人的道德”之间具有深层的亲和性与一致性，而且二者相互影响与强化，使得“陌生人”的地位在我们的伦理道德价值体系中不仅没有得到切实的改善，反而变得愈加严峻。应该说，传统中国文化和社会所信奉的道德价值体系与当下中国盛行的“自我主义”，在具体内容上无疑有着巨大的区别，前者是“合群的自大”，后者则是“个人的自大”。“自大”的“载体”和内容并不完全相同，但二者有一个共同之处，那就是都以“自己”为中心并对“自己”之外的“陌生人”持排斥和敌视态度。如果说“合群的自大”体现为对“圈外人”的冷漠，那么，“个人的自大”则体现为对“其他人”的粗暴；如果说“合群的自大”体现为“非我族类，其心必异”的犹疑和封闭，那么，“个人的自大”则体现为“走自己的路，让别人无路可走”的自私与狭隘。很显然，无论哪种“自大”，都意味着对“他人”的轻蔑和漠视。由于这种共同性，在现实生活中二者非常容易结成坚固的“联盟”关系，其典型表现，就是“自己”的利益通过利用“自己人”得到最大限度的扩大，而“自己人”的利益也通过某些个人得以实现，个人“自我”的利益与“小圈子”的“自己人”利益内在地捆绑在一起，而被遗忘和损害的永远都是“自我”和“自己人”之外的“陌生人”。这一点，只要看看近年来被曝光的官员腐败案件，都无一例外地得到了最典型、最清晰的证实（所谓“家族性腐败”、“窝案”、“串案”即是这种由“自我”与“自己人”的结合而形成的“利益集团”或“利益共同体”所为）。很显然，在“维系着私人的道德”、“自我主义”以及二者的“结盟”和“合作”中，真正的“利他主义”精神将必然只能成为一种不切实际的幻觉。

二　破除“共同体”与“自我”的实体主义：确立“利他精神”的思想前提

无论是“维系着私人的道德”，还是扭曲的“自我主义”，都闪避和遮蔽了这样一个根本问题：为何应对“陌生人”负有无条件的道德责任？为何应对“自我”和“自己人”之外的“他人”抱以关怀和爱心？这是我们的文化和社会所面临的一个重大思想与文化“瓶颈”，如果不能突破这一瓶颈，“利他精神”必将成为空中楼阁。要突破这一瓶颈，一个重要前提是深刻反省导致这一瓶颈的思想根源。“维系着私人的道德”与“自我主义”之所以对“陌生人”与“他人”采取拒斥和排挤态度，根本上就在于它们所坚执的是一种“实体主义”的思想原则和“总体化”的思维定式，不同之处仅在于前者把抽象的“共同体”实体化与总体化，后者则把抽象的“自我”实体化和总体化。正是“实体主义”的思想原则和“总体化”的思维定式，在根源上阻碍了对“他人”的道德责任这一问题的提出并深入人们的自觉意识。

这里所说的“实体主义”与“总体化”，从哲学的意义上是指一种把一切部分、一切因素都纳入一个单一的整体或体系，认为只有这种整体化或体系化的总体才代表着最终的真理、具有最高的实在性这样一种思想逻辑，代表着一种试图从某种“独立自存”、“无所依赖”的绝对实在出发，同化和消解一切异质性因素的思维方式。亚里士多德在《形而上学》中这样规定“实体”：“实体，就其最真正的、第一性的、最确切的意义而言，乃是那不可以用来述说主体、又不存在于一个主体里面的东西”[①]，这种意义上的“实体”在多种意义上都处于绝对优先的“第一的”地位：“事物之称为第一者（原始）有数义，（一）于定义为始，（二）于认识之序次为始，（三）于时间即为始。”[②] 海德格尔也曾这样规定“实体”：“把‘实体’的存在特征描画出来就是：无所需求。完全不需要其他存在者而存在的东西就在本真的意义上满足了实体观念——这种存在者就是完善者。”[③] 不难发现，作为哲学意义的实体，具有这样几个基本特点。第一，它是一切存在者的终极性基础，构成一切存在者及其关系的“阿基米德点”。第二，它是超越时间和历史的“同一性”的“在场者”，拥有对差异性和异质性的绝对主导性和支配权。第三，它是绝对自足自因的第

① 北京大学哲学系编：《古希腊罗马哲学》，商务印书馆 1982 年版，第 309 页。

② ［古希腊］亚里士多德：《形而上学》，吴寿彭译，商务印书馆 1959 年版，第 126 页。

③ ［德］海德格尔：《存在与时间》，陈嘉映等译，生活·读书·新知三联书店 2006 年版，第 108 页。

一原理，一切只有被还原为最终实体，才能获得"合乎逻辑"的解释，但同时它本身却不依赖于任何外在的原理或原因。可见，"实体"意味着"至大无外"、"至小无内"的可"陌生人"的位置——对"利他精神"的哲学前提性反思囊括和包容一切的同一性力量，一切存在者只有被纳入和吸收到这种同一性力量中，才能获得其存在的"合法性"；反之，处于这种同一性力量之外的一切异质性的"他者"，只具有"偶然性"和"边缘性"，因而无论在价值上还是存在权利上，都处于"等而下之"的地位，甚至被视为虚假之物而遭到排斥与清洗。就此而言，"实体主义"与"总体主义"的思想原则与思维方式具有"求同"而"排异"的本性，对"他者"的排斥和抹杀，构成其思想底色。列维纳斯这样概括道："自其童年开始，哲学就为一种不可克服的反感所苦：对始终作为他者的'他者'的恐惧。正是出于这个原因，哲学本质上是存在的哲学；对存在的理解是其最终结果和人的基本结构。"[①] 实体主义与总体主义正是这样一种"反感"和"恐惧"、"他者"的思想原则与思维方式。阿多尔诺说得更加透辟："根、起源的范畴是一个统治性的范畴……它证明了本地人反对新来者、定居者反对迁移者"[②]，实体主义与总体主义所体现的，正是这样一种从"根源性实在"出发，反对"新来者"与"迁移者"的取向。

"维系着私人的道德"实质上就是把以"自己人"为中心的"共同体"实体化与总体化，并以此为基础而形成的道德价值体系。它基于这样的基本信念：对于每一个人的生命存在来说，通过血缘、亲缘、地缘等亲密私人关系联结起来的共同体具有"绝对实在"的意义，它规定了每个人的生活空间、生存意义、人生幸福与价值归宿，是决定每一个人全部生活内容的"至大无外"、"至小无内"的终极力量，或者说，它构成了人之为人的"本质"，蕴含了人的存在的全部"奥秘"。马克思曾分析这种思维方式与价值体系的社会历史根源。在《政治经济学批判大纲》中，马克思把资本主义社会以前的社会阶段，包括亚细亚的、古代的、中世纪的和日耳曼形式等，称为"共同体"阶段，认为其根本特征就是"个人

---

① Levinas, *En Decouvrantl' existenceavecet Husserlet Heidegger*, Paris: Vrin, 2002, p. 188.

② ［德］阿多尔诺：《否定的辩证法》，张峰译，重庆出版社1993年版，第152、153页。

对共同体的依赖”。马克思说道：“我们越往前追溯历史，个人，从而也是进行生产的个人，就越表现为不独立，从属于一个较大的整体，最初还是十分自然地在家庭和扩大成为氏族的家庭中；后来是在由氏族间的冲突和融合而产生的各种形式的公社中。”① 按照马克思的描述，共同体在实质上是一个直接的、没有分化的统一体，这并非说共同体内部成员没有差异，而是说共同体作为一个总体，具有自足、自因的实体性质，个人只有依赖于他所属的共同体这一实体才能获得自己的存在，人在共同体中的相互依赖关系，构成了人的生存的根本特征，这也就决定了以此为基础所形成的思维方式与道德价值体系必然呈现出把“共同体”实体化与总体化的倾向。

“共同体”成为自足、自因的实体，同时也就意味着它成为封闭、排外、狭隘的存在，只有进入“共同体”这一实体的人才会获得人们的承认，才会在共同体内获得“名分”和“地位”，不能被同化和吸纳进“共同体”的“他人”，则被隔离在窗户之外。“物以类聚，人以群分”，这里的“群”即是共同体，它犹如一堵无形的墙壁，把“墙内”与“墙外”的人分隔开来。于是，以共同体为界，有了“熟人”与“生人”之别、“内部人”与“外部人”之分：属于“共同体”内的人之间，例如父母、亲属、兄弟、朋友、上级等“自己人”，我们必须“定尊卑”、“讲礼数”、“论感情”、“给面子”，可以“讲情面”、“拉关系”、“走后门”，甚至能做到放低身位、逆来顺受，乃至可以“毫无利己，专门利人”，对于“生人”则是另一种态度和面孔。社会上流行的到机关办事“门难进、脸难看、事难办”，即是对待“生人”态度最典型的写照，对陌生人的冷漠、无情乃至残忍，于是成为合乎逻辑的结果。因此，在“共同体”被视为抽象实体的条件下，所谓道德责任，所谓权利和义务，所谓对他人的真正关怀和爱心，都只在“共同体”内部才有意义。共同体外部的“陌生人”和“他者”与共同体之内的人没有“通风的窗户”，这就彻底堵塞了现代意义上的“利他精神”的生成。

“自我主义”实质上是把“自我”实体化与总体化并以此为基础而形

① 马克思：《〈政治经济学批判〉导言》，载《马克思恩格斯全集》第 30 卷，人民出版社 1995 年版，第 25 页。

成的道德价值体系。"自我"成为"实体",意味着"自我"成为"绝对的实在"、"最终的根据"和"永恒在场"的"同一性"存在。"自我"作为"实体",具有终极和绝对的权威性,构成了人的知识、人与世界、人与人关系的至高无上的尺度和标准。当"自我"获得了这样的地位时,必然充满"占有"和"控制"的欲望和意志,它对一切异质性和差异性因素拥有削平和宰制的绝对权威;同时,"实体化"的"自我"必然是自我中心的,因而也必然是"排他"和"孤独"的。海德格尔在批评近代以来所形成的"占有性个体主义"时,认为它在根本上是"把一个最初没有世界的或对自己是否有一个世界没有把握的主体设为前提",① 即在开端处就把自己视为一个与世界绝缘的"孤立主体",成为中国古代皇帝般的"孤家寡人",必然无法从"自我"中走出来,找到通向外在世界的道路。无疑,"自我"被实体化与总体化,其根本目的是追求和获得自身最大限度的、无条件的"自由"与"权利"。但正如马克思所指出的,这种自由"不是建立在人与人相结合的基础上,而是相反,建立在人与人相分隔的基础上",这种权利不是建立在尊重与承认他人权利的基础上,而是"分隔的权利,是狭隘的、局限于自身的个人的权利"。② 同样,在"自我"被实体化、总体化的条件下,"自我"成为最终的、唯一的目的,"自我"之外的"陌生人"、"他人"成为满足和实现"自我"目的的手段与工具。为了"自我"的实际需要和"自私自利"的欲望,"自我"与"他人"的关系所充满的是"一切人反对一切人的战争"的精神,很显然,这与"利他精神"在根本上是南辕北辙的。

由此可以看出,以"共同体"为基础的"维系着私人的道德"和以抽象个人为中心的"自我主义"虽然表面上正相反,但由于在深层贯彻着实体主义思维方式与总体化的思维定式,决定了它们在对待"陌生人"这一问题上的共同走向,也决定了二者在现实生活中的一拍即合和相互强化。以此为前提,必然会在源头上窒息"利他精神"生成的可能性。消解共同体与自我的实体化与总体化,重新理解自我与他人、人与社会的关

---

① [德]海德格尔:《存在与时间》,陈嘉映等译,生活·读书·新知三联书店2006年版,第237页。

② 马克思:《论犹太人问题》,载《马克思恩格斯全集》第3卷,人民出版社2002年版,第183页。

系，这是“陌生人”获得承认和尊重，并因此确立“利他精神”的重大前提。

三　“作为他者的自身”：重建人的自我理解

只有消解“共同体”与“自我”的实体化和总体化，我们才能真正确立起对“陌生人”的尊重。而要消解“共同体”与“自我”的实体化和总体化，我们必须改变和扭转关于人自身的狭隘、封闭的观念，重建人的观念与人的自我理解，并以此为基础，调整我们对于“陌生人”的态度，确立“他人”在我们价值伦理体系中不可剥夺的重要地位。在我们看来，要做到这一点，最核心的任务就是要确立“作为他者的自身”这一全新的人的观念。

“作为他者的自身”最早由法国哲学家利科①提出，但其所表达的不仅是利科个人的见解，而且代表着当代哲学越来越多的思想家关于人的自我理解。这一概念包含相辅相成的两方面的价值关切。第一，它要求把个人从共同体的藩篱中摆脱出来，使之成为独立的生命个体；第二，它要求摆脱自我中心主义的封闭“个体”观念，认为个体人格只有在与他人的相互承认与交往关系中，在把他人视为“目的”而非“手段”的过程中才有可能生成。它既不从“大写的人”，即从“共同体”的角度理解人，也不再从“小写的人”，即从抽象“自我”的角度理解人，而是真正从“个人”与“他人”的关系中，把每一个人理解为“自我”与“他人”的内在统一体。

如前所述，“维系着私人的道德”所赖以成立的基本前提是“共同体”的实体化与总体化。如果深入追究，在这种价值信念中，包含着对于人的形象的设定，那就是它把“共同体”视为人的化身，作为个体的人只有“分有”共同体的性质才会获得“做人”的资格。在共同体里，每一个人与他人的社会关系是根据他在共同体中的身份、地位和等级而被规定的，在共同体中所处的地位和身份，决定了每个人与他们的社会关系的性质。共同体把人固定在皇帝、达官、贵人、布衣、君子、小人等等级

① 参见［法］保罗·利科《作为一个他者的自身》，佘碧平译，商务印书馆2013年版。

上，把人限制在父子、兄弟、君臣、夫妇等角色上，除了每一个人在共同体中需要扮演的"角色"和"身份"之外，他就没有其他的生活内容证明其"存在"。很显然，在此条件下，个人的存在具有双重特性：一方面他在人身上依附他人，按照"共同体"所要求的"人伦"根据自身在共同体中的身份地位来求得自己的生存，他既没有属于个人的天地，也没有属于个人的生活，个人作为主体的维度被禁锢，得不到自由的发展。另一方面，人们在彼此的人身依赖中又形成着共同体的统一性，维系着涂尔干所说的"机械团结"，并因此对在"共同体"中没有"身份"的"陌生人"和"外来者"持冷漠、警惕与排斥的态度。因此，个人摆脱对共同体的依附，成为禀赋独立人格的主体，这是打破共同体的狭隘性，使个人对他人采取开放态度，形成与陌生人广泛的社会联系的重要条件。

突破共同体的桎梏，捍卫独立的个人主体的地位，毫无疑问，这是现代社会所取得的重大成就。但是，如果"个人主体"被极端化为与"他者"相隔离的孤立实体，那么，它又将陷入自我中心主义的封闭和独断。按照黑格尔的观点，这种"主体性"代表着一种"对象性的逻辑"并因此表现为一种控制性、征服性的"暴力"，这种"暴力"必然把他人"作为客体加以压迫"，从而导致人的社会生活共同体的分裂和"伦理总体性"的瓦解。列维纳斯也指出，这种意义上的"自我主体"，其实质是"一切都是此，一切都属于我，一切都伴随着场所的原初占有而事先被占据，一切都被包括"，或者如阿多诺所概括的：这种"主体"、"永远锁闭在它的自我中"，只能"通过堡垒墙上的瞭望孔来注视夜空"。①

与之不同，"作为他者的自身"这一全新的关于人的自我理解，克服了这样一种自我中心主义的"个人主体"观念。它不是把人的"个性化"与人的"社会化"分裂为两个相互割裂的过程，而是把"他者"视为"自身"的基本条件，它相信，只有在向"他人"的开放以及对"他人"的责任中，个人才能成为"自由"和"自为"的存在。"作为他者的自身"首先表明，每个人的"自身"之所以成为可能，必须以"他者"的存在为条件。黑格尔在《精神现象学》中从哲学的角度对此进行过精彩的论述。他认为，人之区别于动物，在于人有着区别于动物的欲望，动物

① ［德］阿多尔诺：《否定的辩证法》，张峰译，重庆出版社 1993 年版，第 157 页。

的欲望通过“消灭客观的对象”得到满足，而人的欲望之所以具有“人性”，就在于人的每一个欲望，都最终是与获得他人“承认”的欲望内在联系在一起。黑格尔说道：“这里的问题是一个自我意识对一个自我意识。这样一来，它才是真实的自我意识；因为在这里自我意识才第一次成为它自己和它的对方的统一……精神是这样的绝对的实体，它在它的对立面充分的自由和独立中，亦即在互相差异，各个独立存在的自我意识中，作为它们的统一而存在：我就是我们，而我们就是我。”① 这深刻地告诉人们：“自身”之所以成为可能，必须以“他者”对“自身”的承认为前提。在当代西方哲学中，维特根斯坦从语言层面对“私人语言”的反驳及对“语言公共性”的阐明，海德格尔从生存论视域批判胡塞尔的“自我中心主义”并把“共在”视为人本原性的生存论环节，梅洛庞蒂对传统哲学把自我实体化并因此导致的把“他人”存在视为困境和耻辱观念的批判，并强调“自我”与“他人”的“相互纠缠”，哈贝马斯把人的“个性化”与“社会化”视为同一过程的“交互主体性”概念的阐明，等等，都越来越深入地向我们彰显了这样一种对于人自身形象的自觉：个人“自身”与“他者”不是主客二分的对象性关系，相反，“他者”是“自身”成为可能的基本条件。

更重要的是，“作为他者的自身”还意味着，每一个人“自身”存在的意义和价值，同样必须以“他者”为条件。心理分析大师弗洛姆曾在《占有还是生存》一书中分析过“利己”和“利他”两种基本的社会性格取向，前者意味着把自私、利己和占有欲的满足视为生活的意义和幸福的源泉，后者则意味着把分享、奉献与乐于为他人作出牺牲视为人生价值和幸福的根源。弗洛姆告诉我们：前者并没有真正给现代人带来快乐和幸福，反而是无尽的失落和创伤。人生的意义和价值不是建立在脱离他人的“独白主体性”以及由此形成的人对人的统治和控制关系之上，而是生成于人与他人之间相互的爱、团结与创造性的合作之中。罗蒂也在相似的意义上说，减少侮辱、蔑视和暴力，不断地把“他”变成“我们”，不断加强对话和交往共同体内的联合，从而增进人们的团结，形成更具包容性的

① ［德］黑格尔：《精神现象学》上卷，贺麟等译，商务印书馆 1979 年版，第 122 页。

共同体,[①] 这一点应成为人们在社会生活中最根本的价值追求。弗洛姆与罗蒂在思想背景和理论立场上有诸多重大的不同，但在强调“他者”对个人“自身”存在意义和价值的实现所拥有的不可或缺的重要地位这一点上，却表现出相通的价值旨趣。

从“作为他者的自身”这一核心概念出发，我们将确立一种关于人的全新观念。它将拆除“自我”与“他人”之间的墙壁与藩篱，把“自我”的存在及其生存意义与“他人”内在地关联在一起，使“爱他人”与“爱自己”结合为一个不可分割的整体。在此意义上，基督教的“爱一切人”，康德所说的“人是目的”，列维纳斯所说的对“他人面孔”的敬畏，鲍曼所说的“对他人的道德”等，虽然各自思想背景迥异，但都说出了一个共同的真理：对“陌生”的“他人”的开放、尊重、承认与爱，构成每一个“自我”主体人格形成和塑造的根本动力，也构成道德的深层源泉。由此回头反思我们的现实生活，要求我们亟须调整和改变对于“陌生人”的态度。

第一，必须对中国传统文化和社会中以“共同体”为中心的“维系着私人的道德”的价值盲点进行深刻的批判与反省，破除以私人关系的亲疏远近来确定尊卑上下等级的价值壁垒，真正把“自我”与“自己人”之外的每一个人当成具有独立人格的生命个体，去切实尊重与关怀他们的尊严和幸福。只停留于血缘情感以及由血缘情感衍生的私人关系，表明人们的生存状态仍然沉浸于纯“自然的动物状态”而没有真正进入人的“社会状态”。而进入“社会状态”，意味着真正把每一个人，包括与自己并无“私人关系”的陌生的“他人”都当成人去看待。基督教有“爱你的敌人”之说，在现代社会转化为“平等爱一切人”的价值，这里的“爱一切人”完全是在超越了“共同体”中心条件下，包括对“陌生的他人”在内的每一个人的人格和尊严的爱。这对于热衷于一切讲私人关系、只认“自己人”和“小圈子”的中国人来说，似乎是难以理解的。然而，这恰恰是我们的社会和文化中最为匮乏也最为亟须确立的伦理价值。只有这样，我们才能彻底超越“亲”与“疏”、“上”与“下”、“朋友”与“敌人”、“合群”与“异己”等造成的狭隘的二元对立关系，克服所面

---

① ［美］理查德·罗蒂：《真理与进步》，杨玉成译，华夏出版社 2003 年版，第 141 页。

临的诸多道德困境，建立人与人之间更为良性与健康的关系，推动人们道德水准的现代转型与全面提升。

第二，必须对现实生活中把“自我”实体化和总体化的“自我中心主义”保持高度警惕。以物质欲望的开发与繁殖为目的的“经济”如果没有相应的伦理价值理性予以平衡，那么，摆脱“共同体”束缚的“自我”必然发展为唯利是图的、对“自我”之外的“陌生的他人”的冷漠与排斥。在当代中国现实中，这种“自我中心主义”与传统的“共同体主义”经常非常奇妙地结合在一起，形成为一种颇具“中国特色”的“自我主义”：“自我”利益的满足与“家族”、“自己人”、“圈内人”的满足往往结成最亲密的联盟，从而导致对“陌生的他人”的排斥更加严厉和彻底，这一点，从种种腐败案件中得到了最为直观和清晰的体现。不少学者已经指出，这已经使中国社会呈现出“分裂”的倾向：一部分强势者及其群体占有了整个社会大多数优质资源，而另一部分人则成为被挤压在边缘的“弱势群体”。这一点已成为当代中国社会和伦理生活中所面临的严峻挑战。在此情境下，我们亟须确立一种既不同于“大写的人”，即共同体，又不同于“小写的人”，即抽象自我的新的人的形象，并以这种对人的自觉为基础，形成一种新的伦理道德价值体系，构成这种新人形象核心的，即是我们前述的“作为他者的自身”。

第三，从上述两方面的价值自觉出发，我们应该形成与完善如何对待“陌生的他人”的社会交往规则，这既包括以“公平正义”为取向的社会制度结构，从而保障社会处于边缘地位的“陌生的他人”的权益，避免“强势”的“自我”和“共同体”对弱势群体的挤压；同时，我们应该动员社会力量，通过民间机构的努力，为“陌生的他人”提供必要的帮助。但所有这一切，都首先有赖于在思想、文化和伦理道德价值层面上进行更加深入的自我反思与启蒙，为长期以来缺席的“陌生人的位置”的合法性进行有力的申辩。这是当代中国哲学所面临的最为重大的理论课题之一，也是本文的基本初衷。

（原载于《文史哲》2015 年第 3 期）

第三编

马克思哲学与哲学的合理存在方式

辩证法研究的两种出发点

辩证法是马克思哲学的理论基础。要推动马克思哲学的观念变革与理论创新，我们必须克服对辩证法流俗和教条化的理解并阐发辩证法理论富有生命力和当代价值的思想内涵。为此，我们需要思考的一个前提性问题是：辩证法的真实出发点究竟应该是什么？今天应在什么层面上阐释辩证法的理论内涵和性质？

要回答这一问题，一个重要议题是深入哲学史，对康德和黑格尔这两位有代表性的哲学家的辩证法思想进行重新反思。黑格尔一直被视为辩证法最重要的代表人物，他长期以来主导着辩证法的理解模式和解释原则，而对于康德的辩证法思想，人们一直采取漠视和忽略的态度，认为康德对辩证法除了消极的否定之外，并没提供什么积极的和建设性的思想内容。这种影响至深的流俗见解严重局限了辩证法研究的视野，妨碍了辩证法研究思路的开拓。我们认为，康德和黑格尔为辩证法提示了两种理论的出发点和可能性，对此进行深入探讨，对于辩证法的当代阐释是一个具有深远意义的课题。本文试图对此做一初步探讨，以期引起对此问题的重视和深入研究。

一　辩证法何以成为“幻象逻辑”：康德的批判性思考

众所周知，辩证法肇始于古希腊哲学，无论人们把辩证法之父的称谓归于苏格拉底，或柏拉图，或赫拉克利特。在古希腊哲学以后，“辩证法”除了在中世纪经院哲学中作为论证“上帝存在”的逻辑方法与论证技术，即作为所谓“经院辩证法”继续存在并产生较大影响之外，一直很少被人提起，更少作为一个专门领域得到哲学家们的重视。辩证法作为一个重要问题在近代重新引起人们的重视，康德起了关键性作用。

康德最早提及“辩证法”是在《纯粹理性批判》第二部分“先验逻辑”导言的第三节“普通逻辑之划分为分析论与辩证论”。在此处康德主要是在“普通逻辑”的意义上讨论“辩证法”。普通逻辑的分析论是关于知识的“知性形式”的理论，其目的仅在于阐明“知性普遍而必然的规则”，所关注的是知识的“除去一切内容”的“纯然形式”，其功能在于检查知识是否合乎形式上的逻辑要求，是否违背“形式逻辑”的规律与要求，但是，人们经常不满足于普通逻辑这种“形式”性质，试图用这种“形式逻辑”去作为发现真理、推广和扩大知识的工具，这种对普通逻辑的错用，康德称为“辩证术”：它“用某种貌似有理的话来坚持任何可能的主张，或者如果我们愿意的话，又来抨击任何可能的主张”，因而它实质上是一种“诡辩的技术”。

“辩证法”不仅发生在“普通逻辑”领域，更重要的是发生在“先验逻辑”领域。在此，“辩证法”被康德等同于“先验幻象”或“幻象逻辑”。

在康德看来，“辩证法”作为“先验幻象”或“幻象逻辑”，是由于理论理性或思辨理性的本性或“自然趋向”所导致的。这里所谓“理论理性”，又可称“思辨理性”，是指区别于实践理性的、以认识世界总体和终极存在等形而上学对象为目标的理性，按照康德的说法，就是试图“不依靠任何经验而独立去求得一切知识”的理性。[①] 它具有两个基本特点，第一，它是一种以理论认识和思维能力为中心的理性；第二，它认为理论认识具有把握世界总体和终极存在的无限力量，在此意义上，康德又把理论理性称为“原理的能力”，[②] 即能够获得最具普遍性和最高解释力的知识的能力。康德把“先验逻辑”划分为“先验分析论”与“先验辩证论”两个部分。“先验分析论”要处理知性所产生的“纯粹知识的各要素”以及“没有它们，对象就不能被思维”的那些原理的这部分，这种意义上的“先验逻辑”乃是“真理的逻辑”，它要探讨的是知性、直观以及二者的关系，通过这种探讨，揭示知识的客观性及其真理性。但是，理

---

① ［德］康德：《纯粹理性批判》，韦卓民译，华中师范大学出版社 2000 年版，第 6 页。

② 同上书，第 319 页。

性“有很大的诱惑来单独地使用知性知识的这种纯粹方法和这些原理乃至在经验的限度以外来使用它们（只有经验才能产生那些知性的纯粹概念所能适用的质料即对象），于是就使知性冒险在合理性的幌子下把知性的纯粹而仅是形式上的原理作实质上的使用，且不分皂白地对于对象进行判断——对于没有对我们被给予出来的对象、甚至绝不能被给予出来的对象进行判断”。[①] 对于理性对纯粹知性的这种错用及其所导致的后果，康德用“辩证幻象”来予以概括。

“先验幻象”与其他幻象不同。它不是由于“手艺不精”、“知识不足”而造成的，也不是某些心怀不轨之人有意编造出来淆乱人心的结果，而是理论理性的本性或必然倾向所带来的。如果说知性是一种“规则的能力”，那么，理性则为“原理的能力”，它与知性以规则为中介去统一现象的性质不同，其旨趣在于把“理性看作在原理之下获得知性的规则的统一性之一种能力。据此，理性就绝不直接致力于经验或任何对象，而是致力于知性，为的是通过概念而给知性的杂多知识以一种验前的统一性，这种统一性可以称为‘理性的统一性’”,[②] 这也是说，理性的根本功能是寻求绝对的“无条件者”，以这种“无条件者”为根据，来实现知性知识的统一性。这种“无条件者”包括“我思主体”、“世界总体”与“上帝”三者，康德把它们称为“纯粹理性的概念”或者“先验理念”。这种“先验理念”是纯粹理性的一种具有必然性的概念，“它们都是纯粹理性的概念，因为它们把一切在经验中所得的知识都视为通过条件的一种绝对全体而被确定的。它们不是被人任意捏造的；它们是理性自身的本性所给予我们，因而就与知性的全部使用处在必然的关系之中”。[③] 因此，它是人的理性难以避免的必然倾向。

理性“难以避免的必然倾向”并不意味着其具有真理性，相反，它们所体现的是“理性自身的诡辩”。康德批判哲学的一个重要任务就是纠正与防止这种诡辩，提醒人们对这种难以避免的自然倾向保持充分的自觉。正是在此意义上，康德分别对“我思主体”、“世界总体”和“上

① ［德］康德：《纯粹理性批判》，韦卓民译，华中师范大学出版社 2000 年版，第 100 页。

② 同上书，第 321 页。

③ 同上书，第 338 页。

帝”这三大纯粹理性的先验理念进行了哲学史上经典性的分析和批判。通过这种分析批判，康德所得出的结论是：“纯粹理性的一切辩证尝试的结果不但证实了我们在先验分析论中所已经证明的，即自以为引导我们超出可能经验范围以外的我们所有那些结论，都是骗人而毫无根据的；它并且同时也以这种教训来教导我们说，人类理性有一种想要超过这些界限的自然倾向，并且先验理念对于理性正如范畴对于知性的一样是自然的。”① 在他看来，辩证法与“先验幻象”几乎具有同样的意义，他明确说道：“我们曾称一般的辩证法为幻象的逻辑。这并不是说它是一种盖然性的知识……所以这样的知识不应与逻辑的分析部分分开。我们更没有什么正当的理由把出现与幻象看作是同一的”②，因此，辩证法就是一种具有必然性的“幻觉的逻辑”。

那么，辩证法作为“幻觉的逻辑”的深层根源究竟是什么呢？康德认为，这其中最根本的原因就在于它混淆了“范畴”与“理念”的根本区别。范畴总是处于与经验的关系之中，离开经验，范畴将成为空洞的无，而理念则要摆脱任何条件的束缚，去达到“无条件的绝对整体”，这一点是有限的、条件性的知性范畴所无法企及的。试图以知性范畴去把握无条件的总体，必然会导致“辩证幻象”。换言之，范畴在与经验的关联中获得其客观性，因此其运用法则是一种客观规则，但理性的理念所代表的是一种主观的法则，它不与任何经验对象发生关联，它只是指向一种对诸条件进行综合的“绝对总体”，因此，理性的运用规则只是一种主观的必然性，辩证幻象的根源就是把“主观的必然性”当成了“客观的必然性”，对此，康德说道：“我们的理性（主观上视为人类知识的一种能力）的使用，有一些基本的规则与准则，而这些规则与准则具有客观原则的外形，因而我们就把那本来有利于我们知性的那种概念联系的主观必然性，当作了确定物之在其本身的客观必然性。”③ “幻觉逻辑”的产生根源，一言以蔽之，就是以有限当无限，以主观当客观，就是知性与理性、理论与实践的错位。

---

① ［德］康德：《纯粹理性批判》，韦卓民译，华中师范大学出版社2000年版，第564页。

② 同上书，第315页。

③ 同上书，第317页。

从上述对“辩证幻象”所做的批判性分析出发，康德明确地指出，理性所追求的“无条件的总体”或“理念”不应该是“理论哲学”的任务，而应属于“实践哲学”的领域，是实践理性的对象。停留于理论理性的层面，以逻辑范畴工具，来把握“无条件总体”，乃是理性的僭妄与越界，而在实践领域，“理念”超越了一切对象的限制真正获得了无条件的自由本性。在康德看来，“理念”不是任何知识的对象，因为“无条件的总体”是不可能在直观中被给予的，因此，在知识领域，它不具有现实性。但这并不意味着理念本身是无意义的和虚构的，相反，它具有必然性与必要性，不过这种必然性与必要性不存在于知识领域，而是存在于实践领域。在实践领域，人不是一个“静思”、“凝视”的存在者，而是一个完全从自身出发、以自身为根据和原因而采取行动的存在者，也就是说，人能够超越对象的感性诱惑和束缚，服从于自身所颁发的命令而行动，理性超越了知识领域的“必然性”而成为一个“自由”的原因。这就意味着，在实践领域，理性及其理念真正具有了“自由”的本性。所谓“自由”，按照康德的说法，就是“有力量来越过一切特定的限度的”本性，① 在实践中，理念穿透一切限制，成为无限和超越的存在。

从上述探讨可以清楚地看出，康德已经十分自觉地认识到，对于形而上学的对象，即自我、世界总体与上帝，以理论哲学的方式是无法进行把握的，或者说它们根本不是理论哲学的任务。企图以一种理论哲学的方式去把握“无条件的总体”，必然导致不可克服的内在困境，这种困境实质上也就是辩证法的困境。要摆脱辩证法的困境，就必须自觉到理论理性与理论哲学的有限性与边界，放弃理论理性不切实际的奢望而改变思想的方向。康德说得很清楚：“虽然我们所打算的是建筑一座参天的高塔，但是材料的供应只足以营造一所住宅，其宽敞恰恰只够我们在经验水平上的事业的需要，而其高度适足以让我们去瞭望经验。所以我们原来计划的大胆事业，由于材料的缺乏，就不得不失败，——更不必说使人类语言混乱的巴比伦高塔了。”② 放弃不切实际的希望，从理论哲学转向实践哲学，去

---

① 参见［德］康德《纯粹理性批判》，韦卓民译，华中师范大学出版社 2000 年版，第 332 页。

② 同上书，第 607 页。

重思“无条件总体”的深层内涵与存在根据，是消解“辩证幻象”的根本途径。

康德对“辩证幻象”的上述批判是十分深刻的。它在根本上向我们提出了这样的尖锐问题：在理论理性的层面上，辩证法是否有存在的空间和合法性？康德作出了明确的否定性回答，并指出克服这一幻象的出路，即从“理论哲学”走向“实践哲学”，从“理论理性”走向“实践理性”。正是在此意义上，德国哲学家赫费认为，康德通过“辩证幻象”的批判，让人们放弃去建造“直抵天庭”的形而上学的巴比伦高塔，在这种思考中，蕴含着深深的实践理性关怀，甚至可以说，“康德不是在其道德理论中才开始按照实践的意图，更准确地说是道德的意图进行哲学思考的，而是在他的知识理论中就已经开始了。……《批判》（指《纯粹理性批判》——引者注）整体说来强调的是一种实践哲学”：“一方面，康德在一定的界限内证明纯粹的理论理性，在这些界限中，他让传统形而上学的无度放纵经受一个严格的节食食谱；另一方面，他在对立的立场上将道德的地位与范围提高为纯粹的实践理性。”① 在此意义上，康德对“辩证幻象”的批判不仅仅具有认识论的意义，而且具有深刻的实践理性的意蕴。

概括而言，我们认为，康德的这一思路为我们反思辩证法的命运与合理形态提供了深刻的启发。它逼迫我们反思：

第一，辩证法何以会成为一种幻象？如何防范与避免辩证法陷入“幻象逻辑”的泥淖？

第二，辩证法真实的内容和领域究竟应该是什么？应该从何种思想视野出发去理解辩证法的思想本性与理论内涵？

对于这两个问题，康德的思考凸显出了一条超越理论哲学并通向实践哲学的理路。虽然康德本人对于辩证法的这一理路并没有进行直接具体的系统阐发，但他为后人超越辩证法的理论哲学范式和克服辩证法的形而上学思想框架，提供了十分重要的启发。可惜的是，康德所开辟的这一思想理路在后来者对辩证法的理解中并没有得到应有的重视，相反，它被当作负面、消极的东西弃之一旁，人们无视康德的这种批判，仍然在康德所批

① ［德］赫费：《康德的〈纯粹理性批判〉》，郭大为译，人民出版社2008年版，第11页。

判的“幻象逻辑”的意义上理解和接受辩证法，康德所奋力解构的辩证法的理论哲学理解范式占据了上风并掩盖了他在此问题上的深刻洞见。这方面最大的代表无疑是黑格尔。

二　理论哲学与实践哲学的纠缠：黑格尔思辨辩证法的深层冲突

黑格尔的辩证法是一种与形而上学的理论 9 与思维方式内在纠缠在一起的辩证法。[①] 黑格尔辩证法与形而上学的纠缠实质上体现着理论哲学与实践哲学的纠缠。黑格尔并没有认真对待、真正理解与吸收上述康德哲学中深具启发性的思想内涵，反而以一种纯粹思辨的、理论哲学的眼光扭转了康德哲学中所包含的实践哲学取向，使辩证法重新回到了康德试图避免和禁止的思辨理性的立场上。这并不意味着黑格尔哲学中没有实践哲学的思想，相反，在其中包含着十分丰富的实践哲学内涵，但在基本的致思路向与解释原则上，由于黑格尔所坚持的理论哲学立场，使得这种实践哲学内涵难以得到彻底与完整的体现，理论哲学的解释原则与实践哲学的内涵在黑格尔的辩证法中纠缠在一起并相互冲突，从而使得克服与超越这种纠缠成为辩证法理论进一步推进的重大课题。

黑格尔在其著作中，始终把康德作为一个重要的理论对手，对其进行了多方面的批判。概括而言，他对康德的批判主要集中在如下方面：

第一，对康德“先验方法”的批判。在黑格尔看来，由于康德“先验批判”的思想方法，使得哲学从对“对象”探讨转向对“形式”的关注，从而使哲学陷入了“形式主义”；同时，“先验批判”方法使得康德陷入了脱离内容本身的自我缠绕，沦为无益于内容本身进展的外在工具主义。因此，康德对纯粹理论理性所进行的批判是无效的。

第二，对康德“现象—物自体”理论的批判。黑格尔坚决反对康德对现象与物自体之间所做的根本性区分，认为这种区分有两个根本错误。第一是这种区分中所体现的主观主义立场：康德“只理解到现象的主观

① 对此的详细讨论，请参见拙作《辩证法与形而上学：一个需要重新审视的哲学“对子”》，《吉林大学社会科学学报》2009 年第 5 期。

意义，于现象之外去坚持着一个抽象的本质、认识所不能达到的物自身。殊不知直接的对象世界之所以只能是现象，是由于它自己的本性有以使然，当我们认识了现象时，我们因而同时即认识了本质，因为本质并不存留在现象之后或现象之外，而正由于把世界降低到仅仅的现象的地位，从而表现其为本质”①。第二是这种区分中的“不可知论”立场，他认为康德放弃了“理性的无条件性”，而事实上，“理性之能为无条件的，只有由于理性不是为外来的异己的内容所决定，而是自己决定自己的，因此，在它的内容中即是在它自己本身内”。②

第三，对康德关于“矛盾”观点的批判。黑格尔同意康德关于理性在把握“无条件总体”时必然陷入矛盾的观点，但他不同意康德在此问题上的消极态度。黑格尔认为，矛盾正是事物的本性和事物本身发展的动力源泉，认识、承认与把握矛盾，正是哲学的重要任务，而康德看到了矛盾，却“仅停滞在物自体不可知性的消极结果里，而没有更进一步达到对于理性矛盾有真正积极的意义的知识”，③ 在此意义上，康德试图通过揭示理性把握“无条件总体”必然陷入矛盾来否定理性的力量、否定矛盾的积极意义的做法，只不过进一步印证和强化了其“不可知论”的立场。

从上述描述可以清楚地看出，所有这些批评都源于黑格尔一个基本的、根深蒂固的出发点，那就是对康德“不可知论”的坚决拒斥和对“绝对知识”的坚定信念。这清楚地表明，黑格尔是站在理论哲学的、知识论的立场来进行这种批判的。由于这种不同，黑格尔对康德“先验方法”、“现象—物自身”理论、“矛盾”观点的批判，并非“内在的”批判，而是“外在的”批判。在此意义上，黑格尔对康德的批判并非如流俗的见解所主张的那样是对康德哲学的超越，而是反映了理论哲学与实践哲学这两种哲学信念、两种哲学原则的重大差别，这种批判与其说是黑格尔对康德的超越，不如说是立足于自身立场和理论原则出发对康德哲学所做的“为我所用”的解读和阐释。

---

① ［德］黑格尔：《小逻辑》，贺麟译，商务印书馆 1980 年版，第 276 页。

② 同上书，第 142 页。

③ 同上书，第 133 页。

对于黑格尔思辨辩证法的上述理论哲学立场，马克思与现当代的许多哲学家已经从不同角度进行了指认。马克思曾十分中肯地指出，黑格尔的辩证法只是为历史运动“找到抽象的、逻辑的、思辨的表达”,[①]“黑格尔惟一知道并承认的劳动是抽象的精神的劳动”[②]，正因如此，马克思明确把黑格尔的辩证法称为“纯思想的辩证法”。[③] 与马克思的观点基本一致，海德格尔认为在黑格尔那里，“那种把存在视为纯粹抽象的观点不但还没有在原则上被放弃，而且还得到了加强。当作为纯粹抽象的存在被扬弃在绝对精神的现实性的绝对具体中的时候，就是如此。这一观点就是在近代最具强力的思想，即在黑格尔的思辨辩证法中完成并在他的《逻辑学》中得到描述的”。[④] 哈贝马斯肯定黑格尔在现代性反思中所具有的特殊地位，认为黑格尔开创了现代性话语，把时代历史提升到了哲学的高度，但同时指出“黑格尔根本就没有想要去打破哲学传统”。[⑤] 哈贝马斯的学生霍耐特也同样认为黑格尔辩证法的重要宗旨就是要建立“一套以意识哲学为基础的体系”。[⑥] 其他许多现代西方哲学家，如伯林、列维纳斯、德里达，等等，从实践哲学的立场出发对黑格尔所进行的批判，都从不同理论视角指出了黑格尔辩证法在根底上所具有的理论哲学取向与性质。

但这并不意味着黑格尔思辨辩证法中不包含着实践哲学的内容与诉求，事实上，黑格尔辩证法的一个重要动机就在于克服知性形而上学的抽象性与独断性，他以“绝对精神”为核心的存在论的一个重要特点在于让“精神”克服知性的外在性和僵死性，焕发出其自我否定、自我创造和自我超越的“生命力量”，就此而言，在“绝对精神”这一黑格尔辩证法的核心理念中，体现着一种强烈的“生存论”冲动，对此，马尔库塞富有洞察力地指出：“黑格尔把生命称作是精神，那就是说，称作是一个能了解和主宰无所不包的对立的存在。换言之，黑格尔生命的概念，指的是理性存在物的生命，指的是在所有其他生物中独具的本质，从黑格尔开

① 马克思：《1844 年经济学哲学手稿》，人民出版社 2000 年版，第 101 页。

② 同上。

③ 同上。

④ 《海德格尔选集》上，孙周兴选编，上海三联书店 1996 年版，第 667 页。

⑤ ［德］哈贝马斯：《现代性的哲学话语》，曹卫东译，译林出版社 2004 年版，第 59 页。

⑥ ［德］霍耐特：《为承认而斗争》，胡继华译，上海世纪出版集团 2005 年版，第 71 页。

始，生命的概念，成了根据人类具体历史条件重建哲学的众多努力的起点，也成为克服抽象及抽象的唯理论哲学特征的起点"[①]，这即是说，黑格尔的理性和精神概念不是知性，而是辩证理性，即与生命"内在统一"的理性。就此而言，黑格尔辩证法的确包含着超越理论理性的冲动。但是，在黑格尔那里，这种冲动却又总是与对逻辑理性的迷恋难以区分地纠缠在一起的，他试图用逻辑概念的方式去表达生命内涵，这种生命归根结底是"逻辑的生命"与"概念的生命"，而不是"活生生"的现实的人的生命。在此意义上，黑格尔的实践哲学内涵与其理论哲学解释原则与思想路向处于内在而尖锐的冲突之中，而且在与后者的纠缠与较量中，前者最终居于下风。

对于黑格尔思辨辩证法所存在的这一重大矛盾，康德提示了一条深具启发性的超越道路，那就是从理论哲学走向实践哲学。诚然，康德的实践哲学思想无论在内涵还是外延方面都存在其狭隘之处，黑格尔在很多方面，尤其在他对康德所代表的以"个人主体性"为核心的现代性原则所做的批判确有过人之处。但是，康德对理论理性的批判性反思，对理论哲学有限性的论证，尤其从实践理性的视角对思辨辩证法及其"幻觉逻辑"的深刻批评，为我们走出黑格尔思辨辩证法所存在的理论哲学与实践哲学取向之间的内在冲突与矛盾开启了一个新的视野。

三　生活实践作为"无条件的总体"与辩证法的实践理性转向

康德与黑格尔为我们理解辩证法提示了两种有着重大差别的出发点：一是理论哲学的出发点，二是实践哲学的出发点。在以往对马克思哲学辩证法的阐释中，我们更多地立足于理论哲学的出发点，重视与黑格尔的思辨辩证法的学理渊源，由此我们更多的是在"理论理性"的层面上阐释马克思哲学的辩证法（长期占据主导地位的"自然本体论"的解释模式以及"认识论"的解释模式即是其集中体现），[②] 结果马克思哲学辩证法

① ［美］马尔库塞：《理性与革命》，程志明译，重庆出版社 1993 年版，第 33 页。

② 请参见拙文《辩证法与实践理性》，《天津社会科学》2009 年第 5 期。

所独具的实践理性意蕴被深深掩蔽起来。就此而言，今天重新思考康德对辩证法作为“幻觉逻辑”的批判，并从他所提示的实践哲学的出发点来深入理解马克思哲学的辩证法，具有十分重要的意义。

在哲学史上，马克思第一个把康德的“道德实践”概念扩展和丰富为具有“总体性”意义的“生活实践”概念，为确立辩证法的实践理性向度奠定了坚实的基础。

如前所述，康德是从道德实践出发理解“实践概念”的。从马克思哲学与现当代许多实践哲学家的观点来看，虽然康德把“无条件的总体”即“宇宙总体”、“上帝存在”与“灵魂不朽”理解为实践理性的设定，而不是把它们像以往哲学那样理解为理论理性把握的对象，但他对实践与“无条件总体”的理解仍然是狭隘与片面的。这种狭隘与片面性表明康德虽然强调实践理性优先于理论理性，但并没有真正能够实现从理论哲学向实践哲学的转向。康德哲学虽然包含十分丰富的实践哲学思想，但仍很难说他是一个完全意义上的实践哲学家。康德的不足需要通过对实践的重新阐释予以克服与超越。

在哲学史上，马克思第一个自觉地把“生活实践”确立为一个“总体性”的范畴。在马克思看来，实践在根本上是人的一种本源性的存在与活动方式：从人与世界的关系角度看，实践活动作为人对象性的感性活动，体现和构成了人与世界本体性的原初关系，拥有着优先于人与世界的抽象认知关系的基础性地位；从“世界”之为“世界”的角度看，实践作为人“本源性”性的生命存在和活动方式，构成了人生存于其中的本源性的现实生活世界的“奥秘”和深层根据；从“人的存在”角度看，实践作为人“本源性”的生命存在和活动方式，意指它是人所“特有”的生存方式，它表明人是世间唯一感性的、对象性的存在物，人之存在就在于人的“生存”与“生活”，人是感性地和实践性地确证和展现自身的存在过程的，这是人的生命存在区别于动物最本源性的分界点，因而也构成了人之为人的“奥秘”和深层根据。因此，在马克思这里，生活实践不只具有道德实践的含义，而是一个蕴含着人、人的世界与人与世界关系的、统摄“人生在世”全部生存关系的总体性范畴。只有从这种实践观出发，才能超越理论哲学，转向实践哲学。

从人与世界关系看，人与世界之间是一种实践的关系，这意味着，二者并非如传统哲学设想的那样，是一种主客二元分立然后再通过认知的途径来寻求统一的关系，而是一种在生存实践中本源性的否定性统一关系。这既体现在人与自然关系方面，也体现在人与人的关系方面。首先，感性实践活动是一种人与自然相互规定、相互作用、相互转化的活动，它既是造成主观性与客观性相互对立、发展其间矛盾性的一种分化世界的活动，又是消除主观性和客观性各自的片面性、使二者达到更高统一性的活动，它既体现着自然的本原作用又体现着人的能动作用的活动，它既使自然从属于人，又使人从属于自然，既使人向自然生成，又使自然向人生成，人与世界就在这种感性实践活动中最为本源地关联在一起，并在这种活动中，使人与世界结合为一种动态的否定性的统一关系。与此内在相关，人与自然的否定性统一关系只有通过与他人的“共在”才能得以实现，人的“社会的活动和社会的享受……自然界的人的本质只有对社会的人来说才是存在的；因为只有在社会中，自然界对人来说才是人与人联系的纽带，才是他为别人的存在和别人为他的存在，只有在社会中，自然界才是人自己的人的存在的基础，才是人的现实的生活要素。只有在社会中，人的自然的存在对他来说才是自己的人的存在，并且自然界对他来说才成为人”。因此，社会是人同自然界的完成了的本质的统一，是自然界的真正复活，是人的实现了的自然主义和自然界的实现了的人道主义。① 可见，实践活动是一种把人、自然、他人三者否定性地联为一体的活动，它使人既处于与自然的一体性的统一关系之中，又处于与他人的一体性的统一关系之中，三者“三位一体”，共同组建成人“在世”的生存论结构。

从“世界”之为“世界”的角度看，实践作为人“本源性”的生命存在和活动方式，构成了人生存于其中的本源性的现实生活世界的深层根据。按照马克思的观点，“世界”之为“世界”，不在于它是一个知性把握的现成对象，而是因为它与人的生存实践活动的内在关联：“世界”是人的生存实践活动的内在环节，是在人的生存实践活动中“缘发构成”的“生活世界”，由于人的存在与活动的实践本性，“世界”的存在方式也发生了质的变化，它已不再是人产生之前的洪荒宇宙，而是通过人的活动所参与创造而成的、已经“二次生成”的世界。人来源于自然，就此

① 《马克思恩格斯全集》第3卷，人民出版社2002年版，第301页。

而言，人属于世界，但是，人的实践活动通过把人的生命力量对象化，把自然界转化为自己的“无机身体”，把自然关系变换为“属人关系”，从而使整个世界“活化”起来而拥有了生命的光辉，在此意义上，世界又是属于人的。实践活动把“人属于世界”和“世界属于人”这两个方面内在地统一在一起，并由此而生成人的“现实生活世界”，正如马克思所说的：“这种活动、这种连续不断的感性劳动和创造、这种生产，正是整个现存的感性世界的基础。”① 因此，实践活动是一种赋予世界以生命意义的生命活动，它构成了这个有生气、有活力、有意义的世界的最终根据和奥秘所在。

从“人的存在”角度看，实践作为人本源性的存在和活动方式，意指它是人所“特有”的生存方式，实践活动是人区别于动物最本源性的分界点，因而也构成了人之为人的“奥秘”和深层根据。对此，马克思明确指出：人“是什么样的，这同他们的生产是一致——既和他们生产什么一致，又和他们怎样生产一致”，② “生产生活本来就是类生活。这是产生生命的生活。一个种的整体特性、种的类特性就在于生命活动的性质，而自由的有意识的活动恰恰就是人的类特性”③；他还说道：“可以根据意识、宗教或随便别的什么来区别人和动物。一当人们开始生产自己的生活资料的时候，这一步是由他们的肉体组织所决定的，人本身就开始把自己和动物区别开来。”④ 所有这些论述，都表达着一个共同的旨趣，那就是只有人的特殊的“生存”本性和“生命活动的性质”，即实践活动本性，才是区别人与动物的根本尺度，人是什么，是与他的生产相一致的，人的生命活动的性质是“自由自觉的活动”，他能“生产他所必需的生活资料”，这一点是动物这样一种“现成存在者”所不具备的，因而也就最深刻地构成了“人猿相揖别”的本源分界。

马克思对实践活动的上述理解大大扩展了康德实践范畴的内涵，在根本上转变了哲学史上把理论绝对化、神圣化的思想传统，为克服理论哲学的内在困境提供了坚实的基础。

---

① 《马克思恩格斯选集》第1卷，人民出版社1995年版，第77页。

② 同上书，第68页。

③ 《马克思恩格斯全集》第42卷，人民出版社2002年版，第273页。

④ 《马克思恩格斯选集》第1卷，人民出版社1995年版，第67页。

马克思实践观点意味着，在理论理性与实践理性、理论与实践的关系中，前者具有有限性与非根源性，后者构成了前者本源性的尘世根基和现实基础，与前者相比，它是无限的、整体性的、大全性的，对于前者具有奠基性作用。因此，任何有限的理论都不能以这一“无限的总体”为对象，达到对它的终极的、彻底的把握。如果说在康德那里，这一“无限的总体”是“上帝”、“宇宙整体”与“灵魂不朽”等传统形而上学的对象，那么，在马克思这里，这一“无限的总体”就是“生活实践”。关于生活实践这一“无限的总体”，任何一种理论都不能获得一劳永逸的把握，如果企图从有限的理论出发，以“无限的总体”为认识对象，去实现对它的“总体性”规定，那么，就必然产生康德所批判的“先验幻象”和自相矛盾。

这就从根本上改变和颠倒了理论与实践的关系，从而也就克服和超越了前述理论哲学的内在困境。笔者在其他论文中做过专门分析，在理论哲学思维范式中，辩证法所面临的重大困境在于它无法以一种理论的方式，在理论体系里超越“有限”并实现对“无限”的掌握，[①] 任何理论体系本性上都是“有限”的，把理论体系神圣化、无限性与绝对化，然后从此出发去克服理论的有限性，去把握“无限”与“总体”，这是一种毫无希望与自相矛盾的幻觉。但是，从实践哲学出发，这一矛盾被转换为“有限”的理论与无限的“实践”之间的矛盾，这就彻底走出了理论理性的自我循环和自我缠绕，人们将不再以一种理论哲学的方式提出“有限”与“无限”等的矛盾，也不再以理论哲学的方式寻求对此矛盾的解决，而是从一个全新的地基，即生活实践的地基上重新理解“有限”与“无限”、“相对”与“绝对”、“非至上性”与“至上性”等一系列矛盾关系并寻求新的解决方式，这就在根本上改变了问题的提法与解决问题的思路与视域。正是在此意义上，马克思实现了对康德和黑格尔的两重扬弃。对康德的扬弃所指的是：马克思充分继承了康德对理论理性有限性的批判立场，深化了他关于实践理性优先于理论理性的思想取向，但与康德完全在消极和否定意义上来看待辩证法不同，马克思通过赋予实践概念以新的更为丰富的内涵，用实践活动这一“无限性总体”代替了康德的“上帝”、

---

① 对此的较详细探讨，参见拙文《辩证法与实践理性》，《天津社会科学》2009 年第 5 期。

“灵魂不朽”和“宇宙整体”等“无限性总体”，从而使“有限”与“无限”、“相对”与“绝对”、“非至上性”与“至上性”等一系列矛盾关系获得了全新的内涵，寻求对这些具有全新内涵的矛盾关系的理解和解决，构成了辩证法的主题，辩证法由此获得了“肯定性”和“积极性”的意义，就此而言，马克思与康德对辩证法的否定态度不同，他并不是简单地把辩证法视为“幻象逻辑”，而是要求在一个新的地基上来重新提出了辩证法的主题与任务：辩证法的“幻象”是因为它局限于理论哲学的立场，超越这一立场，在生活实践的地基上，辩证法将获得其不可替代的重大问题意识因而具有其重要的理论存在合法性。对黑格尔的扬弃所指的是：马克思继承了黑格尔重建辩证法的基本信念，发挥了它对知性形而上学有限性与独断性的批判精神，但与此同时，马克思抛弃了黑格尔辩证法理论哲学的基本立场，批判性地分析了黑格尔由于执着和迷恋于思辨的理论哲学的解释原则和思维方式而造成的内在缺陷和深层困境，明确提出了从思辨的观念世界和理论王国回到现实生活实践的观点，要求以生活实践为根据来重新阐释辩证法的思想内涵与存在形态，在马克思看来，黑格尔的“绝对精神”在自我否定、自我超越和自我回复中所达到的“无限总体性”不过是“形而上学地改装的、脱离了人的自然”和“形而上学地改了装的、脱离自然的精神”，[①] 因而这种“无限的总体性”是抽象、独断和无根的，马克思用“生活实践”这一现实的“无限性总体”取代了“绝对精神”这一“逻辑化的总体”，辩证法于是实现了从理论哲学向实践哲学范式的重大转换，在此意义上，马克思又实现了对黑格尔辩证法的克服与超越。

随着马克思辩证法所实现的上述转换，辩证法获得了崭新的思想出发点，同时也获得了与当代生活实践结合的坚实的生长点并呈现出重大的当代意义，这集中体现在如下四个重要方面。

第一，辩证法将成为引导社会生活中个人主观理性超越自身、生成社会公共理性的实践智慧。生活实践作为人的生存方式，一个重要的特性就是它的社会关系性质，这意味着，社会生活实践具有超个人的公共性与主体间性，它要求每个人与他人的“共在”，在人与人相互作用的

---

① 《马克思恩格斯全集》第 2 卷，人民出版社 1957 年版，第 177 页。

“社会生活共同体”中筹划共同的生活和创造共同的生活世界。这是生活实践的内在要求和题中之义，正是在这个意义上，马克思才说“社会生活在本质上是实践的”。离开社会生活的公共性与主体间性，社会生活实践将成为不可能。但另一方面，与生活实践的这种性质和内在要求不同，对于社会生活中的个人来说，他所代表的总是一有限的个体理性，作为“个体理性”，每一个体充满着异质性、多样性和差异性。这样就产生了个体视角的有限性与社会生活中人们视角的无限性这一重大矛盾。在对这一矛盾的独特理解和回应中，辩证法将成为内在于社会生活的实践理性。

第二，辩证法将成为理解与把握人的存在的内涵逻辑。如果说第一方面是从人与人的关系的角度凸显辩证法的实践理性内涵，那么第二方面则是从人的存在的角度来阐发辩证法作为实践理性的内涵。如前所述，在实践哲学的视角里，生活实践是人的存在的内在根据与本源性基础，这使得哲学超越了传统形而上学与理论哲学范式中对于人的实体化、知性化理解，人的存在成为在生活实践中生成自身的生存实践性存在。生存实践性的人的存在内在地需要一种与其存在方式相适应的理解与把握方式。辩证法正是这样一种理解与把握方式，通过对生存实践性的人的存在的自我理解，辩证法成为推动人不断自我丰富、自我发展的思想力量并因此成为内在于生活实践并推动生活实践的实践理性。

第三，无论作为理解与把握人的存在的内涵逻辑，还是作为生成社会公共理性的实践智慧，辩证法的根本目标都在于推动“人的自由”与“社会的发展”，因此，“自由”与“发展”是辩证法作为实践理性的重要价值。在这里，“自由”与“发展”将不再具有形而上学视野和理论哲学思维范式中所呈现的含义，而将在实践哲学的思维范式与后形而上学的视野中获得新的实践理性内涵。

第四，通过如上三个方面，辩证法的根本性质，即“批判性”得到了充分的体现。在此，辩证法的批判性既是辩证法作为实践理性的重要表征，同时又是辩证法作为实践理性的题中固有之义。这种批判性完全摆脱了传统形而上学与理论哲学思维的束缚和桎梏，在后形而上学视野与实践哲学范式中得到了彻底的实现并呈现出全新的意义。

这四个方面，集中体现了辩证法的实践理性内涵，它意味着，通过辩证法的实践哲学转向，辩证法获得了新的思想活力。对此，笔者将在他处对此进行更系统的探讨。[①]

［原载于《复旦学报》（社会科学学报）2011 年第 1 期］

① 笔者在由中国社会科学出版社出版的《辩证法与实践理性：辩证法的后形而上学视野》（2011 年版）一书中对此进行过专门探讨。

辩证法与实践理性

辩证法是马克思哲学的重要组成部分。从当代社会生活所面临的深层矛盾出发，寻求辩证法纵深推进的生长点，拓展辩证法的思想视野，是深化辩证法研究的关键。在此方面，我们所面临的一个重大课题是超越理论理性层面的辩证法理解模式，把辩证法把握为奠基于社会生活的"实践理性"。只有这样，辩证法才能够寻找到与现时代社会生活的结合点，并成为内在于生活实践并推动生活实践的思想力量。

一　理论理性层面的辩证法及其内在困境

这里所谓"理论理性"，又可称"思辨理性"，是指区别于实践理性的、以认识世界总体和终极存在等形而上学对象为目标的理性，按照康德的说法，就是试图"不依靠任何经验而独立去求得一切知识"[①] 的理性。它具有两个基本特点，第一，它是一种以理论认识和思维能力为中心的理性；第二，它认为理论认识具有把握世界总体和终极存在的无限力量，在此意义上，康德又把理论理性称为"原理的能力"，[②] 即能够获得最具普遍性和最高解释力的知识的能力。

在哲学史上，辩证法长期以来一直在上述理论理性层次上获得自身的主题和内涵。柏拉图被认为是辩证法的真正创立者，黑格尔说道："在古代，柏拉图被称为辩证法的发明者。就其指在柏拉图哲学中，辩证法第一

① ［德］康德：《纯粹理性批判》，韦卓民译，华中师范大学出版社 2000 年版，第 6 页。

② 同上书，第 319 页。

次以自由的科学的形式，亦即以客观的形式出现而言，这话的确是对的。”① 柏拉图的辩证法有两个突出特点，首先，在他那里，辩证法与存在论，即其“理念论”是内在地结合在一起的，辩证法所要做的乃是“不用眼睛和其它的感官，跟随着真理达到纯实在本身”，② 这就是说，辩证法在实质上就是关于“存在本身”的科学。其次，辩证法是与人的理性认识能力相对应的领域。柏拉图把人的认识能力从低向高区分为“想象”、“信念”、“理智”与“理性”四个层次，四者之中只有理性才完全以“存在本身”为目标，这是“逻各斯本身凭着辩证的力量而达到的那种知识”，③ 因此，“理性”的领域就是辩证法所特有的领域，它完全超越了感性世界而以超感性的理念世界为皈依，正如黑格尔所指出的那样：“柏拉图的研究完全集中在纯粹思想里，对纯粹思想本身的考察他就叫辩证法。”④ 黑格尔被公认为是传统辩证法的集大成者，他这样规定辩证法：“思维自身的本性即是辩证法”⑤，“辩证法是现实世界中一切运动、一切生命，一切事业的推动原则”⑥。这清楚地告诉我们：他的概念辩证法所要解决的在根本上是“存在论”或“本体论”的问题，⑦ 在他这里，所谓“思想”不是康德意义上的主观思想，而是“思维与存在相统一”的“客观思想”，是作为一切感官对象内在本质的“客观理性”，“思想的真正客观性应该是：思想不仅是我们的思想，同时又是事物的自身，或对象性的东西的本质”。⑧ 黑格尔把“本体”即“客观精神”、“主体化”，赋予了其能动发展的本质，因此，世界本体是一个“客观理性”和“客观思想”不断分化和综合、不断自我矛盾和自我否定的“精神活动性”，因此，合理的“本体”观念只能是“辩证”的，辩证法就是合理的本体观念的展开，“本体”构成了辩证法的“体”，辩证法构成本体的“用”，

① ［德］黑格尔：《小逻辑》，贺麟译，商务印书馆 1980 年版，第 178 页。

② ［古希腊］柏拉图：《理想国》，郭斌和等译，商务印书馆 1986 年版，第 306 页。

③ 同上书，第 270 页。

④ ［德］黑格尔：《哲学史讲演录》第 2 卷，贺麟等译，商务印书馆 1960 年版，第 204 页。

⑤ ［德］黑格尔：《小逻辑》，贺麟译，商务印书馆 1980 年版，第 51 页。

⑥ 同上书，第 177 页。

⑦ 对此的详细讨论，参见拙作《辩证法的生存论基础》，中国人民大学出版社 2004 年版，第 2 部分。

⑧ ［德］黑格尔：《小逻辑》，贺麟译，商务印书馆 1980 年版，第 120 页。

二者须臾不可分离。可以清楚地看到，无论柏拉图还是黑格尔，都把辩证法视为运用哲学的理论思维把握世界的“最终实在”的学说，都体现着把理论理性绝对化和无限化的立场。

辩证法把理论理性绝对化与神圣化，是为了以一种理论的方式解决“有限的知性思维”规定与“无限的终极实在”之间这一哲学的重大矛盾。黑格尔明确指出，辩证法的对象是“自由、精神和上帝”，[①] 是“大全”，如“灵魂、世界、上帝，本身都是属于理性的理念，属于具体共相的思维范围的对象”，[②] 对于这一无限的终极实在，传统知性形而上学试图用有限的、孤立的思维规定去认识和把握，其特点“在于以抽象的有限的知性规定去把握理性的对象，并将抽象的同一性认作最高原则”，[③] 其结果必然陷入两极对立、非此即彼的独断论。因此，“有限”的知性思想规定与“无限”的形而上学实体之间存在着一种深层的矛盾。为了解决这一矛盾，黑格尔试图通过赋予“理性”以无条件的能动性与自由性，来超越和否定“有限知性规定”，以通达“无限”的“绝对”和“大全”。理性既包含知性，同时又超越知性，既包括有限，同时又超越有限，因而它是“有限”与“无限”的内在统一，各个环节的必然性与全体的自由性、有限的知性规定与无限的实体的矛盾，在其中实现了辩证的和解。辩证法作为理性的自我意识，由此成为“关于理念或绝对的科学”。[④]

这种对辩证法的理解所遇到的根本挑战就在于，它赖以成立的基本前提，即对理论理性的无限性信念是否具有充分的根据？在马克思之前，康德就曾通过“理性批判”，获得了这样的洞见：试图通过理论理性去获得关于存在本身的普遍性原理，实质上是把“有限”当成了“无限”，其结果必然导致“先验幻象”和自相矛盾。在此意义上，康德把理论理性意义上的辩证法称为“幻象的逻辑”，认为要避免这种“幻象的逻辑”，就必须通过对纯粹理论理性的批判，自觉意识到其限度与范围，防止其僭越，并承认实践理性相对于理论理性的优先地位，自觉意识到“自在之

① ［德］黑格尔：《小逻辑》，贺麟译，商务印书馆 1980 年版，第 47 页。

② 同上书，第 99 页。

③ 同上书，第 109 页。

④ 同上书，第 56 页。

物”不应是理论理性的对象，而应是实践理性的对象。

但康德所说的实践主要局限于“道德实践”，因此他虽然强调实践理性优先于理论理性，但并没有真正能够实现从理论哲学向实践哲学的转向。在马克思看来，实践不仅是一种道德活动，它在根本上是人的一种本源性的存在与活动方式：从人与世界的关系角度看，实践活动作为人对象性的感性活动，体现和构成了人与世界本体性的原初关系，拥有着优先于人与世界的抽象认知关系的基础性地位；从“世界”之为“世界”的角度看，实践作为人“本源性”的生命存在和活动方式，构成了人生存于其中的本源性的现实生活世界的“奥秘”和深层根据；从“人的存在”角度看，实践作为人“本源性”的生命存在和活动方式，意指它是人所“特有”的生存方式，它表明人是世间唯一感性的、对象性的存在物，人是感性地和实践性地确证和展现自身的存在过程的，这是人的生命存在区别于动物最本源性的分界点，因而也构成了人之为人的“奥秘”和深层根据。①

这即是说，相对于生活实践，一切理论都是有限和相对的，生活实践具有更为本源和基本的地位。只有生活实践才是无限的和总体性的，它对于理论理性具有奠基性的基础地位，任何有限的理论都不能以这一“无限总体”为对象，达到对它的终极的把握，如果企图从有限的理论出发，以生活实践这一“无限的总体”为认识对象，去实现对它的“总体性”规定，那么，就必然产生康德所批判的“先验幻象”和自相矛盾。在此意义上，传统辩证法理论对理论理性无限性的信念在根本上是无根和虚幻的。

马克思的实践观点充分表明：任何理论，包括辩证法理论在内，都无法凌驾于生活实践之上去获得关于“绝对”和“存在本身”的最高知识。即使像黑格尔辩证法那样通过揭示一切知性概念的内在矛盾、通过概念的内在矛盾来推动概念的自我超越，最终达到“绝对”的努力，由于它所采取的终究是一种“理论逻辑”的方式，因而不可避免的仍是一种“有限”的立场。因此，“有限”的辩证法“理论”是无法获得关于“绝对”

① 对此的详细讨论，参见拙作《辩证法的生存论基础》，中国人民大学出版社 2004 年版，第 2 部分。

的终极知识的，“终极实在”或“绝对实体”不是任何一种理论，包括辩证法理论的对象。这是理论理性层面的辩证法不可克服的内在困境。

二　现代社会“理性多元论的事实”与辩证法的重大课题

立足于人的生活实践，超越理论理性层面的辩证法，其根本目的是使辩证法从抽象的思辨王国回到现实的生活世界，使辩证法成为内在于现实生活的实践理性。如前所述，理论理性层面的辩证法所要解决的是“有限的知性规定”与“无限的终极实体”之间的矛盾，立足于现代社会生活实践，这一矛盾转化为个人“主观性视角的有限性”与社会生活“他人视角无限性”之间的矛盾。对此矛盾的解决，为辩证法克服理论理性层面辩证法的抽象性和虚幻性，实现从理论理性向实践理性的转向提供了重要的生长点和问题意识。

个人“主观性视角的有限性”与社会生活“他人视角无限性”之间的矛盾，根源于现代社会生活实践的根本特点。这一根本特点，罗尔斯曾用“理性多元论的事实”来予以概括，他认为，现代社会具有首要意义的“第一个事实”是：“在现代民主社会里发现的合乎理性的完备性宗教学说、哲学学说和道德学说的多样性，不是一种可以很快消失的纯历史状态，它是民主社会公共文化的一个永久特征。在得到自由制度的基本权利和自由之保障的政治条件和社会条件下，如果还没有获得这种多样性的话，也将会产生各种相互冲突、互不和谐的——而更多的又是合乎理性的——完备性学说的多样性，并将长期存在。”①

“理性多元论”事实表明，区别于同质性和未分化的传统社会，现代社会是一个高度分化和异质性的社会，个人主体性获得了前所未有的独立，每个人不再服从于高高在上的抽象权威，而是都拥有其各自关于道德、宗教、哲学等的认识与信念、拥有不同的关于人性、关于生活意义等的领会与理解，它们代表着个人的“主观性视角”，构成个人主体行为和生活的内在根据，这种多样性是不能还原为某种统一性、普遍性的终极原

① ［美］罗尔斯：《政治自由主义》，万俊人译，译林出版社2000年版，第37页。

则与权威的。另外，相对于整个由不同的个人组成的社会生活，每一个体所拥有的理解与信念又是“有限”和“相对”的，在每一个人之外，还有无数的他人同样拥有其关于道德、宗教和哲学、关于人性、关于生活意义等的认识和理解，因此，任何一种主观性视角都不应凌驾于其他无限的主观性视角之上，充当统一和规范后者的、只有“神的视角”才可以做到的终极视角。

“理性多元论”事实彰显出现代社会生活中一个十分尖锐和深刻的矛盾：在个人“主观性视角”多样性和异质性成为现实社会一个基本事实的前提下，社会生活的统一性将如何可能？如何处理个人视角与社会生活中他人视角之间的关系、超越个人与他人的矛盾，实现社会生活的统一性？

检点历史与现实，我们可以看到，面对这一矛盾，人们通常求助于两种解决方式。第一，从个人主观性视角出发，来寻求二者的统一。第二，从某种普遍性的形而上学实体和原则出发，以一种“理性一元论”的方式来寻求二者的统一。

从个人主观性视角出发，也就是要把个人主体实体化，以之为绝对根据来寻求个人主观性视角与社会生活他人视角之间的统一。按照这种思路，个人主观性视角具有第一性的、最高的地位，它能容纳和统一其他无限的视角，在此意义上，“个人主观性”不仅具有“个性”，而且具有“普遍性”，它既为“个体”立法，又为“所有的个体”提供普遍立法原理。近代以来的“主体性哲学”或“主体形而上学”正是这种立场的代表。

然而，正如黑格尔和许多现当代哲学家都已经深刻指出的那样，个人主观性视角所遵循的是对象化的“知性逻辑”，在其支配之下，它对社会生活中其他视角的“统一”，必然带来一种普遍性的强制。对象化的“知性逻辑”是一种“主客二元对立”的逻辑，把自我确立为主体，总是与把自我之外的他者规定为“客体”不可分割地关联在一起的。这必然使得他人成为“我”的“他者”，人与人之间的关系成为一种互为对象性关系，因此不可能真正建立一种有限的主观性视角与他人视角之间的内在统一性。因此，以个人主观性视角为根据，来寻求上述矛盾的统一，实质上是把“有限”当“无限”，把“个体”当“普遍”，其结果导致了“主体性的暴政”，因而是不可能解决个人“主观性视角的有限性”与社会生活

"视角无限性"之间的矛盾的。

以某种普遍性的形而上学原理为根据，来克服个体"主观性视角的有限性"与社会生活"他人视角的无限性"之间的矛盾，这是一种试图从"神的视角"出发的、以"理性一元论"为深层理论信念的思路，它认为，只要发现存在于多样性和异质性后面起着支配作用的终极实体，单一个人的"片面性"将会被超越，充满差异性的个人将克服其"主观性"，与他人融为一体，从而实现社会生活的统一性。它相信，在关于社会生活的"终极语汇"中，可以"区分核心的、共有的、义务的部分与边缘的、个性的、随意的部分"，前者代表着每个个人共享的"最小公分母——一个对公共目的和私人目的、对自我定义和对人与人的关系都适合的描述"，[①] 它反映了"她其他人类所共有的东西，是团结的基础"[②]。柏拉图把社会生活的统一性建立在"至善理念"的基础之上，中世纪经院哲学把社会生活的统一性建立在"永恒神性"的基础之上，黑格尔把社会生活的统一性建立在绝对精神及其运动的基础之上，共同的特点均在于把社会生活的统一性根据归结于非历史的形而上学原理，认为这一形而上学原理将克服个人主观性的离散性，把不同的人们紧紧地"粘连"在一起，从而保证社会生活的统一性。

然而，现当代哲学的成果以及人类实践证明，以形而上学的非历史的普遍性的原理来寻求上述矛盾的克服并为社会生活提供统一性基础，这是一种典型的从先验原则来规定现实生活的思维方式和理论逻辑，无论是"至善的理念"、"永恒的神性"，还是"绝对的精神"，构成其内核的是一种"同一性思维"，它追求的是一个绝对同一，能统摄一切"差异"于"同一"中，统摄将来与过去于现在的永恒中的普遍性的"绝对统一体"，其结果必然导致对异质性和差异性的忽视，个人主观性的维度因此被抹杀。而且，个人主观性的抹杀，意味着个人独立性与主体性被否定，由此造成的另一后果是独立个人之间的自由交流与交往将成为不可能，现实的社会生活将因此而成为不可能，罗蒂曾指出，以形而上学的普遍原理来为社会生活提供统一性基础，其"中心假设是，我们必须尽可能长久地跨

---

① ［美］罗蒂：《偶然、反讽与团结》，徐文瑞译，商务印书馆 2003 年版，第 130 页。

② 同上书，第 131 页。

出我们的社会局限，以便根据某种超越它的东西来考察它，这也就是说，这个超越物是我们社会与每一个其他的实在的和可能的人类社会所共同具有的”,① 这种观点认为：“哲学思想的全部意旨就是使自身与任何特殊社会脱离，并根据一种更普遍的观点去看轻特殊社会的存在”,② 很显然，这在根本上是一种否定社会生活的哲学观念。

不难看出，上述这两种对个人主观性视角与社会生活中他人视角矛盾的解决方式，虽然表面上各执一端，但在深层却遵循着相同的形而上学的知性逻辑，它们都试图寻找某种第一性的、最高的原则，以之为最终的基础来实现上述矛盾的和解，差别仅在于前者把个人主观性视角绝对化，后者把先验的普遍性原理绝对化。很显然，这是一种由“同一性思维”主导的独断性逻辑。在其支配之下，是不可能真正面对并解决现代社会“理性多元论”事实条件下个人“主观性视角的有限性”与社会生活中“他人视角的无限性”这一重大矛盾的。

要解决这一矛盾，需要一种辩证的智慧。在对这一重大矛盾的独特理解和解决中，辩证法凸显出自身作为实践理性的思想品格。

三　辩证法：内在于社会生活的实践理性

个人“主观性视角的有限性”与社会生活中“他人视角的无限性”这一重大矛盾，不是抽象的思辨王国的矛盾，而是现实的社会生活，尤其是涉及人与人之间关系的矛盾。对于这一矛盾，不能从理论理性出发，以某种形而上学的第一原理为基础寻求强制性的统一，而必须在承认“理性多元论事实”的前提下，通过“对话”、“宽容”与“相互承认”来寻求这一矛盾的克服，实现社会的团结与社会的统一性。这正构成了作为实践理性的辩证法的核心内容。

“对话”、“宽容”与“相互承认”作为辩证法的实践理性内涵在辩证法的本源含义中实际上已经蕴含。考察词源，“辩证法”来源于形容词

① ［美］罗蒂：《哲学和自然之镜》，李幼蒸译，生活·读书·新知三联书店1987年版，第408页。

② 同上书，第418页。

"dialektikos" 阴性的名词化，而 "dialektikos" 又来源于动词 "dialegomai" 或 "dialego"，词根 lego 有两层含义：一为 "摘取"、"挑选"，二为 "谈论"、"言说"，"dia" 为介词，常作前缀与不同的词组合，意为 "通过"、"来自"、"达到目的"，由 "dia" 和 "lego" 组成的 "dialego" 和 "dialegomai" 基本意思便是 "相互谈论"、"有条理地说话的能力"，稍加转义便变成一般性的 "对话" 或 "讨论"，由此辩证法就成为一种通过对话和辩论而达成论证的方式。[①] 辩证法的这一内涵是与古希腊社会的城邦制度内在关联在一起的。在古希腊城邦中，直接参与和决定城邦的公共事务，是公民生活的重要内容，而参与决定公共事务的最重要的方式就是公民大会，在公民大会上，通过公开的讨论、争论和辩论来说服听众，构成城邦政治最主要的内容与途径，辩证法的源始意义正来源于此。可见，辩证法在其本源处彰显出两个基本特点：第一，它代表着一种在社会公共生活中，通过开放和自由的对话和论辩，来寻求实现社会生活的团结与统一的鲜明意向。第二，它体现着人们之间相互宽容与相互承认的实践品格。自由的 "论辩" 和 "对话"，意味着各种彼此对立、相互矛盾的不同观点之间的充分碰撞和交流，相互宽容与相互承认是辩证法的本源之义。

但正如前面所论述的，在长期发展中，辩证法一直按照理论理性的思路被理解，它在本源处所蕴含着的上述 "对 00 话"、"宽容" 与 "相互承认" 的内涵被深深地掩蔽起来。

现代社会 "理性多元论" 的基本事实为辩证法抛弃理论理性层面辩证法的独断性和抽象性、为其所蕴含的 "对话"、"宽容" 和 "相互承认" 向度得以充分的展开提供了现实生活基础。"对话"、"宽容" 与 "相互承认" 既是现代社会在 "理性多元论" 背景下实现社会团结和社会统一性的根本途径，同时也是作为实践理性的辩证法的核心内涵。

以现代社会生活实践为背景，在当代哲学中，辩证法的上述实践理性内涵得到了充分的阐释与体现。许多现当代哲学家充分利用 "语言学转向" 的成果，在实践理性的层面上，通过对个人 "主观视角的有限性" 与社会生活中 "他人视角的无限性" 矛盾的解决，促成了当代哲学在理解社会生活统一性问题上的一种 "集体性" 的转向：那就是通过对话、

---

① 参见徐开来《古希腊辩证法新论》，《四川大学学报》丛刊第 37 辑，1987 年第 6 期。

宽容与相互承认，加强人与人之间的自由联合、促进人们之间的团结，通过鼓励对话与倾听、以理性说服而非暴力的方式来解决社会生活中个人视角与他人视角之间的矛盾，以达成人们之间“视角的融合”并实现社会生活的统一性。阿伦特、伽达默尔、哈贝马斯、霍耐特、阿佩尔、罗蒂等人虽然在具体观点上有着重大分歧，但正如伯恩斯坦中肯地指出的：这些人都“关心地向我们说明了什么对人类系统是至关重要的，并说明了对话、交流、询问、联合和共同体的概念”。[①] 例如，哈贝马斯认为，在“多元声音”中寻求“理性同一性”这是当代哲学所面临的最为重大的主题之一，对于这一矛盾，既不能采取“同一性绝对凌驾于多元性”的独断方式，也不能采取“多元性绝对凌驾于同一性”的激进策略，而必须通过“主体间”的“相互交往”来实现，在交往和商谈过程中，所有相关者都必须“超越第一人称单数的提问视角”，摆脱“个人主体性”独白意志，采取所有他者的视野，向他人的视角保持开放，同时在此过程中，每一个人的视角和观点都应得到平等的承认和尊重。正是在这种既保持每个成员的个性，同时又与他人的开放性关系中，差异性与同一性，个人的视角与他人的视角内在地统一在一起。通过“对话”、“宽容”和“互为主体性”的“相互承认”，推动交往共同体内的联合，从而增进人们的“团结”，这是现代社会“理性多元”条件下克服个人视角与他人视角矛盾、实现社会统一性的根本路径。

当代哲学家的上述重要成果，阐发了辩证法本来就蕴含着的但长期被窒息的“对话”、“宽容”与“相互承认”向度，成为在现代社会理性多元背景下重建生活世界理性的辩证思想智慧。在此方面，马克思哲学虽然在许多方面与之有着重大差别，但在实践理性的层面上理解和阐释辩证法，他与上述当代哲学家们有着深刻的一致。作为一个对现代社会有着深入反思和批判的思想家，马克思深刻地看到了现代社会人与人之间所存在的分裂。在马克思看来，这种分裂，不能通过理论哲学的方式，而只有通过对人的实践活动的理解并通过实践活动才能获得切实的理解和克服：“社会生活本质上是实践的。凡是把理论导致神秘主义的神秘东西，都能

① ［美］伯恩斯坦：《超越客观主义与相对主义》，郭小平等译，光明日报出版社 1992 年版，第 257—258 页。

在人的实践中以及对这个实践的理解中得到合理的解决”,[①] 这意味着，这种分裂必须通过对实践活动的阐释才能揭示其本质和根源，同时这种分裂也必须通过人的实践活动来予以克服和超越。因此，以这种实践活动为基础，辩证法必然超越理论理性的立场，而成为内在于现实生活的实践理性。

首先，马克思认为，个人视角与他人视角对立的根源不能从思辨理性王国，而必须从“受到阻碍并发生分裂的实践”，即人的被异化的劳动中寻求理解。人的实践活动本来是人的“自由自觉的类活动”，是人本源性的自我生成、自我创造和自我实现的生存活动，但是，在私有制条件下，异化劳动使得劳动者与劳动活动对抗，使劳动与劳动产品对抗，他的劳动“不是他自己的，而是别人的；劳动不属于他；他在劳动中也不属于他自己，而是属于别人”,[②] “如果劳动产品不属于工人，并作为一种异己的力量同工人相对立，那么这只能是由于产品属于工人之外的他人。如果工人的活动对他本身来说是一种痛苦，那么这种活动就必然给他人带来享受和生活乐趣”[③]。个人视角与他人视角的对立，其深层根源正在于此。

与此内在相关，对这种分裂的超越和克服的现实途径也必须通过现实的实践的途径，对此，马克思明确说道：“理论的对立本身的解决，只有通过实践的方式，只有借助于人的实践力量，才是可能的；因此，这种对立的解决绝对不只是认识的任务，而是现实生活的任务，而哲学未能解决这个任务，正是因为哲学把这仅仅看作理论的任务。”[④] 要克服个人视角与他人视角的分裂，不能停留于单纯理论理性的思辨之中，而必须在现实生活中克服和超越导致这种分裂的社会关系。使“现存世界革命化、实际地反对并改变现存的事物”的实践活动，[⑤] 把“未经无产阶级的协助就已作为社会的否定结果而体现在它身上的东西提升为社会的原则”。[⑥]

这里的“社会的原则”，集中表达了马克思对于克服个人视角与他人视角的矛盾，实现社会统一性的理解。此处的“社会”，并非“市民社

---

① 《马克思恩格斯选集》第 1 卷，人民出版社 1995 年版，第 60 页。

② 《马克思恩格斯全集》第 3 卷，人民出版社 2002 年版，第 271 页。

③ 同上书，第 276 页。

④ 同上书，第 306 页。

⑤ 《马克思恩格斯选集》第 1 卷，人民出版社 1995 年版，第 75 页。

⑥ 同上书，第 15 页。

会”，相反，它是指超越“市民社会”的“人类社会”或“社会化的人类”，马克思说道：“旧唯物主义的立脚点是‘市民’社会；新唯物主义的立脚点则是人类社会或社会化的人类。”[①] “人类社会”或“社会化了的人类”，这是马克思对于超越个人与他人分裂的价值取向的表述：在“社会”状态中，个人的“社会化”与社会的“个别化”乃是同一个过程，一方面它意味着个人的自由与独立：“每个人的自由发展是一切人的自由发展的条件”；[②] 另一方面，它意味着个人与他人的统一：“个体是社会存在物。因此，他的生命表现……也是社会生活的表现和确证。”[③] 因此，马克思的“社会”并非社会学或政治学的价值中立的概念，而是对克服个人视角与他人视角矛盾、实现社会团结与社会统一性何以可能作出明确回答的实践理性概念。马克思说道：“共产主义是私有财产即人的自我异化的积极的扬弃，因而是通过人并且为了人而对人的本质的真正占有；因此，它是人向自身、向社会的即合乎人性的人的复归，这种复归是完全的、自觉的和在以往发展的全部财富的范围内生成的。”[④] 在这里，马克思把“社会的人”与“合乎人性的人”并提，鲜明地表现出马克思“社会”概念中所蕴含的作为实践理性的规范向度。在此意义上，马克思的“社会”概念是对克服个人与他人分裂这一现代社会中心问题所提供的明确回答：在“社会”这一“自由人的联合体”中，个人“主观性的视角”与社会生活中“他人的视角”实现了内在的统一。

可以清楚地看到，马克思对于现代社会生活中个人视角与他人视角之间矛盾的辩证解决，充分显示出他与上述当代哲学家颇为一致的旨趣，那就是以社会生活实践为基础，超越对理论理性的迷恋，把辩证法理解为沟通个人主体有限性视角与社会生活无限的他人视角、实现社会团结与社会统一的实践理性。马克思和当代哲学对辩证法的这种阐释，为我们今天超越辩证法的传统理解模式，深化辩证法研究提供了意义深远的思想视野。

（原载于《天津社会科学》2009 年第 5 期）

① 《马克思恩格斯选集》第 1 卷，人民出版社 1995 年版，第 61 页。
② 同上书，第 294 页。
③ 《马克思恩格斯全集》第 3 卷，人民出版社 2002 年版，第 302 页。
④ 同上书，第 297 页。

现代性学科建制的突破与马克思哲学的存在方式

罗蒂在《哲学和自然之镜》中指出："在古代世界，'哲学'并不是一门学科、一门学术科目或一门思想专业的名称"，哲学成为一个学科或专业，是十七八世纪的产物，它是随着现代性的建构，尤其随着自然科学的发展，且"由于思想生活世俗化了，一门被称作'哲学'的俗世学科的观念开始居于显赫地位。这门学科以自然科学为楷模，却能够为道德和政治思考设定条件"，而在此过程中，康德是一个标志性人物："康德以后，哲学成了一门学术专业。"①

把这一现象置于现代社会的进程中，我们可以清楚地看到，哲学成为一门学术专业，与现代性的进程是内在结合在一起的。正如韦伯所揭示的那样，现代性在根本上是一个理性化的进程，现代人必须遵循理性的社会秩序，按照理性的法则和要求，在社会的分工体系中寻求自己的位置。这一领域最典型的表现便是现代官僚体系，它完全按照合理化的原则组织起来，通过这种组织方式，形成现代社会的基本秩序并保证其运行。正是在这一背景下，哲学被理性化的社会秩序规训为大学学院中的一个学科和专业，哲学家成为大学学院中的一个职业，即"哲学教授"。

这一变化所付出的重大代价就是哲学成为职业分工体系中的一员，它被迫与大学中其他学科，尤其与自然科学等具体学科的竞争中在学院体制觅得自己的生存空间。由此所造成的最直接的后果便是哲学与鲜活的人的现实生活之间的关系被切断，哲学成为一桩按照"学术规范"展开的知

---

① ［美］罗蒂：《哲学和自然之镜》，李幼蒸译，生活·读书·新知三联书店 1987 年版，第 11—12 页。

识性生产活动。白瑞德对逻辑实证主义的评论颇为中肯地揭示了这一点："现代的大学跟现代的工厂没有两样，同是这个时代分工专业的表现，尤有甚者，哲学家晓得，我们近代的知识之所以远比过去的知识来得精确有力，都是分工的结果。现在科学乃是由知识的社会组织一手造成。所以现代的哲学家，正因为他自己在团体中的客观社会角色，而被压迫成为科学家的赝品；他也要靠分工专业来改善自己的知识利器。于是现代的哲学家格外注重技巧，分析逻辑和语言、方法以及语意学，而且一般来说，为求形式上的工巧，常把所有的内容琢磨殆尽。所谓逻辑实证主义，简直暴露了哲学家自认为不是科学的犯罪感；也就是说，不是用科学模式来制造足以依赖的知识的研究人员。"① 现代性建制所造就的哲学的过分的专业和学科意识，使得哲学成为学术工业流水线上的一个生产环节，大批的"产品"被制造出来，这些产品包括学术论文、著作、科研项目、各种评奖等，哲学学科和专业在不断追求和创造自身"繁荣"的同时，它也越来越把自身局限在学院的象牙塔中，与广阔的社会生活与深邃的个体生命隔离开来，各种印刷品中的哲学话语如同超市中的商品一样飞速增加和膨胀，但哲学曾经拥有过的摄人心魄的智慧却越来越稀缺和罕见。

正是在此意义上，今天我们思考马克思哲学的出场方式和存在方式，具有特殊的启示意义。在西方哲学史家们编撰的很多哲学史专著中多没有给马克思哲学留下独立的章节。这种情况颇耐人寻味。之所以如此，一个根本原因就在于这些哲学史著作囿于现代性所造就的学科规训框架及其哲学观念，与之不同，马克思哲学在根本上改变了哲学的出场和存在方式，它超越了现代性学科体制的规训和界限，使哲学与人们的现实社会生活建立了一种密不可分的内在关系，哲学成为一种内在于社会生活并推动社会生活运动的一种有机力量，甚至可以说，哲学本身就是社会生活及其跃迁过程不可分割的一部分。这使马克思哲学在当代哲学景观中呈现出与其他哲学流派有着重大不同的独特的精神气质，可以说，如果说其他主要哲学流派基本属于"学院哲学"，那么，在其本性上，马克思哲学更多地表现出突破"学院化哲学"的学科分工限制的特质。这是马克思哲学特殊的优势，也是马克思哲学独特的魅力之所在，它对哲学在今天重新焕发其特

---

① ［美］白瑞德：《非理性的人》，彭镜禧译，黑龙江教育出版社 1988 年版，第 4 页。

殊的思想智慧活力具有深刻的启示性。

一　重建哲学与现实生活的“有机联系”

要重振哲学的魅力，首先是恢复哲学与人的现实生活的内在关联。

如果我们追溯哲学的源头，可以发现，无论是古希腊还是中国先秦诸贤，哲学并不是一门学科或专业，而是一种“热情的生命方式”，海德格尔在《什么是哲学》一文中曾对“哲学”一词进行词源学的考证。在希腊文中，哲学（philosophia）源于 philosophos，依赫拉克利特的说法，philosophos 所意指的是“热爱”（sophos），而“热爱”（phileia）则表明以逻各斯的方式去说话，与逻各斯相“应合”（entsprechen）。因此，哲学，或者说“热爱”（sophos）就是与“sophos”相应合、相协调。从这种词源学的考证可以看出，“哲学”在最本源的意义上，并不是一个“名词”，而是一个“动词”；不是一种知识性的理论“学科”或者“专业”，而是一种活生生的、具体的生活方式和生命方式。最早的哲学家寻求宇宙秩序的整体性见解，其目的不是获得关于宇宙的客观知识，而是获得关于人和社会自身的自我理解，获得关于人在宇宙中自身位置的自我意识，并且根据这种自我理解和自我意识来塑造自己的生活。胡塞尔在《欧洲科学危机与超验现象学》中，曾这样描述这些最早的哲学家和他们的哲学：“对于古希腊罗马人来说，什么是最根本的呢？通过比较分析可以肯定，它无非是‘哲学的’人生存在形式：根据纯粹的理性，即根据哲学，自由地塑造他们自己，塑造他们的整个生活，塑造他们的法律”,[①] 以苏格拉底为例，在他的眼中，哲学不是一种“学院”内的“理论学科”，而是一种热情的生命方式，他的哲学就是在大街上、集会中乃至法庭上与他人的“对话”活动（这才是所谓“辩证法”的原始含义），通过这种“对话”活动，促进人和社会的自我理解，并据此来追求和塑造一种更美好的生活，这也构成了其哲学的根本旨趣。因此，对于他们，我们甚至不能以现代通常理解的“哲学家”来称呼，他们是游吟诗人、思想者，甚至

① ［德］胡塞尔：《欧洲科学危机与超验现象学》，张庆熊译，上海译文出版社 1988 年版，第 8 页。

是僧侣，“哲学”对于他们并非一种“职业”，而是与人的现实生活内在相关的“生命的事情”，这一点就如康德所说的：哲学“在古人那里原是对至善借以措身的概念以及对至善借以获致的行为的诠论”。[①] 马克思哲学是上述伟大哲学传统的继承和发扬者。马克思的哲学思考和探索，不是为了成为大学学院中的职业教授，更不是为了使哲学成为狭义的现代性学科建制中的一个“成员”，而是要重建曾一度丧失的哲学思想与现实世界之间的有机联系。青年马克思这样指责流行的哲学：“哲学，尤其是德国哲学，喜欢幽静孤寂、闭关自守并醉心于淡漠的自我直观”，与之不同，马克思相信：“哲学不是世界之外的遐想，就如同人脑虽然不在胃里，但也不在人体之外一样。自然，哲学首先是通过人脑和世界相联系，然后才用双脚站在地上；但这时人类的其他许多活动领域早已双脚立地，并用双手攀摘大地的果实。它们甚至想也不想：究竟是‘头脑’属于这个世界，还是这个世界是头脑的世界”，“因为任何真正的哲学都是自己时代精神的精华，所以必然会出现这样的时代。那时哲学不仅从内部即就其内容来说，而且从外部即就其表现来说，都要和自己的时代的现实世界接触并相互作用，那时，哲学对于其他的一定体系来说，不再是一定的体系，而正在变成世界的一般哲学，即变成当代世界的哲学。各种外部表现证明哲学获得了这样的意义：它是文明的活的灵魂，哲学已成为世界的哲学，而世界已成为哲学的世界”。[②] 在这一论述中，马克思十分清楚地表达了对哲学与世界关系的自觉理解：哲学不应该跳到“世界之外”寻求一个永恒的“阿基米德点”，然后从这一阿基米德点俯瞰和解释此岸世界，与之相反，哲学无论从其内容还是形式，都必须“与自己的时代的现实世界相互接触并相互作用”，直至哲学与现实世界内在地结合在一起，实现“哲学的世界化”与“世界的哲学化”。

哲学与现实世界的“有机联系”，不同于“外在联系”。自古以来，哲学从来都宣称要理解和解释现实世界，没有一种哲学自认要“脱离现实世界”。但在哲学史上，众多高调欲理解和解释现实世界的哲学却最终恰恰以远离现实世界，甚至以瓦解和抽象现实世界为归宿。这其中最根本

① ［德］康德：《实践理性批判》，韩水法译，商务印书馆 1999 年版，第 119 页。

② 《马克思恩格斯全集》第 1 卷，人民出版社 1956 年版，第 120、121 页。

的原因就在于它们在处理哲学与现实世界关系时，采取的是一种抽象的形而上学思维方式和思想逻辑。在哲学的对象和主题上，它把“发现”、“终极存在”作为自己的根本任务；在基本思想理路上，它认为“终极存在”就是最普遍的概念，[①] 用黑格尔的话表达，“逻辑是真理的绝对形式，尤其是纯粹真理的本身”[②]；在理论旨趣上，它把沉思的生活方式视为最纯粹和最令人神往的境界，甚至是把人们从凡俗中拯救出来的特殊途径，亚里士多德把沉思的生活与技艺的和实践的生活区分开来，认为沉思的生活居于一切生活方式之首，代表着人生最高的幸福，这种观念表达了整个传统形而上学所共同憧憬的哲学境界。遵循这种思维方式和思想逻辑，哲学的主要功能就是通过逻辑概念之网，去一劳永逸地捕获关于整个世界的最后谜底，由此所导致的结果是：世界上的事物成为“逻辑范畴这块底布上绣成的花卉”，“一切存在物，一切生活在地上和水中的东西经过抽象都可以归结为逻辑范畴，因而整个现实世界都淹没在抽象世界之中，即淹没在逻辑范畴的世界之中”。[③] 很显然，在传统形而上学思维方式和理论逻辑的支配之下，在哲学与现实世界关系问题上，必然导致双重后果：哲学的“非世界化”与世界的“非哲学化”，前者意味着哲学把自己幽禁在超感性的理性和逻辑世界而外在于现实世界，后者意味着现实世界失去了哲学思想作为一种现实的思想力量的参与和推动。哲学与现实世界的这种联系不具有“有机性”，而是体现为“外在性”。正是在此意义上，马克思针对德国哲学指责道：“这些哲学家没有一个想到要提出关于德国哲学和德国现实之间的联系问题，关于他们所作的批判和他们自身的物质环境之间的联系问题。”[④]

哲学与现实生活的“有机联系”意味着，哲学与现实世界之间建立起一种良性的内在循环关系。一方面，现实生活构成哲学起点和归宿。哲学并非依靠纯粹理性而自足完备、无须外求的独立王国，其生命之根深植于不断变动、充满矛盾的现实生活之中，哲学的合法性来源于对现实生活

① ［德］海德格尔：《存在与时间》，陈嘉映、王庆节译，生活·读书·新知三联书店 1987 年版，第 4 页。

② ［德］黑格尔：《小逻辑》，贺麟译，商务印书馆 1980 年版，第 64 页。

③ 《马克思恩格斯文集》第 1 卷，人民出版社 2009 年版，第 599 页。

④ 《马克思恩格斯选集》第 1 卷，人民出版社 2012 年版，第 145—146 页。

的批判性反思并必须在现实生活中确证自己的现实力量，对此，马克思明确说道："德国哲学从天国降到人间；和它完全相反，这里我们是从人间升到天国。……我们的出发点是从事实际活动的人，而且从他们的现实生活过程中还可以描绘出这一生活过程在意识形态上的反射和反响的发展"，无论是哲学的内容和主题，还是哲学的语言，都根源于现实生活："无论思想或语言都不能独自组成独立的王国，它们只是现实生活的表现。"[①] 另一方面，哲学又以一种理论的方式"趋向现实"，作为一种内在的思想力量参与和推进到对现实生活的运动和跃迁之中，从现实生活中生成的哲学思想需要再次回归到现实生活，"在实践中证明自己思维的真理性，即自己思维的现实性和力量，自己思维的此岸性。关于离开实践的思维的现实性与非现实性的争论，是一个纯粹经院哲学的问题"，[②] 无疑，虽然哲学根植于现实生活，但一旦形成，它便获得了相对独立性，但这种独立性并不意味着脱离现实生活，而是为了以一种反思批判的方式更深入地理解现实生活的本质，从而"实际地反对并改变现存的事物"。在哲学与现实生活的这种良性循环中，哲学以理论的方式成为现实生活变化和发展的内在环节和有机构成力量。

对于马克思哲学与现实生活的这种内在循环关系的理解，柯尔施曾用"理论与实践的整体性"来进行概括，他认为对马克思哲学而言，"理论上的批判和实践上的推翻在这里是不可分离的活动，这不是在任何抽象的意义上说的，而是具体地和现实地改变资产阶级社会的具体和现实的世界"。[③] 在二者的这种不可分离的辩证关系中，马克思超越了片面的"实践政治派"，他们不懂得："不使哲学成为现实，就不能消灭哲学"，同时也超越了片面的"理论政治派"，他们不懂得："不消灭哲学，就能够使哲学成为现实。"[④] 在此，哲学与现实生活不再是一种外在的强制性关系，而真正成为一种内在融涵、彼此滋养、相互推进的有机关系。很显然，马克思哲学与现实生活所建立的这种"有机联系"，与现代性学科建制中的"学院哲学"有着重大不同的思想旨趣，也必然会带来哲学存在方式、工

① 《马克思恩格斯全集》第 3 卷，人民出版社 1960 年版，第 525 页。

② 《马克思恩格斯选集》第 1 卷，人民出版社 2012 年版，第 138 页。

③ ［德］柯尔施：《马克思主义与哲学》，王南湜译，重庆出版社 1989 年版，第 52—53 页。

④ 《马克思恩格斯选集》第 1 卷，人民出版社 1995 年版，第 8 页。

作方式等多方面的重大变化。

二　对现实社会生活的前提性追问：为未来“开路”的批判性思想

建立哲学与现实生活的有机联系，并不是要限制哲学的作用，恰恰相反，是为了更有力、更坚实地发挥哲学的思想引导功能。在哲学与现实生活的有机联系中，哲学不是要为“过去”和“现在”作出“总结”，从而充当一切事物和话语的“后设叙事”，而是要立足于现实生活，通过对现实社会生活的前提性追问，为现实生活的未来寻求新的可能性，在此意义上，马克思哲学追求的是具有“前卫性”和“超越性”的思想。这正是今天重振哲学智慧迫切需要的思维向度。

哲学之为哲学，在于它能充当一切事物和话语“后设叙事”，这是长久以来哲学的深层信念。众所周知，形而上学又名“物理学之后”，即表明了它要为一切存在者提供最终解释和终极根据的理论理想。黑格尔的论述具有代表性：对于哲学来说，“最关紧要的是，在有时间性的瞬即消逝的假象中，去认识内在的实体和现存事物中的永久东西”,[①]“哲学的任务在于理解存在的东西，因为存在的东西就是理性”[②]，“哲学作为有关世界的思想，要直到现实结束其形成过程并完成其自身之后，才会出现。概念所教导的也必然就是历史所呈示的。这就是说，直到现实成熟了，理想的东西才会对实在的东西显现出来，并在把握了这同一个实在世界的实体之后，才把它建成为一个理智王国的形态”[③]，以一种理论的方式成为“说完了一切的上帝”，为整个世界提供可一劳永逸地阻止无穷后退的、最后的“总结陈词”，是哲学的最高使命。正是在此意义上，马克思把黑格尔哲学恰如其分地称为“理性神学”或“思辨神学”。

哲学欲成为“后设叙事”，这是哲学的妄想和僭越，也是哲学在今天失去思想魅力的重要根源。现代社会的世俗化进程，各门具体科学和知识

---

① ［德］黑格尔：《法哲学原理》，范扬、张企泰译，商务印书馆 2009 年版，第 13 页。

② 同上书，第 16 页。

③ 同上。

领域的不断深入推进，以及社会生活各领域的不断分化，等等，已经不可能允许，也绝无可能接受哲学永远深藏在最后面、傲立在最高处的唯我独尊的权威。哲学的这种“非神圣形象的自我异化”使自己变成了如康德所描述的那样：“她只为人所鄙视了：她成了一个孤苦零丁、流离失所的妇人，像海枯巴那样自怨自艾地感叹说：过去，我拥有至高无上的权力，我所生的都是有能力的儿女——而今，我却流离失所、被人遗弃、一无所有了。”① 今天，仍有不少人留恋哲学曾有的这种荣光，但无论对于具体科学，还是对于现实生活，以及对于现代社会和现代哲学有深刻自觉的人来说，它已经完全失去了其感召力与规范力。

马克思深刻地看到了这种哲学观和哲学存在形态的内在弊端，认为一切谜语的答案都在哲学家们的写字台里，愚昧的凡俗世界只需张开嘴来接受绝对科学的烤乳鸽就得了②，马克思无法忍受这种哲学的僭妄。正是在此意义上，马克思说道：“哲学家们只是用不同的方式解释世界，而问题在于改变世界。”③ “用不同的方式解释世界”，即指以往以充当“后设叙事”为己任的哲学观和哲学形态，而“问题在于改变世界”则为哲学提出了全新的课题：哲学不是作“最后总结”的“后设叙事”，而应成为参与到“改变世界”的实践活动中的思想力量。这意味着，哲学的基本姿态应该发生根本性改变，即从“后设叙事”转向为未来“开路”的“超越性”和“前卫性”思想探索。

转向为未来“开路”的“超越性”和“前卫性”探索，并不是说哲学拥有为未来生活“立法”的终极话语权，倘若如此，哲学依然在试图扮演传统哲学的“后设叙事”的角色。哲学为未来“开路”，是通过哲学的一种特殊工作方式而实现的。对此，马克思表述道：“新思潮的优点就恰恰在于我们不想教条式地预料未来，而只是希望在批判旧世界中发现新世界。……现在哲学已经变为世俗的东西了，最确切的证明就是哲学意识本身，不但表面上，而且骨子里都卷入了斗争的漩涡。如果我们的任务不是推断未来和宣布一些适合将来任何时候的一劳永逸的决定，那么我们便

① ［德］康德：《纯粹理性批判》，韦卓民译，华中师范大学出版社 2000 年版，第 3—4 页。

② 《马克思恩格斯全集》第 47 卷，人民出版社 2004 年版，第 64 页。

③ 《马克思恩格斯选集》第 1 卷，人民出版社 2012 年版，第 140 页。

会更明确地知道，我们现在应该做些什么，我指的就是要对现存的一切进行无情的批判。”① 换言之，“在批判旧世界中发现新世界”、对“现存一切进行无情批判”，成为哲学介入现实，为未来“开路”的特有活动方式。

“在批判旧世界中发现新世界”的哲学活动是一种指向社会生活的前提性追问，通过追问，揭示现实社会生活赖以存在的基础的有限性和内在矛盾，克服抽象意识形态对于现实生活的遮蔽和扭曲，提升人们对于社会生活及其未来发展的自觉意识，从而为人们的自我超越、创造“另一种可能生活”敞开新的空间。

对社会生活的前提性追问，包含两个基本视角，一是追问构成社会生活本质的社会关系的合法性；二是追问人们理解这种关系的意识形态的合法性。

追问构成社会生活本质的社会关系的合法性，基于马克思对于社会关系在人的社会生活中所具有的本质性作用的认识。在马克思看来，人在根本上是一种社会性的存在，社会关系对于人的存在具有根本的“本体性”的意义，他强调：“人的本质不是单个人所固有的抽象物，在其现实性上，它是一切社会关系的总和。”这意味着，现实的个人都不是遗世独立的孤立存在，而是生活在具体的社会关系中，每一个人的生活状态、生存品性乃至生存命运都受到各自所处的社会关系的深刻影响，不同性质的社会关系规定了其在社会生活中的地位与生活前景，因此，一个人在自由与解放程度与其社会关系的合乎人性的程度内在地关联在一起。基于这一基本认识，反思现实世界中社会关系的性质，揭示其与人的自由和发展相矛盾的内在困境，从而使人们获得对于社会历史现实本质的自觉意识，从而使自身成为内在于“实际的改变与变革现存事物”的实践活动的推动力量，就成为哲学的重要功能。

追问构成社会生活本质的社会关系的合法性，对马克思而言，集中体现在他对于资本主义社会关系合法性的前提性追问。由于篇幅关系，本文无法对这一内容极为丰富的课题进行专门探讨。众所周知，马克思对资本主义的分析是从商品开始的，在此，只想引用马克思《资本论》中关于

① 《马克思恩格斯全集》第1卷，人民出版社1956年版，第416页。

"商品的拜物教性质及其秘密"中的一段话说明这一点:"商品形式的秘密不过在于:商品形式在人们面前把人们本身劳动的社会性质反映成劳动产品本身的物的性质,反映成这些物的天然的社会属性,从而把生产者同总劳动的社会关系反映成存在于生产者之外的物与物之间的社会关系。由于这种转换,劳动产品成了商品,成了可感觉而又超感觉的物或社会的物……商品形式和它借以得到表现的劳动产品的价值关系,是同劳动产品的物理性质以及由此产生的物的关系完全无关的。这只是人们的一定的社会关系,但它在人们面前采取了物与物的关系的虚幻形式",① 人与人自由的社会联系被抽象的物与物关系所笼罩和扭曲,抽象对人的统治成为现代人的命运。马克思正是通过对商品、资本等资本主义社会的"象形文字"的解码,揭示了社会关系的"自反性"与存在限度,暴露了资本主义社会关系的合法性危机,结束了其把自身永恒化的"终结历史"的幻想。

追问人们理解社会现实的意识形态的合法性,是对一定历史条件下占据统治地位的、支配着人们对社会现实理解和认识的意识形态的合法性的批判性反思。这即是马克思哲学极为重要的"意识形态批判"功能。在历史发展中,人的认识和观念却总有一种僭越自身界限,把自身变成独立王国,并由此颠倒观念与生活关系,产生观念支配世界的幻觉。对此,马克思论述道:"人们迄今总是为自己造出关于自己本身、关于自己是何物或应当成为何物的种种虚假观念。他们按照自己关于神、关于模范人等等观念来建立自己的联系。他们头脑的产物就统治他们。他们这些统治者就屈从于自己的创造物。我们要把他们从幻想、观念、教条和想象的存在物中解放出来,使他们不再在这些东西的枷锁下呻吟喘息。我们要起来反抗这种思想的统治。"② 抽象观念成为"意识形态",具有两个重要特点,一是"赋予自己的思想以普遍性的形式,把它们描绘成唯一合乎理性的、有普遍意义的思想";二是进一步把"'普遍的东西'说成是占统治地位的东西"。③ 很显然,以这种抽象观念为根据来理解现实生活,必须扭曲

① 《马克思恩格斯全集》第44卷,人民出版社2001年版,第89页。

② 《马克思恩格斯全集》第1卷,人民出版社1960年版,第15页。

③ 《马克思恩格斯选集》第1卷,人民出版社2012年版,第180、181页。

对现实社会生活本质的理解，更严重的是，它将成为一种使现存状况永恒化、阻止其变革与发展的僵化和保守力量。因此，揭示了抽象观念成为“意识形态”的深层根源，揭穿其独立性外观和普遍性形式的假象的秘密，是“实际地改变与变革现存事物”的重要条件。

限于篇幅，本文无法对马克思意识形态批判的具体思想展开进行讨论。马克思的基本观点是：要破除意识形态的幻象，关键在于确立这样的历史观：“我们的出发点是从事实际活动的人，而且从他们的现实生活过程中还可以描绘出这一生活过程在意识形态上的反射和反响的发展。甚至人们头脑中的模糊幻象也是他们的可以通过经验来确认的、与物质前提相联系的物质生活过程的必然升华物。因此，道德、宗教、形而上学和其他意识形态，以及与他们相适应的意识形式便不再保留独立性的外观了。它们没有历史，没有发展，而发展着自己物质生产和物质交往的人们，在改变自己这个现实的同时也改变着自己的思维和思维的产物。不是意识决定人们的生活，而是生活决定意识。”① 通过对意识形态与现实生活关系的颠倒，洞穿意识形态的幻象，祛除意识形态对现实历史运动的遮蔽，推动人们改变被意识形态所掩盖的抽象的现实社会关系，哲学因此成为为人们未来生活“开路”的积极思想力量。

通过对社会生活的前提性追问，转向为未来“开路”的“超越性”和“前卫性”探索，这是哲学观、哲学存在方式和工作方式的重大转变。它使哲学彻底摆脱了代表终极真理和最高知识的“后设叙事”，真正成为超越性的历史性活动。哲学由此获得永远新鲜的思想活力，只要人与社会仍在追求自我发展，哲学的这种追问和探索就永远被需要和吁求。

三　在“跨学科”的批判性对话中拓展哲学的思想空间

把哲学把握为对社会生活合法性的前提追问活动，使马克思哲学跨越了以往哲学的存在边界。这突出地体现在它通过与其他人文社会科学的批判性对话，拓展哲学的思想空间，重塑了哲学的存在方式、工作方式，乃

---

① 《马克思恩格斯选集》第 1 卷，人民出版社 2012 年版，第 152 页。

至表述方式。

在其本源处，哲学就是与人类文化的其他学科和知识领域相互作用的，但随着哲学成为“后设叙事”与“超级学科”，哲学成为高居于其他学科和知识领域的、“唯我独尊”的“孤家寡人”，当哲学把这视为“王者荣耀”时，其实正是哲学的不幸，它把自身封闭在一个自我旋转的圆圈中志得意满，其他具体学科却不断离它远去，在独立发展中不断深化和丰富属于自己的领域和王国，与此同时，正如恩格斯指出的：哲学被从“自然和历史领域驱逐出去”，[①] 失去了它应有的思想宽度和包容性。

把哲学视为“后设叙事”与“超级学科”，基于这样一个基本信念：它比所有其他学科都更深入地接触到了“实在”本身，人类文化的各具体学科和领域认识世界的不同方面，但哲学所面对的不是世界的某种特殊的部分，而是世界的“本质”或“实在本身”。因此，在哲学与人类文化的其他学科的关系中，前者扮演着法官和审判者的地位，后者则处于从属和依附的地位。以这种信念为前提，哲学与人类文化的其他学科之间不可能也不需要有真正的批判性对话。

如前所述，马克思哲学自觉地放弃了对哲学作为“后设叙事”与“超级学科”的期待，这必然带来它与人类文化的其他学科之间关系的重大调整。阅读马克思的著作，不少人深感困惑，马克思哲学没有建构以往哲学那样由“纯粹”的哲学概念和范畴所建构起来的巍峨体系，那么，马克思的哲学究竟存在何处？在人们公认的马克思“成熟时期”的著作中，我们始终找不到用以往哲学话语的形式表达出来的系统的哲学文本，找不到与康德、黑格尔、胡塞尔、海德格尔等可相比较的哲学话语系统。相反，我们看到的是马克思在与法哲学、政治经济学、人类学、政治学、历史学、文学等学科的广泛而深层的互动和交汇中，表达和生成自己的哲学思想。通过与人类文化的不同学科的批判性对话，既充分吸取其思想营养，同时又对其限度进行前提性的批判，构成了马克思哲学重要的工作和存在方式。

众所周知，马克思的《资本论》的副标题为“政治经济学批判”，与古典政治政治学的深层的批判性对话，是马克思哲学，尤其是其历史唯物

① 《马克思恩格斯文集》第4卷，人民出版社2009年版，第312页、第257页。

主义形成的重大奥秘。马克思自己承认:“法的关系正像国家的形式一样,既不能从它们本身来理解,也不能从所谓人类精神的一般发展来理解,相反,它们根源于物质的生活关系,这种物质的生活关系的总和,黑格尔按照18世纪的英国人和法国人的先例,概括为‘市民社会’,而对市民社会的解剖应该到政治学中去寻求”①,正是对政治经济学的透彻研究,使马克思深入了现实社会生活本质的深处。但马克思对古典政治经济学的研究,又不是简单地把它当作现成的东西接受下来,而是始终把它与前述的社会现实生活的前提性追问内在结合在一起,马克思追问现实社会生活的社会关系本质合法性、追问人们理解社会现实的意识形态的合法性,同时也就意味着追问古典政治经济学的合法性限度。马克思指出:“国民经济学从私有财产的事实出发。它没有给我们说明这个事实。它把私有财产在现实中所经历的物质过程,放进一般的、抽象的公式,然后把这些公式当作规律。它不理解这些规律,就是说,它没有指明这些规律是怎样从私有财产的本质中产生出来”②,私有财产及其所代表的资本主义社会关系,构成了古典政治经济学不予反思的无条件的前提,正是这一点,构成古典政治经济学无法突破的根本限度。通过对这一根本限度的批判性反思,马克思形成了它对于现代资本主义社会的诊断、治疗与超越,马克思哲学独有的理论纲领和思想硬核也因此得以酝酿成熟。对此,马尔库塞的说法是富有见地的:“马克思理论的所有哲学概念都是社会的和经济的范畴,然而,黑格尔的社会和经济范畴都是哲学的概念……在马克思理论中,任何一个简单概念都有一个本质不同的基础。这正像一个新的理论必有一个不能从先前的理论中所产生的新的概念结构和总体结构一样。”③

同样十分重要的是马克思晚年卷帙浩繁的《人类学笔记》与《历史学笔记》,对于这些耗费巨大精力所做的研究工作,如果囿于传统哲学的观念,在这里几乎找不到“哲学”。然而,如果我们不再坚持作为“后设叙事”与“超级学科”的哲学自我理解,就可以看到,马克思通过与英、美、德、俄重要的历史学家和人类学的批判性对话,充分吸收其思想资

① 《马克思恩格斯选集》第2卷,人民出版社2012年版,第2页。

② 《马克思恩格斯全集》第3卷,人民出版社2002年版,第266页。

③ [美]马尔库塞:《理性与革命》,程志民等译,重庆出版社1993年版,第235页。

源，重新反思、调整、丰富和完善自己以往的思想观点和理论表述，突破“欧洲中心主义”的视野，对已经形成的哲学思想进行自我前提性的批判，正是在此意义上，人们普遍承认，他晚年的《人类学笔记》和《历史学笔记》构成其历史唯物主义学说的重要组成部分，而且为后来者从变化了的历史境遇出发不断重思理论与现实开辟了一个开放的思想空间。甚至有学者不无根据地主张，人类学是人们熟知的马克思哲学“三大来源”之外的第四大来源和组成部分。①

马克思与文学的关系也越来越得到人们的关注。研读《马克思恩格斯全集》，我们可以发现，从青年马克思到晚年马克思，文学始终是其把握时代本质、激发理论思考、表述理论观点的重要资源。马克思从荷马史诗、希腊悲剧中获得了解古代社会的重要资源；在讨论货币时，马克思大段引用莎士比亚的描述，声称对于货币本质，莎士比亚比“我们那些满口理论的小资产阶级知道得更清楚”，马克思和恩格斯尤其钟情18—19世纪的文学作品，马克思称赞巴尔扎克对资本主义的“现实关系有着深刻的理解”，② 恩格斯认为《人间喜剧》汇集了法国社会的全部历史：“我从那里，甚至在经济细节方面……所学到的东西，也要比当时所有的职业史学家、经济学家和统计学家们那里学到的全部东西都要多。”③ 柏拉威尔在《马克思和世界文学》一书中十分细致地梳理、研究和探讨了文学在马克思毕生理论探索中所扮演的重要角色，他指出：从马克思青年时代开始，“文学成了他有力的战斗武器；随着他自己的世界观逐渐从早期黑格尔和费尔巴哈混合物中演变出来，他就开始借助文学来证实和提出他的新观点；他认为，在文学或其它艺术中不取得一个牢固的杰出的地位，他在成熟时期要形成一个完整的体系是不可能的；晚年的马克思则经常从文学作品中寻找精神上的支持、游戏的材料、论点的弹药。他精通古典文学，从中世纪到歌德时代的德国文学，但丁、波雅多、塔索、塞万提斯、莎士比亚的作品，十八和十九世纪的法国和英国的散文小说；任何当代诗

① 参见俞吾金《马克思主义的第四个来源和第四个组成部分》，《学术月刊》1993年第8期。

② 《马克思恩格斯文集》第7卷，人民出版社2009年版，第47页。

③ 《马克思恩格斯文集》第10卷，人民出版社2009年版，第571页。

歌，凡是能够有助于破坏传统权威和引起对未来社会正义的希望的……他都无不感到兴趣”。[①] 马克思一改柏拉图主义“把诗人赶出理想国”的对文学的傲慢，把文学当成滋养和推动其哲学思考的重要源泉。

马克思哲学与人类文化其他学科和知识领域的这种批判性对话，不是外在的、形式性的关系，而是意味着对哲学自身及其存在方式和工作方式的全新理解。要言之，首先，它与前述重建哲学与现实生活的有机联系、对现实社会生活的前提性追问的哲学旨趣是内在统一的，人文社会科学是关于现实的人及其社会生活的自我理解学说，哲学重建与现实生活的有机联系，对现实社会生活进行前提性追问，必然内在要求自身与人文社会科学结盟。其次，它体现了马克思哲学超越现代性所造成的学科樊篱，扩展哲学的思想幅度，重焕哲学的思想活力的努力。在与人文社会科学不同知识领域的批判性对话中，哲学不再是唯我独尊的孤独弃妇，而是加入了人文社会科学的“共和国”中，使二者形成了一种良性的互动沟通关系，哲学由此有力地摆脱了现代性所形成的学科界限，获得了更为宽广的思想天地。罗蒂主张在“后哲学文化”中，哲学应成为“骑着文学的——历史的——人类的——政治的旋转木马”的文化对话者，马克思当然与此有着重大不同，但在超越“哲学文化”中哲学自我理解的幻觉，推动哲学摆脱理论自闭这一基本立场上，马克思无愧于这一趋向的先行者。最后，在哲学与人文社会科学的批判性对话中，哲学释放了齐泽克、柄谷行人等人说的“视差之见”所内含的批判潜能，马克思与古典政治经济学、与人类学的批判性对话，实质上是马克思在思想视界的“移动”中不断消除“思想盲点”，对对方和自身思想前提进行反思和修正的过程，因此，这种批判性对话，是哲学获得思想活力和创造力的重要途径。

（原载于《天津社会科学》2017 年第 6 期）

① ［英］柏拉威尔：《马克思和世界文学》，梅绍武等译，生活·读书·新知三联书店 1980 年版，第 537—538 页。

论马克思哲学与形而上学的深层关系

——“形而上学的终结”与“形而上维度的拯救”

马克思哲学与形而上学究竟是什么关系：它是否终结了形而上学？围绕这一重大问题，国内外哲学界形成了两种代表性观点。第一种观点可以称为“颠覆说”，其认为：马克思宣告了“形而上学的终结”。“马克思在存在论基础上所发动的哲学革命，不仅特殊地超越了黑格尔哲学和费尔巴哈哲学，而且一般地颠覆了整个柏拉图主义，换言之，终结了全部形而上学。”① 第二种观点可称为“延续说”，其认为：马克思并没有终结形而上学，相反，作为“人的解放”的哲学，马克思哲学必然内在包含着形而上学的超越维度，因而是形而上学的延续和革新者。那么，究竟应该如何理解马克思哲学与形而上学的关系？本文试图在这方面做一探讨，以推动相关研究的深入。

一　马克思哲学对待形而上学的两个基本维度

要全面和切实地理解马克思哲学与形而上学的关系，必须区分“形而上学”与“形而上维度”这两个基本概念。在“哲学形态”、“思维方式”和“解释原则”的意义上，形而上学由于其无根性、抽象性和独断性，应该走向终结；然而，终结形而上学的目的则是拯救这一传统中所蕴含的“形而上维度”。因此，“形而上学的终结”与“形而上维度的拯救”，这二者构成了马克思哲学与形而上学关系中相辅相成的两个基本

---

① 吴晓明：《试论马克思哲学的存在论基础》，《学术月刊》2001 年第 9 期。

维度。

马克思认为，形而上学不仅是一种“哲学学说”，而且在其长期发展中已经积淀成为一种特定的哲学解释原则，其特质在于它“在任何地方都把观念当作主体，而把本来意义上的现实的主体……变成谓语”,[①]“形而上学者认为进行抽象就是进行分析，越远离物体就是日益接近物体和深入事物。这些形而上学者说，我们世界上的事物只不过是逻辑范畴这种底布上的花彩；在他们自己看来，这种说法是正确的。哲学家和基督教徒不同之处正是在于：基督徒只知道逻各斯的化身，不管什么逻辑不逻辑；而哲学家那里则有无数这种化身。既然如此，那末一切存在物，一切生活在地上和水中的东西经过抽象都可以归结为逻辑范畴，因而整个现实世界都淹没在抽象世界之中，即淹没在逻辑范畴的世界之中”[②]。马克思这样概括形而上学作为一种“哲学方法”的实质：“这种绝对方法到底是什么呢？是运动的抽象。运动的抽象是什么呢？是抽象形态的运动。抽象形态的运动是什么呢？是运动的纯粹逻辑公式或者纯理性的运动。”[③] 这意味着，形而上学是一种把超感性的逻辑概念世界实体化，并从它出发来理解和规定现实世界的思维方式，一种迷恋于最终主宰和“第一原理”的思维范式。它以逻辑概念世界作为最终根据和统一性原理，形成了一整套理解和解释人与世界的基本原则：（1）“绝对主义”原则——超感性的逻辑概念世界作为终极实在、最高本体和“最后本质”，被视为理解人与世界的绝对根据；（2）“终极性”原则——超感性的抽象的逻辑概念世界代表着终极真理，是支配人们全部思想和生活的最高权威；（3）“非历史性”原则——非时间、非语境的逻辑概念世界作为“永恒在场”的“本真存在”，构成在历史中变动的人与世界的最终根据。

在马克思看来，上述形而上学解释原则包含着一个不可克服的内在矛盾，即形而上学的解释原则与哲学的“形而上维度”之间的矛盾。所谓哲学的“形而上维度”，指的是形而上学所蕴含的“自由意向”、“批判意识”和“超越精神”：它们深刻地反映和体现了哲学最为重要的性质，是

① 《马克思恩格斯全集》第 3 卷，人民出版社 2002 年版，第 14 页。

② 《马克思恩格斯全集》第 4 卷，人民出版社 1965 年版，第 141 页。

③ 同上书，第 142 页。

形而上学传统中具有重大价值的精神财富。然而，在形而上学以上解释原则的支配下，这种“形而上维度”最终遭到了遮蔽乃至窒息。

形而上学包含着一种超越现存世界既有限制的“自由意向”。形而上学否定有形现实，去追求一种不同于现存世界的超越境界，因为在它看来，有形的现存世界是“有限”的，这种“有限性”是对人的自由的束缚和限制，因此，只有否定和超越现存世界，才能体现和实现理性和精神的自由创造本性。例如在黑格尔那里，“绝对精神”作为形而上学实体，具有“自在自为”的自由本性：“精神也是纯粹自在的精神，亦即自由的精神，因为自由正是在他物中即是在自己本身中、自己依赖自己、自己是自己的决定者”;① 以绝对精神为对象和内容，形而上学于是成为“最高尚的、最自由的和最独立的东西”。②

“批判意识”是包括形而上学在内的一切哲学的本质性特征。形而上学源于对超感性的本质世界的追寻，其基本信念是：“现存的不可能是真实的”，“直接经验的世界——我们发现自己生活于其中的世界——必须被理解、改变甚至颠覆，以便显露出它的实际面目”。③ 因此，形而上学要求否定和超越“现存”世界，去追求和寻找一种属于哲学的“真实”，只有这种“真实”才是哲学家所认可的“合乎理性”的生存世界。可见，形而上学对超感性的本质世界的追求，内在地包含着一种对现存世界的批判意识。

形而上学的“自由意向”和“批判意识”与“超越精神”是不可分割地联系在一起的。超越“在场”的东西，去追求“不在场”的东西；超越当下的东西，去追求“非当下”的超验存在，这种“超越意识”构成了形而上学的根本性动机。只有否定和超越感性世界，通达超感性的理性世界，“自由”和“至善”才能真正达到，这是形而上学最深层的信念之一。

然而，形而上学所蕴含的上述“自由意向”、“批判意识”与“超越精神”的维度，却与形而上学所遵循的“终极性”、“绝对主义”与“非

① ［德］黑格尔：《小逻辑》，贺麟译，商务印书馆 1980 年版，第 83 页。

② 同上书，第 64 页。

③ ［德］马尔库塞：《单向度的人》，刘继译，上海译文出版社 1989 年版，第 111 页。

历史性”的解释原则在根本上是相冲突的。

首先，遵循着形而上学的“终极性”原则，形而上学内蕴的“批判意识”必然沦为“非批判的实证主义”。这一解释原则把逻辑概念化世界视为人与世界的终极根据，因此它对现实世界的批判只能是一种以终极原则为出发点的外在要求，它“在现实中没有触动自己的对象，却以为实际上克服了自己的对象”。[①] 正是在此意义上，马克思指出，虽然黑格尔哲学“潜在地包含着批判的一切要素，而且这些要素往往已经以远远超过黑格尔观点的方式准备好和加过工了”，[②] 但是，这种批判仅“有一个完全否定的和批判的外表”，是“一种隐蔽的、自身还不清楚的、神秘化的批判”。[③] 其根源就在于黑格尔把“抽象精神”、把“纯粹的思辨的思想”当成了形而上学的“终极存在”：“因为有自我意识的人认为精神世界——或人的世界在精神上的普遍存在——是自我外化并加以扬弃，所以他仍然重新通过这个外化的形态确证精神世界，把这个世界冒充为自己的真正的存在，恢复这个世界，假称在自己的异在本身中就是在自身……黑格尔的虚假的实证主义或他那只是虚有其表的批判主义的根源就在于此。”[④]

其次，形而上学本来内蕴的“自由意向”必然成为“绝对主义”原则的牺牲品。形而上学所迷恋的“自由”是通过把哲学绝对化和至上化而获得的。它把哲学的思辨理性视为现实生活的规定者，具有自因自足、神圣绝对的性质，因此除了沉溺于“精神自由”并颁布一些在所有时候和所有地方都适用的永恒真理和普遍原则外，它是不可能对不自由的现实生活予以真切的关注的。在此意义上，马克思批评黑格尔：由于哲学家把自身视为“异化世界的尺度”，结果“他只看到劳动的积极的方面，没有看到它的消极方面。……黑格尔唯一知道并承认的劳动是抽象的精神的劳动”，[⑤] 因而对异化世界的克服只是逻辑思辨的克服，不自由的现实依然如故。在形而上学的阴影下，哲学的“自由意向”最终沦为空幻。

---

① 《马克思恩格斯全集》第 3 卷，人民出版社 2002 年版，第 330 页。

② 同上书，第 319 页。

③ 同上。

④ 同上书，第 328 页。

⑤ 同上书，第 320 页。

最后，形而上学本来内蕴的“超越精神”将因“非历史性”原则而被窒息。如前所述，形而上学的“超越精神”主要体现为逻辑概念世界对于感性世界的否定和超越，但形而上学把逻辑概念世界视为永恒的、超历史的实体化的王国，这就注定了它的超越性最终必然屈服于“非历史性”原则而无法真正贯彻到底。黑格尔强调精神的自我否定和自我超越本性并在哲学史上以“巨大的历史感”闻名，但是在他那里，形而上学的先验概念王国代表着“无时间”、“无历史”的“永恒现时性”，以此为基础所建立的形而上学体系屈从于“人类精神的永恒的需要，即克服一切矛盾的需要”,① 而“假定一切矛盾都一下子永远消除了，那么我们就达到了所谓绝对真理，世界历史就完结了”②。因此，“历史性”最终被要求服从于永恒和普遍的“逻辑”规定性，形而上学所内蕴的“超越精神”最终走向了自我否定和消解。

上述分析表明，在形而上学的解释原则与其“形而上维度”之间，存在着内在的、不可调和的深刻矛盾，前者犹如一个巨大的黑洞把后者消解和吞噬了。马克思哲学深刻地自觉到这一矛盾，从而，终结形而上学及其解释原则，同时解放其中的“形而上维度”，拯救极为宝贵的“批判意识”、“自由意向”和“超越精神”，就成为马克思哲学所要解决的双重课题。

二　形而上学解释原则的解构与形而上学的社会历史批判

要对上述双重课题作出有说服力的解决，一个前提性工作就是对形而上学及其解释原则进行深刻的反思与批判。与海德格尔通过“存在论历史的解构”来消解形而上学、维特根斯坦通过语言分析和语言批判来消解形而上学等理论策略有着重大不同，马克思试图发掘和揭示形而上学在现实生活中得以产生的社会历史根源，通过对这种社会历史根源的批判性反思，来实现对形而上学及其解释原则的解构。

---

① 《马克思恩格斯选集》第4卷，人民出版社1995年版，第219页。

② 同上。

马克思认为，就其根本性质而言，形而上学是一种“颠倒的思维方式”：它颠倒了观念与现实、理论与实践、逻辑与生活的基本关系，使哲学成为一种无根的、抽象的存在，这是传统形而上学最为深层的缺陷。而形而上学作为“颠倒的思维方式”，其深层原因就在于现实世界是一个“颠倒的世界”。马克思说：“无论思想或语言都不能独自组成特殊的王国，它们只是现实生活的表现”[①]，“意识在任何时候都只能是被意识到了的存在，而人们的存在就是他们的现实生活过程”[②]，“个人现在受抽象统治，而他们以前是互相依赖的。但是，抽象或观念，无非是那些统治个人的物质关系的理论表现”[③]。形而上学作为“抽象观念”，在实质上是现实社会生活中使人的存在陷入抽象化的现实力量和社会关系的理论表现。在不同历史阶段，这种现实力量与社会关系有着不同的表现，因而形而上学作为“颠倒的思维方式”与“颠倒的世界”之间的关系，在不同历史阶段也呈现出不同的内容。在现代资本主义社会，“资本”成为占据统治地位的抽象的现实力量与社会关系，因此，形而上学作为以理论形态所表现出来的“抽象的观念”，其深层根源必须到“资本逻辑”这一“形而上学的现实运作”中去寻找。

首先，形而上学的“绝对主义”解释原则根植于资本的绝对主义本性。“资本”是资本主义社会中统治人们全部生活的“绝对存在”，它支配着人与世界、人与人以及人与自身的关系，构成了全部社会生活的轴心原则，在此意义上，“资本”构成了资本主义社会中一切存在物的内在根据和尺度，一切存在物都必须在资本面前证明其存在的“目的”和“意义”。其次，形而上学的“终极性”解释原则根植于资本试图吞噬一切的控制和统治本性。在资本主义社会，资本的关系成为统治现实生活的唯一的、绝对的关系，它把人的生命和社会生活中的一切丰富内容都还原和蒸馏为抽象的“交换价值”：“它把人的尊严变成了交换价值，用一种没有良心的贸易自由代替了无数特许的和自力挣得的自由”；[④] 它具有操控一切、使一切发生扭曲和颠倒的魔力，“它是一切事物

① 《马克思恩格斯全集》第 3 卷，人民出版社 1965 年版，第 525 页。

② 《马克思恩格斯选集》第 1 卷，人民出版社 1995 年版，第 72 页。

③ 《马克思恩格斯全集》第 30 卷，人民出版社 1995 年版，第 114 页。

④ 《马克思恩格斯选集》第 1 卷，人民出版社 1995 年版，第 275 页。

的普遍的混淆和替换，从而是颠倒的世界，是一切自然的品质和人的品质的混淆和替换”。[①] 最后，形而上学的“非历史性”解释原则根植于资本及其人格化代表资本家的保守本性。马克思指出：“资本不是物，而是一定的、社会的、属于一定历史社会形态的生产关系，它体现在一个物上，并赋予这个物以特有的社会性质。”[②] 因此，资本的逻辑在根本上是一种社会关系的逻辑，在这种社会关系中，作为资本人格化代表的资本家必然把由资本逻辑所控制的社会状态宣告为完美的“千年王国”。对此，马克思这样总结道：“你们的利己观念使你们把自己的生产关系和所有制关系从历史的、在生产过程中是暂时的关系变成永恒的自然规律和理性规律。”[③]

可见，资本运作的逻辑与形而上学的解释原则之间存在着一种内在的同构性，后者所表现的那些特性都有着深层的现实生活根源。因此，要消解形而上学及其解释原则，最根本的途径在于改变其从中产生的世俗生活基础，铲除其赖以存在的现实生活土壤，仅仅局限于单纯的理论批判将是无效的。正是在此意义上，马克思强调：“社会生活在本质上是实践的。凡是把理论导致神秘主义的神秘东西，都能在人的实践中以及对这个实践的理解中得到合理的解决。”[④] 这即是说，克服形而上学及其解释原则不仅是理论的使命，更是实践活动的任务；它内在地要求人们的生存状态与生存方式实行自我改造与自我更新。只有通过对“颠倒的世界”的批判，才能消解“颠倒的思维方式”即形而上学，这是克服形而上学及其解释原则的最为根本的方式。

在笔者看来，马克思所开创的上述对形而上学的批判方式是他最为重大的哲学贡献之一。这种批判既不同于哲学史上有过的在理论哲学的层面对形而上学所进行的批判，也不同于现当代西方哲学“语言学转向”以来占据主导地位的做法，即把形而上学视为“语言的迷误”而对之进行“语言批判”，而是把形而上学视为现实生活的“症候”，并因此把形而上学批判视为社会历史批判的内在组成部分；其根本旨趣是通过把形而上学

① 《马克思恩格斯全集》第3卷，人民出版社2002年版，第364页。

② 《马克思恩格斯选集》第2卷，人民出版社1995年版，第577页。

③ 《马克思恩格斯选集》第1卷，人民出版社1995年版，第289页。

④ 同上书，第60页。

下降到现实社会生活的地基上，来破除思想和语言作为“独立的特殊王国”的幻觉和虚假外观，揭示形而上学的语言实质上“是被歪曲的现实世界的语言”，并阐明“无论思想或语言都不能独自组成特殊的王国，它们只是现实生活的表现”。这就从根源处发现了全部形而上学的秘密，彻底抽掉了形而上学思维方式和解释原则的存在根基。与现当代西方哲学对形而上学的种种批判与解构策略相比，马克思的批判体现出更为深沉的社会生活关怀、更为自觉的实践意识和更为开阔的历史视野论马克思哲学与形而上学的深层关系。

三　“形而上维度”的拯救与哲学的存在合法性

通过对形而上学的社会历史批判来终结形而上学及其解释原则，就此而言，马克思与许多现当代哲学家一样同属于哈贝马斯所说的“后形而上学”时代的思想家。[①] 但是，在马克思那里，“形而上学的终结”并不意味着哲学的“形而上维度”一同走向“终结”。超越“形而上学终结”与“形而上学迷恋”二者的抽象对立，在新的思想视域中拯救和重建哲学的“形而上维度”，是马克思哲学的一个自觉的理论目标。

拯救哲学的“形而上维度”，关键在于重新确立哲学“形而上维度”的现实根基。与传统形而上学有着根本不同，在马克思这里，哲学的“形而上维度”不再体现为对超感性的概念世界的迷恋，而是体现为对现实生活中统治着人的抽象力量的否定与变革。在著名的《关于费尔巴哈的提纲》第 11 条中，马克思说道：“哲学家们只是用不同的方式解释世界，而问题在于改变世界。”[②] 在《德意志意识形态》中，马克思在几乎同样的意义上说道：“对实践的唯物主义者即共产主义者来说，全部问题都在于使现存世界革命化，实际地反对并改变现存的事物。”[③] 哲学的任务不再是以一种思辨的方式追求超感性的逻辑概念世界，而是参与变革现存世界的实践活动，使哲学成为内在于现实生活并推动现实生活跃迁的力

① ［德］哈贝马斯：《后形而上学思想》，译林出版社 2001 年版，第 27 页。

② 《马克思恩格斯选集》第 1 卷，人民出版社 1995 年版，第 61 页。

③ 同上书，第 75 页。

量。哲学的“形而上维度”正是在哲学任务的这一重新定位中得到显现和确立。

那么，哲学要予以变革的“现存世界”和“事物现状”的根本性质是什么？在《德意志意识形态》中，马克思指出：“在现代，物的关系对个人的统治、偶然性对个性的压抑，已具有最尖锐最普遍的形式”①；在《共产党宣言》中，马克思再次表达同样的思想：“在资产阶级社会里，资本具有独立性和个性，而活动着的个人却没有独立性和个性”②；在《1857—1858 年经济学手稿》中，马克思更进一步指出：“个人现在受抽象统治，而他们以前是互相依赖的。”③ 以上论述从不同角度表明：抽象对个人的统治乃是“现存世界”的根本性质。

首先，在形而上学与资本逻辑的“终极性”原则支配之下，人的生命将被单极化而丧失其全面和丰富的特性。消解异质性与矛盾性以达到终极的同一性本质，这是形而上学的深层思维逻辑。根据这种思维逻辑，人的生命中那些与此“同一性本质”不相一致的因素和成分将或者被清除，或者被改造，或者被漠视和抹杀。在哲学史上，这种“同一性本质”或者被归结为“理性”，或者被归结为“神性”或“物性”，但其核心要求是共同的：那就是要从人的生命内涵中抽取出某种绝对的、单一的原则，以之来统率和支配其他的生命内涵。这种“终极性”原则在现代资本主义社会中具体体现为“资本逻辑”的抽象统治：在其控制之下，人的生命的全部内涵被归结为资本这一单一的、同质性的因素，而其后果便是人“变得如此愚蠢而片面，以致一个对象，只有当它为我们拥有的时候，就是说，当它对我们来说作为资本而存在，或者它被我们直接占有，被我们吃、喝、穿、住等等的时候，简言之，在它被我们使用的时候，才是我们的”。④ 如同吞噬一切的黑洞，“终极性”原则把人的丰富、全面的需要化约为单一的动物机能。

其次，遵循形而上学与资本逻辑的“非历史性”原则，人的生命将屈从于外在于他的、绝对的终极力量而丧失其自由与超越本性。形而上学

① 《马克思恩格斯全集》第 3 卷，人民出版社 1960 年版，第 515 页。

② 《马克思恩格斯选集》第 1 卷，人民出版社 1995 年版，第 287 页。

③ 《马克思恩格斯全集》第 46 卷上，人民出版社 1979 年版，第 111 页。

④ 《马克思恩格斯全集》第 3 卷，人民出版社 2002 年版，第 303 页。

思维方式把超感性的概念王国视之为人与世界的最高的主宰性原则，人生命存在的根据和奥秘被置于这一先验的本质领域之中，它构成了人的生命及其活动的终极根据和最高权威；在现代资本主义社会，这种绝对的主宰和权威体现为资本的原则，资本被视为绝对的统治力量，表达了把现存社会关系永恒化和终极化的诉求。在二者的合谋下，人的生命必然被抽象化："人（工人）只有在运用自己的动物机能——吃、喝、生殖，至多还有居住、修饰等等——的时候，才觉得自己在自由活动，而在运用人的机能时，觉得自己只不过是动物。"① 人们的活动不再是一种自我主宰的活动，人的生命失去了自我创造和自我超越的特性。

最后，在形而上学与资本逻辑的"绝对主义"原则的支配之下，人的生命将被还原为孤立的、封闭的存在而丧失其与世界的能动的、全面的关系。追求终极实体，以之作为理解一切的最后基础和根据，这是形而上学思维方式的根本旨趣，而"'实体'的存在特征描画出来就是：无所需求。完全不需要其它存在者而存在的东西就在本真的意义上满足了实体观念"，② 也就是说，"实体"乃是超越和摆脱了一切关系的自因、自足的绝对存在。与此相一致，在"资本逻辑"的绝对统治下，人与自然之间变成与"异己的、统治着他的对象的关系"，③ 而把人与人之间"连接起来的唯一纽带是自然的必要性，是需要和私人利益，是对他们的财产和他们的利己的人身的保护"，④ 人与人之间由此必然成为一种相互分隔和对立的异化关系。很显然，在此情况下，人与世界能动的、自由的关系便被彻底扭曲和掩蔽了。

在形而上学及其现实运作的支配之下，人的生命的丰富性与全面性、人的自由创造与自我超越性、人与世界的能动的创造性关系等都被抽象掉了，人的生命失去了具体性而沦为贫乏、被动与孤立的存在。因此，通过对形而上学及其现实运作的解剖和反思，消解抽象对人的统治，为人的生命的具体性、为人的全面丰富的发展开辟道路和创造空间，就成为旨在

① 《马克思恩格斯全集》第3卷，人民出版社2002年版，第271页。

② ［德］海德格尔：《存在与时间》，陈嘉映、王庆节译，生活·读书·新知三联书店1999年版，第114页。

③ 《马克思恩格斯全集》第3卷，人民出版社2002年版，第271页。

④ 同上书，第185页。

“积极的反对和变革事物现状”的哲学的根本课题。正是在这里，哲学的“形而上维度”摆脱了形而上学诸解释原则的桎梏，得到了真正的崭露和体现。

首先，在对统治人的抽象力量的解剖和反思中，哲学“形而上维度”的重要方面即“批判意识”得到了解放，成为立足于现实生活的、“在批判旧世界中发现新世界”的彻底的批判精神。马克思明确说道：“新思潮的优点就恰恰在于我们不想教条式地预料未来，而只是希望在批判旧世界中发现新世界。”[①] 这表明，哲学批判的出发点不再是先验的形而上学原则，而是处于一定历史条件下具体的人的生存状态。这一点决定了哲学的批判必然是一种“历史性”的活动：随着历史发展，在一定条件下使“新”的东西变成“旧”的，因而没有任何东西是“永恒”的，可以免于批判。解构统治人的抽象力量，不断把人从奴役中解放出来，推翻现实生活中存在的“那些使人成为被侮辱、被奴役、被遗弃和被蔑视的东西的一切关系”，[②] 从而，人的现实的自我解放成为一项开放性的、不会终结的事业；正是在此意义上，它“不崇拜任何东西，按其本质来说，它是批判的和革命的”。[③] 可见，在这里，哲学与一切“非批判的实证主义”彻底划清了界限，真正成为一种内在于现实生活并推动现实生活跃迁的彻底的批判性力量。

其次，与此内在相关，在“批判旧世界中发现新世界”的批判活动中，哲学摆脱了形而上学阴影，真正体现为一种“超越精神”。“批判”旧世界并在此过程中“发现”新世界，必然要求哲学超越现实生活，与现实生活之间保持必要的距离。在此意义上，哲学总是体现出一种“超越”的维度，但是，这种超越性不是脱离现实生活的外在强制性，而是建立在对现实生活中统治人的抽象力量的深入解剖的基础上，就此而言，哲学又要求自身采取一种“内在”于现实生活的立场。在这一点上，马克思哲学既区别于传统形而上学“外在超越”的立场，又区别于现当代哲学某些思潮完全否弃“超越性”的一种“内在”、“超越”的立场；它

① 《马克思恩格斯全集》第1卷，人民出版社1956年版，第415页。

② 《马克思恩格斯选集》第1卷，人民出版社1995年版，第9页。

③ 《马克思恩格斯全集》第44卷，人民出版社2001年版，第22页。

自觉地处身于内在和超越的张力之间，“但同时又能够把二者和谐有序地融合成一种存在方式与行动”。[①]

最后，在对统治人的抽象力量的反思和批判中，哲学的“自由意向”彻底摆脱了形而上学的束缚，真正成为一种不断推动人从现实的抽象力量解放出来的自由精神。在马克思这里，哲学的“自由意向”不是体现于对先定的、永恒的理性世界的憧憬，而是体现于“使现存世界革命化，实际地反对并改变现存的事物”的实践意向。从具体历史情境出发，通过对使人的生命陷入抽象化的抽象力量的批判与揭露，推动人们变革现存状态，消解统治人的抽象力量，使人不断从抽象力量的束缚中解放出来，这就是哲学的“自由意向”的切实体现，因此，哲学的“自由意向”不是形而上学的纯粹理论理性的意向，而是具有强烈的实践旨趣；同时，哲学的“自由意向”也不体现于试图一劳永逸地达到某种超历史的终极状态和上帝般永恒的、超历史的立场，而是具有鲜明的“历史性”：由于人们的实践活动总是历史性的，在不同历史情形中人们所要克服的统治人的抽象的力量将会呈现出不同的具体内涵与形式，因此，哲学总是在对每一历史条件下人们的生存状态的领悟和诠释中获得自己的主题和内容。在哲学作为批判和反思性活动这一点上，哲学是“定性”的，但在具体内容和形式上，哲学又是“不定性”的。这种“定性”与“不定性”的内在统一，使哲学从“绝对真理”和“终极知识”这一形而上学的“先定本质”的束缚中解放出来，在对统治人的抽象力量的历史性的批判和消解、不断捍卫人的生命的具体性的过程中，体现为一种真正的自由思想。

上述讨论表明：以对现实生活中统治着人的抽象力量的批判和否定作为哲学的出发点和根据，“形而上学的终结”与“形而上维度的拯救”这一双重课题得到了同时的解决；消解形而上学解释原则与凸显哲学的“形而上维度”，在这里成为不可分割、内在统一的两个向度。这二者的统一，集中体现了马克思既克服传统形而上学，又在新的基础上拯救其合理内核并予以创造性转换的哲学立场。这一立场向我们表明，“形而上学

---

① ［德］豪克：《绝望与信心》，李永平译，中国社会科学出版社 1992 年版，第 212 页。

的终结”所意味的是一种特定的哲学思维方式和解释原则的终结，而非哲学本身的终结，更不意味着哲学中最为宝贵的“批判意识”、“自由意向”与“超越精神”的终结。在此意义上，马克思哲学重新确立起了“后形而上学”时代中“生活的希望”和“哲学的希望”，在“形而上学终结”与“形而上学迷恋”之间开辟了“第三条道路”，为“后形而上学”时代哲学存在的合法性提供了有力的辩护。这一切对于我们今天深入理解哲学的性质、功能与存在方式等一系列重大问题，应当具有重要的启发意义。

（原载于《哲学研究》2009 年第 10 期）

中国哲学、西方哲学、马克思主义哲学：价值信念层面的对话

一 “知识”、“方法”与“价值信念”三层面的对话

不同哲学形态之间的对话，大体上在三个层次上进行，这三个层面分别为“知识”层面、“方法”层面和“价值信念”层面。

回顾历史，我们看到，自从20世纪初马克思主义哲学与西方哲学传入中国以来，中西马哲学之间并不缺少“对话”与“沟通”。20世纪不同时期的哲学家在不同程度上都进行过融合中西马哲学、探求现当代中国哲学发展的新道路、开辟现当代中国哲学发展方向的种种努力。不过，这种努力主要是在两个层面上进行的。其一，是“哲学知识”的层面。自西方哲学与马克思主义哲学传入中国以后，这一层次上的对话和沟通从来就没有停止过：在马克思主义哲学研究中，中国传统哲学与西方哲学的概念范畴、各流派和人物的思想观点、哲学史的演化逻辑等，都已成为马克思主义哲学在阐发自身内容时不可缺少的重要背景和参照；在西方哲学研究中，马克思主义哲学的一些基本观点、理论原理也曾经占据重要地位并产生过很大影响；在中国传统哲学研究中，马克思主义哲学与西方哲学所提供的概念框架与基本原理在阐释和理解中国哲学时扮演过重要的角色。因此，在“哲学知识”的层面上，中西马哲学的对话与沟通是一个长期存在的事实。其二，是“哲学方法”的层面。中西马哲学相互吸收和借鉴彼此的哲学方法，来对各自的理论传统进行阐释，已经成为一种普遍的学术现象。运用西方哲学的语言分析方法、现象学方法，或者借助生命哲学、存在主义哲学的视角等来阐释中国哲学；用中国哲学的“天道观”来比附现当代西方哲学的某些流派和哲学家；运用马克思哲学的辩证法、唯物史观等来阐释中西哲学；等等，这些都是

许多哲学研究者以各种方式所做过的尝试。因此，从“哲学知识”和“哲学方法”的层面来看，在现当代中国哲学中，中西马哲学之间的对话事实上一直没有间断过。

既然如此，那么，为什么我们今天还一再呼吁中西马哲学的对话与融合，并仍然把这种对话与融合当作重大课题来关注和讨论呢？这种吁求所包含的深层意义和目的究竟是什么？

实际上，这种吁求所呼唤的是对话的更高层次、更深入的方式和更开放宽容的心态。而在这一方面，哲学对话的第三个层次，即价值信念层面的对话具有至关重要的意义。

在我们看来，中西马三种哲学形态虽然表现各异，但同作为“哲学”，它们都是以一种理性的形式表达着对于人的生命本性的自我理解和自觉意识，都内在地蕴含和表达着对于人的生命价值的反思以及通过这种反思所形成的信念。冯友兰先生曾言：“哲学，就是对于人生的有系统的反思的思想”[①]，梁漱溟先生认为：不同的哲学在根底上是对人的生命“意欲”或生命精神的不同表达样式和路向。[②] 哲学之区别于实证科学，在于它“超验”的“形而上”性质，当它研究宇宙并表现为“宇宙观”时，哲学不是要提供关于宇宙的物理学知识，而是在其中贯彻着人自身对其“在宇宙中地位”的领会；当它研究人的认识并表现为“认识论”时，哲学不是要提供关于人的心灵的心理学知识，而是表达着对于人的自我反思和自我意识；当它把“存在论”或“本体论”作为自己的研究领域时，在它对“存在”的悬设中，所投射的是关于人的理想生命形象的憧憬；当它研究“社会”和“历史”发展时，哲学不是要提供关于社会和历史的社会学或历史学知识，而是在其中贯注着对人在社会与历史中意义和价值的理解。可以说，虽然不同哲学在思想路径、理论重心、表现形态等方面各异其趣，但是其中都凝聚着人们对于生命价值、人生境界和人生态度的悟觉。在此意义上，中西马三种哲学形态，虽然内容与形式有着重大区别，但它们都是不同民族和文化立足于其生活世界和生命经验，对生活意义、生命价值与理想生活的自我理解，正是这一点构成了中西马哲学在其异质性与差别性之中的共同性与相通性，也正是有了

① 冯友兰：《中国哲学简史》，北京大学出版社 1985 年版，第 4 页。

② 参见梁漱溟《东西文化及其哲学》，商务印书馆 1999 年版，第 62 页。

这种共同性和相通性，才使得三者的对话具有必要性与可能性，否则三者就只能是封闭在自己的话语系统中的独白和自言自语。

哲学对于价值信念的表达与宗教神学等有着重大不同，它是以一种理性的、反思意识的方式来展开和呈现这种价值信念及其内容的，这种价值信念及其内容凝聚在中西马哲学家所创作和留下的哲学著作和思想文本中。哲学的这一特点决定了它所表达的价值信念不是非理性的、只可通过个人的精神信仰来体证的神秘之物，而具有公共性和开放性。毫无疑问，价值信念不是知识，不是现成的工具性物品，因此，它总是带有“终极关怀”的性质，但这种“终极关怀”是哲学家发挥意识能动性，以理性反思的方式所获致的，而且这种思考所获得的成果被哲学家用语言文字的方式“对象化”到了经典文本中，成为向他人敞开的、可供他人阅读、阐释和理解的精神世界。这就意味着，哲学所表达的价值信念不是纯粹私人的隐秘体验和“价值直觉”的对象，后者由于不具有公共性与开放性，所以这是封闭和排他的，“独白性”与不可对话性构成了其根本特质。与之不同，哲学所表达的价值信念凝聚在中、西、马哲学家用语言所表述的文本中，正如伽达默尔所言：“能够被理解的存在就是语言”，能够被理解的东西，就是达乎语言的东西，“语言是那种根本上沟通一切世界交道方式的东西”。[①] 因此，哲学所表达的价值信念是开放的，是能够被理解的。这一特点为中国哲学、西方哲学与马克思主义哲学进行价值信念层面的对话提供了充分的可能性。

二　价值信念层面对话的匮乏：中西马哲学对话的重大缺失

价值信念层面的对话是哲学对话的深层维度，同时也是最为困难和艰难的维度。这一点是由哲学的特殊性质所决定的。如同以其他方式所表达的价值信念一样，哲学所表达的价值信念具有如下几个基本特质。第一，它具有“终极性”。无论是中国哲学，西方哲学还是马克思主义哲学，所表达的都是对人的“生活样式”的自我理解，集中凝聚了一个民族和社

① ［德］伽达默尔、德里达等：《德法之争》，孙周兴、孙善春编译，同济大学出版社2004年版，第13页。

会的希望和梦想，构成了人们思考、生存与行动的终极依据，就此而言，价值信念总是具有“终极关怀”和“终极眷注”的性质。第二，它具有“特殊性”，马克思曾言：“人民的最美好、最珍贵、最隐蔽的精髓都汇集在哲学思想里”[①]，但不同民族和社会对这种最精致、最珍贵和看不见的精髓的领会总是与其特殊的生存环境、生存历史与生存命运内在关联在一起的，海德格尔曾言，在对形而上学的基本问题即“存在”意义的追问中包含着西方的精神命运，哲学与“民族历史的本真历程生发最内在的共振谐响”，[②] 因此，不同的哲学形态所表达的价值信念不可避免地具有区别于其他民族和社会的“特殊性”。第三，它具有“完备性”或者“全整性”（comprehensive）。这一概念借用于罗尔斯，意指任何一种价值信念都具有把自身普遍化的本性：“完备性的学说或教义，无论是宗教的还是世俗的，意在涵盖生活的全部”，[③] 虽然“它并不能够真正地涵盖一切，但是其目的就是要涵盖一切”[④]。“终极性”、“特殊性”与“全整性”，哲学所表达的价值信念所具有的这些特点注定了价值信念天然具有逃避对话甚至拒斥对话的倾向。

正因如此，与“知识”、“方法”等层面的对话相比，“价值信念”层面的对话要显得艰巨与匮乏的多。“知识”与“方法”由于其“工具性”意义而相对容易获得认同并被接受。但在“价值信念”层面上，人们则往往倾向于相互戒备、怀疑与拒斥，经常有意无意地选择回避，甚至人为地制造出价值等级上的对立和冲突，从而使中西马哲学之间的深层对话变得困难重重。

回顾历史，这种价值信念层面的冲突在不同时期有着不同表现。我们可以相对地把它区分为三种形式。

第一种形式把中国哲学所表达的价值信念置于价值等级的最高位置，并由此出发，来评判于它之外的其他哲学形态。在它看来，在中西哲学关系上，必须以中国哲学为本，后者代表着最高的价值理念。像梁漱溟、熊

① 《马克思恩格斯全集》第 1 卷，人民出版社 1995 年版，第 219—220 页。

② ［德］海德格尔：《形而上学导论》，熊伟、王庆节译，商务印书馆 1996 年版，第 10 页。

③ ［美］罗尔斯：《政治自由主义：批评与辩护》，万俊人等译，广东人民出版社 2003 年版，第 252 页。

④ 同上。

十力、唐君毅、牟宗三等哲学家，虽然也承认西方哲学有其优点，但在基本的价值评判上，他们始终认为中国哲学在根底上要高于西方哲学，尤其对于人类文化的未来担负着拯救世道人心、开辟新路的职责。例如梁漱溟先生就明确说道："近世西方人的心理方面，理智的活动太强太盛，实为显著之特点。……然而他们精神上也因此受了伤，生活上吃了苦，这是十九世纪以来暴露不可掩的事实"[①]，与此不同，中国儒家哲学则因其对生命精神的独特体认，可以克服西方文化之弊，因而"世界未来文化就是中国文化的复兴"；[②] 再如唐君毅先生以道德理性为根据，把中国哲学和文化的根本精神概括为"人文精神"，而把西方哲学和西方文化的精神概括为"非人文和超人文的精神"，前者可以涵盖后者，后者则由于"人文精神"的匮乏因而是无根的，因此结论便是："世界人类人文思想的主流，在中国，不在西方"[③]，"中国文化之精神于立本以持末，求绝乱于机先，以拨乱反正，长治久安之道，实高于世界任何民族之文化"[④]。很显然，这种立场只在"用"和"器"的层面上承认西方哲学与文化的地位，一旦涉及价值评判，就非得为中国哲学争得一个优越的地位，同时把西方哲学和文化贬低为价值上的"他者"。

第二种形式则是把西方哲学所表达的价值信念置于价值等级的最高处，以此为出发点来评价其他哲学形态。这种倾向，用余英时先生的话来概括，便是："视西人若摆帝天，视西籍如神圣。"[⑤] 按照这种思路，西方哲学代表着"哲学"的正统形态，它的基本问题、概念框架与思维方式规定了"哲学"的方向和正途，在阐释和研究中国哲学和马克思主义哲学时，必须无条件地依照这种问题结构、基本框架和思维方式来展开。其后果，就如同余英时先生所感慨的那样："今日之谈中国文、史、哲学诸学者，大抵即谈西方某一流派之学者也。"[⑥] 正是出于对这种立场的不满和反拨，中国哲学界才有了"中国是否有哲学"的讨论和对"中国哲学

① 梁漱溟：《东西文化及其哲学》，商务印书馆 1999 年版，第 70 页。

② 同上书，第 202 页。

③ 唐君毅：《中国文化精神之发展》，台北：学生书局 1984 年版，第 45 页。

④ 同上书，第 667 页。

⑤ 余英时：《现代危机与思想人物》，生活·读书·新知三联书店 2012 年版，第 39 页。

⑥ 余英时：《现代危机与思想人物》，生活·读书·新知三联书店 2012 年版，第 39 页。

合法性”的辩护和捍卫，马克思主义哲学界才有了“探索当代中国哲学的思想道路”和创造“有中国气派的马克思主义哲学”的声音。

第三种形式是用一种简单、教条的态度来理解马克思主义哲学所表达的价值信念，并以此来任意褒贬和剪裁中国哲学与西方哲学。在历史上很长一段时间里，人们用“唯物论”与“唯心论”、“辩证法”与“形而上学”相对立的简单框架来勾画中西哲学的演化图景，用“进步”与“反动”、“革命”与“反革命”、“腐朽没落阶级的哲学”与“先进阶级的哲学”等抽象的两极对立模式来给中西哲学家和哲学流派“盖棺论定”，用唯物论、辩证法、认识论、历史观等板块来理解诠释全部哲学，并把中西哲学的极为丰富的思想内容都人为地塞进其中，如此等等。所有这些做法，都武断地把马克思主义哲学与人类文化发展的优秀成果割裂开来，把马克思哲学的基本原理抽象化与绝对化，认为它们拥有对于中国哲学和西方哲学终极的裁判权。

从以上讨论不难看到，中西马哲学之间形成一种彼此开放、相互承认的良性关系，对于三者内在的对话和融合具有十分重要的前提性意义。只有自觉地意识到这一点，才能为我们克服历史上在此问题上的种种误区，实现中西马哲学更深层次的对话和融合开创一个新的视野。

三　价值信念层面的对话：推动当代中国哲学发展必须面对的“现代性课题”

上述中西马哲学在价值信念层面的对话所遭遇的困难不是偶然的，它是在中国特有的现代性语境中产生的一种典型的“现代性现象”。众所周知，正是在中国从传统社会向现代社会转型的过程中，才有了西方哲学与马克思主义哲学的传入，才有了中国哲学、西方哲学与马克思主义哲学在中国人精神生活空间的同时“在场”，因而也才提出中西马哲学的对话这一任务。在传统社会，中国哲学所表达的价值信念毫无疑问占据着绝对统治地位，但是，随着从中国逐渐从传统社会进入现代社会，中国哲学的这种“独尊”地位失去了社会制度与生活基础的支撑，与此同时，西方哲学与马克思主义哲学进入了中国人的精神生活世界，于是，三种哲学形态所表达的价值信念之间的争执和冲突就成为一个现实的课题。按照马克斯·韦伯的概括，现代社会之区别于传统社会，在于它是一个“祛魅”的世界，世界的“祛魅”意味着前现代社会那种“唯一必然之神”的消失，并由此使得“价值的多神化”与“诸神的争斗”变得不可避免。在韦伯看来，“价值的多神化”必然导致“价值的争斗”，人们坚执自己选定的价值信念，必然就会排斥其他人的价值信念，你“侍奉这个神，如果你决定赞成这一立场，你必得罪所有其他的神”，这里有“不同的神在无休止地相互争斗……那些古老的神，魔力已逝，于是以非人格力量的形式，又从坟墓中站了起来，既对我们的生活施威，同时他们之间也再度陷入无休止的争斗之中”。[①] 这表明，现代社会必然是一个多种多样的哲学、道德和宗教学说和思想体系等同时并存的社会，这些思想体系和理论学说都在谋求自己的接受者和拥护者，并寻求对人们的精神世界和社会生活产生影响，对于现代社会的这一特点，罗尔斯称之为“理性多元论事实”。[②] 在此意义上，历史上中国哲学、西方哲学与马克思主义哲学三者在价值信念层面所出现的分歧和冲突乃是世界“祛魅”的必然后果，并且是与中国现代性探索与建构过程相伴相随的。

价值信念的争执与对立，是最深层的、最尖锐的冲突，其中所贯注的是不同民族和文化最深刻的情感、想象与憧憬，因而它们的相遇，总是不可避免地产生一种带有根本性的激动与紧张。中西马哲学相遇之前，三者各自呈相对独立的发展态势，各自表达着生活在不同时空条件下的人们的生活理想和人生信念，凝聚着不同民族和文化的智慧、体验和情感，规定着人们对世界的感受方式、体验方式和情感态度。但是，随着中国进入现代社会，本来属于不同生活世界及其生命经验的异质性价值信念在同一个时空中会聚，由此所产生的争执和冲突难以避免。如何处理这三种哲学形态及其所代表的价值信念之间的关系，凸显为一个前所未有的具有挑战性的课题，摆在我们面前。

面对这种价值信念层面的争执和冲突，一种有代表性的方式是“拒斥对话”。这意味着异质性的价值信念各自把自身绝对化与中心化，试图占据“话语霸权”并谋求“唯我独尊”的地位，由此出发，必然会排斥

---

① ［德］韦伯：《学术与政治》，生活·读书·新知三联书店 1998 年版，第 40—41 页。

② ［美］罗尔斯：《政治自由主义》，万俊人等译，译林出版社 2000 年版，第 3 页。

其他价值信念作为平等的对话主体的地位，并把遏制其他价值信念视为理所当然。于是，价值信念之间的无休止的“你死我活”的争斗便变得不可避免。以此为前提，必然不可能有真正意义上的对话与沟通，无论对于哲学、文化还是社会发展，都将带来严重的后果。正是在此意义上，对以“同一性思维”为核心的形而上学的批评和解构，已成为现当代哲学的根本性主题之一，像阿多尔诺等哲学家已经深刻地指出，“奥斯维辛之后”，任何同一性的价值信念，任何唯一的人性理解，任何绝对性的生活原则，都可能是因包含着“形而上学的恐怖”而导致社会生活的灾难。[①] 前述在历史上曾经出现的不同哲学都试图以自己为中心，建立一个价值等级体系并由此派生出的种种问题，即是这种处理方式及其后果的体现。

对于已进入现代社会的中国人而言，其生活世界与生命经验已经发生了巨大的变化，中西马哲学所反映的生活世界及其生命经验在同一个时空中交织在一起，使中国人的生存状况和生存方式不再单一和均质，而是充满了异质性、丰富性与复杂性。在此情况下，坚执一种价值信念而拒斥对话，必然导致对这种生活世界及其生命经验的抽象化和片面化。因此，“拒斥对话”的态度与当代中国人的生活世界与生命性质是完全相悖的。如何超越价值信念上的自我中心主义而逐步达成不同形态的哲学间的良性对话格局，是当代中国哲学进一步发展所必须面对的“现代性课题”。

这一课题之所以重要，首先因为价值信念层面的良性对话，是中国哲学、西方哲学、马克思主义哲学三者之间进行一种真正开放和深入的沟通和融合的前提条件。只有以价值信念层面的对话为前提，中国哲学、西方哲学、马克思主义哲学才能以一种平和的姿态，在三者的“相互承认”中展开建设性的对话，否则就有可能堵塞了真正对话的通道。哲学解释学的代表人物伽达默尔曾就对话成为可能的前提条件做过深入的探讨，他指出，“善良意志”是一切真正意义上的对话和沟通的前提条件，所谓“善良意志”，就是克服自己的狭隘性和有限性以理解他人的意志，它意味着愿意开放地面对和倾听“他者”所要说的一切东西，并在此过程中让对

① ［德］阿多尔诺：《否定的辩证法》，张峰译，重庆出版社 1993 年版，第 362 页。

话双方跨越彼此之间的沟壑，从而使人们之间达成创造性的共识。[①] 哈贝马斯在与伽达默尔颇为相近的意义上，把“真诚性”、“真实性”与“正确性”视为“对话”或“商谈”的规范性要求。无论伽达默尔还是哈贝马斯，他们所强调的都是价值信念的开放与包容对于真正意义上的对话所具有的前提性意义。这就启示我们，中西马哲学之间要进行深度的、富有成果的融合，离不开价值信念层面的沟通与对话。

更重要的是，价值信念层面的对话是立足于当代中国人的生活世界，推进当代中国人生命存在的自我理解，建构当代中国哲学形态并生成我们民族“哲学自我”的重要内容与根本途径。

在长期的历史过程中，中国传统哲学一直是中华民族占据主导地位的哲学形态，它立足于传统社会中国人的生活世界与生命经验，凝聚着人们对于生命价值、人生境界与人生态度的自我理解与自觉领会，是人们理解世界、把握社会历史、领会人生意义的内有根据。就此而言，中国传统哲学表征着民族的自我认同，代表着民族的“哲学自我”。但是，中国传统哲学所对应的社会生活基础主要是前现代的传统社会，随着近百年来中国逐渐从传统社会进入现代社会，它所表达的关于人的生命存在的价值信念在一些方面与现代中国人的生活世界已不相适应。与中国传统哲学不同，西方哲学对人的意识能动性的强调、所包含的理性主义精神、对个人主体性价值的弘扬以及在此基础上发展出来的关于社会公共生活的现代性价值理念等，是中国传统哲学所欠缺的。但这并不意味着中国传统哲学所代表的价值信念在当代社会失去了其积极意义，相反，它对人生命内在的道德能动性与创造性的自觉，对人与自然、人与人之间一气流通、毫无隔碍、生机盎然的和谐境界的领悟等，同样是西方哲学所欠缺的。这即是说，中西哲学各自代表着对人的生命自觉理解的不同向度与侧面，二者所表达的价值信念各有其优长与不足。马克思哲学在哲学史上的重大贡献在于它为理解人的生命存在、实现人的生命发展与完善提供了现实的基础，并从中升华出一种高远而通达的价值信念。马克思指出：“一个种的整体特性、种的类特性就在于生命活动的性质，而自由的有意识的活动恰恰就是人的

---

① ［德］伽达默尔、德里达等：《德法之争》，孙周兴、孙善春编译，同济大学出版社 2004 年版，第 123 页。

类特性”[1]，在此，“自由的有意识的活动”所指的就是人的实践活动，通过对象性的实践活动，在历史发展过程中，创造人与人、人与自然之间否定性的统一，实现人的自然生命与超自然生命、个性与社会性的辩证和解，最终达到“人以一种全面的方式，就是说，作为一个总体的人，占有自己的全面的本质”[2] 的全面发展境界。因此，一方面，区别于传统西方哲学对意识能动性的“抽象发挥”，马克思强调感性实践活动所具有的比意识活动更为本源和基础的地位，也区别于中国传统哲学对道德能动性的偏重，马克思强调通过现实实践活动去追求和实现人的生命解放；另一方面，马克思并没有否定意识能动性与道德能动性，而是视它们为实践活动的内在环节，认为意识能动性与道德能动性只有以实践活动为基础，并通过实践活动才能得到落实与实现。

可见，中西马三者都源于对人的生命价值的自我理解和自觉领会，它们从不同视域出发，对合理的生活样式和理想的人生境界提供了其独特的生命智慧和价值理念，这是它们所贡献的最为重要的思想财富。因此，从价值信念的层面进行中西马哲学的对话与融合，将为我们今天立足于中国人的现实生活世界，创造性地综合三种哲学形态的生命智慧与价值理想、拓展和丰富我们对于人现实的生命存在的自我理解、开辟关于人的生命价值创新性的思想视域等，提供内在的结合点与深层的基础。我们相信，在当代语境中通过价值信念的对话，在中西马哲学彼此向“他者”的不断敞开中，将为探索和形成当代中国哲学的新形态，重构民族的“哲学自我”提供最为真切的途径，而这，正是我们强调从价值信念的层面来进行中西马哲学对话和融合的根本旨趣。

（原载于《中国社会科学》2008 年第 5 期）

---

① 马克思：《1844 年经济学哲学手稿》，人民出版社 2000 年版，第 57 页。

② 同上书，第 85 页。

“现代性”的反省与马克思哲学研究纵深推进的现实生长点

“现代性”是真正与马克思哲学的理论本性相适应的本源性的理论视域，但长期以来，这一点没有得到应有的重视。进入21世纪以来，马克思哲学研究领域的学者们最为关心同时也颇感困惑的问题是：在新的条件下，马克思哲学研究进一步发展的生长点究竟在哪里？马克思哲学研究究竟如何才能实现进一步的纵深推进？在寻求这一问题答案的时候，人们觉得最困难同时也最要害的问题是：在今天，马克思哲学与当代世界和当代人类生活的现实结合点究竟在哪里？究竟从何处入手，才能真正发挥马克思哲学应有的批判力量？在我们看来，面对这些问题，现代性的反省将是一个十分重要的切入点和突破口，或者说，对现代性的反省，将为马克思哲学的纵深发展，提供一个切实可靠的途径。

“现代性”乃是我们这个时代占据霸权地位的意识形态和主导话语，是现代人生存命运和现代社会基本构架最为重大的塑造力量。众所周知，所谓“现代性方案”最早肇始于欧洲，是随着欧洲中世纪以后“上帝的祛魅”及与此相伴的世俗化进程而确立的。在中世纪，人们从上帝那里获得生存的理由和意义，而“现代性方案”则意味着现代人要重新设定世界观和历史观，通过承诺一个目的论式的、总体性的宏大叙事来获得生活的意义和社会的目的。这种宏大叙事最重要的无疑就是“理性主义”，它相信，社会组织的理性化和人的理性能力将克服宗教、愚昧、迷信等对人的压抑，科学技术对自然的支配将把人们从匮乏、灾难中解放出来，使人获得终极的自由和幸福。在几百年的历史进程中，这一“现代性方案”逐渐越过欧洲人的疆界，以不可阻挡的巨大力量日益把整个世界都卷入其中，成为全球性的、统治我们时代的压倒一切的、最具霸权的意识形态，直接决定和形塑了当代世界的基本面貌。今天看来，现代性既给人类带来了巨大的进步，但与此同时，它所蕴含的种种中心主义的历史叙事，所隐藏的独断主义的权力话语，导致了诸多现代人生存的深层困境和危机。在此意义上，对现代性的反省实质上就是对现代人生存命运的反省，它对于深入理解现代人的生存品质、揭示现代人和现代社会的内在困境和危机，破解种种阻碍人生存发展的抽象原则和过时教条，具有至关重要的意义。正因为这个原因，自尼采以来，对现代性及其命运的反省，构成了整个现代哲学的中心课题，尼采、海德格尔、哈贝马斯、福柯、罗尔斯、德里达等重要的现代哲学家们从各个不同的角度出发对现代性所做的深刻的批判性思考，已成为整个现代哲学最重大的哲学成果。

马克思身逢现代性的兴盛时期，对现代性的理解、反省和批判构成了马克思毕生的理论主题。马克思在其著作中经常交替使用"现代资产阶级社会"、"资产阶级时代"、"资产阶级文明"、"现代文明"等来表述他要反省和批判的对象，当马克思使用这些概念的时候，他所意指的正是西方"现代性"社会。在他看来，现代社会及现代世界乃资产阶级按照其性格创造出来的，在"现代性的命运"与"资本的命运"二者之间，存在着一种不可分割的本质联系，因此，从"资本的角度"来透视"现代社会"，从"资本的命运"出发来探讨"现代性的命运"，被马克思自觉地确定为解剖现代世界最恰切、最有效的途径。马克思耗尽毕生心血，通过对"资本"的解剖，确立了关于"现代性"的"发生学"、"病理学"和"未来学"，从而完成了他对"现代性命运"的系统的、全方位的考察。在"现代性"的"发生学"方面，马克思通过对近代欧洲历史运动的细密分析，证明了"现代资产阶级本身是一个长期发展过程的产物，是生产方式和交换方式的一系列变革的产物"，[①] 马克思由此成为与马克斯·韦伯等经典思想家齐名的重要先驱；在现代性的"病理学"方面，马克思反思和诊断了现代性的内在矛盾和困境，透视繁荣辉煌的现代社会表象后面所蕴含的"另一面"，他关于资本的升值与人的贬值之间内在悖论的揭示，关于资本的命运与人的生存命运之间不可调和冲突的洞察，使他被公认为现代社会最杰出的"病理学家"之一；在现代性的"未来学"

① 《马克思恩格斯选集》第1卷，人民出版社1995年版，第274页。

方面，马克思论证了处于资本全面宰制之中的现代性必然被一种更富人性的生活景象所代替，预言在一个全新的社会中，人的生命将从非人的资本力量的绝对掌握之中解放出来，实现其总体性、整全性的生成，这即是马克思著名的关于“共产主义社会”的理论，马克思由此而被喻为人类历史上最有影响的“预言家”之一。

从“发生学”，到“病理学”，再到“未来学”，这充分说明现代性课题在马克思哲学中所占有的枢纽地位以及马克思对现代性的反省所表现出的系统性、全面性和深刻性，更重要的是，通过这种反省，马克思形成了“反现代性的现代性”这一充满辩证张力的分析方法和独特立场。

马克思是“反现代性”的，这意味着它对现代性采取的是一种反思性的批判态度。他在思想史上最早清醒地洞察到，现代性的宏大叙事并不像它所声称那样具有“普遍性”，“理性王国”的价值理想承诺也不像它所宣称的那样纯净和透明，相反，工人阶级不公正的生存状态所表明的是整个社会的悖论和错乱，充分证明了现代性方案及其解放承诺的虚幻性，在现代性宏大叙事的普遍主义承诺背后，深深蕴含着一种特殊主义的、非理性的权力关系，它体现着的是特殊者的特殊利益，贯彻着的是特殊者的特殊意志。因此，现代性的宏大叙事在实质上是一种充满压制性、排他性和垄断性的专制话语，以之作为现代人的价值基础和价值尺度，等于树立了一个虚假的偶像，当现代人自以为获得了绝对可靠的价值的阿基米德点时，实质上这一价值基点的底部已裂开了一个巨大的深渊。正是在此意义上，海德格尔曾指出，马克思“在基本而重要的意义上”，揭示了现代人“无家可归的命运”，在这一点上，马克思的学说“比其余的历史学优越”。[①] 这是对马克思作为“反现代性”的思想家在思想史上所占有的重要地位的一个相当中肯的评价；另外，马克思的反现代性并不意味着他彻底否弃现代性，相反，他依然坚持现代性关于人和社会的价值想想，认为“现代性的危机”并不意味着现代性所承诺的关于人和社会的价值理想已经失效，更不意味着现代性已全然失去进一步发展的潜力，而只是表明人们赖以实现这一价值理想的方式和途径出了问题，通过终结资产阶级所有制的霸权地位，摧毁资本主义的整体社会架构，推翻资产阶级的生产关

① 《海德格尔选集》上，孙周兴选编，生活·读书·新知三联书店1996年版，第383页。

系，现代性所蕴含的潜能将以一种资产阶级社会体系所不可能提供的方式得以充分的发挥，现代性所承诺的关于人和社会的价值理想才能得以真正的实现。不难看出，这种"反现代性的现代性"的独特立场，表明了马克思既是现代性的继承者，又是现代性的叛逆者，还是现代性的重建者，这三者有机而内在地结合在一起，构成了马克思哲学在现代性课题上充满张力的思想空间。

可见，"现代性的反省"，既是事关整个当代人类生存状态和生存命运的最为重要的现实课题和全部现代哲学所关注的中心的理论课题，同时也是马克思耗尽心血、毕生关注的根本课题。这充分说明，"现代性的反省"是马克思哲学和当代人类生存实践、与整个现代哲学实现深层结合的一个关节点。从此出发，马克思哲学既可以与整个现代哲学实现创造性的深层对话，同时又可以使自身对现代社会特有的批判和解释力量得到最大限度的释放。

具体而言，把现代性的反省确立为马克思哲学研究的重大课题，马克思哲学研究的视野将得到重大的拓展，一系列以前常被忽视的研究方向和研究领域将从遮蔽中向我们敞开，成为推动马克思哲学走向纵深发展的重要生长点，其中，最具生命力和代表性的是如下三个方面。

（1）对现代性所蕴含的价值原则进行深层反省，对价值基础的重建、价值虚无主义的克服等与当代人类生存价值内在相关的重大课题作出创造性回答，使马克思哲学变革所内在固有的价值向度充分地彰显出来。

对现代性的反省，首先是对其文化精神和价值观的反省，即对现代性所蕴含的价值尺度、价值秩序和价值基础的反省，现代性究竟包含着何种价值内涵？其合理性和内在的弊端是什么？当代人类的价值选择究竟如何承受、应对和超越现代性价值及其后果？而在所有这些问题中，最为重大的无疑是价值虚无主义的挑战，现代性所带来的世俗化进程一方面带来了科学技术等的高度发展和社会理性化程度的空前提升，但如同海德格尔所指出的，它同时导致了"诸神的消失"，使得"无家可归状态变成了世界的命运"，[①] 如何确立与现代人的生活相适应的价值秩序，克服价值虚无主义对现代人生命的侵袭，已成为整个现代哲学和现代人生活所面临的根

① 《海德格尔选集》上，孙周兴选编，生活·读书·新知三联书店1996年版，第383页。

本性课题。面对这一问题，马克思哲学如果不能作出强有力的回应，就等于失去了一个在现代哲学中赖以立足的富有感召力的生长点。

以现代性反省作为切入点，这一课题立即被凸显出来，成为马克思哲学研究的题中应有之义。在哲学史上，马克思是洞烛先机、最早系统而深刻地揭示现代人遭遇价值虚无，并对此做了透辟分析的思想家之一，他与尼采等现代哲学家一样，洞察到了传统理性主义的虚幻性和无根性并致力于寻求克服价值虚无主义的途径，但又区别于他们，他没有仅仅到传统形而上学的思想谱系中去寻找价值虚无主义的根源，而是深入资本主义经济秩序的内在机制中，具体地剖析资本所蕴含的颠倒、混淆和毁灭价值的本性，对资本主义社会经济机制和对资本的本性进行深入的解剖，透析使价值虚无主义成为可能的现实力量。就此而言，批判性地审查传统抽象理性主义哲学所承诺的价值基础和价值秩序，克服其价值虚无主义本性，并在一个崭新的地基上，重建人类的价值尺度和价值理想，这一点构成了马克思哲学变革的基本方面，破除陈旧的价值信念，为现代人和人类未来奠定一种崭新的价值秩序，构成了马克思哲学变革的基本旨趣和思想内核。很显然，从此出发，马克思哲学研究将获得一个崭新的思想空间。

（2）对全球资本主义条件下资本与权力之间的复杂关系进行深入的分析，使马克思哲学成为全球资本主义条件下一种强有力的批判思想。

现代性不仅代表着一种文化精神和价值观，而且必然落实为一种社会组织方式和社会制度安排，因此，对现代性的反省必然包括对其所代表的社会组织方式和社会制度安排进行反省。现代性方案中所设计的社会组织方式和社会制度安排的本质特征是什么？它对人的现实生命所带来的解放和所造成的束缚是什么？在今天它是否仍适应人类生存发展的需要？而在所有这些问题中，最为迫切和突出的无疑是：在当代条件下，究竟如何克服现存制度设计的缺陷，建立一种真正符合人性的、让每个人自由发展的、公正的社会组织形式和制度安排？综观当代哲学，这已成为众所关注的中心问题之一，从罗尔斯、哈贝马斯等人所做工作中，我们可以清楚地看到这一点。

以现代性反省为突破口，这一课题将成为马克思哲学的一个重要生长点。马克思哲学对现代性反省的一个核心部分是对资本主义制度合法性的检讨和批判，它一方面高度肯定这一制度在历史上的进步作用，另一方面对它所包含的内在矛盾、所表现的违背人性、与人的生命相敌对的、不公正的方面有着深刻的理解和揭示。其中，马克思对资本与权力之间相互渗透的复杂关系的探讨，对国家、意识形态与社会之间关系的政治经济学批判以及对一种克服资本主义制度模式的新的制度安排的设想等，已经汇入了现代社会思想并成为理解现代社会的一种重要分析范式。对此，吉登斯曾说道："我仍然敬仰马克思，因为资本主义对较大的现代性框架具有核心重要性。……我认为马克思是关于资本主义经济的一位富于洞察力的分析家。"[①] 无疑，与马克思所处时代相比，今天资本全球化的趋势已经更加突出，但马克思所提供的分析范式对于理解和诊断全球资本主义时代的性质和问题，仍是一个富有启示力的思想灵感源泉。萨特曾言，马克思主义是我们时代不可超越的哲学，人们对此有着各种不同的诠释，我们宁愿这样理解：我们仍然处于一个资本主义市场占据统治地位并且资本的力量正在把越来越多的地区和民族席卷进去的世界上，而马克思哲学正是以批判性理解和反思现代资本主义市场制度作为其原初动机和理论旨趣的，它仍然可以成为我们时代一种强有力的批判思想。

（3）对马克思哲学在中国的演变和发展历程进行深入的自我理解，以现代性课题为切入口，建立一门"马克思哲学诠释史"。

马克思主义哲学来自西方，但传入中国的一百多年来，它在中国思想文化领域发挥着一种无可替代的特殊作用，不仅如此，它还远远超出了学术理论的范围，与整个中国现代以来的历史和中国人的生存命运有了一种十分深刻的关联，可以说，马克思哲学的理解和诠释史，以一种思想的方式表征了现代中国的社会演变史。就此而言，建立一门"马克思哲学诠释史"，无论对于促进马克思哲学的自我理解，还是对推进中国现代社会历史命运的自我认识，都具有十分重要的意义。

"马克思哲学诠释史"不同于一般的"马克思哲学在中国的传播和发展史"，它不满足于按照时间顺序的、一般观念层面的介绍和评述，而是试图把马克思哲学置于现代中国社会进程之中，来反思马克思哲学诠释与中国社会之间复杂的互动关系。从"现代性反省"出发，"马克思哲学诠

① ［英］吉登斯：《现代性：吉登斯访谈录》，尹宏毅译，新华出版社 2001 年版，第 70—71 页。

释史”将获得一个最为恰切的视角。马克思哲学在中国的传播、演化和发展，始终是与中国现代性的追求、建构和反思内在联系在一起的，最重要的是，马克思哲学正是作为中国现代性追求的意识形态力量而存在的，它为中国现代性的追求提供了一种占据主导地位的历史观、世界观和价值观，为中国现代性的基本内容、追求目标和实践途径提供了一种根本性的思维方式和价值态度，并以此为基础，塑造了近半个多世纪以来中国社会历史的发展轨迹。

纵观新中国成立以来马克思哲学的演化历程，马克思哲学与现代性的这种内在关联经历了如下几个大的阶段：第一，在新中国成立以后至改革开放之前的近 30 年时间里，马克思哲学被视为一种反“资本主义现代性”的现代性理论，也就是说，人们把马克思哲学理解为一种指导中国社会克服“资本主义现代性”的弊端并推动中国实现“社会主义现代化”的意识形态，它相信，马克思哲学创造了一种既能更好地实现现代性价值目标同时又完全克服了资本主义现代性弊端的崭新的现代性方案，它可以引导中国社会建设走上一条消灭剥削和压迫、克服不平等和不公正现象的民族富强之路。第二，马克思哲学被视为一种以人道价值为核心的现代性理论，这集中地体现在改革开放初期的“思想解放”运动中，人的异化和异化之克服、人的自由和解放等价值被理解为马克思哲学中最根本的东西，马克思哲学中的人道价值作为奴役、蒙昧、野蛮的否定力量，表达了现代性最深层的精神，因而对中国现代化进程将发挥巨大的启蒙作用。第三，马克思哲学被视为改革开放、建设社会主义市场经济的指导思想，历史唯物主义中关于生产力的学说被理解为马克思哲学中最根本的东西，以之为引导，中国将摆脱贫困和落后，成为生产力高度发达的现代社会。

尽管在不同历史阶段人们以不同的方式来理解和阐发马克思哲学，但其理论功能、思想旨趣、表述方式等都是围绕着中国现代性的追求和建构而展开的，马克思哲学始终作为一种现代性的意识形态而获得其存在的合法性和发展的动力，并在中国社会发展的不同历史阶段产生了深远的影响。这一点构成马克思哲学中国命运最值得关注的事实和最根本的特质。因此，要对马克思哲学在中国的演化历史进行切实的自我理解，就必须充分考虑到马克思哲学与中国现代性的追求和建构之间复杂而深刻的关系，深入反省马克思哲学作为现代性意识形态这一特殊角色所蕴含的丰富的历史和现实内涵。长期以来，我们对此一直缺乏足够的自觉，这直接导致了我们对马克思哲学中国命运的特殊性质和功能难以实现深层的自我理解，并因而使马克思哲学研究的进一步发展失去了一个坚实的基点。

（原载于《求是学刊》2005 年第 1 期）

哲学立脚点的位移与马克思的哲学变革

哲学“立脚点”意味着哲学的“起点”和“归宿”，对于理解一种哲学形态的性质和境界等具有特殊意义。哲学自我理解的深化过程，一个重大标志即是哲学“立脚点”的不断位移和探寻过程。哲学的有深度的理论变革，往往也体现于哲学“立脚点”的转换。马克思哲学的变革，正体现在它以“人类社会”或“社会的人类”作为自身的哲学“立脚点”，比“意识”、“语言”等更为深刻地确立了哲学的存在根基，并有力地克服了以往哲学所面临的重大理论矛盾和困境，在一个更具包容性的视野中，为理解思维与存在、主观与客观、人与世界关系等哲学最为根本性的问题提供了一个更为坚实的基础。

在《关于费尔巴哈的提纲》（以下简称《提纲》）的第十条，马克思指出：“旧哲学的立脚点是市民社会，新唯物主义的立脚点则是人类社会或社会的人类。”[①] 在这一论述中，马克思首次谈到并明确表述了自己哲学的“立脚点”，这应该说是意味深长而且意义深远的。“立脚点”意味着“起点”和“归宿”，意味着对于哲学的逻辑基石和价值支点的设定和自觉，不同哲学思想境界的高下、所呈现的思想视域的宽窄和思想穿透力的强弱及其在哲学史上的影响等，都与哲学的“立脚点”有着深刻的内在关联。在一定意义上，可以说，哲学的变革往往发生在哲学“立脚点”的转换之中。因此，马克思这一关于哲学“立脚点”的论述具有非同寻常的意义，但与《提纲》十一条中其他各条相比，人们对它的关注和研究却显得相对薄弱，这是与其所具有的特殊重大的意义不相称的。本文试图把马克思的这一关于“立脚点”的表述置于哲学发展史的背景下，对

---

① 《马克思恩格斯选集》第 1 卷，人民出版社 2012 年版，第 140 页。

其思想内涵和理论意义进行阐发，以推动对于马克思哲学变革的理解。

一 哲学“立脚点”的位移与哲学自我理解的深化

所谓“立脚点”，英文译为 Standpoint，意即所“站立之点”。哲学作为人类思想文化的一种特殊维度，其在人类生活和诸知识形式中的“立足之处”究竟是什么？这是哲学自产生起就必须面临的根本性问题。

在哲学史上，不同的哲学家和哲学派别对于哲学置身于其上的“立脚点”的自我理解充满歧义，但超越这些分歧和不同，可以发现，哲学对“立脚点”的追寻和确立基本上有两种最基本的路径和立场。第一种试图从“世界之外”寻求哲学的立脚点，我们可以称之为“外在的观点”；第二种则试图从“世界之内”寻求哲学的立脚点，我们可以称之为“内在的观点”。这二者代表着在哲学立脚点这一问题上有着根本性质区别的两种态度和立场。

“外在的观点”是一种把哲学置于世界的旁观者的位置，试图从一种“超然”的视角去看待世界、人以及人与世界关系的哲学立场和观点。哲学从其诞生始，其最初的动机是以一种理性的方式去理解和把握世界，但“外在的观点”相信，要真正抵达对世界的终极认识，哲学需要把自身的立脚点位移到世界之外，这是哲学与人类一切认识形式之间的根本区别，也是哲学特殊的优越之哲学“立脚点”的位移与马克思的哲学变革处：其他一切认识形式的局限性就在于它总是在世界之内寻求自身的立足点，这使得其无法摆脱这种立脚点带来的“偏见”的影响而获得对世界“如其所是”的把握。哲学却能跳出“三界之外”，从一个纯粹“客观”的立场出发进行理性追问。

很显然，“外在的观点”把哲学的立脚点置于“世界之外”，基于对哲学作为“超级学科”地位的坚定信念。普特南曾用“上帝的眼光”概括这种观点：对“世界的存在方式”，只有一个全面的、真实的描述，世界是由不依赖于心灵之对象的某种确定的总和构成的，真理不外乎在语词或思想符号与事物和事物集之间的某种符合关系。① 哲学致力于获得关于

① ［美］普特南：《理性、真理与历史》，童世骏、李光程译，上海译文出版社 2005 年版，第 55、56 页。

"世界存在方式"的最真实和最全面的"表象"，它相信，"去认知，就是去准确地再现心之外的事物；因而去理解知识的可能性和性质，就是去理解心灵在其中得以构成这些再现表象的方式"，[①]"心灵"只有立脚于世界之外，才能获得对"心灵"之外的事物的"准确"再现。正因如此，哲学才能为一切具体的知识领域提供最终的根据，才能获得这样一种毋庸置疑的权威，即"哲学作为一门基本学科，这门学科为证明或批判生活方式和社会改革纲领提供着基础"。[②]

从"世界之外"寻求哲学的立脚点所形成的哲学，亚里士多德称为"形而上学"。在亚氏看来，哲学与具体知识的不同之处在于，它寻求对"终极存在"问题的回答。亚里士多德把哲学的最高主题视为探究"存在之为存在"的最终原因和最高理由，并把以这一主题为探究对象的"理论"称为第一哲学，也即形而上学。这一形而上学相信，唯有"终极实在"才是使所有"存在者"获得最终合法性的根据，哲学的根本任务就是通过对"终极实在"的探究，获得关于整个世界的终极原因和终极解释。可以说，对"终极实在"的形上追求，构成了哲学自诞生之日起就连绵不断的最为深层和持久的冲动。对"终极实在"的认识与对一般"存在者"的认识不同，后者是"有限"的知识，而前者是"无限"的智慧。"无限"之为"无限"，就在于它能站到"世界之外"，获得关于"整个世界"的最终原理和原因的终极解释。正因如此，形而上学成为超绝的"第一哲学"，它自足完满，无须外求，体现着人的"最高德性"。亚里士多德把哲学的这种思辨生活称为人的"入神"状态："如若理智对人来说是属神的，那么合于理智的生活相对于人的生活来说就是神的生活。"[③] 哲学作为"神学"，正因为能立脚于"世界之外"，因而也获得了对于精神世界的立法权和"思想宪法"的地位。亚里士多德的这种哲学基本观念形成了影响深远的"形而上学实在论"理论形态，并在后来者那里不断得到延续和呼应。

---

① ［美］罗蒂：《哲学和自然之镜》，李幼蒸译，生活·读书·新知三联书店1987年版，第1、12页。

② 同上。

③ ［古希腊］亚里士多德：《尼可马可伦理学》，苗力田译，中国人民大学出版社1999年版，第233页。

哲学把自身立脚点置于“世界之外”，由此使得“外在超越”成为哲学最鲜明的特征。哲学试图获得对“存在”的总体性认识，这使得它必然具有“超越”性，但按照上述形而上学实在论的超越方式，超越的“支点”存在于现实的感性世界之外。为了获得对一切进行批判并为一切知识奠基的制高点与话语权，哲学必须在“世界之外”寻找立脚点，也唯此，作为“超级学科”的哲学之特殊地位方能获得确证。哲学要理解的对象是现实世界，但它要到现实世界之外寻求一个阿基米德点，并从它出发来实现对现实世界的解释。通过否定现实世界来寻求哲学自身的立脚点，这决定了哲学的“超越”必然是一种“外在的超越”。

以“外在于”世界的方式“超越”世界，这种对哲学立脚点的设定所面临的根本挑战在于：哲学何以能在把自身从世界剥离的同时，断言整个世界？换言之，哲学如何能够拔起自己的头发离开地球一样站到“世界之外”思考和发言？这是一切“神学化”的形而上学实在论所面临的根本挑战。

近代哲学自觉到了这种对哲学立脚点设定的内在困境，它自觉地意识到，哲学以“无人身”的“终极存在”作为立脚点，遗忘了这一基本事实：那就是任何存在，只有在与人的思维的关系中，才是可能的，离开人的思维的把握和认识，所谓存在将是混沌的虚无。基于这种自觉，近代哲学以笛卡尔的“我思故我在”这一标志性的主张为开端，开始了所谓“认识论转向”。对于这一转向的具体内容，学者们已经做了多方阐发。从本文观点出发，这一转向实际上意味着哲学立脚点的重大位移。黑格尔在《哲学史讲演录》中说道：我们从笛卡尔起，踏进了一种独立的哲学，这种哲学明白：自我意识是真理的主要环节，它自己是独立地从理性而来的。在这里，我们可以像一个在惊涛骇浪中长期漂泊之后的船夫高呼“陆地”一样，找到了自己的家园。① 在这个家园中，哲学的原则是从自身出发的思维，它抛弃僵死的外在性和权威，坚持内在性本身，按照这个内在性原则，思维、独立的东西，最纯粹的内在顶峰，就是现在自觉地提出的这种内在性，这个原则是从笛卡尔开始的。② 黑格尔的这一论述富有

① ［德］黑格尔：《哲学史讲演录》第4卷，贺麟、王太庆译，商务印书馆1978年版，第217—218页。

② 同上。

洞察力地指明：自笛卡尔开始，哲学的立脚点从“无人身”的终极存在转向了“内在性”的“思维主体”。“思维主体性”的绝对性，取代了超人的终极存在，成为了哲学的新的立脚点。

随着以人的“思维主体”作为哲学的新立脚点，使得近代以来“思维与存在的关系”成为哲学的基本问题。如果说近代哲学之前，“存在”是从一个超人的无人身理性的视角所呈现出来的超绝实在，那么，现在“存在”必须在“思维”面前证明自己的合法性，也就是说，必须从与“思维”的关系中证明自身的“客观性”，由此使得如何克服思维与存在的矛盾，实现二者的统一，成为近代哲学的重大主题。很显然，这是哲学立脚点的位移所带来的哲学主题的重大变化。

但是，以“内在性”的“思维主体”为哲学的立脚点，同样面临着诸多重大的挑战。第一，人的思维作为人脑的活动，具有鲜明的“主观性”，而且这种“主观性”最终落实于“个人”，“个人的主观性”难以避免地具有“私人性”，倘若如此，认识的“客观性”和“普遍有效性”如何能够保证？第二，人的思维活动是人内在的、隐秘的心灵活动，对它的了解，主要依赖个人主体的“内省”，这是人无法观察的“黑箱”，倘若如此，如何保证人的思维和认识活动具有可交流的“公共性”和“普遍性”？第三，如上述二者密切相关，人的思维认识活动如何避免陷入心理主义的泥淖而保证人的认识的必然性和普遍性？以上三个方面，即是弗莱格、维特根斯坦、赖尔等语言分析哲学家们从不同方向对于近代的“认识论”哲学赖以立足的基石所提出的质疑和批评。这些质疑和批评的核心在于：内在性的思维主体由于其“主观性”、“私人性”，是否有足够的坚实性和可靠性作为哲学的立脚点，来为人关于存在的客观普遍知识奠定基础？

这正是当代语言哲学兴起的重要原因。无疑，当代语言哲学对于哲学以外在的终极存在作为哲学立脚点的形而上学实在论持坚决的拒斥态度，指其为语言逻辑的误用而导致的形而上学呓语。但它对于上述近代以内在性的“思维主体”为立脚点的“认识论哲学”持同样的质疑和批判态度。在它看来，无论是非反思地以外在的终极存在为哲学的立脚点，还是以反思性的我思“主体”为哲学的立脚点，都遗忘了哲学更为本源和基础性的立脚点，那就是语言。

以语言作为哲学的立脚点，意味着语言是存在和关于存在的知识的寓所，离开语言的中介，无论是直接断言“终极存在”，还是以思维主体为根据寻求与存在的统一并因此为知识提供普遍和客观的基础，虽然表现各异，但实质上都是形而上学的独断。海德格尔“语言是存在的家”、“语言破碎处，万物不复存”的名言即表达了欧洲大陆哲学家在此问题上的代表性观点。而自奎因提出“本体论承诺”的观点以来，英美分析哲学越来越呈现出普特南的“内在论”倾向，其特征在于：只有在某种描述或某个理论之内提出“构成世界的对象是什么这个问题”才有意义。在内在论者看来，“真理”是某种合理的（理想化的）可接受性——是我们的信念同我们的经验之间、我们的诸信念之间的某种理想的融贯——而不是我们的信念同不依赖于话语或不依赖于心灵的“事态”之间的符合。并不存在我们能有效或能知道的想象的“上帝的眼光”：存在着的只是现实的人的各种看法，这些现实的人描述为之服务的各种利益和目的或思考着他们的理论。① 坚持这种观点，就意味着所谓实在，只是在概念框架之内并相对于语言系统呈现出来的“客观性”，并不具有超越语言系统的“客观性”。奎因的“本体论承诺”把“存在”从“何物存在”转换为“说何物存在”，视“本体”为语言学意义上的“变元的值”，即某种特定语言所蕴含的“本体论承诺”。这意味着所谓“实在”，是在一种语言内部“认为存在什么”，而并非如传统形而上学所说的“何物存在”，本体论问题“不是关于事实的问题，而是关于为科学选哲学‘立脚点’的位移与马克思的哲学变革择一种方便的语言形式，一个方便的概念体系和结构的问题”。② 明确自称为“实用主义后裔”的罗蒂，更是把其重要理论任务定为消解柏拉图主义的超历史的“形而上学实在”，认为人的语言是实现人的社会需要的实践工具，而不是关于非语言的“实在”的表象和“自然之镜”，因此，我们决不可能走出语言之外去把握不以一个语言学描述为中介的实在，我们应该怀疑在实在与表象之间的古希腊区分，我们应该设法用诸如“关于世界之比较有效的描述”和“关于世界之不太

① ［美］普特南：《理性、真理与历史》，童世骏、李光程译，上海译文出版社 2005 年版，第 55、56 页。

② ［美］奎因：《从逻辑的观点看》，江天骥、宋文淦等译，上海译文出版社 1987 年版，第 16 页。

有效的描述”之间的区分取而代之。[①] 国内学者陈嘉映指出，哲学之转向语言，意味着哲学获得这样的自觉：“理解一种语言同时就是通过一种语言理解世界……语言突出地凝结着我们的理解。研究语言已经是一种反思式的理解——我们在研究语言的时候，已经在研究我们的理解。哲学连同我们对世界的理解来理解世界。”[②] 这即是说，在语言中，蕴含着关于世界及其理解的奥秘。正因如此，语言理应成为哲学的真实立脚点。

从上述讨论可以看出，哲学的发展史，在一定程度上就是一部哲学不断寻求自身立脚点的过程。通过对自身立脚点的不断寻求，鲜明体现出哲学不同于其他具体学科的发展特点，那就是以一种“不断后退”的方式，探索理解人与世界之间关系最为基本、最为本源的出发点和基石。就此而言，“不断后退”同时又是不断的“进展”和“深化”，即希求通过越加深刻的自我反思和自我批判，把哲学的立脚点奠基于更加坚实和牢固的根基之上。

二 社会生活现实与哲学立脚点的重新设定

与上述对哲学立脚点的理解不同，马克思哲学宣告以“社会”作为哲学的新的立脚点，这意味着哲学视域的重新体认和开展。很显然，这种重置哲学立脚点的要求，表明了它对于以往哲学立脚点的不满态度。那么，在它的视域中，以往哲学立脚点的根本缺陷在什么地方？“社会”作为哲学的新的立脚点，其理论优越性体现在何处？

要回答这一问题，首先必须具体考察以“社会生活”为哲学立脚点的马克思哲学对于“思维主体”和“语言”等哲学立脚点的批判性反思。

在马克思哲学看来，形而上学实在论以“终极存在”为哲学的立脚点，最根本的错误就在于它在理解“存在”时所代表和体现的“旁观者”的理论哲学立场，这种立场意味着它完全忽视了实践活动在“存在”的生成中所具有的根本性作用，而离开人的实践活动的“终极存在”只不过是“世界之外的遐想”。在《提纲》第一条中，马克思指出：包括费尔

① ［美］罗蒂：《后形而上学希望》，张国清译，上海译文出版社 2003 年版，第 27 页。
② 陈嘉映：《说理》，华夏出版社 2011 年版，第 68 页。

巴哈的唯物主义在内的从前的一切唯物主义的主要缺点是——只是从直观的或客体的形式去理解感性、现实、对象，而不是把它们当作实践，当作人的感性活动去理解，因此，和唯物主义相反，唯心主义却发展了能动的方面，但只是抽象地发展了。[①] 在第八条中，马克思又说道："社会生活在本质上是实践的，凡是把理论导致神秘主义的东西，都能在人的实践中以及对这种实践的理解中得到合理的解决。"[②] 这两段互为解释和相互支撑，是理解马克思"存在观"的十分重要而关键的论述。第一段强调必须把"存在"、"当作实践"去理解，第二段则进一步把"实践"理解为"社会生活"或者说把"社会生活"的本质理解为"实践"。把这两段话完整地联系起来，所表达的观点是：所谓"终极存在"，就是人的实践活动所生成和创造的"存在"，而实践活动的展开就是人的社会生活，因而，社会生活构成了哲学最本源、最"终极"的存在。这从《提纲》的另外两段论述又获得了充分的印证。这两段论述分别是：人的本质在其现实性上是一切社会关系的总和，而不是单个人固有的抽象物。[③] "旧唯物主义的立脚点是市民社会，新唯物主义的立脚点则是人类社会或社会的人类。"[④] 前者与马克思视"社会生活"为"终极实在"是完全一致的：由于社会生活构成人的最为本源性和基础的生存境遇，那么，就必然合乎逻辑地把人之为人的"本质"把握为"社会关系的总和"；后者则十分清晰地表达了马克思对于哲学基本视野的自觉：那就是"人类社会"或"社会的人类"构成其哲学的"终极视域"。

在马克思这里，与"语言"和"意识"相比，生活实践以及由此展开的社会生活具有更为基础的地位。马克思强调："意识在任何时候都只能是被意识到了的存在，而人们的存在就是他们的现实生活过程"[⑤]，"不是意识决定生活，而是生活决定意识"[⑥]。在此意义上，先前的哲学把意识置于理解人、世界以及人与世界关系的最为本源的基础地位，这种

① 《马克思恩格斯选集》第 1 卷，人民出版社 1995 年版，第 58 页。

② 同上书，第 60 页。

③ 同上书，第 56 页。

④ 同上书，第 57 页。

⑤ 同上书，第 72 页。

⑥ 同上书，第 73 页。

“观念统治世界”的观点在根本上颠倒了本源与派生的关系，是对“人生在世”最基本的生存结构扭曲和遮蔽。同样，语言也不具有基础性和本源性：语言也和意识一样，只是由于需要，由于和他人交往的迫切需要才产生的，语言是一种实践的、既为别人存在因而也为我自身而存在的现实的意识。[①] 正像哲学家把思维变成一种独立的力量那样，语言是思想的直接现实，他们也一定要把语言变成某种独立的特殊的王国。在哲学语言里，思想通过词的形式具有自己本身的内容。从思想世界降到现实世界的问题，变成了从语言降到生活的问题，这就是哲学语言的秘密。[②] 正是在此意义上，把哲学从“认识论转向”和“语言学转向”推进到更具有基础性和根本性的“生活实践转向”，使马克思成为哲学史上最重要的先驱者。

按照马克思的观点，开启人的最为“实在”的“在世结构”的，是作为人本源性活动的生活实践，而社会生活正构成这一“在世结构”的基本内容。在实践活动中所展开的人与人的关系和人与自然的关系，都以社会生活作为前提和条件。实践活动首先指向人与自然的关系，但人与自然关系只有在社会生活中才具有现实性，马克思指出：只有在社会中，自然界对人说来才是别人为他的存在和他为别人的存在，才成为人与人联系的纽带，才是人的现实生活的要素；只有在社会中，自然界才是人的存在的基础。[③] 这就是说，人与自然之间必须以人与人的相互结合形成的社会生活为中介，而从来不是单一个人与自然界的“结缘”，正是在人的实践活动中自然才转化为人的“无机身体”。同时，生活实践在根本上是一种个人与他人“共在”，实践活动必然指向人与人的关系，并不断向他人开放“结缘”形成社会关系的过程。在马克思这里，“现实的个人”既不能被虚化和蒸馏为规定所有不同生命个体存在的、普遍性的“抽象本质”，同时也并非遗世独立的孤立存在，而是处于“社会关系”之中的“社会化”的“个体”。马克思指出：孤立的个人在社会之外进行生产——这是罕见的事，人是最名副其实的政治动物，不仅是合群的动物，而且是只有

---

① 《马克思恩格斯选集》第 1 卷，人民出版社 1995 年版，第 81 页。

② 《马克思恩格斯全集》第 3 卷，人民出版社 1960 年版，第 525 页。

③ 同上书，第 301、196 页。

在社会中才能独立的动物。[①] 个人的首要活动和个人存在的首要属性都涉及其与其他个人的关系，正是在此意义上，马克思强调："成为奴隶或成为公民，这是社会的规定。是人和人或 A 和 B 的关系。A 作为人并不是奴隶。他在社会里并通过社会才成为奴隶。"[②] 这两重内涵结合在一起表明，施蒂纳式的"唯一者"是离开社会生活的缺乏现实性的抽象幽灵，所谓"人"只能是"社会关系中的个人"。正是在此意义上，马克思认为，个体是社会存在物。因此，即使不采取共同的、同其他人一起完成的生命表现这种直接形式，他的生命表现也是社会生活的确证和表现。人的个人生活和类生活并不是各不相同的，尽管个人生活的存在方式必然是类生活的较为特殊的或者较为普遍的方式，而类生活必然是较为特殊的或者较为普遍的个人生活。[③]

社会生活不仅是人的在世结构的基本内容，而且还是人的自由和解放得以可能的母体和根据。一方面，社会生活是个人生活实践及其交往关系的结果和产物；另一方面，个人是社会存在物，社会生活构成个人生活的基本条件。每个人的生存状态、生活品质乃至生存命运均受社会生活的深刻影响。因此，人的自由和解放程度与社会生活的性质及其发展程度不可分割地关联在一起。在马克思哲学看来，人的被奴役和被压迫的最深层根源在于与人的生命相敌对的不合理的现实社会关系。这种社会关系的改变，显然既不能仅依靠人们理论认识对世界的解释，也不能依靠语言层面的话语力量，而"必须推翻使人成为被侮辱、被奴役、被遗弃和被蔑视的东西的一切关系"。通过对社会关系的实际的改造和转换，把人们从社会关系的束缚和统治中解放出来，是不断提升人的自由程度的根本途径。在马克思看来，无论是"人的依赖关系"，还是"物的依赖关系"，都代表着历史上所存在的使人陷入片面化和抽象化的社会关系，人的真正的自由和解放的奥秘就在于超越和克服这种性质的社会关系，并创造和重建与人的自由生命相适应的新型社会关系，马克思这样描述道：全面发展的个人——是历史哲学"立脚点"的位移与马克思的哲学变革史的产物而不

① 《马克思恩格斯全集》第 46 卷上，人民出版社 1979 年版，第 21 页。

② 同上书，第 220 页。

③ 《马克思恩格斯全集》第 3 卷，人民出版社 2002 年版，第 302、306 页。

是自然的产物，他们的社会关系作为他们共同的关系，也是服从于他们自己的共同控制的。要使这种个性成为可能，能力的发展就要达到一定的程度和全面性，这正是以建立在交换价值基础上的生产为前提的，这种生产才在产生出个人同别人和同自己相异化的普遍性的同时，也产生出个人能力和个人关系的全面性和普遍性。[①] 通过生成“服从于他们自己共同控制”的社会关系，为人的“自由个性”创造现实的条件。

综合以上分析，在马克思哲学视野中，实践活动展开人最基本的“在世结构”，社会生活构成人最基础性的在世内容。基于这一观点，形而上学实在论所追问的“终极存在”转换为实践活动所展开的社会生活本身，“内在性”的“思维主体”成为奠基于实践活动的衍生样式，语言被理解为根源于实践活动并通过实践活动存在和发展的交流手段。可以看出，在此，马克思哲学把社会生活视为理解存在、认识和语言的出发点和归宿，认为其拥有比后者更为本源和基础的地位，因而更有资格和理由成为哲学的更为坚实的立脚点。

可见，马克思对于以往哲学对自身立脚点的批评，基于他对于社会生活在人的生命存在以及人与世界关系中所具有的基础性和本源性地位的自觉。在此意义上，有学者认为马克思提出了一种与以往哲学不同的本体论，即“社会本体论”，并以此实现了对传统哲学根本转换，“这一转换是通过马克思将体系哲学与社会理论的引人注目的综合而实现的”，这一综合的成果集中体现为他的“社会本体论”，“即一种关于社会实在之本质的形而上学”。[②] 应该说，这一观点十分中肯地指出了马克思哲学在此问题上的理论旨趣：以“社会生活”为本体，终极存在、抽象的认识和语言等都失去了其独立的外观，它们要求在社会生活的基础上重新被理解并获得新的定位和意义。

三 社会生活的辩证本性与哲学立脚点的包容性

社会生活之所以能取代以往哲学对自身立脚点的设定，其深层根据在

① 《马克思恩格斯全集》第 30 卷，人民出版社 1995 年版，第 112 页。

② ［美］古尔德：《马克思的社会本体论》，王虎学译，北京师范大学出版社 2009 年版，第 1 页。

于，它有力地克服了以往哲学所面临的重大理论矛盾和困境，在一个更具包容性的视野中，为理解思维与存在、主观与客观、人与世界关系等哲学最为根本性的问题提供了一个更为坚实的基础。

从《提纲》第十条的论述中，我们已经看到，当马克思把新哲学的立脚点确定为“社会化人类或人类化社会”时，他直接针对的对立面是把“市民社会”确立为立脚点的“旧哲学”，那么，以“市民社会”为哲学的立脚点究竟意味着什么？它存在着什么内在的深层矛盾和困境？

众所周知，“市民社会”是哲学社会科学理解现代社会的特征和本质时的一个十分重要的概念，对此，不同学科的理解视角不尽相同。从哲学视角出发，“市民社会”是与“个人主体性”原则即现代性最为根本的原则内在关联在一起的。这种“主体观念”从笛卡尔开始才真正予以确立，并通过黑格尔第一次明确地把“现代的原则”概括为“主体性”。[①] 这种作为现代性基本原则的“个人主体性”，其核心内容就是把主观意识的“自我”实体化为“主体”，强调一切存在者存在的最终根据就是自我意识的同一性，认为只要确立“作为突出的基底的我思自我”，绝对基础就被达到了，这就是说，主体作为真实的在场者，乃是被转移到意识中的根据，也就是在传统语言中十分含糊地被叫到“实体”的那个东西。[②] 所以自笛卡尔以来，“‘我’成了别具一格的主体，其他的物都根据‘我’这个主体才作为其本身而得到规定”。[③] 正是这种“主体性”原则，支撑着宗教改革、启蒙运动和法国大革命，确立了现代文化形态：在现代，国家和社会、宗教生活，以及道德、艺术和科学等都体现了主体性原则。在马克思看来，由笛卡尔所肇始的这种“主体性原则”，[④] 并非单纯的哲学观念，而是集中体现和表达了现代世界的时代精神。这种精神就是市民社会的精神。

早在马克思之前，黑格尔就已经指出，“市民社会”是展现个人自主性的基础领域和土壤，在市民社会里，如果每个人“不同别人发生关系，他就不能达到他的全部目的，因此，其他人便成为特殊的人达到目的的手

① ［德］哈贝马斯：《现代性的哲学话语》，曹卫东译，译林出版社 2004 年版，第 19 页。

② ［德］海德格尔：《面向思的事情》，陈小文等译，商务印书馆 1999 年版，第 75 页。

③ 《海德格尔选集》下，孙周光译，上海三联书店 1996 年版，第 882 页。

④ ［德］哈贝马斯：《现代性的哲学话语》，曹卫东译，译林出版社 2004 年版，第 122 页。

段。但是特殊目的通过同他人的关系就取得了普遍性的形式，并且在满足他人福利的同时，满足自己”。[①] 市民社会是一切人反对一切人的战场，是个人私利的战场，同样，市民社会也是私人利益跟特殊公共事务冲突的舞台，并且是它们二者共同跟国家的最高观点和制度冲突的舞台，[②]“在市民社会中，每个人都以他自身为目的，其他一切在他看来都是虚无”[③]。在此意义上，“市民社会”使每个人的主体性得到充分的发挥，但同时也导致了不同的“个人主体”之间的冲突与分裂。

马克思充分地意识到，市民社会的精神是一种充满着对立和冲突的精神，它所遵循的是“对象化”的二元对立的逻辑和原则：市民社会“扯断人的一切类联系，代之以利己主义和自私自利的需要，使人的世界分解为原子式的相互敌对的个人的世界”。[④] 这种“对象化的逻辑”体现在人与他人、人与世界关系的各个方面，导致了个人与他人、人与自然、主观与客观等之间的一系列深层对立。

市民社会的这种分裂和对立的精神构成了近代哲学内在的分裂和对立的现实基础。如前所述，近代哲学是以“内在性”的“思维主体”为立脚点的，思维存在、主观与客观的矛盾关系由此成为近代哲学的中心课题，然而，以“思维主体”作为哲学的立脚点，是不可能真正实现这些矛盾的内在统一的，相反，虽然哲学家用尽各种办法，试图实现它们的和解，但由于其所设定的立脚点的内在缺陷，结果仍不可避免地使这种对立和冲突难以得到真正的解决，近代哲学发展中所形成的唯物主义与唯心主义、经验论与唯理论、绝对主义与相对主义、主观主义与客观主义等思想倾向和哲学派别都充分体现了这一点。康德试图通过对理性的批判，弥合上述分裂和冲突，但仍然留下了“物自体”这一作为理性界限的、无法为“思维主体”所把握的存在这一概念。黑格尔试图以思存同一的绝对精神为基础，在其辩证的历史运动中实现上述矛盾的和解，然而，黑格尔所持的基本立场实质是经过辩证法改造和重建的形而上学（正是在此意义上，马克思说其“实现了形而上学的复辟”），因而他不过是以一种形

① ［德］黑格尔：《法哲学原理》，商务印书馆 1979 年版，第 197 页。

② 同上书，第 309 页。

③ 同上书，第 197 页。

④ 《马克思恩格斯全集》第 3 卷，人民出版社 2002 年版，第 196 页。

而上学的、思辨神学的独断方式掩盖了问题而非真正解决了问题。以"内在性"的"思维主体"为立脚点，必然在人与世界的关系上贯彻"对象性"逻辑，从而导致"主体"与"客体"、人与世界关系的对立和分裂。海德格尔指出，不仅是"主体"的权威，还有贯穿整个近代哲学的主客体关系，都是随着"自我"这一"基体"确立的："'我'成了出类拔萃的主体，成了那种只有与之相关，其余的物才得以规定自身的东西。由于它们——数学的东西，它们的物性才通过与最高原则及其'主体'(我)的基础关系得以维持，所以，它们本质上就成了处于与'主体'关系之中的另外一个东西，作为obiectum（抛到对面的东西）而与主体相对立，物自身变成了'客体'"，而成为"客体"，也就是"世界被把握为图象"，[①]"图象一词意味着：表象着的制造之构图"，为了这种世界观的斗争，并且按照这种斗争的意义，人施行其对一切事物的计划、计算和培育的无限的暴力。[②] 很显然，在此情况下，主体与客体、人与世界之间必然处于深刻的冲突和分裂状态。

同样不可避免的是，以"内在性"的"思维主体"为立脚点，也必然在个人与他人的关系上贯彻"对象性逻辑"，从而导致人与他人关系的对立和分裂。通过多方面的批判性反思，现当代哲学已经向我们揭示，当"主体"被实体化为哲学的立脚点并以此为出发点来理解自我与他人的关系时，他与他人不可能是"我"与"你"的对等关系，而必然是一种"我"与"他"的关系，体现在社会生活中，"主体"必然不可能以一种真正平等的方式来对待别人，而只能把他人"对象化"与"客体化"，将"我"与"他"的关系，转化为"我"与"它"的关系。这种"我"与"它"的关系，就像马丁·布伯所指出的那样："'我'与'它'并非邪恶，恰如物质并非邪恶，但两者均狂妄地以存在自居，因而在此意义乃是罪孽。倘若人听凭它们宰制自我，则无限扩张的'它'之世界将吞没他，他之'我'将荡然无存"，[③] 人们的社会生活"除了疯狂扩张的'它'之暴政，它无物可以继承。'我'在此暴政下日渐丧失其权力，可它仍沉醉

① 《海德格尔选集》下，孙周兴译，上海三联书店1996年版，第899页。

② 同上书，第904页。

③ ［奥］马丁·布伯：《我与你》，陈维刚译，生活·读书·新知三联书店2002年版，第40页。

在君主的迷梦中”。[①] 因此而形成对他人的“蔑视”、“伤害”和“侮辱”，这种“蔑视”、“伤害”和“侮辱”，在法权层次上表现为对他人权力的拒斥，在肉体层次上表现为“强暴”，在社会价值层面上表现为对他人“尊严”和“荣誉”的废黜和剥夺。[②] 在此意义上，哲学“立脚点”的位移与马克思的哲学变革以主体性作为社会批判的规范基础，所导致的结果便是：曾经从中获得自己乌托邦期望和自己的自我意识的那些增强影响力的力量，事实上却可以使合理性转变为非理性，使解放转变为压迫，使自主性转变为依从性。[③]

可见，以实体化的“思维主体”为哲学立脚点所导致的哲学的上述内在分裂和矛盾与充满对立和冲突的市民社会精神有着深层的一致性。在马克思哲学看来，哲学观念不是哲学家头脑的向壁虚构，而是以一种观念的方式凝聚着时代精神，集中反映着一定历史阶段人们的生存状态。卢卡奇曾在《历史与阶级意识》中对“资本主义思想的二律背反”进行了深入分析，揭示了近代哲学之所以陷入种种两极对立的社会历史根源，他指出，近代哲学是从“意识的物化结构中产生出来的”，[④] 而这种“物化结构”正是现代资本主义市民社会的固有性质和必然结果，卢卡奇以康德的批判哲学为主要分析对象，呈现了近代哲学的主观主义与客观主义、唯心主义与唯物主义、主动性与受动性、必然性与自由性等一系列“二律背反”及其社会生活基础。应该说，卢卡奇的这种分析是富有洞察力的。

因此，要克服近代哲学的一系列矛盾和冲突，关键在于改变和超越充满分裂和冲突的市民社会精神，正是在此意义上，马克思形成了这样的重要论断：唯灵主义与唯物主义、主观主义和客观主义、活动与受动，只有在社会状态中才失去它们彼此间的对立，从而失去它们作为这样的对立面的存在。我们看到，理论对立本身的解决，只有借助于人的实践力量，只

① ［奥］马丁·布伯：《我与你》，陈维刚译，生活·读书·新知三联书店 2002 年版，第 40 页。

② 参见［德］霍耐特《为了承认而斗争》胡继华译，上海世纪出版集团 2005 年版，第 90 页。

③ 同上。

④ ［匈牙利］卢卡奇：《历史与阶级意识》，杜章智等译，商务印书馆 1996 年版，第 177 页。

有通过实践的方式才是可能的；因此，这种对立的解决是现实生活的任务，而绝对不只是认识的任务。①

这一论述包含两重内涵。首先，它表明，社会生活为消融和克服上述一系列二元对立提供了辩证的中介和坚实的基础。如前所述，社会生活在本质上是实践的，这即是说，社会生活是人们实践活动的结果。而实践活动的展开，是一种主观与客观、思维与存在、受动与被动、必然性与自由性等各种矛盾因素的否定性统一过程，在实践活动过程中，所有这些因素和环节都失去了其独立存在的性质，而成为相互作用、相互转化和内在融合的关系。作为人自我生成的创造活动，实践是一种集目的性与因果性、个人与社会、物质与精神、过去与未来等矛盾于一身的活动，在这种活动中，人以物的方式去同对象发生关系，换来的却是物以人的方式的存在。通过实践活动，原来是一个自在的存在自然物，现在变成了“为人的存在”，原来的人是从属于自然的一部分，现在自然成为从属于人的“无机身体”，原来自然是自身变化的主体，现在变成人的活动的客体。实践活动把原来只有单一性质的世界即自然关系的世界，变成了双重关系的矛盾世界，它改变了自然固有的秩序。可见，实践观点克服了知性化的实体本体论所导致的对人的概念化和抽象化。知性化的实体本体论面对人的双重和矛盾本性，只能以一种“非此即彼”的形而上学的思维方式把人丰富的矛盾的存在本性还原为某种单一的绝对本性。之所以如此，一个根本原因就在于它无法找到把人双重和矛盾本性内在统一的基础，而实践观点正提供了这种基础。以实践活动为基础，人的双重和矛盾本性，实现了否定性的统一。而这由种种矛盾关系所形成的世界，正是人的社会生活世界。可见，社会生活把近代哲学中所暴露的彼此对立的矛盾和冲突内在地综合和统一起来，使之实现了辩证的和解。

同时，这一论述还意味着，人们观念中的矛盾和冲突的真正克服和解决，必须超越单纯的理论思辨的方式。观念的矛盾和冲突，根植于人们的现实生活，它是现实生活陷入抽象化的“症候”和表现。因此，对它们的超越，不能仅仅停留在理论层面，而必须消解使之滋生和繁殖的社会生活结构。如前所述，近代哲学的二律背反根源于市民社会及其物化结构，

① 《马克思恩格斯全集》第3卷，人民出版社2002年版，第302、306页。

理论观念上的二元对立与充满分裂和冲突的市民社会精神有着深层的内在关联，因此，要消除理论上的二元对立，就必须对市民社会精神进行改造，在“社会化人类”和“人类社会”中实现对它们的真正超越。正是在此意义上，马克思才强调，理论对立的克服，是“现实生活”的任务而非仅仅依靠理论思辨所能达成。

可见，马克思以社会生活作为哲学的立脚点，对哲学史上所遗留的重大理论挑战作出了有力的回应。英国著名哲学家伯林说过，哲学史上伟大哲学家的理论变革的重要表现之一就在于他们“改变了问题自身的性质，变换了那些问题之所以成其为问题的视角”,① 在此意义上，马克思通过哲学立脚点的位移，实现了哲学重大的理论变革。我在上文主要从马克思与以“认识论”为中心的近代哲学的关系，讨论了这种变革，事实上，如果把马克思哲学关于哲学立脚点的观点与以“语言哲学转向”为特点的当代哲学做进一步的比较，我们会发现这一理论变革对于克服“语言哲学”转向所带来的诸如语言与世界、语言与实在、含义与指称、分析与综合、真理与价值等一系列二元对立同样具有重大意义，普特南等哲学家通过对实用主义的重新阐释，已经发现和揭示了社会生活对于克服这些二元对立所具有的特殊重要性。在此方面，马克思哲学早已洞烛先机，表现出惊人的敏锐和洞察力。

（原载于《南京社会科学》2017 年第 1 期）

① ［英］伯林：《自由及其背叛者》，赵国新译，译林出版社 2005 年版，第 4 页。

论历史唯物主义的辩证本性

"历史唯物主义"与"辩证唯物主义"是马克思主义哲学中并列的两个组成部分，对于这一长期以来不予反思的传统观念，近年来国内学术界不断有学者提出批判性的反思和质疑。这的确是事关马克思主义哲学理论性质的根本性问题。在我们看来，要重新理解这一问题，必须澄清一个长期以来没有得到充分重视的基本事实："历史唯物主义"本身即禀赋"辩证"的本性，或者说，"历史唯物主义"本身即是马克思哲学的"辩证法"，这一事实充分说明，历史唯物主义同时也就是"辩证"的唯物主义，它并非"辩证"唯物主义在历史领域的推广和运用，更不是与之平行或归属于它的一种历史学说，二者乃是同一个东西的不同表述。本文试图抓住其中三个至关重要的环节，对此进行探讨，以期推动对这一问题的深入研究。

一　辩证法理论基础的转换：历史唯物主义的思想前提

历史唯物主义与辩证法的深层一致性首先体现在：辩证法理论所实现的重大变革，构成了历史唯物主义的理论前提。马克思通过对黑格尔辩证法的批判，使辩证法的理论基础发生了根本的转换，在变革辩证法理论的同时，也为历史唯物主义提供了坚实的理论根据。

马克思和恩格斯在他们的著作中，"特别坚持的是历史唯物主义，而不是历史唯物主义"①，这是列宁关于历史唯物主义的一个经典论述，马

① 《列宁选集》第2卷，人民出版社1995年版，第225页。

克思同样强调："我们仅仅知道一门唯一的科学，即历史科学。"[①] 这清楚地告诉我们："历史"是历史唯物主义最为重大的思想原则，也是旧唯物主义者无法理解的思想原则："当费尔巴哈是一个唯物主义者的时候，历史在他的视野之外；当他去探讨历史的时候，他决不是一个唯物主义者。"[②] 以一种符合历史本性的方式理解和把握历史，是历史唯物主义的重大理论前提。而要达到这一点，只有对黑格尔辩证法的理论基础进行根本转换才有可能。

在哲学史上，黑格尔"是第一个想证明历史有一种发展，有一种内在联系的人"，他"不同于所有其他哲学家的地方，就是他的思维方式有巨大的历史感作基础"。[③] 恩格斯指出，黑格尔这种"划时代的历史观是新的唯物主义观点的直接的理论前提"，[④] 而黑格尔之所以能做到这一点，最为根本的就在于他贯彻了辩证法的思维方式。在黑格尔看来，"哲学的最高目的就在于确认思想与经验的一致，并到达自觉的理性与存在于事物中的理性的和解，亦即达到理性与现实的和解"[⑤]，理性与现实的和解，意味着要使理性成为世界的主宰。但理性原则的实现不是"象同手枪发射那样突如其来"[⑥] 的直接性，而是必须经过"否定物的严肃、痛苦、容忍和劳作"[⑦]，"全体的自由性，与各个环节的必然性，只有通过对各环节加以区别和规定才有可能"[⑧]，只有在自我矛盾和自我否定中，通过历史的运动，理性才能实现自身。在此意义上，"历史"被黑格尔视为精神运动的基本原则，因而也即辩证法的基本原则。

对于黑格尔的上述思想，马克思一方面高度肯定黑格尔辩证法"第一个全面地有意识地叙述了辩证法的一般运动形式"，[⑨] 但另一方面也指出，"他只是为历史的运动找到抽象的、逻辑的、思辨的表达，这种历史

① 《马克思恩格斯全集》第 3 卷，人民出版社 1960 年版，第 20 页。
② 同上书，第 51 页。
③ 《马克思恩格斯选集》第 2 卷，人民出版社 1995 年版，第 42 页。
④ 同上。
⑤ ［德］黑格尔：《小逻辑》，贺麟译，商务印书馆 1980 年版，第 43 页。
⑥ ［德］黑格尔：《精神现象学》上卷，贺麟译，商务印书馆 1979 年版，第 17 页。
⑦ 同上书，第 11 页。
⑧ ［德］黑格尔：《小逻辑》，贺麟译，商务印书馆 1980 年版，第 56 页。
⑨ 《马克思恩格斯全集》第 44 卷，人民出版社 2001 年版，第 22 页。

还不是作为一个当作前提的主体的人的现实历史"[①]。而之所以如此，其根源就在于黑格尔的辩证法及其历史原则是以“绝对精神”或“客观思想”作为其理论基础的。

这里所谓辩证法的理论基础，指的是辩证法的“真理内容”或“本体论根据”。与仅关注思维形式及其规律的形式逻辑不同，辩证法是与“真理的内容”密不可分的“内涵逻辑”。[②] 黑格尔说道：“真理就是逻辑学的对象。”[③] 针对人们习惯于从“外在形式”角度去理解“逻辑”的倾向，列宁在《黑格尔〈逻辑学〉一书摘要》中强调，“黑格尔则要求这样的逻辑：其中形式是富有内容的形式，是活生生的实在的内容的形式，是和内容不可分离地联系着的形式”[④]，这表明，黑格尔的辩证法是区别于“形式逻辑”的“内涵逻辑”，作为“内涵逻辑”，实质上也就是“真理逻辑”。失去了其“真理内容”，辩证法就将沦为纯粹形式化的“外延逻辑”。就此而言，辩证法与本体论是不可分的，合理的本体观念必然是“辩证”的，辩证法就是合理的本体观念的展开，二者乃是一同出场的内在统一的整体。正是在此意义上，在黑格尔那里，“辩证法”、“逻辑学”与“本体论”乃是三位一体的不可分离的整体。

在黑格尔看来，辩证法的这种“真理内容”就是“客观思想”，“客观思想”是内在于事物、规定事物存在和发展的形而上学的理性“本体”，因此，辩证法作为“真理逻辑”，亦即是关于“客观思想”及其辩证运动的逻辑。对此，马克思概括道：黑格尔辩证法的“承担者”或“理论基础”是“绝对自我意识的主体，就是神，绝对精神，就是知道自己并且实现自己的观念。现实的人和现实的自然界不过是成为这个隐蔽的非现实的人和这个非现实的自然界的谓语、象征。因此，主语和谓语之间

① 《马克思恩格斯全集》第 3 卷，人民出版社 2002 年版，第 316 页。

② 辩证法在实质上属于“内涵逻辑”，这一点国内学者早有专门系统的探讨，例如邹化政教授的《黑格尔哲学统观》（吉林人民出版社 1991 年版），孙正聿教授的《辩证法：黑格尔、马克思与后形而上学》（《中国社会科学》2008 年第 3 期）。刘小枫教授曾把辩证法称为“质料逻辑”，他说：辩证法是“与特定的思想质料融贯在一起的思想语法，不妨称为质料逻辑，以有别于与思想质料分离的形式逻辑”（参见其为吉尔比《经院辩证法》，上海三联书店 2000 年版所写的中文导言，第 2 页），在此，“质料逻辑”与“内涵逻辑”具有相同的意义。

③ ［德］黑格尔：《小逻辑》，贺麟译，商务印书馆 1980 年版，第 64 页。

④ 《列宁全集》第 55 卷，人民出版社 1990 年版，第 77 页。

的关系被绝对地相互颠倒了：这就是神秘的主体—客体，或笼罩在客体上的主体性，作为过程的绝对主体”。[①] 以此为基础，“思辨的观念、抽象的观点变成了历史的动力……历史便成为单纯的先入之见的历史，成为关于精神和怪影的神话，而构成这些神话的基础的真实的经验的历史，却仅仅被利用来赋予这些怪影以形体，从中借用一些必要的名称来把这些怪影装点得仿佛真有实在性似的”，[②] 很显然，这样的历史只能是“抽象的、绝对的思维的生产史，即逻辑的思辨的思维的生产史”，[③] 而不是现实的人及其现实发展的历史。

因此，要拯救辩证法及其历史性原则，至关重要之处就在于转换辩证法的理论基础，以人的现实的感性实践活动代替无人身的“客观精神”的自我运动，使之成为辩证法的真实基础，从而克服对历史的“抽象的、逻辑和思辨的表达”，只有这样，历史才能真正成为人的“现实的历史”。

正是基于这一自觉认识，马克思立足“现实的人及其历史发展”，对黑格尔的辩证法做了这样的解读：“黑格尔的《现象学》及其最后成果——辩证法，作为推动原则和创造原则的否定性——的伟大之处首先在于，黑格尔把人的自我产生看作一个过程，把对象化看作非对象化，看作外化和这种外化的扬弃；可见，他抓住了劳动的本质，把对象性的人、现实的因而是真正的人理解为他自己的劳动的结果。”[④] 这清楚地表明，在马克思看来，通过劳动所实现的人自我产生和自我创造，构成了辩证法实质性的内容，但由于黑格尔“惟一知道的并承认的劳动是抽象的精神的劳动”，他把“构成哲学的本质的那个东西，即知道自身的人的外化或者思考自身的、外化的科学，看成劳动的本质”，[⑤] 结果使得辩证法只是形成了对于历史的抽象的、思辨的、逻辑的表达。如果把“抽象的精神劳动”转换为现实的人的感性实践活动，那么，历史就将转变为现实的人及其发展的历史，辩证法就将真正成为“现实的人及其历史发展”的学说。

---

① 《马克思恩格斯全集》第 3 卷，人民出版社 2002 年版，第 332—333 页。

② 同上书，第 131—132 页。

③ 同上书，第 318 页。

④ 同上书，第 319—320 页。

⑤ 同上书，第 320 页。

以人现实的感性实践活动作为辩证法的真实基础，历史的主体不再是“无人身的理性”，而是从事实践活动的人：“‘历史’并不是把人当做达到自己目的的工具来利用的某种特殊的人格。历史不过是追求着自己目的的人的活动而已”；[①] 历史的基础不再是抽象的形而上学的“客观精神”，而是人的现实的感性实践活动：“从直接生活的物质生产出发阐述现实的生产过程，把同这种生产方式相联系的、它所产生的交往形式即各个不同阶段上的市民社会理解为整个历史的基础”；[②] 历史发展也不再是普遍的客观理性的自我实现过程，而是通过人的实践活动的自我创造过程：“整个所谓世界历史不外是人通过人的劳动而诞生的过程，是自然界对人来说的生成过程。”[③]

所有这一切，都充分表明，随着辩证法理论基础的根本转换，辩证法从对历史“抽象的、逻辑的、思辨的表达”变成为对“作为一个当作前提的主体的人的现实的历史”的自觉理解，辩证法真正成为关于“现实的人及其历史发展”的学说，而这样理解的辩证法，实质上就是历史唯物主义，恩格斯把历史唯物主义规定为“现实的人及其历史发展的科学”，[④] 马克思在同样的意义上指出历史唯物主义的真正出发点是“从事实际活动的人”，[⑤] “整个历史也无非是人类本性的不断改变而已”[⑥]。在此意义上，辩证法和历史唯物主义实际上有着共同的主题和内涵，二者并不是两种不同的东西，而是一同显现和产生的相辅相成的内在统一体。

二 “两极对立”的超越与“社会历史”的辩证内涵

历史唯物主义的辩证本性进一步表现在：在历史唯物主义的“社会历史”概念中，汇聚了以往哲学，尤其是近代哲学所遗留下来的最为重

① 《马克思恩格斯全集》第2卷，人民出版社1956年版，第118—119页。
② 《马克思恩格斯选集》第1卷，人民出版社1995年版，第92页。
③ 马克思：《1844年经济学哲学手稿》，人民出版社2000年版，第92页。
④ 《马克思恩格斯选集》第4卷，人民出版社1995年版，第241页。
⑤ 《马克思恩格斯全集》第3卷，人民出版社1960年版，第30页。
⑥ 《马克思恩格斯选集》第1卷，人民出版社1995年版，第172页。

大的矛盾，它以一种创造性的方式，为超越人与自然、主体与客体、自由与必然、形式与内容等一系列“两极对立”的矛盾关系提供了深层的基础，这使得“社会历史”成为禀赋丰富辩证内涵和具有辩证本性的存在。这是历史唯物主义在哲学史上的重大贡献。

在《关于费尔巴哈的提纲》第一条中，马克思说道：“从前的一切唯物主义——包括费尔巴哈的唯物主义——的主要缺点是：对对象、现实、感性，只是从客体的或者直观的形式去理解，而不是把它们当作人的感性活动，当作实践去理解，不是从主体方面去理解。因此，结果竟是这样，和唯物主义相反，唯心主义却发展了能动的方面，但只是抽象地发展了，因为唯心主义当然是不知道现实的、感性的活动本身的”①，这一论述深刻地展现了以往哲学发展中最为尖锐而重大的矛盾和冲突。旧唯物主义试图从脱离人的自然出发去理解世界的统一性，否定了超自然的形而上学实体，它肯定了自然物质的本源性，坚持只存在唯一真实的世界，即自然物质世界，并以之为根据来理解一切存在及其变化的基础。与之相反，唯心主义则试图从脱离自然的人出发去理解世界的统一性，它强调人的理性和自我意识所具有的能动性和创造性，并把具有这种能动性和创造性的人视为自足自因的实体，强调客体只有在主体的理性规律的作用下，才能为人所认识，因而唯一真实的世界只有一个，即以人的自我意识为核心的主体世界。前者论证了自然物质世界的本源性，后者论证了主体意识的能动性。一方面是自然物质的本原性，另一方面是抽象发展的主体意识的能动性，从自然物质无法说明主体的能动性与创造性，主体的能动性和创造性又以自然物质世界的虚无化为前提。

旧唯物主义与唯心主义的上述对立，汇聚了以往哲学发展的矛盾焦点。在这一对立中，内在地蕴含和凸显着哲学中的一系列重大的两极对立的矛盾关系，如人与自然、本质与现象、自由与必然、主观与客观、形式与内容、合目的性与合规律性等。如何超越这一系列两极对立，寻求它们的辩证统一，是哲学的进一步发展所面临的根本性课题。

要回答这一课题，关键在于确立使它们克服分裂、实现统一的现实基础。这一点，构成了近代哲学史上不少哲学家，例如斯宾诺莎、莱布尼

---

① 《马克思恩格斯选集》第1卷，人民出版社1995年版，第58页。

茨、费希特、谢林等人的重大理论目标。而黑格尔无疑是其中的代表人物。他把克服对立面的分裂实现它们的统一视为理性的使命，试图通过精神的辩证运动来消解和统一上述矛盾关系，他把上述两极对立的矛盾关系的每一个方面都视为精神活动的内在环节，认为精神的本性即是矛盾："认识到思维自身的本性即是辩证法，认识到思维作为理智必陷于矛盾、必自己否定其自身这一根本见解，构成逻辑学上一个主要的课题"，[①] 在精神的辩证运动中，理性与现实、人与自然、本质与现象、必然与自由等克服它们的相互背离和由此产生的僵硬对立，"在思维自身中以完成解决它自身矛盾的工作"。[②] 然而，正如前面已经分析过的，黑格尔辩证法是以客观精神作为其载体和基础的，它对上述矛盾的理解和克服也是在客观精神的基础上进行的，这决定了它对这些两极对立的解决必然是半途而废的，对此，卢卡奇的评价十分中肯："古典哲学把它的生存基础的所有的二律背反都推到了它在思想中能够达到的最后的极点，它尽可能地在思想上表达了这些二律背反，但对这种哲学来说，它们仍是没有解决的和不能解决二律背反。"[③]

吸取黑格尔辩证法的合理内核，同时克服其抽象性和独断性，确立统一上述两极对立的矛盾关系的现实基础，正是历史唯物主义的重大使命。

与哲学史上的哲学家不同，马克思超越了他们在理解人、自然以及二者关系上的旧唯物主义和唯心主义的抽象的观点和方法。他认为："任何人类历史的第一个前提无疑是有生命的个人的存在。因此第一个需要确定的具体事实就是这些个人的肉体组织，以及受肉体组织制约的他们与自然界的关系"[④]，这意味着："人直接地是自然存在物"[⑤]，但另一方面，"人不仅仅是自然存在物，而且是人的自然存在物，就是说，是自为地存在着的存在物"[⑥]，因此，与自然物不同，人通过生产劳动生产自己的生活资

① ［德］黑格尔：《小逻辑》，贺麟译，商务印书馆 1980 年版，第 51 页。

② 同上。

③ ［匈牙利］卢卡奇：《历史与阶级意识》，杜章智等译，商务印务馆 2009 年版，第 235 页。

④ 《马克思恩格斯全集》第 3 卷，人民出版社 1960 年版，第 23 页。

⑤ 《马克思恩格斯全集》第 3 卷，人民出版社 2002 年版，第 324 页。

⑥ 同上书，第 326 页。

料，这构成了人与动物的根本区别："可以根据意识、宗教或随便别的什么来区别人和动物。一当人们自己开始生产他们所必需的生活资料的时候（这一步是由他们的肉体组织所决定的），他们就开始把自己和动物区别开来。人们生产他们所必需的生活资料，同时也就间接地生产着他们的物质生活本身。"① 这即是说，人的生活如何，不是由其自然物质的肉体组织所决定的，而是由其本源性的生存方式，即生产实践活动所决定的，在生产实践中，人们创造自己的生活条件并形成人们的社会关系。正是这种生产实践活动，构成了社会历史的现实根据。

上述历史唯物主义的基本观点为克服哲学史上所遗留的两极对立、实现其辩证的统一提供了坚实的基础。实践活动既是一种感性的活动，同时又是改造自然的自由自觉的活动，它是自然与人、合规律性和合目的性、必然与自由等矛盾的结合点，人与自然、主体与客体、自由与必然、形式与内容等两极对立的矛盾关系在实践活动中内在地结合一起，它们既产生于实践活动，同时又通过实践活动实现其统一，在实践活动中它们通过相互作用和相互转化结为既对立又统一的辩证关系。因此，实践活动克服了旧唯物主义及其所代表的矛盾关系中抽象一极的片面性，也克服了唯心主义及其所代表的矛盾关系中的抽象一极的片面性，同时又把它们内在地统一起来。基于实践活动所具有的这一辩证性质，由实践活动所创造的社会历史也必然禀赋这样的辩证本性：无疑，社会历史的存在和运动离不开自然物质前提，但只有在社会历史中，自然界才真正成为人的存在的基础，通过实践活动，单纯的"自然事实"失去了其自在的、独立的性质而消融在流动的历史之河中，它不是在人之外的、与人处于对峙状态的"自在之物"，而是内在于历史之中，成为社会历史发展过程的内在环节，成为了历史性的"人化自然"，对此，马克思明确说道："在人类历史中即在人类社会的形成过程中生成的自然界，是人的现实的自然界；因此，通过工业——尽管以异化的形式——形成的自然界，是真正的、人本学的自然界"，② 在此意义上，社会历史并不是与自然并列的某一特殊领域，自然也不是与社会历史无关的"自在之物"，而是人与自然在历史性的实践

① 《马克思恩格斯全集》第 3 卷，人民出版社 1960 年版，第 24 页。

② 《马克思恩格斯全集》第 3 卷，人民出版社 2002 年版，第 307 页。

活动中的内在统一，正由于这一原因，马克思才这样强调："只有在社会中，人的自然的存在对他来说才是自己的人的存在，并且自然界对他来说才成为人。因此，社会是人同自然界的完成了的本质的统一，是自然界的真正复活，是人的实现了的自然主义和自然界的实现了的人道主义。"①

通过如上讨论，我们可以得出这样两个重要的结论。

第一，历史唯物主义的"社会历史"概念凝结着把"对象、现实、感性"当作"人的感性活动，当作实践去理解"的全新哲学世界观的精髓，它为回应和解答以往哲学发展所提出的根本性问题提供了新的出发点和立足点，为克服先前哲学所遗留下来的却无力统一的两极对立提供了现实的基础和新的存在论根据。因而它不是作为与自然界、人类思维等相并列的领域性、部门性概念，而是作为解决和克服哲学发展中所提出的重大问题的"总体性"概念而获得其理论内涵和理论意义的，它的重要性不仅体现于与自然界、人类思维等相并列的狭义的历史领域所实现的理论变革，而是体现为全部哲学的重大变革。

第二，历史唯物主义的"社会历史"是禀赋辩证本性的存在，它为克服人与自然、主体与客体、自由与必然、形式与内容等两极对立提供了现实基础和存在论根据，黑格尔的"纯思想的辩证法"由此被改造成为马克思的"社会历史的辩证法"。"社会历史"的这种辩证本性充分表明，历史唯物主义并不是"辩证唯物主义"在社会历史领域的运用，更不是以脱离社会历史的抽象的自然界为对象的自然辩证法的扩展与推广，而本身就是马克思哲学的辩证法，在此意义上，"辩证唯物主义"与"历史唯物主义"并不是两个不同的东西，二者是完全一致的，差别仅在于前者更强调历史唯物主义的"辩证"本性，后者更强调历史唯物主义的"历史"性质，而"历史性"与"辩证性"乃是内在不可分割的，它们构成历史唯物主义视野中的"社会历史存在"相辅相成的两个维度。

从这两点，我们可以清楚地看出，历史唯物主义与马克思哲学的辩证法乃是不可分割的内在统一整体，而且只有在这种统一中，历史唯物主义的哲学内涵及其在哲学史上的重大贡献才得以充分凸显出来。

① 《马克思恩格斯全集》第3卷，人民出版社2002年版，第301页。

三 历史唯物主义与辩证法的批判本性

前面分别从历史唯物主义的理论前提、历史唯物主义的核心概念，即“社会历史”的辩证内涵这两个重要方面讨论了历史唯物主义所具有的辩证本性。要深入阐明历史唯物主义的辩证本性，另一个极为重要的方面就是澄清历史唯物主义所具有的批判与革命本性。批判性和革命性是辩证法的理论本质，马克思在《资本论》第二版跋中对此有明确的论述：“辩证法在对现存事物的肯定的理解中同时包含对现存事物的否定的理解，即对现存事物的必然灭亡的理解；辩证法对每一种既成的形式都是从不断的运动中，因而也是从它的暂时性方面去理解；辩证法不崇拜任何东西，按其本质来说，它是批判的和革命的”①，这一点得到了人们的广泛认同和接受。然而，在阐释历史唯物主义时，人们却很少把它与批判性和革命性联系起来，更少把批判性和革命性同样视为历史唯物主义的理论品质。产生这种现象的根源就在于把历史唯物主义与辩证法外在的割裂开来，遗忘了历史唯物主义的辩证本性，由此所导致的后果是历史唯物主义失去了极为重要的精神气质，并因此面临着沦为庸俗的“实证社会学”和“实证科学”的危险。因此，揭示历史唯物主义的批判本性，对于彰显历史唯物主义的哲学品格，体现其当代价值，具有十分重大的意义。

历史唯物主义所具有的辩证批判本性首先表现为它对一切以“绝对真理”自居的抽象观念和形而上学教条的自觉否定和拒斥。

把自身所确立的哲学原则绝对化，认为自己发现了超越历史的终极实在，奠定了关于真理、善行、正义等的最终基础，这是传统哲学的理论理想和基本信念。以此为出发点，它形成了一种观念主义的思维方式，即把哲学观念和原则视为一种独立的、决定性的力量，认为它具有自因自足、神圣绝对的性质，拥有对于现实世界的终极解释权与统治力，就像马克思所说的：“哲学家们把一切谜底都放在自己的书桌里，愚昧的凡俗世界只需张开嘴等着绝对科学这只烤乳鸽掉进来就得了”②，“思辨的观念、抽象

① 《马克思恩格斯全集》第44卷，人民出版社2001年版，第22页。

② 《马克思恩格斯全集》第47卷，人民出版社2004年版，第64页。

的观点变成了历史的动力，因此历史也就变成了单纯的哲学史”[①]。很清楚，构成这种观念主义核心的即是当代哲学所激烈批判和解构的传统形而上学理论传统，对它进行批判和否定已成为现当代哲学的重大主题。在此方面，历史唯物主义作出了独特的贡献，显现出其他许多哲学思潮难以企及的深刻性。

历史唯物主义从其关于社会存在与社会意识关系的独特理解出发，宣告了一切绝对真理的观念和形而上学教条的无根性，取消了其成为一种独立的特殊王国的可能空间，体现出彻底的批判精神。马克思说道：“德国哲学从天上降到地上；和它完全相反，这里我们是从地上升到天上。……我们的出发点是从事实际活动的人，而且从他们的现实生活过程中我们还可以揭示出这一生活过程在意识形态上的反射和回声的发展。……因此，道德、宗教、形而上学和其他意识形态，以及与它们相适应的意识形式便失去独立性的外观。它们没有历史，没有发展，那些发展着自己的物质生产和物质交往的人们，在改变自己的这个现实的同时也改变着自己的思维和思维的产物。不是意识决定生活，而是生活决定意识”[②]，按照这种观点，一切思想和观念归根结底都是现实生活的表现，试图从某种哲学原则和哲学观念出发来规定现实生活，这在根本上颠倒了意识和生活的关系，因此是无根的幻觉。不仅如此，马克思还通过“意识形态批判”，揭露了一切“绝对真理”的虚幻性和欺骗性。在马克思看来，把自己的思想和观念绝对化并宣称其具有对于现实生活的统治地位，这实质是一种意识形态的幻象，在《德意志意识形态》中，马克思把“意识形态”归结为两个特征：第一，把特殊利益说成普遍利益；第二，把“普遍”的东西说成是统治的东西，[③] 因此，在“绝对真理”的宣称背后，隐藏着把某种特殊利益普遍化和永恒化并因此获得统治合法性的权力意志，马克思说道：“把统治思想同进行统治的个人分割开来，主要是同生产方式的一定阶段所产生的各种关系分割开来，并由此作出结论说，历史上始终是思想占统治地位，这样一来，就很容易从这些不同的思想中抽象出‘一般思想’、

① 《马克思恩格斯全集》第 3 卷，人民出版社 1960 年版，第 131 页。

② 同上书，第 30 页。

③ 同上书，第 54—55 页。

观念等等，而把它们当作历史上占统治地位的东西”，[①] 因此，把“思想、观念、概念”等变成“某种独立的东西”，其实质上是用形而上学的思辨掩盖了生活中实实在在存在的奴役和统治关系，“抽象或观念，无非是那些统治个人的物质关系的理论表现”。[②] 在此意义上，批判和否定绝对真理的幻觉，实质上是要在更深入的层面上反思这种幻觉得以产生的现实生活根源，揭露和批判抽象的思想和观念赖以成立的抽象的社会现实与人的生存状态。思想观念的病症根源于生存方式的病症，通过对人的生存方式的批判，实现对绝对真理和抽象观念的彻底消解和否定，这是马克思所开辟的独特的批判样式。

可以清楚地看出，历史唯物主义对绝对真理观念与形而上学教条的批判是一种根基处的、釜底抽薪的批判，鲜明地体现了历史唯物主义辩证的批判精神。

历史唯物主义辩证的批判本性更进一步表现为它结束了一切关于存在最终的人类历史完美状态的幻觉，自觉地拒斥和否定了把某种社会秩序永恒化和完美化的观点和做法，真正把社会历史的发展理解为一个不断自我否定和自我超越的过程。

真理仅存在于否定性的整体中，这是黑格尔辩证法的重要思想。对此，恩格斯给予了高度的评价：“黑格尔哲学的真实意义和革命性质，正是在于它彻底否定了关于人的思维和行动的一切结果具有最终性质的看法。……历史同认识一样，永远不会在人类的一种完美的理想状态中最终结束；完美的社会、完美的‘国家’是只有在幻想中才能存在的东西；相反，一切依次更替的历史状态都只是人类社会由低级到高级的无穷发展进程中的暂时阶段。”[③] 这即是说，黑格尔辩证法对社会历史的这种理解已经包含着“批判的一切要素”。但是，黑格尔所理解的“否定性的整体”是一个以“绝对精神”为基础的理性整体，社会历史的发展终将服从普遍理性的规定，随着普遍理性的实现，历史也就走向了终结，这是黑格尔辩证法的深层悖论，正是在此意义上，马克思认为黑格尔最终必然不

① 《马克思恩格斯全集》第 3 卷，人民出版社 1960 年版，第 55 页。

② 《马克思恩格斯全集》第 30 卷，人民出版社 1995 年版，第 114 页。

③ 《马克思恩格斯选集》第 4 卷，人民出版社 1995 年版，第 216—217 页。

可避免地陷入“非批判的实证主义和同样非批判的唯心主义”。[①]

因此，要拯救黑格尔哲学中已经蕴含但没能彻底贯彻的辩证法的革命与批判精神，就必须以一种彻底的方式，终结“永恒的、终极的社会状态”的观念，真正对“每一种既成的形式都是从不断的运动中，因而也是从它的暂时性方面去理解”。历史唯物主义所体现的正是这样一种精神。根据历史唯物主义的基本观点，现实的社会存在所包含的内在矛盾，决定了任何社会秩序都不可能是永恒和静止不变的，而是必然会被更高的阶段所取代和消灭的。在任何社会阶段里，都包含着自我否定和自我超越的倾向和内在因子，因而它都不是最终和最完美的状态。一切历史状态都只是人类社会从低向高的无穷发展过程中的暂时阶段。对此，卢卡奇的概括十分精辟，他说道：“只有历史的辩证法才造成了一种全新的情况。这不仅是由于在历史的辩证法中，界限本身是相对的，或者说得更确切些，是在变动之中的；这不仅是由于所有那些存在的形式（它们的抽象的对应物是各种形式的绝对）都变成了过程，和被把握为具体的历史的现象，以至于绝对不是被抽象地否定，而是被把握为具有具体的历史的形态，被把握为过程本身的环节。”[②] 正是基于这种观点，当同时代的人们为资本主义的成就欢欣鼓舞时，马克思则指出，资本主义社会无产阶级所遭受的“普遍的痛苦”和“普遍的不公正”，生动地证明了这样一个事实：真理并没有实现，因而黑格尔所断言的普遍理性与现实的“和解”不过是一个谎言，由于不可克服的内在矛盾，决定了资本主义并不具有其自我宣称的永恒性和终极性。同样，社会主义和共产主义也不是以某种先验原则和绝对价值为根据的抽象理想，“共产主义对我们来说不是应当确立的状况，不是现实应当与之相适应的理想。我们所称为共产主义的是那种消灭现存状况的现实的运动”，[③] 因此，共产主义并不代表“历史终结”的终极状态，而是意味着人类通过自我超越、面向未来不断敞开空间的社会希望和理想。

自觉地否定人的认识以及历史发展具有最终性质，否定绝对真理的幻

① 《马克思恩格斯全集》第3卷，人民出版社2002年版，第318页。

② ［匈牙利］卢卡奇：《历史与阶级意识》，杜章智等译，商务印书馆2009年版，第287页。

③ 《马克思恩格斯选集》第1卷，人民出版社1995年版，第87页。

觉和终极完美的历史状态的幻想，历史唯物主义所具有的这种品格，所体现的正是辩证法的革命和批判精神。马克思曾说道："新思潮的优点又恰恰在于我们不想教条式地预期未来，而只是想通过批判旧世界发现新世界。……如果我们的任务不是构想未来并使它适合于任何时候，我们便会更明确地知道，我们现在应该做些什么，我指的就是要对现存的一切进行无情的批判"①，"在批判旧世界中发现新世界"、"对现存一切进行无情的批判"就是要永不停止地反思现存社会秩序的内在矛盾和缺陷，揭露一切绝对真理和抽象观念的虚幻性，推动社会历史不断地否定自身，向未来敞开自我超越的空间，这是辩证法的批判精神，同时也是历史唯物主义的哲学精神，二者在这一点上是完全一致的。只有以这种理解为出发点，那种试图把历史唯物主义当成"实证社会学"和"实证科学"的流俗观念才完全失去了存在的空间。

（原载于《中国社会科学》2012 年第 3 期）

① 《马克思恩格斯全集》第 47 卷，人民出版社 2004 年版，第 64 页。

理论硬核的变革与解释原则的跃迁

——马克思哲学与“存在论”范式的转换

一 知性化的实体本体论：马克思所面对的强大理论传统

任何理论变革都是在对既有传统的超越和克服中产生的。马克思哲学也不例外。要领会马克思哲学的存在论思想及其所实现的深刻理论变革，一个必要前提就是理解它置身于其中的理论语境以及他所面对的理论传统。

马克思所面对的理论传统是什么呢？这就是贯穿传统哲学的整个历史并构成传统哲学理论核心的“知性化的实体本体论”的理论传统。

所谓知性化的实体本体论，是“存在论”问题上的这样一种观念：我们感官观察到的现象并非存在本身，隐藏在它后面作为其基础的那个超感性“实体”，才是真正的“存在”，构成了“存在者”之所以“存在”的最终根据。因此，所谓“存在”，就是人以一种知性的概念的方式所把握到的超时空、超感性的自因“实体”，这种“实体”存在于事物现象“后面”并支配着万事万物，构成了整个世界的最高统一性，是万事万物，是各种具体存在者之所以存在的根据和理由。“存在论”的任务就是运用逻辑理性，深入“事物后面”，进行“纵向的超越”，去把握这超感性的、本真的“实体”。

具体而言，这种“实体”化的“存在”具有如下最为重要的特质：

首先，它是“超感性”的或者“超验的”，即超越了感性世界，并在背后支配着感性世界的“本质”世界，存在论也因此而成为一个关于超感性实体世界的先验原理系统。正如海德格尔指出的：“自柏拉图以来，更确切地说，自晚近希腊和基督教对柏拉图哲学的解释以来，这一超感性领域就被当作真实的和真实现实的世界了。与之相区别，感性世界只不过是尘世的、易变的、因而是完全表现的、非现实的世界。尘世的世界是红尘苦海，不同于彼岸世界的永恒极乐的天国。如果我们把感性世界称为宽泛意义上的物理世界，那么，超感性世界就是形而学的世界了。”①

其次，它是绝对的、自在自因的、超时空和永恒在场的。感性现象变幻无常，但超感性的“实体”永恒常在，“‘实体’的存在特征描画出来就是：无所需求。完全不需要其它存在者而存在的东西就在本真的意义上满足了实体观念”；② 同时，它也超越了感性现象界的杂多和差异，它统摄一切“差异”于“同一”中，统摄将来与过去于现在的永恒中。

再次，它是绝对真实和无限完善的。超感性的实体是现象背后并规定着现象的纯粹的超验本质领域，是避免了任何虚假、错谬玷污的“本真存在”，现象虚幻不实，“实体”才是本真、至善和原始的所在，它是这样一个领域：“在这里人们可以脚踏根基……从而发现其生命的意义”，③ 它将提供永恒的真理，提供与历史无关的价值原则与价值框架，为正义、美德和善行等奠定一劳永逸的最后基础。

最后，与超感性的理性实体相适应的便是知性逻辑和概念化思维，超感性的理性实体需要一种相对应的理论逻辑来予以把握，这种理论逻辑就是知性逻辑。在传统形而上学那里，知性逻辑和概念式思维被视为通达这一超感性本体世界的唯一通道，知性逻辑和概念式思维是建构存在论或本体论的唯一方法和思维逻辑，就如同海德格尔所概括的，在传统哲学那里，判断和命题构成了存在之真理的处所，因而表现出一种鲜明的“断言的天真”和“反思的天真”。在此意义上，传统形而上学的实体实质上就是概念化、知性化的实体，传统形而上学实质就是“理性形而上学”或“概念形而上学”。这一点就像国内有学者所指出的那样，在传统形而上学里，“本体论是关于是’的哲学，‘是’是经过哲学家改造以后而成为的一个具有最高、最普遍的逻辑规定性的概念，它包含其余种种作为

① 《海德格尔选集》下，孙周兴译，上海三联书店 1996 年版，第 771 页。

② ［德］海德格尔：《存在与时间》，陈嘉映等译，生活·读书·新知三联书店 1987 年版，第 114 页。

③ ［美］罗蒂：《哲学和自然之镜》，李幼蒸译，生活·读书·新知三联书店 1987 年版，导论第 1—2 页。

‘所是’的逻辑规定性”,[①] 海德格尔也敏锐地指出了这一特点：“存在论和神学之所以是‘学’，乃是就它们探究存在者之为存在者和论证存在者整体而言的。它们对作为存在者之根据的存在作出论证。它们面对逻各斯作出答辩，并且在一种本质意义上是遵循逻各斯的，也即是逻各斯的逻辑学。因此，更准确的，它们被叫做存在—逻辑学和神—逻辑学。更合乎实情、更明确地来思、形而上学是存在—神—逻辑学。”[②]

这就是传统哲学所理解的“本体”的特质。在漫长的历史发展之中，传统哲学一直这样来阐释“本体”，并逐渐定型为一种根深蒂固的、用以解释世界、人以及人与世界关系的基本解释原则和理论范式。从上述分析我们可以清楚地看出这种基本原则和理论范式所具有的根本特征：

（1）静观高于行动、逻辑高于生存实践的“唯理主义”原则。唯理主义是实体本体论的题中之义，超感性的实体需要与之相应的把握方式，这种把握方式只能是唯理主义的知性逻辑，实体本体论与知性逻辑乃是一体两面，互为表里。为了解决“存在”问题，传统形而上学以逻辑概念的唯理主义方式，去捕获超感性的实体作为自身的最高目标，这必然使得对象化的静观和思辨成为其根本的工作方式，正是在此意义上，海德格尔指出静观与行动的分离是传统形而上学的重大特征，哈贝马斯认为“强大的理论概念”是形而上学思想的标志之一。

（2）追求终极实在的绝对主义和还原主义原则。在它看来，“存在”与“存在者”的一个根本区别在于前者具有终极性和绝对性，而后者是飘浮不定、虚幻不实的，实体化“存在”构成了存在者整体背后并支配着整个世界的最高权威，“实体”具有逻辑上“先在”的本源性和基础性，它是“第一”的和“最高”的，一旦达到了对这种最高的、先天的第一性的实体的把握，其余的具体存在者都可从中抽演出来。很显然，这是一种线性的，还有浓厚还原论色彩的思想原则。朱阿蕾罗曾把传统形而上学的这一特点概括为“根的神话”，认为它保留了神话思维“起源崇拜”的遗迹，应当说是十分恰切的。[③]

① 俞宣孟：《本体论研究》，上海人民出版社 1999 年版，第 27 页。

② 《海德格尔选集》下，孙周兴译，上海三联书店 1996 年版，第 832 页。

③ ［法］雅克·施兰格等：《哲学家和他的假面具》，徐友渔编选，社会科学文献出版社 1999 年版，第 54 页。

(3) 在两极对立中寻求单极统一性的“一元化原则”。这是前一原则的逻辑延伸。传统本体论哲学的全部合法性都奠基在这种两元对立的等级模式之上：超感性的“实体”一极所代表的是本质、真理、理性、独立、必然、至善等，感性“现象”一极所代表的是偶然、无常、被动、不真、卑污等，这两极之中，前者是主宰性、支配性和决定性的，后者是从属性、依附性和次要性的，因此前者有充分的合法性来统治后者，后者必须无条件地服从前者并以前者为最高目标。可见，它是一种在两极对立关系中寻求一元统一性、在二元等级关系中寻求单极绝对权威的理论范式。

(4) 非时间、非语境的“非历史”原则。超感性的实体是在“时间”之外的“非历史性”存在，它“杀死”了“时间”，“消灭”了“历史”，具有永恒“在场”① 的性质。

以上所描述的，便是马克思所面对的、在哲学史上长期占据着统治地位的实体本体论及其基本的解释原则。究竟是延续这一传统，还是在根本上超越这一传统呢？这就是摆在马克思面前的不可回避的历史性课题。

二 摧毁超感性的“知性实体”的统治：在理论硬核处解构传统

马克思的回答无疑是后者。如果说对“绝对”的、“一元化”的、“唯理主义”的、“非历史”的超感性的实体的迷恋构成了传统实体本体论的思想硬核，那么从这一硬核处摧毁这一超感性的“知性实体”的抽象统治，把存在论从“知性实体”置换到“感性实践”的基础上，就成了马克思鲜明的理论立场。

在《1844 年经济学哲学手稿》中，马克思专辟一节，标题为“黑格尔辩证法和整个哲学的批判”。在此，颇为意味深长的是，马克思不仅指出这是对“黑格尔辩证法”的批判，而且还专门强调这同时也是对“整个哲学的批判”。

马克思为什么要把对“黑格尔辩证法”的批判和对“整个哲学”的

① 根据海德格尔的考证，在希腊语中，“Ousia”（实体）的含义就相当于德语的“在场”，用“Ousia”来思存在，实质上就是把“存在”思为永恒的“在场”。

批判联系在一起？批判“黑格尔的辩证法”，与批判“整个哲学”或“哲学一般”有什么内在的关系？

这是因为，在马克思看来，黑格尔的概念辩证法虽然表现出超越传统形而上学知性化的实体本体论独断性和僵化性的意向和冲动，但是，它依然与传统形而上学一样，执着于对绝对同一性的、永恒在场的超感性世界的追寻，结果，来来意在克服知性化的实体本体论的黑格尔，反而成了“整个西方哲学传统的代言人。……他把那些从希腊人开始就一直是西方哲学隐含着的先决条件张扬出来”。[①]

因此，马克思对“黑格尔辩证法和整个哲学”的批判，就具有了十分深刻的意义，它意味着：要真正彻底地批判黑格尔，就必须从根源处废黜黑格尔和一切形而上学所共同顶礼膜拜的那一个永恒在场的、绝对的、超感性的本体论基础，就是要摧毁“黑格尔辩证法”和“整个哲学”根深蒂固的“断言的天真”、“反思的天真”与“概念的天真”，一言以蔽之，就是要否定“抽象的超感性实体”的统治。离开这一点，就不可能真正有效地克服黑格尔哲学。在此意义上，对黑格尔哲学的批判，在实质上就是从原则的高度对整个传统哲学本体论的批判，是马克思与整个传统本体论哲学的解释原则和思维方式的清算和决裂。

马克思明确地指出：黑格尔犯有双重的错误。第一个错误在于他把抽象的“哲学思维”确立为整个世界的本质和尺度，预先用抽象思维的尺度裁割了感性现实及其历史，导致了抽象精神与人的现实生命和现实世界之间关系的颠倒，使“现实的历史”蒸馏成“抽象思维的历史”，“这些对象从中异化出来的并且以现实性自居而与之对立的，恰恰是抽象的思维……哲学家——他本身是异化的人的抽象形象——把自己变成异化的世界的尺度。因此，全部外化历史和外化的整个复归，不过是抽象的、绝对的思维的生产史，即逻辑的思辨的思维的生产史”，[②] 抽象的思维本来应该奠基于现实的生活世界和感性活动之上，是属于“第二性”的存在，但在黑格尔这里，这种抽象思维却被用来衡量和规定具体的现实生活、感性活动和现实历史而被“升值”为“第一性”的；与此内在相关，他的第

① ［美］巴雷特：《非理性的人》，段德智译，上海译文出版社 1992 年版，第 167 页。

② 《马克思恩格斯全集》第 42 卷，人民出版社 1979 年版，第 161 页。

二个错误在于，由于他把现实的历史理解为抽象思维的异化，因此，他把对“人的本质力量”、对感性现实重新加以占有和恢复时，也同样只能采用一种抽象的方式，“对于人的已成为对象而且是异己对象的本质力量的占有，首先不过是那种在意识中、在纯思维中即在抽象中发生的占有，是对这些作为思想和思想运动的对象的占有”。[①]

马克思把这两个方面的错误称为“汇集了思辨的一切幻想”。[②] 一方面，“意识，也就是作为知识的知识，作为思维的思维，直接地冒称为异于自身的他物、冒称为感性、现实、生命”另一方面，它“又重新通过这个外化的形态确证精神世界，把这个世界冒称为自己的真实的存在，恢复这个世界，硬说他在自己的异在本身中也就是在自己身边”，[③] 使得辩证法的批判性和革命性精神遭到了传统形而上学理论范式的严重束缚而沦为“非批判的实证主义”的牺牲品，“黑格尔的虚假的实证主义即他那只是徒有其表的批判主义的根源就在于此”。[④]

这两个方面，实质上可以归结为一点：黑格尔的根本错误就在于把抽象的超感性的思维作为其哲学的本体论基础，这一点，使他的整个哲学具有“极端的抽象性”。

因此，要克服黑格尔哲学，就必须对这种“极端的抽象性”进行深刻的揭露。这正是马克思在一系列著述中所着力从事的重大主题。

例如在《哲学的贫困》中，马克思以尖锐的方式论述道：“那么，这种绝对的方法（即黑格尔的辩证法——引者注）是什么呢？是运动的抽象。运动的抽象是什么呢？是抽象形态的运动。抽象形态的运动是什么呢？是运动的纯粹逻辑公式或者纯粹理性的运动。纯粹理性的运动又是怎么回事呢？就是它自己安置自己，把自己跟自己对置，自相结合，就是它把自己规定为正题、反题、合题，或者就是它自我肯定、自我否定和否定自我否定。”[⑤]

再如在《神圣家族》中，马克思专辟一节，讨论“思辨结构的秘

① 《马克思恩格斯全集》第42卷，人民出版社1979年版，第161页。

② 同上书，第171页。

③ 同上。

④ 同上。

⑤ 《马克思恩格斯全集》第4卷，人民出版社1958年版，第142页。

密”。他认为，黑格尔实际上是把从具体事物（如苹果和梨）中抽象出来的一般观念（如水果）当成了脱离具体感性事物而自足独立存在的本质和实体，而后又试图通过抽象实体的“自身进展”，在观念中重建“具体性”，这是黑格尔辩证方法的基本特征。然而，由于在他那里，真正的“本体”是一般性的概念，因此，“他事实上也只是在表面上越出了抽象的圈子而已”，不过是“把现实事物的名称加在只有抽象的理智才能创造出来的东西上，即加在抽象理智的公式上”，[①] 因而黑格尔的辩证法在实质上仍然是抽象的（尽管他想建构“具体”）。马克思进一步分析黑格尔的《精神现象学》，指出：“在黑格尔的《现象学》中，人类自我意识的这种异化形式所具有的物质的、感觉的、实物的基础被置之不理，而全部破坏性工作的结果就是最保守的哲学，因为这样的观点以为：既然它已经把实物的、感性现实的世界变成‘思维的东西’，变成自我意识的纯粹规定性，而且它现在又能够把那变成了以太般的东西的敌人溶解于‘纯粹思维的以太’中，所以它就把这个世界征服了。……黑格尔把人变成自我意识的人，而不是把自我意识变成人的自我意识，变成现实的人即生活在现实的实物世界并受这一世界制约的人的自我意识。黑格尔把头足倒置起来。因此，他能够在头脑中消灭一切界限……全部《现象学》的目的就是要证明自我意识是唯一的、无所不包的实在。”[②]

所有这些批判，都指向一个共同的焦点，那就是：黑格尔的整个辩证法体系与整个传统形而上学一样，都奠基于一个抽象的、超感性的精神活动性的基础上，这一点，使得黑格尔的辩证法“尽管已有一个完全否定的和批判的外表”，但“非批判的实证主义和同样非批判的唯心主义”最终占据了上风，使其革命性和批判性遭受窒息。

“摧毁”和“解构”是为了“显现”和“重建”，全面清洗“黑格尔辩证法”和全部传统形而上学的本体论基础，是为了与旧传统决裂，是为了彻底消解传统本体论的解释原则，并从一个新的解释原则来重新理解“世界”、“人”以及“人与世界”的关系。那么，这种新的解释原则是什么呢？马克思的回答是：它只能是人本源性的生存实践活动和生存方

① 《马克思恩格斯全集》第2卷，人民出版社1957年版，第71—73页。

② 同上书，第244—245页。

式，由此确立的本体论将不再是“知性化的实体本体论”，而已成为“生存论”性质的现代本体论。

三 从“超感性实体”到“感性实践活动”：基本解释原则的跃迁

马克思认为，“存在者”之“存在”的根据不在于超感性的实体，而在于感性实践活动历史性的展开之中，“存在”的意义不在于人的生存活动之外的、无人身的、抽象的超感性实体，而在于人的面向未来的生存筹划活动。[①] 因此，必须在根本上改变理解“存在”问题的解释原则和思维方式，对颠倒的关系进行“倒置”，确立感性实践活动优先于逻辑和知性，并构成逻辑和知性基础的本体论地位。

在马克思那里，“感性实践活动”的确切所指乃是人“本源性”的生命存在和活动方式（在此，“本源性”不是指时间的始末，也非逻辑的先后，而是指存在论层面的基础性），[②] 正是这种本源性的生存方式，构成了“世界”、“人”以及“人与世界关系”的“奥秘”和深层根据，它使得“世界”在遮蔽中得以“解蔽”和“敞开”，使得“人”、“世界”和“人与世界”共同“在”起来，因而构成了“存在者”之“存在”的最本源的“原理”和“原因”。

（1）“世界”之为“世界”的根据不在于世界之外的超感性实体，而在于它与人的生存实践活动的内在关联：“世界”是人的生存实践活动的内在环节，是在人的生存实践活动中“缘发构成”的“现实生活世界”，借用海德格尔的话讲，“‘世界’本身就是此在的一个建构要素”。[③]

传统知性化的实体本体论所设计的“世界”是一个“实体统一性世界”，即是由某种孤立的超感性实体所统治的世界。在此世界中，超感性实体是现象背后，并支配着一切现象的绝对存在，它超越时间、超越人类而存在并构成世界最终的决定者和最后的解释原则，整个世界即是以这一

① 《马克思恩格斯选集》第 1 卷，人民出版社 1972 年版，第 16 页。

② 《马克思恩格斯全集》第 42 卷，人民出版社 1979 年版，第 96 页。

③ ［德］海德格尔：《存在与时间》，陈嘉映等译，生活·读书·新知三联书店 1987 年版，第 65 页。

实体为中心、按照这一实体的原则而存在、组织和运转的。它犹如一个吞噬一切的巨大黑洞，把人的现实生活世界简化为一元性的实体，要求所有的现象、所有的活动，包括人的全部生活、一切需要服从唯一的实体的安排。在马克思看来，这样的世界必然是一个“敌视人的世界”。①

与此根本不同，由实践活动所构建的“现实生活世界”寻求的不再是终极实体的统一性，而是人的生存活动的统一性，在实践活动中，精神的因素或物质的因素，主观的因素或客观的因素，经验的因素或超验的因素等，都不能作为孤立的实体来加以确定，相对于现实生存实践活动本身，它们都各自只具有潜在的意义。首先，“自然界”只有在与人的生存实践活动中才能获得并实现其现实的意义，“被抽象的孤立的理解的，被固定为与人分离的自然界，对人来说也是无”；② 同样，处于生存实践活动之外的“我思”、自我等主观精神性的存在由于尚未在感性的对象性活动中表现自己的本质力量，因而其存在也不具备真正的现实性，“非对象性的存在物，是一种非现实性、非感性的、只是思想上的即只是虚构出来的存在物”，③ 它们只有进入现实的实践活动，才能扬弃其潜在性而获得现实性的品格。正是在此意义上，马克思在《关于费尔巴哈的提纲》的第一条才这样批判把世界实体化的“旧唯物主义”（这种唯物主义不是颠倒的柏拉图主义，而颠倒的柏拉图主义仍然是一种柏拉图主义）和“唯心主义”：“从前的一切唯物主义——包括费尔巴哈的唯物主义——的主要缺点是：对事物，现实，感性，只是从客体的或者直观的形式去理解，而不是把它们当作人的感性活动，当作实践去理解……所以，结果竟是这样，和唯物主义相反，唯心主义却发展了能动的方面，但只是抽象地发展了，因为唯心主义当然是不知道真正现实的、感性活动本身的。”④

把“事物”、“现实”当作“实践”去理解，所意味着的是：人现实的生活世界完全是由人的实践活动所“构造”或“组建”而成的，因而决不能还原为某种抽象的知性实体，既不能还原为抽象的“自然物质实体”，也不能还原为抽象的“精神实体”。生存实践活动通过把人的生命

① 《马克思恩格斯全集》第 2 卷，人民出版社 1957 年版，第 159—165 页。

② 《马克思恩格斯选集》第 42 卷，人民出版社 1979 年版，第 178 页。

③ 同上书，第 169 页。

④ 《马克思恩格斯选集》第 1 卷，人民出版社 1972 年版，第 16 页。

力量对象化，把自然界转化为自己的“无机身体”，把自然关系变换为“属人关系”，从而使整个世界“活化”起来而拥有了生命的光辉，它是一个超越主客抽象的对立地、把人与对象融为一体，并不断地把人与世界推向更高层次与境界的能动的过程。正是在此意义上，马克思才说：“这种活动、这种连续不断的感性劳动和创造、这种生产，正是整个现存的感性世界的基础。”① “整个所谓世界历史不外是人通过人的劳动而诞生的过程，是自然界对人说来的生成过程。”②

可见，在马克思看来，正是这种“现实生活世界”，才构成了人最为本源的生存世界，因而也才构成了哲学的本体论视界。在此本体论视界内，哲学所要解决的不是客体世界或主体世界“是什么”这样实体性、知识性问题，而是自然与人、主体与客体等矛盾关系如何更好地实现的统一等与人的生存发展内在相关的“生存性”问题，实体性、知识性问题只是关于“存在者”的问题而非“存在”的问题，它们只有奠基于“生存性”问题的基础上，才能获得自身坚实的根基。

(2) 从人与世界的关系角度看，生存实践活动作为人对象性的感性活动，体现和构成了人与世界本体性的原初关系，拥有着优先于人与世界的抽象逻辑认知关系的基础性地位。

在马克思看来，人与世界之间并非如传统哲学设想的那样，是一种主客二元分立然后再通过认知的途径来寻求实体性统一的关系，而是一种在生存实践中本源性的否定性统一关系，绝没有一个叫作“人”的现成存在者同另一个叫作“世界”的现在者“比肩并列”，然后再通过概念和知性逻辑来把两个现成存在者“粘连”起来那样一回事。在生存实践活动中，人并非如传统形而上学所假定的那样是一个面向整个世界的理性的静观者和凝视者，而是通过感性实践活动，以整个世界为对象的存在者，无论就其始源关系，还是发展关系说，人都是一种“世界性的存在”，因而他绝非脱离世界、与世界“绝缘”的现成存在者；与此同时，“世界”也不是如传统形而上学所认为的那样是“现成存在于世界之内的存在者的总体”，而是一种在人的生存实践活动所生成的“因缘整体性”，也就是

① 《马克思恩格斯选集》第 1 卷，人民出版社 1972 年版，第 49 页。

② 《马克思恩格斯全集》第 42 卷，人民出版社 1979 年版，第 131 页。

说，它是一个人直接生活于其中的世界，即处于对人关系中的世界，是经过人的活动所参与、创造的“属人世界”，在此意义上“世界是属于人”的，它是从事着生存实践活动的人的基本规定。人具有“属世界性”，世界具有“属人性”，二者的这种关系清楚地表明，人与世界是一种通过生存实践活动所结成的相互构成、相互生发的一体性关系。

人与世界的这种本源性关系，首先体现在人与自然关系方面。马克思指出：一方面，“人是自然存在物”，“人作为对象性的、感性的存在物，是一个受动的存在物；因为它感到自己是受动的，所以是一个有激情的存在物。激情、热情是人强烈地追求自己的对象的本质力量”。[①] 另一方面，“人不仅仅是自然存在物，而且是人的自然存在物，也就是说，是为自身而存在着的存在物，因而是类存在物。他必须既在自己的存在中也在自己的知识中确证并表现自身”。[②] 前“一方面”表明了：人是感性的“自然存在物”，人属于自然，依赖于自然，后“一方面”则表明，人作为感性的存在物，不是如费尔巴哈似的“静态的直观”意义上的感性，不是一种被动的、消极的自然感性存在物，而是能动的对象化的活动，就此而言，自然又属于人。人属于自然，同时自然也属于人，人既依赖着自然，又否定着自然，人既是自然存在物，又具有超越自然的本性，而使人与自然的这种矛盾关系实现内在统一的便是人能动的感性实践活动，感性实践活动是一种人与自然、主体与客体相互规定、相互作用、相互转化的活动，它既是造成主观性与客观性相互对立、发展其间矛盾性的一种分化世界的活动，又是消除主观性和客观性各自的片面性、使二者达到更高统一性的活动，它既体现着自然的本原作用又体现着人的能动作用的活动，它既使自然从属于人，又使人从属于自然，既使人向自然生成，又使自然向人生成，人与世界就在这种感性实践活动中最为本源地关联在一起，并在这种活动中结为一种动态的否定性的统一关系。

同时，与人和自然的这种一体性关系不可分割的是人与人之间本源性的社会关系，人与自然的否定性统一关系只有通过与他人的“共在”才

---

① 《马克思恩格斯全集》第 42 卷，人民出版社 1979 年版，第 169 页。

② 同上。

能得以实现。对此，马克思说道：人的“活动和享受。……自然界的人的本质只有对社会的人来说才是存在；因为只有在社会中，自然界对人说来才是人与人联系的纽带，才是他为别人的存在和别人为他的存在，才是人的现实的生活要素；只有在社会中，自然界才是人自己的人的存在的基础。只有在社会中，人的自然存在对他说来才是他的人的存在，而自然界对他说来才成为人。因此，社会是人同自然界的完成了的本质的统一，是自然界的真正复活，是人的实现了的自然主义和自然界的实现了的人道主义”。[①] 可见，人的感性实践活动是一种把人、自然、他人三者否定性的联为一体的活动，它使人既处于与自然的一体性的统一关系之中，又处于与他人的一体性的统一关系之中，三者“三位一体”，共同组建成人“在世”的生存论结构。很显然，与传统形而上学先把人和世界知性的分裂开来，然后再通过抽象理智和知性逻辑来沟通二者的关系相比，这种人与世界的本源性关系拥有着在存在论上的首要的优先地位，理智认识只有植根于感性实践活动才能获得其合理性而不是相反。

（3）从“人的存在”角度看，实践作为人“本源性”的生命存在和活动方式，还意指它是人所“特有”的生存方式，人之存在就在于他的历史性的“生存”与“生活”，人是感性地和实践性地确证和展现自身存在过程的特殊存在者，这是人的生命存在区别于动物最本源性的分界点，因而也构成了人之为人的“奥秘”和深层根据。

人与动物的分别，按照马克斯·舍勒的观点，是关系到人在宇宙中的地位的重大问题。在此问题上，传统本体论哲学所暗含的假设是：人是纯理性的动物，人是动物这一“属”加上“理性”这一“种”的结合物，运用“理性”去把握现象背后的超感性实体，是人高于动物的本质属性。按照海德格尔的观点，这种对人的理解实质上是把人当作“现成存在和摆在那里这种意义上加以领会的”，[②] 因而与理解物的方式并无本质差别，舍勒说得更清楚，这种理解方式实际上是把“人的本质及其价值视为一

① 《马克思恩格斯全集》第 42 卷，人民出版社 1979 年版，第 121—122 页。

② ［德］海德格尔：《存在与时间》，陈嘉映等译，生活·读书·新知三联书店 1987 年版，第 60 页。

种自然事实的自然延伸”,[①] 它在表面上把人看得很高，其实是人的贬值和人的价值的颠覆。

在马克思看来，确定人与动物区别的关键不在于找到某种动物不具备的如“理性”这样的现成的特殊性质，而在于领会到人是一种具有“生存实践”本性的特殊存在者，马克思的如下论述集中地表明了这种观点：“人是什么，这与他的生产是完全一致的，既和他生产什么相一致，也和他如何生产相一致”,[②] “生产生活本来就是类生活。这是产生生命的生活。一个种的全部特性、种的类特性就在生命活动的性质，而人的类特性恰恰就是自由的、自觉的活动”[③]；他还说道：“可以根据意识、宗教或随便别的什么来区别人和动物。一旦人们开始生产他所必需的生活资料的时候（这一步是由他们的肉体组织所决定的），他们就开始把自己和动物区别开来。”[④] 所有这些论述，都表达着一个共同的旨趣，那就是只有人的特殊的“生存”本性和“生命活动的性质”，才是区别人与动物的根本尺度，因而也就最深刻地构成了“人猿相辑别”的本源分界，而“生存”所意味着的是：人是一种通过实践活动不断自我筹划和自我创生的特殊存在者，没有任何先验的原则和理性的教条来规定人的存在，面向未来在历史中不断地生成自身，创造自身，超出自身，构成了人特有的存在方式，就此而言，人的“可能性”总是高于其“现实性”。

因此，知性化的实体本体论把人悬设为一种“现成”的“逻辑”性的存在者，这在根本上是把知性与生存、逻辑与生活颠倒所致，只有把这种颠倒的关系重新颠倒过来，把人的知性和逻辑性奠定于生存实践和生命活动的基础上而不是相反，才能达至本源性的“人的存在”。

通过以上分析，可以清楚地看出，生存实践活动使世界、人以及人与世界共同“在”起来，构成了“世界”、“人与世界关系”以及“人的存在”的本源性基础。传统哲学的“超感性实体”在此转变为“感性的实践活动”，不再是知性化的超感性实体，而是人的生存实践活动构成了

① ［德］舍勒：《人在宇宙中的地位》中译者序，李伯杰译，贵州人民出版社 1989 年版，第 7 页。

② 《马克思恩格斯选集》第 1 卷，人民出版社 1972 年版，第 25 页。

③ 《马克思恩格斯全集》第 42 卷，人民出版社 1979 年版，第 96 页。

④ 《马克思恩格斯选集》第 1 卷，人民出版社 1972 年版，第 24—25 页。

"存在之谜"的答案。这就是马克思在最基本的解释原则和思维方式上对传统哲学本体论所实现的重大变革，从此开始，哲学对本体论问题的解决获得了一种新的眼光，即生存论的眼光，知性化的实体本体论的理论范式被一种全新的理论范式，即生存论本体论范式所取代。

四　新范式的奠基者和开创者：马克思的重大贡献

解释原则和思维方式的变革是最深层次的变革。从"超感性的实体"转变为"感性的实践活动"，这是本体论思想史上一次具有重大意义的范式转换。它在根本扭转了解决"本体"问题的眼光，即从"名词"的眼光转向了"动词"的眼光，从"知性化的实体本体论"的眼光转向了"生存论本体论"的眼光。① 人们将不再以知识论的方式去寻求超感性的终极的实体化的存在，而是转向人现实的生存实践活动，从生存实践活动中去领悟和揭示"存在"的意义。在此意义上，它宣告了一种旧的理论传统（即知性化的实体本体论传统）的终结，标志着一种新的理论传统的诞生（即"生存论本体论传统"）。这，就是马克思哲学在本体论问题上所作出的重大贡献。

海德格尔曾说：当（以往）哲学家谈到存在时，他们喜欢名词更甚于动词，喜欢动名词更甚于动词的不定式。知性化的实体本体论传统所代表着正是一种名词（"知识论"的、"理论哲学"的，"视觉中心主义"的）的眼光，它认为思想的任务在于"看"出那变动不居的事物后面永恒在场的超感性本体，运用知性逻辑，把一切差异性、特殊性内容抽象掉，达到对一个现成的、普遍性、同一性的概念化实体的掌握，就获得了存在之为存在的最后根据。

与此不同，"动词"的眼光所代表的是生存论的眼光。当马克思明确意识到"以往的哲学家都是以不同的方式解释世界，而问题在于改变世界"，"理论的对立本身的解决，只有通过实践方式，只有借助于人的实

① "知识论"的眼光在实质上是一"名词性"的眼光，它以追问超验实体、最高知识与终极解释为旨趣，"生存论"的眼光是一种"动词性"的眼光，它以对人本源性的生存活动的诠释为根本目标。因此，本文把"名词性"的眼光和"知识论"的眼光、"动词性"的眼光和"生存论"的眼光并提。

践力量，才是可能的；因此，这种对立的解决决不只是认识的任务，而是一个现实生活的任务，而哲学未能解决这个任务，正因为哲学把这仅仅看作理论的任务”[①] 之时，所标明的正是这样一种眼光。

转换成一种“动词性”的、“生存论”眼光，意味着人们对“存在”问题的解决获得了一种全新的思想视域：“存在”根本不是一种静观的、知识性的对象（这种对象只是“存在者”而非“存在”），从来就没有什么现成的、等待着人们去一劳永逸加以捕获的先定的“存在”，“存在”总是在人的生存实践活动中才得以“涌现”和“出场”，[②] 或者说是在人的生存实践活动中才得以揭示和开放出来，存在的意义并不在超感性的超验实体中，而就在于人的生存实践活动的展开和显现过程之中。因此，要领会“存在”的意义，不能采用理性形而上学的方式，而必须返回到实践活动这一人本源性的生存活动之中。

很显然，与传统形而上学以一种静观的、知识论的态度来揭示“存在”的意义相比，马克思所开启的是一个全新的思想境域。他启示人们：人不是一种面向整个世界，去“看”出无常现象世界后面那“终极存在”的“主观”的、“凝视着”的、“静观”的存在者，不是独立于生存实践活动的抽象的、逻辑性的、现成的“认识者”，而是“通过实践创造对象世界，即改造无机界，证明了人是有意识的类存在物，也就是这样一种存在物，它把类看作自己的本质，或者说把自身看作类存在物”，[③] 先于逻辑和理智的生存实践是比逻辑、理智更为本源的存在境域，实践理性是比理论理性更为基本的理性，因而关于“存在”的意义，不能到远离现实世界的超感性的“另一个世界”去寻求，而应坚持实践理性高于理论理性的立场，到人的生存实践活动中去予以领会。毫无疑问，这完全改变了追问“存在”问题的思路，由此所奠定的本体论将不再是“知性化的实

① 《马克思恩格斯全集》第 42 卷，人民出版社 1979 年版，第 127 页。

② 颇具意味的是，海德格尔在《形而上学导论》中，通过对“存在”的词源学和语法学探讨，得出了这样的结论：“存在”在源头上所具有的是动词性的“活”的意义，但在后来的语言发展中，经过不定式、动名词等形式，“存在”逐渐被名词化，“存在”变成了“存在者”，于是“存在”的源始意义越来越被遮蔽，从而造成“存在之被遗忘”这一后果的产生。海德格尔的具体理路与马克思有着众多差别，但在恢复“存在”的“动词性”上，似乎有某种相通的眼光。

③ 《马克思恩格斯全集》第 42 卷，人民出版社 1979 年版，第 96 页。

体本体论”，而已成为“生存论本体论”。

“生存论本体论”宣告了“知性化的实体本体论”传统的终结，一种解决本体问题的新理路从此开启出来，一种超越于传统本体论的理解“存在”问题的全新的解释原则由此得以确立，这是一种真正现代哲学的理路和原则：

（1）以“生存实践”原则取代传统本体论的“唯理主义”原则。它强调：在逻辑与生存、知性与生命、理论与实践、静思与行动的关系中，后者具有本源性或本体性的优先地位，前者只有奠基于后者之上，才能获得其根基和合法性，因此要从人之为人的生存活动出发，去寻求“存在者”之为“存在”的本源根据，在人的生存实践活动中，蕴含着“存在之谜”的答案；传统知性化的实体本体论把“静思”和“逻各斯”置于优先地位，实质是把“最后”的东西颠倒为“最近最先”的东西，它所悬设的抽象的超感性实体只不过是以“存在者”代替了“存在”，因而是真实的存在之遗忘。

（2）以“现实生活世界”的原则取代传统本体论的“绝对主义”和“还原主义”原则。它强调：人、世界以及人与世界关系的本源根据在于生存实践活动，而不在于知性化的逻辑活动之中，由生存实践活动所组建而成的“现实生活世界”构成了哲学最切近的“本体性”世界，传统知性化的实体本体论所承诺的知性化的“实体统一性”世界，实质上是对“现实生活世界”的抽象和瓦解，生存论本体论要颠覆这一“实体统一性世界”的统治，使哲学回归“现实生活世界”的家园。

（3）以“历史性”、“时间性”原则0取代传统本体论的“非历史性”原则。它强调：“存在”的意义是在生存实践活动面向未来的“历史性”展开中显示出来的，“历史性”是人的生存实践活动的本性，因而也构成了对“存在”意义的领悟得以可能的境域；传统知性化的实体本体论执着于对“超历史”、“非时间”的实体的追求，遗忘了人的生存实践的“历史性”，生存论本体论要从抽象的知性实体的统治下拯救“历史性”，使“存在”的意义与人的生存活动的“历史性”内在地联系在一起。

这一切，意味着一种理解和解决“存在”问题的新的理论范式的诞生。这种新的理论范式，是与一个现代“哲学家共同体”内在联系在一起的，其成员包括马克思、叔本华、尼采、海德格尔、雅斯贝尔斯等现代哲人们。应该说，这一“哲学家共同体”的成员们，其各自的思想主张存在着相当大的差异，但他们在“存在论”问题上，表现出了一种“家族相似”的特征，即都一致地否弃传统哲学知性化的实体本体论，要求从人的现实生存活动和生存方式出发，来领会和揭示“存在”的意义。这便是解决“存在论”问题的现代哲学范式。马克思无疑是属于这一理论范式的，并且是这一范式的重要开创者和奠基者。唯有从此角度出发，马克思哲学所确立的生存实践观点及其在本体论上所达到的理论水准才能在原则的高度上得以肯定和巩固起来，任何企图用“知性化的实体本体论”，甚至“素朴实在论”的方式来解释马克思哲学“本体论”思想的人，都是对马克思重大理论变革及其理论贡献的抹杀。

新“理论范式”的开创，意味着既有理论传统的终结和新的理论传统的开端，从此开始，“存在论”在现代哲学的视域中获得了全新的表现形式和理论生命力。深入探讨马克思哲学和现代哲学在“存在论”上不同于传统哲学的思想内涵，已成为事关如何理解和评价整个现代哲学变革的核心性课题。

（原载于《当代国外马克思主义评论》2004 年第 4 期）

站到“界限”之上：哲学前提批判的真实意蕴

“前提批判”是哲学重要的工作方式。但对于何谓“前提批判”，人们却经常缺乏深入彻底的追问。反思思想观念和生活的“界限”，是哲学前提批判的基本主题，无论是对“界限”的认识论批判、语言哲学批判还是历史实践批判，都充分表明，站到“界限”上去看、去思，构成了哲学前提批判的真实意蕴。只有从这一视角理解哲学前提批判的内涵，哲学特殊的理论功能才能得到切实的彰显，哲学所独具的精神品格才能得到充分的呈现。

对人们视为天经地义的、无须反思的思想和行为的根据进行前提性批判，这是哲学十分重要的工作方式，也是哲学区别于其他具体学科的重要特质。通过前提性批判，哲学独特的精神品格和思想功能将得到充分的彰显。然而，究竟何谓哲学的前提批判？哲学前提批判究竟如何成为可能？换言之，哲学前提批判的主题、内在思想机理和内在根据是什么？对于这些属于“哲学前提批判”的“前提性”问题，人们经常缺乏深入彻底的追问。本文试图作出自己的分析和回答，以期从一个特定角度推动哲学的自我理解和哲学观念的转换。

一　反思思想观念和生活信念的“界限”：哲学前提批判的主题

哲学的前提批判工作的真实指向究竟是什么？它是从何种特有的视角和方式切入对人的观念和行为的前提，并对之展开内在的而非外在的批判的呢？这是我们理解哲学的前提批判时所必须回答的一个“前提性”

问题。

哲学前提批判最根本的指向是人的思想观念和生活信念的“界限”，它要消解“思维的规定”与“存在的规定”具有同一性这一似乎不言自明的前提假设，从而呈现一切“思维的规定”不可避免的有限性。

“思维”规定与“存在”规定具有同一性，这一信念经常被视为包括经验常识的“真理”、理论知识的“真理”和哲学的“真理”在内的种种认识形式赖以成立的一个基本前提。主观的思维与客观的存在之间具有“同一性”，这种“同一性”是认识获得“真理性”与“科学性”的保障与基础，只有在“思维与存在的同一性”得以保障的前提下，认识才能获得其坚实的客观性和真理性，正如黑格尔所指出的，它相信“思维的规定即是事物的基本规定，并且根据这个前提，坚持思想可以认识一切存在，因而凡是思维所想的，本身就是被认识了的”。[①] 离开这一基本前提，“真理”性认识就将失去根据。

经验常识是人们在日常生活中生成的，经过验证被证明是“可靠”的，理智正常的人皆具备的自明的、不容怀疑的知识和信念。正如有学者概括的，常识具有三个基本特点：第一，普遍性，即它是人们普遍同意的知识和信念；第二，直接性，它不需要推理和证明，是直接被知道和确证的；第三，明晰性，即它具有自明性。[②] 它告诉人们：事情就是如此，不需要论证，也不需要反思和批判。怀疑常识就是与人们的经验和直觉作对。可见，对常识的这种信念正是建立在认识与其对象即“存在”具有同一性这一设定和前提之上。

对于系统的理论认识而言，“思维”规定与“存在”规定的同一性更构成其深层的预设。任何思想理论体系，都以“求真”作为首要目的，即它试图回答“存在的本来面目为何”这一“事实”问题。理论体系实质上就是用抽象的概念建立起普遍性的观念体系，以之把握关于对象的“本来面目”，从而使“主观”建构起来的理论与“客观”对象达到内在的“统一”。不仅如此，像人文社会科学的理论体系除了对普遍性和客观性“真理”的追求，还包含着对于“应该怎样”和“如何使之实现”的

① ［德］黑格尔：《小逻辑》，贺麟译，商务印书馆2009年版，第95页。

② 周晓亮：《试论西方哲学中的“常识”概念》，《江苏行政学院学报》2004年第3期。

价值向度，它要以理论的方式描述和表达具有普遍性和客观性的价值理想，并围绕其刻画和建构“切实可行”的“现实道路”。这即是说，它不仅要追求“真”，还要追求“善”与“美”，正是在“思维”与“存在”的统一中，“真”、“善”、“美”实现了内在的结合与融贯。

由此也就可以理解，由于坚持上述“思维”与“存在”的同一性信念，一切系统性的理论知识都标榜自身在逻辑上的自洽性与无矛盾性。一种在逻辑上无法自洽的、自相矛盾的理论体系必然是自我挫败的。逻辑上的自洽性和无矛盾性，也决定了任何理论体系必然声称自身的“完备性”和“自足性”，即在自身逻辑前提和框架中，对所研究对象的解释具有不容置疑的充足性。它相信，从预定前提出发形成关于对象的一整套连贯的描述和解释体系，是自足圆满的，足以抵御针对它的一切质疑和批评。

如果说，对于经验常识和具体的理论学科而言，“思维”的规定与“存在”的规定具有同一性尚是“不自觉的无条件的前提”，那么，对于许多哲学家来说，论证“思维与存在的同一性”，从而为一切知识奠定最终的根基，则构成了其“无条件的自觉的前提”。自笛卡尔以来，如何从哲学上论证思维与存在的统一性，构成了近代哲学的重大主题。正是在此意义上，恩格斯才指出，近代以来，“思维与存在的关系”问题成为哲学的“基本问题”。

“思维和存在关系”之所以成为哲学的“基本问题”，最根本的原因在于，哲学家试图通过论证“思维”与“存在”的统一性，为“知识”的客观性确立根基。这一工作在黑格尔那里达到了登峰造极的地步，他明确说道：哲学的最高使命就是确认事物与“存在于事物中的理性的和解，亦即达到理性与现实的和解”，[①] 所谓“理性与现实的和解”，实质就是思维与存在的“统一”，黑格尔辩证法的根本使命就是要完成“理性与现实的和解”，即实现主体与客体、思维与存在的内在统一。他的“绝对精神”正是作为这样一种超越主客对立的绝对主体而存在的，“绝对”即为“无对”，“无对”是为“有对”之母，它超越了思维与存在、理性与现实的对立，既为一切具体知识的真理性奠定了根基，同时也使哲学的理论体系成为自足完备、无须外求的真理体系。

① ［德］黑格尔：《小逻辑》，贺麟译，商务印书馆 2009 年版，第 43 页。

正是通过对“思存统一性”的自觉论证，哲学自诩较之于仅把“思存统一性”当成“不自觉的无条件前提”的具体科学，代表着更高的真理，或者干脆说代表着“真理之真理”。这正是以论证“思存统一性”为最高目的的近代哲学的根本追求。仍以黑格尔为例，在《精神现象学》序言“当代的科学任务”一开始，他就明确用“真理之为科学的体系”这一表述强调哲学理论体系作为自洽的有机整体的重大意义，在他看来，哲学理论系统中的任何一个环节在系统中都是同样必要的，它们构成整体思想体系“相辅相成的环节”，这些具有“同样必要性的环节”，形成了思想体系的“整体生命”。对此，黑格尔说道：“只有真理存在于其中的那种真正的形态才是真理的科学体系。我在本书里所怀抱的目的，正就是要促使哲学接近于科学的形式，——哲学如果达到了这个目标，也能不再叫做对知识的爱，而就是真实的知识”,[①]“知识只有作为科学或体系才是现实的，才可以被陈述出来；而且一个所谓哲学原理或原则，即使是真的，只要它仅仅是个原理或原则，它就已经也是假的了，要反驳它因此也很容易。……真理只作为体系才是现实的”。[②] 只有在“体系”中，哲学的思想理论体系在逻辑上才是自洽完备的，才意味着达到了“科学”和“真理”的层次：“真理就是全体。全体的自由性，与各个环节的必然性，只有通过对各环节加以区别和规定才有可能”,[③] 在思想体系的合乎逻辑的有机整体中，“事物本身”获得了“真理”性的把握，它避免了沦为个人主观心情的牺牲品，也超越了偶然性的一时之见，而成为“包含一切特殊原则于自身之内”的普遍性“原理”。

可见，无论是对于常识、科学还是哲学，对思维与存在同一性的深层信念构成了它们赖以成立的深层根据。对于常识，这种同一性构成其日用而不知的、无须反思的前提；对于科学理论，这种同一性构成其“真理性”和“科学性”的前提；对于哲学，它是捍卫其自身作为“科学之科学”的、“终极原理”地位的前提。

那么，构成常识、科学和哲学前提的这一“思维与存在同一性”原

① ［德］黑格尔：《精神现象学》上卷，贺麟、王玖兴译，商务印书馆 1979 年版，第 3 页。

② 同上书，第 14—15 页。

③ ［德］黑格尔：《小逻辑》，贺麟译，商务印书馆 2009 年版，第 56 页。

则是否拥有它们自诩的无须质疑的自明性和真理性？对此问题的反思和追问，构成了哲学前提批判的核心。在这种反思和追问中，哲学的前提批判抵达了一切理论思维的真实“界限”，对此“界限”的自觉澄清和揭示，构成哲学前提批判最为重大的主题。

二 “界限”澄清和反思的三种进路

如前所述，思维与存在具有同一性，这一信念支撑着常识、科学和哲学等种种理论思维形式，构成其真理观、价值观的深层根据。这一不可置疑的、自明的前提既是它们赖以成立的最深层基础，也构成它们默认的、无法突破的界限。这意味着，只有在此“界限”里，它们的自洽性、充足性和总体性才成为可能。超出此界限，它们的自洽性、充足性和总体性就将失去其不言自明、天经地义的真理性和合法性。哲学的前提批判就是要通过对“界限”的自觉澄清和反思，揭示“思维与存在的同一性”信念以及以此信念为支撑的思想观念和理论体系的有限性和僭越性，显示“思维”与“存在”之间无法被绝对地同一起来的裂隙与矛盾，暴露二者在“同一”的表象下所隐含的深层的“非同一性”与“异质性”，从而破除抽象的观念体系“绝对真理”与“永恒正义”的幻象，为克服“抽象对人的统治”、推动人的思想解放和人的自我解放开辟自我超越的空间。哲学的前提批判对于人的认识和生活的“界限”的澄清和反思主要有三条基本进路。一是对“界限”的认识论批判，二是对“界限”的语言学批判，三是对“界限”的历史实践批判。这三条进路从不同层面揭示了人的思想观念体系和生存信念的“界限”，集中体现了哲学前提批判的工作方式和理论自觉。

对“界限”的认识论批判即是要通过对人的理性认识能力的“界限”的反思和批判，揭示思想观念体系所依赖的“思存同一性”前提的僭越和虚妄。在此层面上，它所提出的根本问题是：人的理性认识能力是否能如它所信奉的那样实现了与“存在”本身的统一？

在此方面，康德的“理性批判”为我们树立了一个光辉的典范，可以说，正是由于他在“理性批判”上所做的前无古人的原创性工作，使得他成为哲学史上展示“哲学的前提批判”这一工作方式的最有代表性的哲学家之一。

在《纯粹理性批判》中，康德明确自己的哲学任务就是“建立一所法庭，来保证理性合法的要求而驳回一切无根据的僭妄，其所用的方法不是独断的命令而是依据理性自己的永恒不变的规律。这个法庭不是别的，而是纯粹理性的批判”。[①] 对于康德来说，所谓“批判”，不是指对“书籍和思想体系的批评来说的，而指关于在批判之后就可以不依靠任何经验而独立去求得一切知识的那种一般理性能力的批判而言的”，[②] 也就是说，“批判”的根本旨趣在于确定认识的来源、范围与限度。在康德看来，传统形而上学号称一切科学的女王，但它最终陷入了“无家可归”的境界，其根源就在于它企图超越自身的“界限”，“高翔在经验教导之上”，去获得关于“存在本身”的知识。澄清这种“界限”，防止其非法的僭越，正是“批判哲学”进行“哲学前提批判”的根本使命。“批判”最根本的含义是“审定”理性能力，“批判”的目的和重心是对“理性失控”的“治疗”并确定其“源泉、范围和界限”，只有确定理性的边界，才能真正超越“独断论”和“怀疑论”的恶性循环。在此意义上，“批判”就是一项“明晰界限”、“厘清范围”的具有“边界堪定”性质的工作。在康德看来，把“思维”的规定与“存在”的规定“同一”起来的最典型的表现是传统形而上学。康德把它称为独断论。这集中体现在两个基本方面：第一，它对理性能力不加批判，认为纯粹理性的规定即是绝对存在的规定，“思维”与“存在”具有无须反思的“同一性”；第二，它认为无须经验，光凭纯粹理性即能够达到对“存在”的把握。在“先验辩证论”中，康德深入揭示这种独断论的根源：“有很大的诱惑来单独地使用知性知识的这种纯粹方法和这些原理、乃至在经验的限度以外来使用它们（只有经验才能产生那些知性的纯粹概念所能适用的质料即对象），于是就使知性冒险在合理性的幌子下把知性的纯粹而仅是形式上的原理作实质上的使用，且不分皂白地对于对象进行判断——对于没有对我们被给予出来的对象、甚至绝不能被给予出来的对象进行判断。”[③] 对纯粹知性的这

① ［德］康德：《纯粹理性批判》，韦卓民译，华中师范大学出版社 2000 年版，第 5、6 页。

② 同上。

③ 同上书，第 100、564 页。

种错用，康德用“辩证幻象”来予以概括，“先验幻象”作为一种“幻象”，它与其他幻象不同。它不是由于“手艺不精”、“知识不足”而造成的，也不是某些心怀不轨之人有意编造出来淆乱人心的结果，而是根源于人的理性的本性和必然倾向。

通过如上批判，康德得出这样的结论：“纯粹理性的一切辩证尝试的结论不但证实了我们在先验分析论中所已经证明的，即自以为引导我们超出可能经验范围以外的我们所有那些结论，都是骗人而毫无根据的；它并且同时也以这种教训来教导我们说，人类理性有一种想要超过这些界限的自然倾向，并且先验理念对于理性正如范畴对于知性的一样是自然的。”①为此就必须揭露超验判断的幻象，使我们留心不为它所欺骗。批判哲学的重要任务就是纠正与防止这种诡辩，提醒人们对这种难以避免的自然倾向保持充分的警惕。

从以上简要的分析可以看出，康德对“理性界限”的认识论批判，实质上就是对“思维”与“存在”同一的形而上学根基的釜底抽薪式的反思与消解。它揭示了，传统形而上学关于“思维”与“存在”的同一性以及以此信念为基础所形成的种种“真理体系”，最终不可避免地陷入独断论。可以说，康德“纯粹理性批判”使理论理性的“界限”获得了充分的自觉，使“主观认识”与“客观存在”的同一性这一理论思维的“无条件性的前提”失去了其无须反思的权威性和充足性。

康德的批判工作对于迷恋“思维”与“存在”的同一性，热衷于寻求“自足完备”的、总体性的“真理体系”的人来说，无疑是令人恼火和难以接受的。但是，对于诚实的、富有批判精神的哲学家来说，康德展开了一条真正的前提批判的哲学道路，并对哲学的发展产生了深远的影响。“界限”的语言哲学批判是对康德“界限”的认识论批判的发扬光大。思维与语言是内在联系在一起的，“思维与存在的同一性”在语言层面上即表现为“语言”与语言所表达的“实在”之间的关系。因此，对“界限”的语言哲学批判是认识论批判在语言层面的延续与深化。

在此方面，维特根斯坦可谓继承康德所开创的哲学前提批判的当代最

① ［德］康德：《纯粹理性批判》，韦卓民译，华中师范大学出版社2000年版，第100、564页。

杰出代表之一。他把康德认识论层面的前提批判“升级”为语言哲学的前提批判。

维特根斯坦明确表示，《逻辑哲学论》一书最中心的思想就是要对“可说的”与“不可说的”之“界限”进行反思和澄清。在该书导言中，维特根斯坦明确说道：“这本书将为思维划定一条界线，或者毋宁说，不是为思想而是为思想的表达划一个界限……因此这界限只能在语言中来划分，而处在界限那一边的东西就纯粹是无意义的东西”[①]，关于该书的目的，维氏更是这样一言以蔽之：“这本书的全部意义可以用一句话概括：凡是可以说的东西都可以说得清楚；对于不能谈论的东西必须保持沉默。”[②] 那么，什么是维氏所认为的“可说的东西”呢？维氏认为，所谓可说的东西，就是“自然科学的命题”，“哲学中正确的方法是：除了可说的东西，即自然科学的命题——也就是与哲学无关的东西之外，就不再说什么”；[③] 除了自然科学的命题，像伦理、美学、宗教以及哲学形而上学等都应划入“不可说”的领域。以往哲学的根本错误就在于其跨越边界，使用逻辑语言，来试图表达和说出根本不可说的、应“保持沉默”的东西，因此，把“可说的”与“应保持沉默”的领域明确区分开来，防止其彼此的僭越，就成为维特根斯坦的重要使命。在此意义上，他为哲学自觉地认定了这样的角色：“没有哲学，思想就会模糊不清；哲学应该使思想清晰，并且为思想划定明确的界限”，[④] “哲学应当为能思考的东西划定界限，从而也为不能思考的东西划定界限”[⑤]。

站在“可说”与“不可说”的“界限”上，维特根斯坦实质上宣告了那种认为与“实在”相统一的语言系统的非自足性和非完备性。任何理论系统都是用语言的方式来表达的，正如维特根斯坦所证明的那样，任何语言系统对“实在”的“表达”，都有着它永远无法“一网打尽”的“剩余物”，因而也就永远无法实现对“实在”的“如其所是”的统一。因而，正确的态度是放弃这种“统一”的迷梦，自觉地站在“语言”与

① ［奥地利］维特根斯坦：《逻辑哲学论》，贺绍甲译，商务印书馆 1999 年版，前言。

② 同上。

③ 同上书，第 104 页。

④ 同上书，第 48、49 页。

⑤ 同上。

"实在"的界限上，向无法被语言所把握的"神秘之物"谦逊地敞开。

事实上，从语言层面对"界限"进行哲学前提批判已成为当代哲学一种重要的自觉。除了维特根斯坦，像德里达、罗蒂等被称为"后现代主义哲学家"的思想家，其重要的思想趋向即在于突破语言系统的封闭意义樊篱，消解其总体性、中心主义的话语结构，克服其把一切"他者"和"异质性"因素综合为一体并由此消除系统矛盾性的幻觉，为语言意义系统的开放性和创造性打开空间。美国学者康奈尔把以德里达为代表的"解构哲学"称为"界限哲学"，认为"它展示了作为一系统的体系的建立如何意味着对它的一种超越，确切而言，它是凭借它所排除的东西而实现的"，[①] 在这个意义上，他认为，"应当把'后现代'理解为一种寓言，以此而论，它表达了对界限的一种伦理坚持，以抗衡长期以来被打造成为'真理''正义''权利'等'定论'的现代性原则的'肯定'描述"。[②] 应该说，这一总结十分敏锐而深刻地把握到了这些当代哲学家的深层动机及其哲学意义。

对"界限"的历史实践批判是对上述批判路径的进一步深化。对"界限"的认识论和语言哲学批判无疑是深刻的，但是，人的认识和语言都不是自足的独立王国，它们均深植于人们的社会历史实践之中。社会历史实践构成了人的认识和语言的更为深层的基础，它以一种更具根源性的方式揭示了"思维与存在的同一性"这一"理论思维前提"的虚幻性。

众所周知，"社会历史实践"是马克思哲学理解人以及人与世界关系的基本观点，因而也是其理解思维与存在关系问题的基本观点。马克思明确说道："思想本身根本不能实现什么东西。思想要得到实现，就要有使用实践力量的人"[③]，"意识在任何时候都只能是被意识到了的存在，而人们的存在就是他们的现实生活过程"[④]，"不是意识决定生活，而是生活决定意识"[⑤]。这意味着，与思维和意识相比，实践活动与现实生活具有更为本源和优先的地位，任何思想体系和理论都无法把现实生活与生活实践

---

① ［美］康奈尔：《界限哲学》，麦永雄译，河南大学出版社 2010 年版，第 1、16 页。

② 同上。

③ 《马克思恩格斯文集》第 1 卷，人民出版社 2009 年版，第 320 页。

④ 同上书，第 72、73 页。

⑤ 同上。

囊括其中，达到对现实生活和生活实践的总体性把握。与生活实践与现实生活的无限性与丰富性相比，任何思想体系与理论构想都是“片面”的；与生活实践和现实生活的“异质性”相比，任何思想体系和理论构想都是“单一”和“同一性”的；与生活实践与现实生活的“历史性”相比，任何思想体系和理论构想都是“非历史性”的；与生活实践和现实生活的开放性与生成性相比，任何思想体系和理论构想都是“封闭”和“凝固”的。“片面”的、“同一性”的、“非历史性”的、“封闭”和“凝固”的思想体系和理论构想永远无法与丰富、异质、历史的和不断生成的生活实践和现实生活实现“同一”。这意味着，生活实践和现实生活的优先性表明：必须彻底放弃以思想体系和理论构想统一“人们的存在”即“实际生活过程”的野心和幻觉，自觉承认“思维”与“存在”之间的“非同一性”，并因此承认任何理论体系的有限性和非至上性。

对社会历史实践的自觉，宣布了一切试图以思维“统一”人们“现实生活过程”的形而上学欲望的无效。任何试图建立一个自足完备的永恒、终极的系统，并把系统的“他者”消解并同化为一体，由此消除系统的矛盾的形而上学努力，都是人的社会历史实践的僭越。生活实践和现实生活的无限丰富性、历史性和开放性，决定了人的思维永远不可能达到对“存在”的总体性认识，二者永远不可能遵循着“同样的规律”。

以上，我们分别对“界限”批判的三种样式进行了简要的讨论。这三者虽然层面和方式不尽相同，但却共同地彰显着哲学前提批判的思想精髓和真实意蕴，当常识、科学以及一切自以为真理在握的形而上学真理体系执着于“思存同一”的迷梦时，它们却揭示了这一似乎自明的“理论前提”的深层矛盾和限度，从而给人们昭示了一种重要的哲学工作方式，那就是：站到“界限”上去看、去思。

三 “界限”的自觉与哲学前提批判的真实意义

对“界限”的自觉反思与澄清作为哲学前提批判的基本主题，具有重要的理论意义。它切实显示了前提批判作为哲学重要工作方式的深刻内涵，体现了哲学所特有的精神品格和理论功能。

首先，以“界限”的自觉反思和澄清作为哲学前提批判的基本主题，能最深刻地体现“前提批判”这一哲学重要工作的实质和基本旨趣。

顾名思义，所谓“前提批判”，即针对“前提”所进行的“批判”。但对于哲学而言，所要“批判”的“前提”不是一般的“前提”，而是人的认识和生活信念所赖以存在和成立的“基本前提”，即认为自己的“思想”、“信念”与对象性“存在”之间具有同一性这一形而上学的教条。这一“基本前提”被人们视为不可动摇、无人置疑的“既定真理”，被当成人们编织和建构理论观念体系和人生信念之网的逻辑出发点和根据。对“界限”的自觉反思和澄清，所针对的正是这一“既定真理”与“逻辑根据”。这是只有哲学才能而且也是哲学应该发挥其思想力量的恰切处所。它要通过质疑和反思这一“基本前提”，使“思存同一”这一似乎“固若金汤”的地基暴露“裂缝”和出现“松动”，从而使一切思想理论和信念系统丧失其最终真理和最高价值的神圣光环。

以这种方式，哲学的前提批判成为一切“独断论”和“教条主义”的自觉的消解液与解毒剂，哲学由此成为思想解放和人的解放的积极的推动力量。哲学的奠基人苏格拉底有两句名言：一为“认识你自己”，二为“未经审视的人生是不值得过的”，人们公认二者表达了哲学最具实质性的精神追求，如果深入追究就可以发现，使这二者成为可能的正是以“界限”的自觉反思和澄清为基本主题的哲学前提批判：正是通过这种哲学的前提批判，人才会“自知自己无知”，才会破除“思存统一”、“真理在握”的“无明”，也才会获致“自知之明”的智慧。在此意义上，以“界限”反思与澄清为主题，哲学前提批判的真实内涵切实得到了显现，哲学也才真正体现其区别于其他具体学科和知识形式的独特的精神品格。

其次，以“界限”的自觉反思和澄清作为哲学前提批判的基本主题，哲学前提批判所蕴含的“批判性”精神将得到真正的落实和体现。

批判性是哲学的重要精神气质，是哲学家最纯正的美德。伯林曾言：“人类和人类思想进步是反叛的结果，子革父命，至少是革去了父辈的信条，而达成新的信仰。这正是发展、进步赖以存在的基础。在这一过程中，那些提出恼人的问题并对问题的答案抱有强烈好奇心的人，发挥着绝对的核心作用。这种人在任何一个社会中通常都不多见。当他们系统从事这种活动并使用同样可以受到别人批判检验的合理方法时，他们便成为哲学家了。”[①] 在此，伯林把“唱反调”亦即“反叛”视为哲学思想进步的根本动力，把“不合时宜”，即总是“提出恼人的问题”并系统从事这种批判性活动的人，称为“哲学家”。伯林的论述揭示了批判性作为哲学和哲学家最根本的精神标志所具有的重要意义。

哲学的批判工作不是故作姿态的外在“审查”，更不是高高在上的“审视”，而是一种“内在”的“超越”之思。这意味着它必须切中人们的具体认识形式和生活信念的内在矛盾和限度，这一内在矛盾和限度在人们具体的认识和信念中总是处于“晦暗”之中并被遮蔽，而哲学的前提批判则要用反思的力量把它们带入到“光天化日”之中，把人们从“自以为是”的“蒙蔽”之中唤醒，从而推动其实现自我解放与超越。“内在”的“超越”之思，是哲学彻底的批判精神的落实和体现，它不同于从某种形而上的抽象标准出发所进行的批判，这种批判经常以激进的姿态出现，就像马克思所说的经常“喊着震惊世界的口号”，但由于其无法触及事物内在的矛盾和限度而只能进行外在的反思和规定，因而必然是苍白无力的。与之相区别，“内在超越”之思把反思的触角深入人们认识和信念的“极限处”，对视为“理所当然”、“不言自明”的认识根据和设定进行深入的反省。就此而言，哲学的前提批判不是与人的具体认识和生活信念相对立的外在反思，而是既“内在”于它们同时又“超越”它们的特殊的思想向度。

再次，以“界限”的自觉反思和澄清作为哲学前提批判的基本主题，哲学所特有的理论功能将得到最为充分的显示，哲学将因此源源不断地获得思想活力，并在人类诸思想维度中显示其永远无法被终结的存在价值。

哲学的理论功能及其存在合法性，这是自哲学产生以来就面临的最具挑战性的重大课题之一。尤其在当代哲学中，回应这种挑战尤其显得迫切。而回应这一挑战，最核心的莫过于如何说明和论证哲学的理论功能，即回答“哲学究竟能发挥何种功用”这一重要问题。“哲学的功用”既非“实用工具”之用，也非“经世致用”之用，而是“思想智慧”之用。“思想智慧”不是“知识”和“技术”，而是使人获得“自由”和“解放”的“启蒙”力量。以“界限”反思和澄清为基本主题的哲学前提批

---

① ［英］麦基：《思想家》，翁寒松等译，生活·读书·新知三联书店2004年版，第3页。

判所集中显示的正是这种理论功能。

通过对“界限”的自觉澄清和反思，哲学向人们昭示，把人从“真理在握”的独断幻觉和狂妄无知中惊醒，使之直面人的认识和生活信念的限度，从而提升和增进人的自我理解，构成哲学不可替代的重大功能。如前所述，无论是常识、科学还是传统形而上学，都坚持“主观规定”与“存在规定”具有同一性并因此具有无须置疑的真理性。然而，“界限”的澄清和反思工作却揭示了这种似乎“无条件”的“同一性”实质上不过是一种幻觉。在此意义上，对“界限”的澄清和反思工作正实践了苏格拉底“自知自己无知”的箴言和精神。自近代以来，人们变得越来越自负，不仅认为自己的认识能达到对“存在”的如其所是的把握，而且还能运用真理性知识去“改造”世界，控制世界的命运和历史行程。沉浸于自负中而不知反省，这正是导致现代社会中人与自然、人与人以及人与自身众多困境的深刻根源。与此相对，哲学通过“界限”的自觉澄清和反思，揭示了这种“致命的自负”的虚妄性和无根性。毫无疑问，这对于克服现代人似乎“全知”却“不知自己无知”的“成神”性的“自恋”，是意义深远的解毒剂，尽管这会使那些沉溺于“思存同一”的自负的人们恼火不满，但却为愿意承认人只是“人”而不是“神”的诚实的人们所服膺。

同时，对“界限”的自觉澄清和反思将使哲学成为一切话语霸权和抽象意识形态幻象的“他者”，哲学将因此成为守护思想的自由创造本性、捍卫现实生活的丰富和具体本性的重要思想力量。按照马克思的观点，所谓意识形态具有两个基本特点，一是把特殊当成普遍，二是进一步把普遍的东西视为真理性和统治性的。很显然，这正是“思存同一”的幻觉的一种特殊表现形式。一旦人们把自己的认识和信念视为与“存在”同一的“真理”，那么，如果在一定条件下与现实利益相结合，它就很可能化身为代表真理的话语权威，成为统治人的“抽象力量”。在此条件下，人的思想的自由创造性、人现实生活的丰富具体本性必然成为这种抽象力量的牺牲品。对“界限”的澄清和反思，就是要从根本上解构一切以真理化身的面目出现的话语权力的虚假性，暴露其僭用真理之名所具有的虚妄性和独断性，通过这种方式，哲学的前提批判试图为自由的思想和真实的生活开辟空间。就此而言，“界限”澄清和反思作为哲学的前提批判实质上就是一种特殊的话语权力批判和意识形态批判，抵御人们被抽象的思想力量遮蔽和压迫，推动思想解放和人的解放，这是以“界限”澄清和反思为主题的哲学前提批判工作的另一重大理论功能。

最后，与上述二者内在相关，以“界限”澄清和反思为主题的哲学前提批判具有十分自觉而强烈的伦理学旨趣，即它把推动向“他者”的开放、促进人与人之间的相互宽容和承认视为哲学的自觉追求。通过“界限”的澄清和反思，破解“思存同一”这一独断论教条，不仅具有认识论上的意义，而且包含着更深层的伦理价值动机。在“思存同一”的教条的统治下，自以为“真理在手”的人们必然会把自身视为绝对的中心而把他人视为实现“真理”的工具与手段，“真理在手”必然伴随着价值上的优越，由此而形成的将是试图同化一切异质性因素的、自足完备的封闭的思想和价值系统，所有不能被纳入这一自足的封闭体系中的“异质性”的“他者”被拒斥，将成为必然的命运。对此，当代哲学中许多深刻的思想家，如阿多尔诺、福柯、德里达、列维纳斯等人已经作出了十分深入而令人警醒的分析与阐发。在此意义上，对“界限”的自觉澄清与反思显示出十分重大的伦理意义：“界限”意味着一切“封闭真理”和“神圣价值”的限度，意味着其不可怀疑性和不可抗拒性的终结。它包含着这样的绝对命令：必须从自足完备的、封闭的自我中心主义中走出来，向自我之外的异质性的他者保持开放的态度，承认并尊重自我之外的“他者”在认识和价值上的独立地位。

增进人的自我理解，抵御抽象思想力量的侵蚀，捍卫思想的自由创造和现实生活的具体丰富本性，推动人们突破自我中心主义的诱惑，自觉地向“他者”保持开放和尊重，等等，所有这些，都充分表明，以“界限”的自觉澄清和反思为主题的哲学前提批判最鲜明地体现了哲学的精神品格，也充分显示了哲学不可替代的存在合法性。

（原载于《学术月刊》2017 年第 1 期）